霓虹灯外

20世纪初日常生活中的上海

[美]卢汉超 著　　段炼 吴敏 子羽 译

山西出版传媒集团
山西人民出版社

图书在版编目（CIP）数据

霓虹灯外：20世纪初日常生活中的上海 /（美）卢汉超著；段炼，吴敏，子羽译. —— 太原：山西人民出版社，2018.9
ISBN 978-7-203-10466-7

Ⅰ. ①霓… Ⅱ. ①卢… ②段… ③吴… ④子… Ⅲ. ①社会生活—生活史—研究—上海—20世纪 Ⅳ. ① K295.1

中国版本图书馆 CIP 数据核字 (2018) 第 135930 号

Copyright ©1999 by The Regents of the University of California
Published by arrangement with University of California Press through Bardon-Chinese Media Agency

山西省版权局著作权合同登记号：图字 04-2018-004

霓虹灯外：20世纪初日常生活中的上海

著　者：	[美] 卢汉超
译　者：	段炼　吴敏　子羽
出 版 者：	山西出版传媒集团·山西人民出版社
地　　址：	太原市建设南路21号
邮　　编：	030012
发行营销：	0351-4922220　4955996　4956039　4922127（传真）
天猫官网：	http://sxrmcbs.tmall.com　电话：0351-4922159
E - mail：	sxskcb@163.com 发行部
	sxskcb@126.com 总编室
网　　址：	www.sxskcb.com
经 销 者：	山西出版传媒集团·山西人民出版社
承 印 厂：	山西出版传媒集团·山西人民印刷有限责任公司
开　　本：	890mm×1240mm　1/32
印　　张：	14.5
字　　数：	370千字
印　　数：	1—5000册
版　　次：	2018年9月 第1版
印　　次：	2018年9月 第1次印刷
书　　号：	ISBN 978-7-203-10466-7
定　　价：	86.00元

如有印装质量问题请与本社联系调换

有关本书的评论

卢汉超的《霓虹灯外》再现了拥挤但又充满生机的上海里弄家庭，它们构成了旧上海的主体。他为我们唤回了商贩和收粪工的吆喝、日常的购物及上学、男欢女爱和穷困苦难的韵律，再现了房间和阁楼的布局、空间对个人生活的影响、共产主义的兴起和犯罪的普遍性。对于丰富多彩、不断发展的民国上海研究而言，本书增添了一部不可或缺的读本。

—— 史景迁（Jonathan Spence）

如果你问西方人，他们对哪个中国历史名城略知一二，几乎所有人都会说：上海。但他们的"上海"是那个有外滩和南京路，有跑马厅和百货公司的城市，而不是卢汉超在这本精彩迷人的书中所描述的上海街区。如果要了解普通上海人在民国时期是如何度日的，他们住在什么样的房子里、他们如何在城市里活动、如何谋生、如何玩乐、如何在社区里相互交流——这是你必须读的一本书。

—— 罗威廉（William Rowe）

本书的研究非常深入，再现了民国上海的社会复杂性，以及"中产阶级""工人阶级"等术语无法捕捉到的现实肌理。卢汉超带领我们阅遍上海,从挤满新来者的棚户区到壮观、繁华但仍岌岌可危的石库门里弄,从街道到街区商店和街区工厂。最重要的是,他让我们对激活日常生活的大众文化有了新的感知:本地和外来传统、商业影响,以及普通人在一个非凡之地所做的持续不断、微小但重要的创新,共同打造了大众文化这一不断变化的产物。

——彭慕然(Kenneth Pomeranz)

20世纪初的上海在我们印象的中,是中国最西化、最现代化的城市。但通过卢汉超对于上海大多数居民日常生活的观察,呈现的是另一个上海。这些"小人物"主要是来自贫困农村的移民,他们并不关心自己的生活是"西化"还是"现代化"。正如卢先生在这本开创性的书中所言,他们的任务是尽最大努力应对周围发生的巨变,有时以创造性的方式适应这些变化,有时遵循中国过去的传统,好像什么都没有改变。卢汉超建议:要了解他们的生活,就必须摒弃"现代"和"传统"等简单的二分法,超越"中国人"和"西方人"等定义松散的概念标签,尽可能地深入关注而不要漠视上海人是如何应对人类基本需求的。

——柯文(Paul Cohen)

从卢汉超先生对二十世纪初上海清晰、鲜活的描写中,我们了解到弄堂的结构、联排房屋的设计、转租的规则、门环的形状、人力车的弹簧坐垫、小贩的吆喝、街角的剃头摊、工厂的劳作、马桶的倒空和清洗,以及对邻居私事守口如瓶的责任。简而言之,对于当时上海的一切,我们都应该从这个基础上理解。这是一本令人愉快又有启迪性的书。

——林培瑞(Perry Link)

这是一部杰出的作品。本书将是研究 20 世纪中国城市无法回避的著作。论题有力而具挑战性。内容生动而引人入胜。文笔流畅。

——史谦德（David Strand）

上海日常生活的这一面从没有像本书这样表现得如此鲜活；这是卢汉超先生这项研究的核心贡献，使我们对这个备受关注、至关重要的中国大都市的普通市民的日常生活有了新的领悟。本书的研究成果令人印象深刻。这项庞大研究的细节密度和文献记录的完整性让我心生敬畏。在我看来，《霓虹灯外》的学术成就极高。总的来说，这是一本最引人入胜、深具启发性的著作。

—— 周锡瑞（Joseph W. Esherick）

《霓虹灯外》是对中国平民生活讨论的一个重要补充。它提醒我们，普通民众是怎么享受上海所提供的秩序，而不必放弃他们的文化价值。这本书描述了传统如何延续，人们如何在截然不同的条件下开始新生活，以及他们如何为未来的现代中国人创造新的欣赏和学习环境。本书记录的这一段为所有中国人提供了新生活的历史，值得被广泛阅读。

—— 王赓武（Wu GungWu）

卢汉超笔下的上海不是外滩，也不是南京路，不是关于洋人侨民，或政客权要。相反，他再现了居住在上海的绝大多数平民（穷人和中产阶级）的生活。他在这项精彩而引人入胜的研究中，让我们体会到了"旧上海"的日常节奏、景象、声音，甚至味道。

—— 柯博文（Park M. Coble）

纪念我的双亲

目录

导 论　/ 001
　　城乡关系：一体化还是断层　/ 003
　　城市和近代化，商业文明的构建　/ 008
　　我们需要怎样的"中国中心论"　/ 017

第一部　寻求都市梦

第一章　到上海去　/ 024
　　从种族隔离到各族混居　/ 025
　　来自五湖四海　/ 035
　　鱼龙混杂　/ 053

第二章　人力车世界　/ 066
　　人力车　/ 067
　　车夫生存状况的另一面　/ 080
　　野鸡车　/ 082

第二部　立锥之地

第三章　逃离棚户区　/ 106
　　万国建筑博览会　/ 107

棚户区　　/ 112
　　　棚户区居民　　/ 122
　　　进厂就业：棚户区的梦想　　/ 126

第四章　小市民之家　/ 133
　　　现代房地产市场的兴起　　/ 134
　　　里弄的变革　　/ 138
　　　二房东　　/ 153
　　　石库门大杂烩　　/ 160

第三部　上海屋檐下

第五章　石库门后　/ 178
　　　唤醒城市的人们　　/ 178
　　　商贩　　/ 187
　　　邻里之间　　/ 204

第六章　石库门外　/ 229
　　　客堂间里的商贸　　/ 229
　　　小菜场　　/ 253
　　　街区购物　　/ 261
　　　政治干预　　/ 272

结 论　　/ 279

　　　　过去　　/ 282
　　　　西方　　/ 292
　　　　共产主义者　　/ 300

附录1　一项对上海居民背景的调查　　/ 309

附录2　被采访者情况列表　　/ 316

注释　　/ 321

参考文献　　/ 387

致谢　　/ 417

译后记　　/ 421

索引　　/ 423

图表一览

图 1	上海鸟瞰图	40
图 2	到上海去	45
图 3	农妇与孩子	47
图 4	弄堂口的人力车	70
图 5	外客的人力车夫	73
图 6	人力车场	85
图 7	老城厢的茶楼	108
图 8	当铺	109
图 9	大世界	111
图 10	棚户区居民	123
图 11	石库门主题的邮票	139
图 12	福康里	141
图 13	从多开间到单开间房子的转变	143
图 14	霞飞坊	146
图 15	建业里	148
图 16	晚期的石库门房子	152
图 17	中共一大会址	170
图 18	会乐里	175
图 19	一排石库门房子	179
图 20	不知元旦的人	181
图 21	粪码头	183
图 22	食品商贩	188
图 23	上海里弄生活侧影	195

图 24	街边剃头摊	198
图 25	街头书摊	199
图 26	修补器皿的工匠	201
图 27	街边博彩游戏摊	202
图 28	里弄住宅的一般布局	230
图 29	前排房子	230
图 30	米号	234
图 31	街区商店	238
图 32	大饼店	250
图 33	菜场	258
图 34	花轿	289
图 35	送葬队伍	289
图 36	独轮车	292

表 1	民国时期上海"乡帮""业帮"一览表	50
表 2	民国时期上海的职员(白领雇员)概况一览	62
表 3	1917—1937 年上海人力车票价	68
表 4	上海的公共人力车状况(1934 年)	69
表 5	上海人力车互助会 1936 年 5 月 1 日—1936 年 9 月 30 日保险业务报告	81
表 6	民国时期上海的房屋转租情况	156
表 7	1933—1951 年上海市正明里居民情况调查表	209
表 8	20 世纪 40 年代赫德路街区小店一览表	233

导 论

近年来，上海近现代史越来越受到中西方学者的关注。在西方，20世纪 80 年代初期以来出版的各类有关上海的学术著作，其多样性和学术深度吸引了广大的读者。上海城市史的研究涉及政治、经济、社会、文化的各个方面：从上海开埠前的状况到上海城市的国际化，从清代的道台衙门到会审公廨，从传统的行帮到现代的企业家协会，从公共卫生到高等教育，从巡捕房的建立到黑社会组织，从工人罢工到学生运动，从同乡会到社会歧视，从知识分子的类别到妓女的等级诸如此类的问题。[1] 就像任何高质量的区域性研究一样，已发表的上海史研究著述所关注的都是超越上海城市本身的大问题，并在不同程度上取得了成绩。

对于海外学者来说，幸运的是他们对上海史的研究与上海本地学者几乎是同步的。1978 年起，传统的地方史志编纂工作在全国范围内开始恢复。上海的研究人员努力延续了著名学者柳亚子（1887—1958）先生所领导的上海通志馆的工作。[2] 在这一形势下，上海研究已超越了以往的领域，已不再是简单的地方志类的汇编物了。上海史研究材料种类繁多，有专题历史资料、档案史料、回忆录、掌故逸事和老照片，还有一大批高质量的专著和论文。[3] 更重要的是，上海研究已成为国际性东方学中的一门显学。尽管在学术规范、研究方法、理论分析和相互理解等方面，中外学者还存在着种种差异,但在上海史领域内的交流堪称一流。[4]

然而,在生动丰富的上海史研究长廊中,对上海普通市民日常生活的描述显然还不够。如果说人类历史的首要因素是人,而影响人类思想和活动的因素包括人在哪里居住和劳动,那么日常生活史研究的重要性就不言而喻了。本书的意图就是描绘20世纪上半叶上海人的日常生活,尤其注重一般居民区内每日的活动。

上海这个繁华的城市是世界上最大的国际都市之一。它容纳了形形色色的人。虽然在大部分年份,上海的外籍人士还不到3%,但他们却来自世界各地,从流浪汉、妓女到外交家和暴发户,应有尽有。上海的中国人从某种意义而言也是外来人员,来自全国各地,大多数是乡下人。他们成群结队地来到上海,希望能够过上幸福的生活。

这些移民可分为两部分:小市民(他们被这样称呼)和城市贫民。3/4的城市住房是一种简单的建筑样式——里弄房子。从19世纪80年代起的一个多世纪里,这儿是普通市民(即小市民)的住所。仔细观察这片极具特色的生活区域,这儿有超过一半的居民来自乡下——揭示上海中产阶级和中下层阶级的生活状况,就是本书的主题。像小市民一样,城市贫民也几乎全部来自乡下,在城市的贫民窟内生老病死,他们的生活也是我研究的对象。

小市民和城市贫民的经历显示出了传统风俗、习惯的巨大影响力,这些"昔日的农民"逐渐融入了城市,适应了城市全新的、现代化的、西化的市民生活方式。作为关注的焦点,我注重描述上海城市里的小人物——至少在精英人物的眼中他们显得无足轻重——的日常生活,而精英人物的生活则非本书的重点。

随着我的研究逐步展开,三个主要的问题出现了。虽然本书的研究是地域性的,但它所涉及的问题却与整个中国有关。当研究结束之际,这些问题已成了本书的理论框架。而本书的素材也围绕着这些问题铺陈展开，并检验一些理论问题的正确性。第一个问题是关于近代中国城乡关系的特征：当中国人迅速地抛弃那种认为城市是乏味或危险的老思想，开始有了城市优越于农村的观念的时候，像上海这样的大都市是否真的如此现代化、如此成熟和西化了？上海是否成了与中国内地完全不同的异类？上海的商业文化是如何使局外者形成了对上海感到陌生而格格不入的概念？从这个问题又引申出了上海人的身份认同问题：上海人意味着什么？如果上海人有社区认同概念的话，这概念是否来自大家同住在那些拥挤的居民区？最后，作为关于近代化和认同感问题的一个组成部分，我们还要讨论如何恰当地运用西方的观念去了解中国城市中日常生活的问题。

城乡关系：一体化还是断层

中国城市史的研究者为了中国传统城乡关系与中世纪欧洲城乡关系之间的显著差异而争论不休。就欧洲而言，城市犹如被文化落后的乡村所包围的"海中孤岛"，而中国的城市在政治、文化、经济等方面与周边的乡村是合而为一的。施坚雅（G. William Skinner）和他的同事们在其巨著《中华帝国晚期的城市》（*The City in Late Imperial China*）的中心论点之一就是传统中国的城市与乡村是联为一体的。直到19世纪，处于不同的地理区域，行政管理、商业经营水平完全不同的城市和乡村，呈现出一片和谐相融的景象。尤其在社会、文化方面，城乡之间并没有明显的差异和鲜明的对照。甚至连作为城乡分界标志的城墙，也无法将城市和乡村隔绝开来。[5]

作为城乡一体化的结果，西方文化中常有的城市优势感在传统中国并不盛行，其原因是多方面的。首先，中国的精英阶层多为拥有土地的士绅。他们必要的社会经济基础建立于乡村，而不在城市中心。虽然一些精英阶层居住在城里，也有许多人由于工作的原因背井离乡，但他们都与故土有着千丝万缕的联系：在乡村他们保留着正式的住宅和"恒产"，即祖业（例如土地），建造家族的墓地和祠堂。总之，他们的根在乡村，本身仍属于乡村。[6] 同样，中国人的文化并不能以城乡为界而分成截然不同的或特征对立的两个部分。中国的城市不像欧洲那样是文化的独占区和宗教的中心。中国的文化与宗教场所星罗棋布，并不限于城乡之间的分界线，因此中国的城市并不一定比村镇更具有文化上的优势（当然也有例外，例如首都）。中国的城市也不像欧洲的城市那样拥有共同的身份认同、市政纪念建筑物以及"市民"的概念，而使其能区别于周围的乡村。中国的城镇和乡村之间保持着各种联系，人口双向流动，这使得城乡在某种程度上合为一体，难以产生城市优越感。[7]

事实上，人们还会发现一种与之相反的倾向：传统的中国城市常常有着一种消极的形象。宋代（960—1279）以前，中国的城市是占据优势的行政中心，不可避免地与衙门、赋税、徭役、刑法、诉讼相联系。它的政治功能使得城市成了让人敬畏的所在，至少让乡下人敬畏。宋代以后，中国城市的商业化特征并没有使乡下人头脑中的城市形象得以改善。在中国传统社会中，商人的恶名和固执的社会偏见反而增强了人们对城市的恐惧。这里有衙门——他们把这儿看作狡猾盛行的地方。伊懋可（Mark Elvin）曾提到："城市是农民在某种程度上害怕的地方。一位清朝的官吏写道：'乡下人害怕去县城，他们像害怕老虎那样害怕官员。'城市是上税交租的地方，是诉讼打官司的地方。城市又是各种罪犯云集的地方，比如'市场恶霸'，他们就是欺骗乡下人的行家里手。而在饥荒之际，城市又是卖儿鬻女的所在。"[8]

不仅仅是农民（当然他们在人口中是占压倒性多数的），而且所有的社会成员在某种程度上都认为城市是罪恶的。在由一小群学者型的精英官员治理着一个庞大的农民阶层的国度里，知足地在乡村中生活就是人们理想中的社会形态。中国古代著名历史学家司马迁（约前145—约前

90)以一些六七十岁的老者一辈子没去过城市作为社会升平、人民安居乐业的象征。[9]这种思想似乎一脉相承。对此,17世纪杰出的思想家顾炎武(1613—1682)评论道:"人聚于乡而治,聚于城而乱。聚于乡则土地辟田野治,欲民之无恒心不可得也;聚于城则徭役繁狱讼多,欲民之有恒心不可得也。"[10]这是关于中国传统城乡关系简单明了的陈述和概括。

在20世纪,古老的价值体系的变化是最富有戏剧性的。尽管对城市的种种疑虑在某种程度上仍挥之不去,但人们已开始认为现代化、工业化、高度商业化的城市比乡村市镇要好。这一全面的重估缘于城市带来的经济机遇。在20世纪,乡村的衰败与城市的工业化并行,促进了城乡的分化,拉大了城乡之间的差距——城乡一体化渐渐被城乡断层所取代。这一切发生于20世纪动乱中的中国,顾炎武也许不得不苦笑,因为被他不幸言中了。

要尝试彻底了解城乡断层的深度,就必须面对大量农村移民进入城市勉强度日、悲惨生活这一不争的事实。这些农村移民构成了上海贫民的主体,由于贫穷,他们无法享受一个现代化城市所提供的大部分便利,不得不容忍社会对他们的歧视。但所有的艰难和伤害没能迫使他们离开城市。恰恰相反,他们会尽可能地将家庭成员从乡村接往城市。

在民国成立之后的上海,有两种城市贫民最能反映出城市的吸引力:黄包车夫和街头乞丐。在现实生活中,他们人数众多。在老舍先生著名的小说《骆驼祥子》里,主人公是一位贫困的农民,他经不住城市的诱惑,于20世纪20年代来到北京。在那里,他以拉车为生。"这座城给了他一切,就是在这里饿着也比乡下可爱……在这里,要饭也能要得到荤汤腊水的,乡下只有棒子面"。对于老舍的这段话,史谦德(David Strand)评论道:"由于城乡之间收入上的巨大差异,即使是'低收入'的职业,例如黄包车夫,也能使农民满足,而成为他们期望过上更好生活的目标。"[11]这在当时的上海也是如此。在20世纪30年代末的上海,有近100 000名黄包车夫,为了25 000辆出租的黄包车而竞争着。如果以每辆车日夜两个班次来计算,总共有50 000个职位提供给车夫。因此,一个车夫每月有15到16个班次的工作量被认为是正常的现象。另外,还有数千人被雇为私人黄包车夫。

在黄包车夫这支队伍中,绝大多数是直接从周边地区贫困乡村来城市寻找机遇的农民。事实上,他们中的大部分人已无法在家乡继续生存下去了。那里天灾肆虐,盗匪猖獗,战乱频仍。他们来到城市,勉强度日。对于他们而言,这样的迁徙并不一定是为了寻找更好的生活,而只是为了活着。能在城里活下去,这本身就是城市能提供经济机会的重要显现。他们中的大部分人生活在绝对的贫困之中,能活下去的幸存者被认为是成功的。用一句中国流行的俗语来形容:"好死不如赖活着。"

另外还有一支由从前的农民所构成的贫民队伍,他们有了充足的经验来适应城市的生活,这些人就是乞丐。在20世纪30年代的上海,有20 000—25 000名职业行乞者。像黄包车夫一样,这一贫民群体中的大部分也是来自农村的难民。在三百六十行中,乞丐是最低贱的职业。对此,中国有一句俗话:"除死无大难,讨饭再不穷。"[12]

然而,一项关于上海乞丐世界的研究显示出,乞丐生活并不像人们通常所想象的那样,是社会地位低下和无能者的职业,或者说是个人生活失败者的穷途末路。在民国之际的上海,乞丐是一种高度组织化的职业,并不是每个新手都能轻易从事的。从乡村迁来城市的移民,有时更愿意过乞丐生活,这意味着某种特权。一句中国的俗话使乞讨具有了戏剧性:"讨了三年饭,当官也不干。"[13]这样的事情有时的确发生了。广州的一名乞丐曾拒绝他姐夫的举荐,不愿去当一名县官。"宁与五百罗汉(即他的乞丐伙伴)做伴,不为五斗米折腰。"[14]乞丐生活由于充满神秘、讲究策略,而且高度组织化,在近代中国的城市中成了一种具有吸引力的可自由选择的"行当"。

城市的贫困不仅仅是城市发展的产物，更是农村危机的结果。黄包车夫和乞丐这两种最低下的城市职业（黄包车夫们被形象地比作"牛马走"，乞丐则往往与死亡悲惨地联系在一起）的吸引力进一步显示了近代中国城乡差异的加剧。20世纪城市的贫困根本上是农村不景气的结果，城市似乎给了贫困绝望的农民一线希望，人们在此勉强谋生，就像溺水之际所抓住的救命稻草。

当时处于全盛期的上海是一个声名狼藉的城市。在饥荒之年，警察局和慈善机构不得不收殓上千具的尸骨。大部分死者是从农村新来城市的，还有一些是被遗弃的可怜的婴幼儿。[15]或许有人会说，这样一个城市根本不是穷人的天堂。它当然不是天堂，但与死于街头者和处在战乱饥荒中的受害者相比，上海那些穷困的幸存者——其中黄包车夫和乞丐是最典型的——显然是幸运的。

城市优越论被视为"西方文明中的陈词滥调"，并不适合于中国社会传统。[16]但是到了20世纪初，这一西方的"陈词滥调"明显地引发了中国人的想象力。为了求生而依附于城市的乡下人以一种脚踏实地、朴实无华的方式充实了这一概念。这也表明了城市优势论并非舶来品，而是中国社会现实的产物和普通百姓生活经验的概括。经济上的机遇、日常生活上的便利以及文化和社会生活的丰富多彩，所有这些赐予了城市相对于农村无法比拟和难以抗拒的有利条件。作为20世纪中国最现代化的城市，上海集中并增强了城市生活的吸引力，有这么一句自夸之辞："走进天边，好不过黄埔两边。"[17]上海优势论的观念也明显地体现在一首嘲笑乡下小姑娘虚荣心的民谣中：

  乡下娘娘要学上海样，学死学煞学不像，学来稍有瞎相像，上海已经换花样。[18]

在这里我们所能感受到的不仅仅是对天真的乡下女孩儿的嘲笑,更是对农村落后状况的嘲讽。

城市和近代化,商业文明的构建

虽然城市原先的消极形象已慢慢淡化,但不可能完全消失。即使当城市看上去比农村更宜居之时,许多人(不仅仅是农民和居住于农村的乡绅)仍然痛恨城市,认为城市是无理性的、危险的。到了20世纪,人们对于城市的看法不再单一,已成为充满矛盾的混合物,赞美、羡慕、恐惧、鄙视交织在了一起。虽然人们对于城市的情感不断趋于肯定,但对城市的畏惧情绪却一直延续到了革命之后。

对于这一矛盾,人们可以觉察,其经常出现于对社会极为敏感的作家的讽刺性文学作品中。鲁迅(1881—1936)在其著名小说中的人物——未庄的短工阿Q身上对农民的这种心态进行了概括。阿Q是自我感觉不错的人物,他最"值得骄傲的事"就是曾到城里去过几回:

> 然而他又很鄙薄城里人,譬如用三尺长三寸宽的木板做成的凳子,未庄叫"长凳",他也叫"长凳",城里人却叫"条凳",他想:这是错的,可笑!油煎大头鱼,未庄都加上半寸长的葱叶,城里却加上切细的葱丝,他想:这也是错的,可笑!然而未庄的人真是不见世面的可笑的乡下人呵,他们没有见过城里的煎鱼![19]

如果所关注的目标不是靠近农村的小城镇,而是像上海这样的大都市,那么这种对都市生活复杂和矛盾的情感将更趋激烈和富有戏剧性。这一情感是20世纪初期上海大众小说常见的主题。作家包天笑在上海最重要的报纸《申报》上连载的小说《乡下人又到上海》就是很好的例子。

包描写了 20 世纪 30 年代初期一位乡巴佬在上海的一段很不愉快却又十分滑稽的经历。按照这个乡下佬的观点,上海是"奢靡的、洋化的、无理性的、斤斤计较的、没有感情的、堕落的和混乱的"。这个老顽固实际上也不喜欢他在城市内所见到的一切:对火车月台票不同的称呼、电车的等级、商店对待顾客的亲疏态度、社会的唯利是图、娼妓的不知羞耻等等。城市道德的败坏已十分明显,乡村的少女被引诱到城市从事皮肉生意,连这位老农也意识到城市是可以赚到很多钱的地方:"回乡盖房的钱难道不是当婊子卖身体得来的吗?"[20]

包的这篇小说发表两年后,茅盾在他的杰作《子夜》中以吴老太爷这位富有的乡绅初到上海,探望其身为现代企业家的大儿子而戏剧性死亡作为开头。老人坐在最新款式的小汽车上,手捧古代典籍,注视着这"罪人的天堂",被城市的狂乱淹没了。当他看见"一位半裸体似的只穿着亮纱坎肩,连肌肤都看得分明的时装少妇,高坐在一辆黄包车上,翘起了赤裸裸的一条白腿",老人受到了震撼。在老人的眼中,摩天大楼那数不尽的亮着灯光的窗洞像妖魔的眼睛,车流变成"长蛇阵似的一串黑怪物,头上都有一对大眼睛,放出叫人目眩的强光,啵——啵——地吼着,闪电似的冲将过来,准对着吴老太爷坐的小箱子冲将过来!近了!近了!"所有这些迫使吴老太爷闭上了眼睛,全身颤抖。当吴老太爷从晕眩中清醒过来时,看到他小儿子趴在车窗上贪婪地凝视那半裸的妇人。而他的女儿则抱怨说:"乡下女人的装束也是时髦的很呢,但是父亲不许我……"作为对比,他进城后所看见的一切和"万恶淫为首,百善孝为先"这一万世不朽的思想不断冲击着他的头脑。这一打击是致命的,吴老太爷因刺激过度,当天晚上即在儿子奢侈而又现代化的家中一命呜呼了。[21]

在某些方面,茅盾的小说表达了一种对城市既疏远又无方向的感觉,这种经验源自那些从乡村或一些并不重要的闭塞之处来到城市的人们,其中也包括茅盾自己。他出生于江南小镇,成年后来到上海,在商务印书馆任编辑。当茅盾通过小说人物描述那种疏远且无方向的感觉时，郁达夫（1896—1945）即刻表达了自己相同的感受。郁达夫生长于浙江的一个小镇，在那里他与木匠和菜贩为伴。他对于上海的第一个印象是"四周的珠玑粉黛，鬓影衣香，几乎把我这一个初到上海的乡下青年，窒息到回不过气来；我感到了眩惑，感到了昏迷"。在郁达夫的眼中，城市生活是不正当的、颓废的，"金钱的争夺，犯罪的公行，精神的浪费，肉欲的横流"。他问道："像这样昏天黑地般的过生活，难道是人生的目的吗？"[22]他的日记，尤其是在上海所写的那些，对城市的一切事物充满了悲伤和沮丧的情感。但是他说，如果没有城市，生活将会变得毫无意义。[23]郁以塑造感情炽烈的女性而著称，他自己的爱情和婚姻也非常引人注目。他笔下的女主人公几乎都是城里人，迷人、独特，却又充满着诱惑和危险——就像城市一样。[24]

林培瑞（Perry Link）描绘了大众对城市（特指上海）那种"焦躁的既爱又恨的矛盾情绪"[25]。另一些研究上海的学者也有类似的看法：城市的"日常生活漫布着矛盾的情绪"[26]，但是为什么会有矛盾情绪？为什么有这种情绪的人并不限于仍然住在乡村里的人（这些人对城市的抱怨或许可以说是"酸葡萄"式的）？为什么有这种情绪的人往往就住在城市里，并且显然已从城市得到了好处？

这一矛盾起源于城乡之间的鸿沟——当然也有明显的例外。大部分乡村由于受传统的束缚，与近代化没有接触，是保守的；而城市很少对传统保持兴趣，更趋向于近代化，是进步的。就像那些我们习以为常的并不严谨的术语，无论是"传统"（或"传统主义"）还是"近代化"，都需要比较宽泛的解释。在近代中国，传统主义时常与固有的东西以及一种时时刻刻向后看的态度联系在一起。近代化则和洋玩意以及向前看的态度联系在一起。[27]在上海这尤为明显：上海是通商口岸城市的典范，是最大的商业中心和西方化大都市。普通城市和特定城市即上海之间那种矛盾情绪,反映了世俗中国对于异端的、外国的那些新生事物的矛盾心态。

从晚清直至社会主义时期,中国人以种种不同的态度观察和描述着上海,但最终分析只包括两种见解:上海是把握经济机遇的象征,或者是道德沦丧的陷阱(这也包括西方帝国主义侵略的因素)而被人回避或谴责。人们也许会认为,矛盾的观点很容易使人分成相对立的两大群体。但在上海,这些观点并不会引起分歧。相反,一些人可以同时持有两种观点,这样做也并不显得荒谬可笑。

对城市的批评并不仅仅来自尊崇儒家道德的保守主义者,也包括进步分子。从晚清改良主义的先驱王韬(1828—1897)到激进的共产主义者陈独秀(1879—1942),大家把上海描绘成一个邪恶的帝国。在这里,人的尊严被贪欲压得粉碎,中国的荣耀被野蛮的洋鬼子(用后来的术语来说就是"西方帝国主义者")践踏着。[28]"西方帝国主义者"这个术语在特定的意识形态层面和特定的时代曾一度成了上海形象的代名词。从晚清到民国时期,"大染缸"是用来形容上海的最普遍的隐喻,它暗示着这个城市中的每个人不可避免地在不知不觉中长期遭受"侵蚀",他们被"精神污染"(借用一个新近的政治词语)了。这可以用一句方言来形容:"跳进黄浦江也洗不清。"[29]

由于长期在乡村活动,共产主义革命*必然继承了对上海的这种矛盾情绪。革命之前建立的工业和经济基础以及优质劳动力被认为是宝贵的民族资源。十年间,这个城市对中国国家收入的贡献不能不令人感到惊奇,远远高于中国这样一个国家中任何一个城市通常所负担的份额。[30]但是上海在经济上的贡献并不能阻止新生政权坚持早已形成的偏见。当然,

---

* 共产主义革命,即 Communist Revolution,一般指从江西中央革命根据地到1949年的武装斗争。——编者注

这一偏见形成于一个极为正当而且非常重要的观念之上,那就是这个城市曾是外国侵略者邪恶的桥头堡和国内反动分子最大的司令部,理应受到谴责。

人民解放军驻扎在上海的一支部队"南京路上好八连"的事迹在20世纪60年代起了一种全民族模范的作用。弘扬好八连精神早于毛泽东亲自倡导的"学雷锋"运动,后来二者相得益彰。这使得官方原本对上海的消极看法有了戏剧性的变化。在南京路上,一位好八连的战士曾由衷地赞叹:"南京路上的风都是香的。"这句坦率的话语给人以上海(尤其是南京路)已被资产阶级思想侵蚀了的印象。好八连所有的事迹只包含着一个主题,即如何抵制这些诱惑。南京路上好八连,这个荣誉称号获得于1963年,这支部队从而成了全民族的楷模。而究其原因,仅仅是因为这支组建于内战时期华北农村的部队,当他们驻扎在奢靡的上海都市时,依然能在本质上保持其乡村的生活方式。[31]

诸如以下这一类事情也为人所熟知。好八连一位战士的妻子高高兴兴地从家乡来到上海探亲,她的丈夫却不愿意见她。在感受了令人目眩神迷的城市生活之后,战士已瞧不起妻子那种粗俗的乡村习惯了。就像那句"南京路上的风都是香的"一样,战士的这一"错误行径"也被视作一种迹象——甚至是危险的迹象——即城市的侵蚀。在经过多次的政治教育后(有人可能会认为是"洗脑"),战士的思想慢慢转变了。好八连的事迹被改编为戏剧《霓虹灯下的哨兵》,最后那位思想出轨的战士脱掉皮鞋,穿上他妻子亲手缝制的布鞋,和妻子一起吃起他们家乡的食品——窝窝头(一种用玉米或高粱蒸制的锥形食品)——一切又都变好了,戏剧最终以皆大欢喜的结局落下帷幕。[32]

可以这么设想,处在人们"焦虑矛盾的心理"感情之下的上海是不同于中国其他城市的地方:上海这一城市代表了一种与传统完全不同的近代化。但问题在于这一设想是否完全符合实际?这个城市和它的市民又是如何近代化的？依据定义，如果近代化是"一种在科学和技术革命的冲击下，社会已经变化或正在变化的过程"，我们可以看到两种完全不同的上海形象。[33] 这是一个感受着现代技术飞速发展的城市。自来水、煤气、电、电话、电车、汽车、空调——西方所发明的一切不久就出现在了上海。南京路和外滩巍峨富丽的西方式办公大楼，包括东亚最高的大厦（国际饭店）和"从苏伊士运河到白令海峡最豪华的建筑"（香港上海汇丰银行），中国的第一部奥汀斯电梯（大新公司内）和世界上最长的吧台（上海总会内）。[34] 除了是中国第一个工业、商业、金融业中心以外，上海也以它的文化闻名于世——繁荣的文学与艺术（1913年第一个裸体女模特令国人震惊不已），西方式高等教育的创设，现代化媒体和新闻的发展，中国最好的电影工场和密布全市各处的戏院（这使上海赢得了"东方好莱坞"的盛誉），还有它引领时尚的作用，诸如此类。

但是如果我们离开时髦的林荫大道，去看看大多数上海人所居住的背街弄堂，我们所看到的则是另一种景象——一种也许更现实却很少引起公众注意的景象，一幅看上去并不现代化的画面，称之为都市里的村庄也许更适合。大多数上海人住在狭窄的弄堂里二或三层砖石建成的成排的房子中。新的一天伴随着两轮粪车沿着弄堂滚动的隆隆声开始了。收粪工推动大车所发出的喧嚣声总是打破黎明宁静的最早的声音。小鸡叽叽喳喳地叫着，雄鸡一唱伴随着收粪工人的吆喝，东方渐渐泛起白光。随后，紧接着就是每天令人讨厌的生煤炉的活儿，煤是普通上海家庭厨房做饭唯一的能源。[35] 纸屑、木片用来引燃煤球。一缕青烟冉冉升起，在清晨泛白的天空中形成淡灰色的纹样。这一感觉，从远处外滩的建筑物那儿望过去，与从近处小山上俯看附近村庄的景象不无相似之处，而普通农户厨房烟囱中升起的缕缕炊烟正是中国乡村生动的群居生活的象征。

但是考虑到上海是中国第一个拥有管道煤气和现代化卫生设施的城

市,在这里有此景观却是古怪的。然而上海居民日常生活的此类情况并不少见。尽管上海有着各式各样的美食,上海人的标准早餐却依然是无味的泡饭和咸菜。[36]这个摩登的城市引领着全国的时尚潮流(被誉为"东方巴黎"),但人们通常很少购买时尚商店衣架上的服装。大部分上海人身上穿的不是家庭主妇手工缝制,就是由宁波或苏州裁缝所做的衣服。他们的裁缝铺坐落于弄堂的拐角。居民们从乡下带来大包衣物也是常事。[37]当汽车大量出现于上海街头之际,大部分人却从来没有坐过出租车,乘一次轿车甚至被认为是一生中的一次重要经历。二轮人力车也许被一些人看作是东方愚昧落后的象征,但相比于从晚清到民国一直被广泛地使用着的独轮车而言无疑是一大进步。这个城市有着发达的交通体系,但是常常可以看到人们仍然使用天生的交通工具,即步行。有时一走就是几英里,这成了一句笑话——"坐11路公交车来的"[38]。贫民区的景象更接近于乡村,甚至更原始。大部分居民无法享用那些近代城市所提供的基础性便利设施,如电和自来水。他们依然从附近的小河或井里打水,依然使用煤油灯。在这里,铺筑好的马路是稀少的,更别提下水道和垃圾的定期收集了。这类聚居区一般靠近河边,因为这里能够很容易地获得水源,而且又能方便地倾倒垃圾。上海的贫民区是大城市通常所有的"都市问题"的一个范本。它们是一个整体,是上海的基本组成部分和众多城市居民的家。到了民国末期,差不多有100万,或者说大约1/5的上海人口居住在贫民区。

就日常生活所涉及的一切而言,上海可以被视作一只由众多小蜂窝构成的蜂巢——一个紧密的、拥挤的、多功能的居住区域——在这里人们进行着他们日常生活的大部分活动。对于绝大部分人来说,其活动范围最多只是自家附近的一些街区。几乎所有的日常需求依靠步行即可解决,公共交通主要为了通勤。去购物或为了另外的一些目的而乘坐公共汽车被视作一件大事。居住区内有1/4的零售商将住宅当作店铺,这类似于农夫那种家与农场合二为一的情况。大多数孩子在附近街区或者就在弄堂里上学。这个城市因此被分割为众多的小社区，在这里可以过上适度安逸的生活，而不必到几个街区以外的地方去冒险。对许多居民来说，几条以家为中心的街道就是他们心目中的"城市"，而城市所引起公众关注的大部分现代化的便利，与他们的日常生活是毫不相干的。

然而，这种有点偏狭或者可以说亦城亦乡的生活方式，并不阻碍上海人被其他城市的中国人视作最四海为家和都市化的人群。一个"老上海"能准确地指出所谓"上只角"（指城市较优越的区域）的人和"下只角"（指城市的贫困区域）的人之间的区别，但这种区别对于非上海人而言则太细微了。在他们眼里，上海人似乎都是差不多的，在其他一些事情上，上海人最大的特征就是精明，让人不得不加以防备。这一特征，一方面意味着精于算计、吹毛求疵、机灵敏捷，如有必要，不惜损人利己，而从另一个方面说，它并不与那些鸡毛蒜皮琐碎小事的利益联系在一起，因此它也不是指小气。相反，它意味着一种风格或出于对生活勇敢果断的想象，用中国的一句成语来形容，就是敢于为长期利益而"掷金如土"。在整个20世纪，"上海人"和"精明"差不多成了同义词。

探索一些旧习的起源比起讨论它们正当与否更有意味。这些旧习——也许就是上文所提到的上海人的特征——的渊源，不可避免会与贸易联系在一起。在许多中国人心目中，"典型"的上海人就像莎士比亚笔下的威尼斯商人，但这种"商人的方式"又被上海人见多识广、老于世故的气质所掩盖，而这种气质是由于生活在这一兼收并蓄和鱼龙混杂的城市内所造就的。换句话说，上海人远非市侩，他们的"商人品格"是含蓄的，常常被这个城市所代表的更高的文化所冲弱。不过，这也并不能改变"上海人"气质的精髓来源于商业这一事实。[39]

商业和商业文化在中国历史悠久，分布广泛，这在中国史研究领域内已成常识。特别是，晚期的中华帝国见证了长江三角洲地区强劲的商业化，而上海正是其中的一部分。尽管如此，近代上海拥有较之中国过去任何时期更密集和更高的地方商业文化。在江边的一个略大于12平方英里的城市里，聚集了数以百万计的人口，每个人都怀着梦想而来，在这块陌生的土地上冒险，寻求成功或生存下去的机会。在这个过程中，他们成了各式各样的生意人。在这里，每个人都是商品，每样东西都可以出卖：从初来乍到的乡村女孩的青春之躯到憨厚朴实的苦力的肌肉体力，从街头流浪儿口中的吉利话到声名狼藉的歹徒所提供的"保护"，从被盗的民族艺术瑰宝到经过再提炼的鸦片残渣等。这种商业化也许是近代化中不可避免的一部分——在工业革命时期，西方资本主义国家当然不认为它有什么稀奇的。这种商业化在20世纪初的中国却是天方夜谭。所以中国人对他们的上海同胞侧目而视，将他们看作一群有着独特商业文化的异类，也是不足为奇的。

人们很容易被引向繁荣的商业中心去寻找上海的商业文化，那里有各式各样的商务大楼、百货公司、娱乐中心、戏院、酒店旅馆、餐厅，以及不时变幻的霓虹灯和各类商业广告，一个人很容易被处于城市喧闹声中的上海商业文化所诱惑。[40] 所有这些当然是商业和商业文化的重要部分，这一切也都存在于其他的现代化城市中。然而，我的研究将不守常规，而将焦点放在具有中国城市特色的大多数上海市民所居住的弄堂内，研究根植于那里的商业和商业文化，观察那里的人们日常生活的场景。在这里我们能理解为什么商业行为并不局限于城市的商业区，而是每天在居民区狭窄的弄堂里，普通人家的后门前、房屋中，甚至是普通家庭的卧室内进行的事务。买卖就是在这种特定的住室和店铺的混合场所进行的，于是一种充满活力的商业文化诞生了：我们可以说，商业成了人生中最性命攸关的一个部分，一个人为了生存不得不为此奉献出自身的精华。

我们需要怎样的"中国中心论"

在二战结束以来的半个世纪里,总的来说,西方关于晚清和近代中国历史的学术研究已经转向"以中国为中心"的研究范式,逐渐取代了或者说在某些方面修正了"西方冲击—中国反应"的模式。[41] 这一动向受到了两方面的促动:一是在汉语方面受到过良好训练的年轻一代研究者,另一方面是 20 世纪 70 年代末以来,中国的政治变化提供了比较好的研究环境,包括可以接触到以前不对研究者开放的档案材料和地方上的记录,使得某些领域的研究成为可能。

当然,更深一层的理由与哲学上的变化有关:一个非西方国家的内部动力和内在逻辑逐渐被看作是比强大的外部影响更有力的力量。以此来考察中国近代史,学者们有力地证明:在中国人生活的某些方面,传统的社会风俗习惯继续在现代存在,中国的近代化在某些方面有其中国的根源,而并不完全是从外面移植而来的,明清时代的中国在政治和社会方面被比作"近代早期"的欧洲,共产主义革命完成了早在一个世纪前就开始的宏伟蓝图[42],等等。总而言之,与中国传统的连续性和中国本土的发展相比,西方所带来的不连续性和刺激已逐渐被看作次要的了。近代上海史成为演示这两种模式的"橱窗"。几十年来在"冲击—反应"模式的影响下,上海被看作"近代中国的钥匙",代表着中国要走的道路。[43] 这一观点被新近的研究成果修正,但是把上海看作非常重要的城市(不管是不是"钥匙")却是不容质疑的。这肯定是最近几十年来上海研究繁荣兴旺的原因之一。毋庸解释,在其他许多领域,如中国劳工运动史、中国资产阶级史或现代中国文学史,如果不研究上海,那是令人难以想象的。[44]

尽管近代上海远非被西方文明牢牢控制——如同"中国最西化的城市"这一形象经常揭示的那样,但这个城市中国个性的觉醒不应当导致对西方影响的低估。事实上，与中国其他地方相比，旧的"冲击—反应"模式可能更贴近于上海。1843年（上海在这一年正式开埠）以后发生在上海的大多数变化显然都是西方冲击的结果或与西方有关。尽管存在着试图把上海与传统全然割裂的阻力，但传统仍继续存在着，事实上，如果我们全面了解了这一点，那么，上海人生活中传统的持续性只会更引人注目。换言之，低估西方对这个城市的影响——"中国中心论"模式容易导致的结果——将不仅产生于"西方冲击"模式表面相反而实质相似的偏见，而且会妨碍我们全面地去理解中国传统主义的韧性。

现在强调（或如许多评论家所言，是"过分强调"）西方对近代中国的影响容易招致批评，甚至可以说这一种强调已是太陈腐了，根本不值一驳。但是，具有讽刺意味的是，这一新型的中国中心取向的研究并不能避免欧洲中心论偏见的危险。从"内部"进行考察，以此来分析中国的历史现象（这是所谓的中国中心研究模式的目的所在），我们必须做一个选择，要么是在中国背景或视角下把这种历史现象看作本质是中国的事物，要么是把它看作西方事物"在中国的对应"。后者的优点明显在于从比较的角度来表述中国历史，并且出于实用的目的，使得中国事物更容易被理解。可能还要补充一下，在最后的分析中，所有的人类社会分享一些共同的事物。因而，寻求对应物的研究方法并不是完全不恰当的。

但是，像这种研究方法却有立足于用西方经验把中国历史概念化或歪曲中国历史事实以套用西方理论模式的风险。在分析所谓的"中国研究范式的危机"（尤其是在社会和经济史中），黄宗智（Philip Huang）指出："我们的领域长久以来一直借用完全来自西方体制的分析概念，目的在于以这样或那样的方式把中国历史套进斯密和马克思的经典模式中。"[45]尽管如此，在中国历史研究领域中寻求对应的研究方法还是落入屡遭诟病的欧洲中心论的陷阱，尽管这次陷阱更隐蔽，因而也更危险。

这些是我在试图用这一领域内经常使用的一些分析概念时所产生的想法。这些概念似乎是研究民国时期上海街区生活所必须用到的分析方法。但是我发现这些分析方法并不十分适用,不能清楚地剖析我在研究中搜集到的实际资料。无论怎样限定,街区生活都是社会的一部分,因而用"国家—社会关系"的研究方法来研究本书的主题似乎是必要的。然而,尽管任何关于街区生活的研究不能完全忽视那个角度,这一研究方法还是产生出了相当模糊和乏味的图景,在这一图景中,街区("社会")很大程度上是不受政府政治干预的。

举几个例子可能会更清楚地说明这点,首先是保甲制度。中国政府有个悠久的传统,或者说至少是一以贯之的目标,即把统治向下延伸到街道闾里。保甲制度在这一方面做出了最显著、制度化和持久的努力。这一制度可以上溯到宋朝(960—1279)。到清朝(1644—1911),这一制度的重要性经常被朝廷强调,它被精心改造而达到了空前复杂的地步。但是,无论如何,保甲仅是国家的目的而不是社会的现实;它很大程度上只存在于纸面,即只是一种形式而不具实质性。甚至在其处于顶峰时期的清朝,它也远没有在全国范围内彻底实行。

后来,国民政府试图重建保甲制度,但没有取得比清政府更大的成效。在上海,地方政府只是遵循同一思路起草了蓝图,更多的是虚张声势,从没有进行过真正的制度建设。上海居民仅有一次感到来自上面的政治控制是在日本占领时期,那时战时保甲制度真正得到了贯彻执行。但是,这一制度是短暂的、不彻底的,是战时采取的应急措施。[46] 直到共产主义革命胜利后,上海人才在几年时间里(1950—1954)被纳入史无前例的街道组织体系中。[47]

因而,在20世纪50年代初期三级城市街道组织体系在全国范围内建立之前,街区生活从本质上不受政府的干预。在"天高皇帝远"这句俗语中,人们不但可以看到农民对国家政权的看法,而且可以看到民国时期上海普通市民对国家政权所持的看法。这里,"国家—社会关系"这一分析模式在研究中仍旧是有效的(从它把问题摆了出来这个意义上讲),但是很大程度上它与所研究的内容无关。

一个同"国家—社会关系"相关的问题是最近几年来围绕中国的市民社会和公共领域问题所开展的生动活泼和引人思考的讨论。由德国思想家尤尔根·哈贝马斯(Jürgen Habermas)在分析 17 世纪晚期的大不列颠和 18 世纪的法国发展而来的"公共领域—市民社会"结构,已经成为中国学者喜爱的分析框架,他们对检验遍布于大不列颠和法国的"公共领域—市民社会"的观念和制度是不是存在于晚清和 20 世纪初的中国很感兴趣。这些学者经常援引中国观念中的"公"来作为"公共领域"最好的对应词。精英和大众参与地方事务一直被解释为某种形式的地方自治,这是社会(与国家相对)的表现,是民主的先兆:所有这一切都是市民社会的本质,或使讨论更进一步,是现代化的标志。[48]这样的讨论在中国城市史研究中取得明显的成效,最重要的是罗威廉(William Rowe)关于晚清汉口的研究和史谦德关于民国初期北京的研究。他们的著作描述了市民(尤其是非政府的精英)在应对各种政治、经济和专业问题所表现出来的老练通达。很多实例是 19 世纪发展而来一直延续到 20 世纪中国的改革,它们与 18 和 19 世纪的欧洲经验有一些相似之处。[49]

但是,如果让我们看一下民国时期上海里弄地区的自治活动,即公众意见或社区意识的表达形式,就会在一定程度上感到失望;至少,我们会发现"公共领域"和"市民社会"的形式与西欧很不相像。一处典型的城市居民居住区是有几排完全相同的房屋相联组成的有围墙的和大门的建筑群及场地。每一户大都又再分成几家,一些房间租给不同的家庭,很多家庭数十年来就生活在同一屋檐下。与邻居紧密地居住在一起而不会产生强烈的社区意识,这与人们所期望的截然相反。并没有出现像同一时期在日本盛行的町会这样普遍的街区组织。[50]有时,上海会突然出现房客委员会,代表居民反对增加房租或是改革的方案(这会强迫居民搬迁)。这些委员会组织松散,实际上是临时的和短暂的,由一些志愿者组成,得到那些与谈判利益相关之人并不热情的支持;还经常以失败告终。

当然,邻里之间并不是完全疏离的。在街头巷尾的随便闲聊中,在每天早晨去街区菜场买菜的时候,在夏天晚上聚在一起"纳凉"的时候,在大多数居民区都能见到的既供应热水又供应小吃的店里,小道消息和流言蜚语在邻里之间传播。在邻里之间,恋爱、结婚并不常见。但是,邻里之间为琐屑小事争吵却是经常的,有时打架也会发生,但是很少见到更严重的暴力行为,争吵也很少会发展到对簿公堂的地步。尽管在共产主义革命胜利之前没有正式的调解机构,但严重的争吵几乎总是能够得到邻居们的调解。

学者们现在是——或应当是——很清楚我们对中国公共领域的了解仍旧非常有限。[51]这一局限性源自我们对中国日常生活的方方面面了解得还不够完全以及在某些领域的浅薄无知。在我们能够说任何一种理论模式已经非常有意义地构造出中国历史的本质之前,我们需要更详细、更细致入微地刻画普通人的生活。

第一部
寻求都市梦

第一章　到上海去

　　曾经周游世界的作家阿道斯·赫胥黎（Aldous Huxley,1894—1963）在1926年这样说过：他从未见过任何一座城市像上海那样具有如此丰富的人性化内涵，上海给他留下了深刻的印象。"无论东方或西方，没有一座城市能够以它高密度的人口、明显的贫富差异和丰富多彩的生活给我留下这样的印象"。赫胥黎写道："可以这样说，旧上海具有柏格森所说的那种蓬勃生机，并用一种赤裸裸的方式表现出来，也就是说，是一种不受限制的活力。上海就代表了生活本身。"[1]但是，赫胥黎在上海老城一带发现的这样一种精神只是近代上海的一部分，或许还不是最有活力的部分。上海在一百年左右的时间里，从黄浦江边的一个泥泞县城飞速发展为500万人口的大都会。它吸引了全国各地（事实上是世界各地）各种各样的人。他们中的大部分人都是农民，为了追求更美好的生活而聚集到这座城市。

　　像发生在近代中国的许多事情一样，近代上海是在西方的呵护下产生的。之所以这么说，不仅因为这座城市是由于成为西方指定的通商口岸而发展起来的，也是因为近代上海起源于一种多少有点古怪的制度。最初处心积虑地划给英国人的居留地，后来的绝大多数居民却是中国人，他们在各条街区和各式外国人比邻而居。然而，正是这种出乎意料亦未经安排的混杂，最终使上海变成了中国最重要的一座世界性的城市。

从种族隔离到各族混居

一座城市的诞生

上海是 20 世纪中国最大的都市，同时也是世界上最大的五六个城市之一。然而直到 20 世纪中叶，上海的实际区域还很小：整个城市从严格意义上来说（仅指市区，不包括属于上海市政管辖下的郊县）只有 31.8 平方英里（82.4 平方公里），作为这个城市的主要部分，也可以说是近代上海形成和发展的基地——从前的外国租界，差不多是 13 平方英里（33 平方公里）。城市的核心与 1848 年中英条约指定的边界基本相符，大约 470 英亩（7 平方英里）。[2] 在民国时的上海全盛时期，如果有人从南京路或外滩——上海市中心最繁荣的商业中心——向任何方向步行五英里，他会发现自己已置身于棉花和稻田之中。如果从外滩摆渡越过黄浦江——只要十分钟不到——他则会登上一片几乎未开发的乡野之地。[3]

二十多年来，学者们对明清时期的中国，特别是江南地区和长江三角洲的商业化进程进行了严格精细的研究取证，现在已经几乎没有人认为上海在成为通商口岸以前只是个小渔村。[4] 19 世纪早期，被城墙围起来的上海在中国相当于一个所谓的"三级县"。行政上属省会南京管辖，府城设在松江，以商贸的繁荣而著名，这种繁荣基于清代此地棉花贸易的蓬勃发展。

然而，县城的北郊，也就是后来成为公共租界和法租界的地区，当时确实是乡下。1845 年 11 月，上海道台宫慕久第一次将这片土地中的一块划给英国人居住。当时这里还完全是一片种满了棉花和水稻的农田，以及沿水路拖曳船只的蜿蜒小径。[5] 著名的外滩，就是以这里的一条靠近黄浦江和苏州河交汇处的小径为基础形成并发展起来的。19 世纪中叶以前已经很繁荣的上海县城,后来只是近代上海的很小一部分,约占民国时期上海面积的二十分之一。从这个意义上说,近代上海确实起源于默默无名的乡村。

以人口而言,近代上海也是从微不足道发展起来的。19世纪中期上海县的人口约达54万,其中一半居住在县城以及紧邻县城的郊区,余下的一半则分散在县内各个村镇里。县城以北的郊区,也就是后来的公共租界,只有500左右的居民。人数之少导致当时的一些调查都将其忽略不计。[6]

可是50年之后,这个地区的人口数量暴增至50万。再过50年,上海的人口数已超过545万。换句话说,在一个世纪的时间内,上海的人口数量成十倍地增长。与之相对应的是人口的高度集中,绝大多数的人不再散居在上海县各村镇,而是集中在原来县城北面的郊区里。这个地方已成了世界上最拥挤的地区之一。1930年每平方公里人口达43 570人,1935年时已增至50 032人,1940年至1942年期间更达到76 880人。[7]

19世纪中叶,上海已成为中国最大的通商口岸,人口数量超过了广州。[8]我们可以从诸如港口吞吐量之类的一些数据看出上海的飞速发展。1844年,口岸开放的第一年,44艘外国货轮(共装载8 584吨货物)进入上海港。到1849年,133艘外国货轮(共装载52 574吨货物)进入上海港。1863年,这个数字变成了3 400艘和964 309吨入港,3 547艘和996 890吨离港。进口商品主要是鸦片,出口商品主要为茶叶和丝绸。[9]

近代上海发展的动力与中国传统城市有着根本性的不同,中国学者认为近代上海的发展和繁荣离不开西方帝国主义的作用和通商口岸对内地的剥削。[10]仔细分析,这种观点与西方世界对上海的种种描述并无太大的不同,后者将上海描绘成先进西方的一个得意之作,或者是一个靠声名狼藉的鸦片贸易支撑起来的城市。[11]撇开道德的因素不谈,大洋两岸的不同观点有一个共同之处,就是上海的精神在于由西方带来的商业活力。尽管上海在向西方开放以前已经是繁忙的商业中心，但所依靠的只是一些诸如棉花贸易之类的传统商业，完全不同于西方殖民者带来的促进上海飞速发展的全新的商业动力。

近代上海的居民组成也与旧县城不同。有研究表明上海在开放为通商口岸前，已经不是一个仅由本地人组成的城市。例如，在城市贸易中担任主要角色的那些被称作"客商"的人——他们来自全国各地，从南方的广东、福建到长江流域的安徽，以及华北各省。[12] 虽然如此，开埠前的上海县城如同一般的县城一样，仍然是本地居民占绝大多数。与此相比，近代上海居民绝大部分来自外地。从19世纪末到20世纪中期，外来移民一直占到上海城市人口的80%左右。[13]

这样，我们可以说这个城市在三个基本点上都是新兴的：它起源于一片田园乡村，但是很快取代了旧县城，成为一座现代都市；它的人口中，新移民占了绝大多数；它是在西方商业精神和活力的刺激及驱动下发展起来的，而这种商业精神和活力对当时的中国来说又是新奇的。所有这些转变都是从一个中外分界而居的制度开始的。

外国租界

近代上海成长过程中的焦点——外国租界，出现在1845年，其本意在于为西方人士提供一块专用的土地。除了当时已经住在那里的少数农民之外，居留地内禁止中国人买卖和租赁土地，无论是出于何种目的。1854年，这一隔离制度终止了，而且再也没有出现过，除了太平洋战争的几年间，上海的外国人口从没有超过城市总人口的3%。[14] 上海的外国租界（即公共租界和法租界）里的居民绝大多数是中国人。尽管带着深深的外国烙印，上海仍然是一座中国城市。

实际上没有哪部条约明确界定过上海的外国人居留地的合法地位。

唯一能提供些许法律依据的是1845年由上海道台宫慕久和英国首任驻沪领事巴富尔（George Balfour，1809—1894）签订的《土地章程》。该章程允许英国人在县城以外北郊的规定区域内租借房产。这一地区范围东起外滩，西至界路（今河南路），北起李家场（在黄浦江与苏州河交汇处），南至洋泾浜（今延安东路），总面积达830亩（138英亩）。因为中国人"普天之下，莫非王土"的概念，原则上并不允许外国人在这一地区内买卖土地，但是准许永久租住不动产。这是中国人在赋予外国人特权的同时又保全自己面子的典型事例。[15]

南面的法租界与旧县城接界，北边则与新设的英租界毗邻——这种布局是1849年由法国领事敏体尼（Louis Montigny，1805—1868）和上海道台麟桂经过漫长谈判达成的结果。[16]美租界在虹口，位于苏州河北岸，在旧县城东北约5英里处。它的出现与其说是由政府指定的，不如说是由于美国圣公会在这一地区购买（或永久租用）了大量房产而形成的既成事实。正如马士（Hosea Ballou Morse，1855—1934）所形容的那样："美租界不是建立的，而是'长出来的'。"[17]1848年，主教文惠廉（William J. Boone，1811—1864）得到上海道台吴健彰的口头允诺，将虹口划作"美租界"。1863年6月，美国驻沪领事熙华德（George Frederick Seward，1840—1910）与上海道台黄芳正式划定了美租界的边界。三个月后，9月21日，英美租界正式合并。合并后的英美租界称作（特别是1899年以后）公共租界。这样，到19世纪40年代末，英、美、法三大列强在上海都有了租界地。

《土地章程》禁止中国人在公共租界和法租界内租赁房屋。原本居住在那里的中国人则逐渐搬离，使这一区域最终成为一个隔离区。到了19世纪40年代末，哪怕一个匆匆过客都能看出住在租界里的中国人"在拿到外国人随意给的一点物业租金后自动离开那里"。这些本地居民"带上属于他们的一切，甚至家族坟墓，渐渐地挪往后面（例如西迁）"。[18]

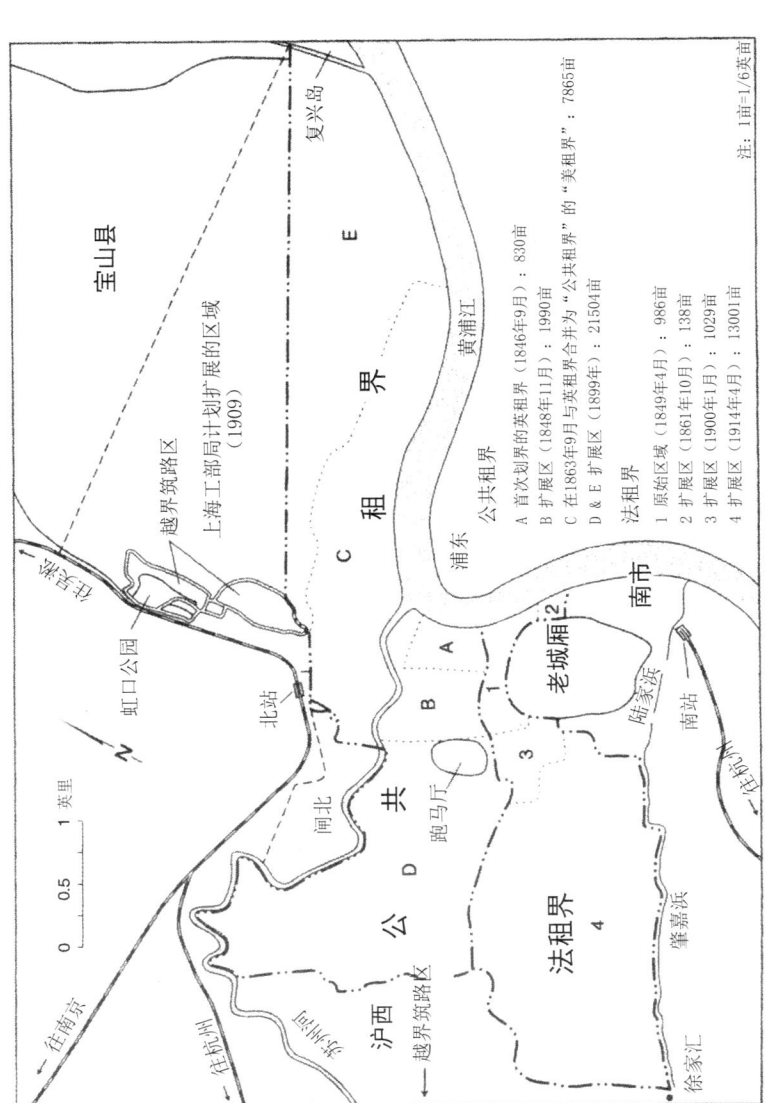

地图1：上海的发展，1845—1914

这种中外分居的政策并非完全是西方强加在中国人头上的。准确地说，一开始这是清政府的政策，目的是为了限制西方的影响，并将可能发生的中国人和"夷人"的冲突降到最低限度。根据1843年10月8日签订的《南京条约》附约《虎门条约》，所开放的五个通商口岸中，中国政府与英国领事可共同议定英国人居住和活动的区域。[19]我们可以从主持谈判并最后签署条约的清政府特派员耆英（1790—1858）与道光帝（1782—1850）之间的文书往来中看出，清政府将这项条款视作一个胜利。耆英向皇帝报告说：《虎门条约》签订后，通商口岸的外国人从此必须"议定界止，不许逾越"。虽然《虎门条约》的中文版本用了这句话，但是英文版的语气显得模棱两可。[20]清朝统治者显然是通过官方设定的区域来限制"夷人"的活动，以便在通商口岸慢慢恢复战前中外严格隔离的"广州制度"。[21]

英国驻上海领事巴富尔于1843年11月14日就上海开放通商口岸一事发表了第一份声明，告知英国侨民他正在与中国方面就英国人"择地而居和挑选仓库做安排"。[22]为了保证一切顺利，上海道台的下属，有时甚至是道台本人，常常亲自参与和中国业主们的谈判。这无疑是一项艰巨的任务。"出租"地产给外国人的要求常常被房主回绝。一次，一位老妇人"因为不肯接受任何这种谈判和讨价还价，在用村俚稗语破口大骂了一通带队之人后，她竟然对着道台的脸啐了一口唾沫，说她永远不会把祖宗传下来的家产卖给洋鬼子"。[23]这种事不会发生在那些从外省来上海做生意的中国会馆商人身上。中国的"客商"即使想在老城区里建会馆也不会有麻烦。然而对英国人来说，这是他们在上海遇到的最大的难题。一开始巴富尔连可以做领事馆的房子也找不到。[24]中国政府的意图是明显的：让外国人待在县城外。最后英国人决定在县城的北郊安顿下来，并要求道台指定一块区域作为英国人的居留地。这正中了"满大人"的下怀。

1845年后的最初十年间,这种隔离制度没有遇到什么麻烦。1848年,经道台麟桂同意,英租界范围有所扩展,往西扩展至泥城浜(后被填平成为西藏路),向北延伸至苏州河南岸。不久,住在这块乡村地区的外国人就多起来了,这可以从下面这组上海的外国人口数据中看出:[25]

1844	1845	1846	1847	1848	1849	1850	1951
50	90	120	134	159	175	210	265

1853年上海外国租界地总人口约为500人。这意味着外国人口正逐渐超过本地居民数。[26]

这就是一座巨城的黎明时期,尽管在当时几乎没有人预料到上海将会变成一座伟大的城市。[27]对于西方人来说,上海的生活平静而愉快。到了1850年,外国租界里的公园、跑马场和一座业余剧院先后建成。夏夜,西方人驾着牛车漫步在外滩的微风中,那里是租界的商业中心,有不少房子正在建造。[28]这些人因此博得了一个新近流行起来的名字,叫作"外滩客"。用当时一位亲历者的话来说,外滩常被诗意般地与"它的闲言碎语,它的凉爽夜风,它的不断变幻的景色,愉快的散步兜风,令人怀念的友情和让人沉思的淡淡哀愁"连在一起。[29]上海一带的地理条件和附近中国人的宁静天性使打猎(主要是猎鸟)成为欧洲人最好的享受。[30]正如当时一位周游中国的英国植物学家所感叹的,"上海是座美丽的大花园,绝对是我在中国所见过的最富裕的地方"[31]。这种田园式,甚至可以说是浪漫的生活,在旅居亚洲的西方人中也许十分典型。在早期的殖民史中,亚洲其他一些城市,如加尔各答或横滨,也可以发现类似的生活方式。

但是在上海的外国人不久就要面临一桩意外事件。该事件不仅打破了他们的宁静生活,更为重要的是,历史性地改变了这座城市的发展进程。

华洋分居的终结

1853年9月7日早晨,发源于福建的小刀会组织在广东人刘丽川(1820—1855)的领导下于上海发动起义。那天,一名县官在文庙祭祀时被小刀会杀害。[32] 小刀会很快占领了县衙门,并宣布建立"大明国"政权。这次起义在上海及其邻近地区燃起了长达17个月的战火。成功占领了上海两天后,起义军开始攻打上海附近的县城。十天内就占领了宝山、南汇、川沙、青浦四个县。攻打上海之前,小刀会已经占领了距上海西北约25英里的嘉定县。上海县城离租界不过几步之遥,战争造成的混乱使得数以千计的难民从被占领的县城和其他地方潮水般地涌入外国租界。[33] 英美租界的人口从1853年的500人骤增至1855年的20 000多人。

这些难民们在租界里面对的是两种截然不同的态度。外国商人把他们的到来视作发财的好机会:建造难民房成了他们致富的捷径。几乎一夜之间,在英租界西北部和分隔英法租界的洋泾浜两岸出现了成行的单层小木屋。[34] 不少难民都是手头有点积蓄的商人和地主,住得起外国人提供的房子。[35]

但是另一部分外国人更关心社区的舒适和安全。他们的代表——英国领事阿礼国爵士(Rutherford Alcock,1809—1897),在和上海道台磋商后,于1855年1月下令"将讨厌的本地人赶出租界,拆除有碍观瞻的难民寓所"。阿礼国的命令使得几千名无家可归的中国人在寒冬被赶出家门。[36] 这一行动燃起了中国人的抗外情绪,但以英国当权者的观点来看,要保持中外分隔居住的传统就必须这么做。小刀会起义结束后不久,根据一份调查报告,英国租界已经"从一个纯粹的外国人聚居区"变成了"上海的阿尔塞西区,其南部整日挤满了人,路旁有肮脏的小屋,随时都可能发生火灾,爆发瘟疫。到处是妓院、鸦片馆和赌场"[37]。

是否接受中国难民成了外国租界里争论的焦点。租界正处于十字路口，尽管当时谁也不能预见最终的选择会对这座城市的命运产生何等影响。一名坦率直言的英国商人找到阿礼国表达了他的观点。他完全不知道他的话会成为这个城市发展史上的一座里程碑：

> 你关于接受中国难民可能会造成混乱的想法无疑有一定的根据，事实上也许很正确，但是如果我们抛开传统的中外隔离制度，而让中国人和我们住在同一区域内的话，带来的利益将是无法忽视的。当然，总的来说，我同意你的观点。或许会有这么一天，后来之人将对现在这种将房屋出租给中国人的做法啧有烦言，但在我们地主和投机家来说，于此何干？你身为大英帝国的领事，自然应当以国家长远利益为重，这是你的事情。但我的事情是抓紧时机发财，把土地租给中国人，盖起房屋租给他们以获取30%—40%的利益。这是运用我的资金的最好办法，我希望至多在两三年里能发到一笔大财，从此走开。以后，上海不论化为灰烬或沉入海底，与我何干？你不用盼望像我这种人肯为子孙之计而甘愿长期流徙在这种不健康的环境里。我们是为发财，愈快愈多愈好，在合法范围内一切方法和手段都是为着这个。[38]

这种观点无疑代表了上海绝大多数外国商人的想法。阿礼国被这番话说服了，他终于相信"中国人进入租界已是大势所趋，任何想阻止的努力只是在浪费时间"，从而放弃了他拒中国人于门外的做法。[39]英国当局只能无奈地看着中国人如潮水一般涌入租界。阿礼国承认，在这种情况下，他一贯坚持的"纯粹的外国租界"的理想看来只能是"痴人说梦"了。[40]领事作为租界里最有影响力的人物都不再坚持中外隔离的制度，一个中外混居的租界便自然而然地形成了。这样看来，小刀会起义和阿礼国的决定可以说是上海发展史上的一个转折点。

阿礼国的决定很快便得到了法律的认可，至少在西方人看来是这样。1854年7月，阿礼国与美国领事马辉（Robert C. Murphy）、法国领事爱棠（B. Edan）共同签署了新的《土地章程》。同年11月，上海租界外国居民大会通过了新章程，尽管中国政府从来没有承认或者签署这份新文件，它只是作为1845年《土地章程》的修订本发布的。从此，《土地章程》就像宪法一样成为租界的基本法，直至1943年被废为止。[41]

许多重要的法规制度都是在《土地章程》的基础上制定的，这一章程差不多控制了上海的命运近一个世纪之久。1869年9月，《土地章程》再一次做了修改，并得到了北京公使团的批准。由此租界组建了上海工部局（简称SMC，取代了原先的市政委员会），[42]这一机构管理公共租界，直到1943年为止。1869年，《土地章程》又成了英租界与美租界合并的法律基础，尽管从1863年9月起，美租界的一些事务（例如维持治安）早已在英租界的管辖之下。法国坚持要保留自己在上海的租界。因此，法租界由一个以总领事为首的自治委员会管理，并不受《土地章程》的约束。但实际上，法租界的许多管理模式与公共租界完全一致。

虽然新章程删除了1845年旧章程中关于中外隔离的规定，但是中国人在租界里仍然不能用真名买卖土地。到了这一阶段，中国政府仍不愿上海成为中外混居的城市。根据1855年上海道台蓝蔚雯发表的声明，"在三大租界领事批准的情况下，如果没有地方政府盖章同意，任何中国人不允许在租界里购买土地、出租土地或建造房屋。"[43]当外国领事们写信给道台，希望他注意租界里的卫生问题和道德建设时，道台回信发了一通牢骚："根据原先的《土地章程》，本地居民的住房应该在租界范围之外。现在外国人纷纷建造房屋给本地人居住，没有考虑到这样可能带来人员混杂、管理无序等问题，导致环境恶化，犯罪率上升。"[44]

无论道台怎样反对，到19世纪50年代末，租界已不再是外国人的专用居留地,而是变成了一块由欧洲人管理,大多数居民却是中国人的特殊地区。1855年小刀会起义被镇压后,也没有改变人口向外国租界流动的状况。太平天国起义对江南地区破坏极大,造成大量难民流入上海。1860至1862年,太平天国政权几次企图攻占上海,引起上海及其附近居民的恐慌,因此难民们潮水般地涌入租界寻求保护。到1865年,公共租界的人口已增至92 884人。同时,约有50 000中国人迁入法租界。到太平天国起义结束之时,已经有超过110 000中国人搬进了外国租界。[45]

来自五湖四海

易于接受外来者是上海的地方传统。上海从19世纪中期开始向"蛮夷的"外国人开放,后来又容纳了大批来自各地的难民,反映的正是这种传统。传统的中国作者,包括地方志的编撰者,常常用"柔弱"来形容江南人的个性。[46]他们认为,上海之所以能够比较容易地接受外来者正是这种"柔弱"民风的体现。上海在19世纪中期成为中国对外关系的热点,清廷就经常警告他们的官员在处理"夷务"时一定要注意上海人的"柔弱"特性。[47]林语堂(1895—1976)曾经把"思想简单、生活刻苦"的北方人和"力求上进、脾气急躁"的南方人同江南人做了一番比较,结论是江南居民"习于安逸,文质彬彬,巧作诈伪,智力发达而体格衰退,爱好幽雅韵事,静而少动。男子则润泽而矮小,妇女则苗条而纤弱。燕窝莲子,玉碗金杯,烹调极滋味之美,饮食享丰沃之乐。懋迁有无,则精明伶俐;没执戟荷戈,则退缩不前;诗文优美,具天赋之长才;临敌不斗,呼妈妈而踣仆"。[48]对江南人的这种看法当然只是固有印象而已,而且主要是形容社会上层的人们。但是不可否认,这些话有一定的道理。

赞赏上海人的"柔弱"个性的观点着重于上海人的开放、亲和、容忍、通融等品德。[49]清代上海商业的繁荣最初归功于那些"客商",他们中既有从上海周边地区来的,也有来自遥远的省市的。这些客商,尤其是广东人和福建人，对开埠前的上海影响很大。显然，由客商而形成的繁荣，形成了上海人重商和较易接纳外来者及外来影响的倾向。这样的倾向即使用当时最温和的标准来衡量，也是对传统价值观的一种背离，因而是受到谴责的。[50]但正是这种非正统的价值观，使上海从巨大的保守主义的地平线上升起，成为一座伟大的现代城市。

外国探险家

上海的开放传统在通商口岸时期表现得愈发明显。在19世纪后期，当全国普遍存在地方保守倾向的时候，上海是个例外，外来的客居者在此可谓宾至如归。作为开放的一个特征，上海的街头巷尾充斥着全国各地的方言；人们比邻而居，看来谁也不必害怕被歧视。实际上，上海人特别善于接受那些说西方语言的人。说外国话的人，就能够像当时一首诗歌中描述的那样，可以"任徜徉"。[51]

上海刚刚作为通商口岸开放的时候，一些西方人显然认为上海人的"柔弱"个性对他们而言很受用。一位英国皇家海军将领在中国沿海地区游历了五年之后，于1842年这样写道：

> 一个英国商人如果在广东就只能待在家里，因为他只能去少数几条街消遣娱乐，甚至随便走走都有可能遭到侮辱。经验告诉他，面对一群无知又易怒的民众，哪怕他自己的家都不见得安全。任何风吹草动，不管是由于什么引起的，都会殃及不幸的外国人，造成房屋被毁，而且几乎不可能得到赔偿。但是如果他住在上海，一切都将不同。他居住的社区环境平和，居民热情好客，犯罪率很低。我亲耳听到地方长官宫慕久阁下说，在他当政的九年内，管理如此之多的人口，却只执行过一次死刑判决。上海不仅犯罪率低，而且这个城市对外国人与本地居

民一视同仁。我住在上海几年的经历使我可以宣告：外国人在这个城市里受到任何侵犯或骚扰的几率比世界上其他地方都要低。[52]

近代上海的崛起必须从各个方面来分析，包括这个城市所处的优越的地理位置。它坐落于中国绵延的海岸线的中点，东临太平洋，西接长江流域。尽管如此，上海人的"柔弱"个性显然在这个城市的崛起中起了重要作用。从更大或者说从哲学的观点来分析，这种"柔弱"所表现的是一种自由主义的价值观。有一名中国作家曾经试图用历史的观点来分析上海人的特性，他认为"上海文明的最大心理品性是建筑在个体自由基础上的宽容并存"[53]。

也许如此。上海作为一个世界性的城市，无疑是受到自由主义思想影响的。直到 20 世纪，还很少有亚洲城市像上海这样能使外国人感到宾至如归。"上海是一个传奇。世界巡航如果不到上海就并非完整。上海的名字代表着神秘、冒险以及各种各样的特许"[54]。到上海去是西方人的一种典型的冒险，对那些在自己家乡混得不甚得意的人来说也是解决困境的方法之一。上海就是这样一座为人们提供梦想和逃避之所的城市。民国时期，上海的外国人中有来自 20 多个欧洲国家的居民，大批的日本人、印度人、越南人和朝鲜人，还包括中东和南美地区的居民和无国籍人士。[55]

外籍人士中的大部队当然是英国人、美国人和法国人，他们各自的租界构成了这个城市的核心。外滩的欧式建筑和隐藏于城市西区的那些华丽而幽静的洋房就是他们在上海地位的最好见证。到了 20 世纪，尽管大英帝国已呈日薄西山之势，老一辈的上海人仍然认为英国领先于其他西方国家，甚至是盎格鲁世界中的主导者：比如他们习惯说"英美人"而不是"美英人"。[56] 尽管英国人或许在此偏爱下更为得益，在上海的所有外国人还是过得很舒服。"生活在上海——不管你是英国人还是美国人,还是没有国籍的犹太人或是俄国难民——好像总是享有某种特权。上海对我们而言像家一样,而不像一个客栈。年轻人可能最初是在上海的某家贸易公司找到一个职位,在那里工作几年后,调令下来了,他们往往不想离开上海,请求留下来。来自世界各地的人们在上海定居、结婚、生子"。[57] 下面的文字摘自一位传教士的报告,生动地描述了1909年上海市中心区的街景:

> 上海这个城市一方面各个种族混居,充满了国际气息,另一方面也具有中国人特有的那种对洋人排斥疑忌的心态,使得上海成为世界上最吸引人但又最为奇怪的城市之一。在那里世界各地的人你都看得到,走在南京路上的时候,你会觉得好像在参加世界各族大聚会。路上走的有高高的大胡子俄国人、胖胖的德国佬。没准你一头撞上一个瘦小的日本军官,他显得趾高气扬,认为自己是最优秀的大和民族的一员,征服整个欧洲都不在话下。老于世故的中国人坐在西式马车里,精瘦的美国人则乘人力黄包车。摩托车飞驰而过,差点撞到一乘帘子遮得密密实实的轿子,轿中坐的是中国的官太太。一个法国人在上海狭窄的人行道上向人们脱帽子,帽子正好打在一个穿着精美黄色丝绸外套的印度人脸上。耳中听到的是卷舌头的德语夹杂着伦敦俚语。穿巴黎新款时髦衣衫的人旁边站着近乎半裸的穷苦小工。两个水手踏着双人自行车飞驰而过,两名穿和服、趿拖鞋的日本仕女转身避让,显得有点恼怒。着一身灰袍的和尚手肘碰到了一名大胡子的罗马传教士。出于对祖国的热爱而不是商人那种唯利是图的本性,一位俄国店主店里的商品标价牌一律用俄文书写,使人看了茫然。对面是一家日本人开的理发店,店主用生硬的英语写了些广告词,保证大家在此理发,价格低廉。[58]

在以后的年代里,这篇报告中所反映出来的文化冲突在上海逐渐淡化,但这个城市的世界主义特征则持续到20世纪40年代。[59]

并非所有的西方人在上海都充当"主人"的角色。大约有25 000到50 000名白俄移民在民国时期来到上海。[60]他们中的大部分人很穷——在西方人中,只有俄国人中有相当数量的妓女和乞丐——但也正是这些白俄在法租界霞飞路(今淮海中路)上开设的商店为这条马路营造出一种优雅的欧式氛围。[61]虹口地区的四川北路因为日本人聚居使之有了"小东京"之称。大量印度锡克教徒在上海当交通警察,俗称"包头阿三"或"红头阿三",成了上海的一大景观。[62]至于犹太商人在上海的成功已是童叟皆知的故事了。房地产巨头沙逊和欧司·爱·哈同(Silas Hardoon,1847—1931)成了上海"一夜暴富"神话的代表,他们拥有的宏伟办公大楼和奢华的居所是上海引以为傲的标志性建筑。二战期间,上海接纳了大约20 000名犹太难民,他们历尽艰险,逃离纳粹的魔掌,跨越大半个地球来到上海,因为进入上海很容易,不需要任何签证或证明。他们大多住在上海东北面虹口一带的里弄里。五十多年后,尽管这些犹太人几乎都离开了上海去往他处(主要是美国),他们住过的房子却并无太大的变化,有些人回来寻访,回忆在上海度过的岁月,感慨万千。[63]

可是不管上海是如何"海纳百川",总有些外国人因为这样或那样的理由感到:他们就像瑞纳·克拉斯诺(Rena Krasno)撰写的二战时期上海犹太人生活回忆录的标题那样,是"永远的陌生人"。然而无论孤独或乡愁都无法阻止外国人来到上海,即使发不了财,也能糊口谋生。20世纪30年代早期,有位上海作家在文章中罗列了不同国家的人来到上海的理由:

> 那些外国人之所以背着行囊来上海,理由其实和我们中国人差不多:他们在自己的国家里过得不尽如人意,所以来上海寻求新的生活。日本妓女来上海卖春。[64]反对十月革命的白俄

来上海乞讨。傲慢的英国佬来上海管理巡捕房。无聊的西班牙人来上海打回力球。没有国籍的犹太人来上海经营房地产。美国人开的公司来上海销售汽油。喜爱安逸生活的法国人来上海卖化妆品。受到压迫的印度人和越南人来上海当巡捕。如此种种,不胜枚举。[65]

到了20世纪30年代,许多外国人已经视上海为他们永远的家了。(图1)正如一个英国人在1937年日本进攻上海前的那个晚上所说的:"现在已经到了时候,我们可以摒弃那种所谓外国人只是来上海待个几年,

图1 摄于1937年的一幅苏州河汇入黄浦江地区的鸟瞰图。苏州河右边(即南岸)是公共租界的中心,公家花园(Garden Park,位于英国领事馆对面)在外滩的北端尽头处。南京路不在照片内,它位于照片右侧。350英尺长的外摆渡桥是上海第一座钢筋混凝土结构桥梁,始建于1906—1907年,是近代上海的象征之一。沿桥向北是1934年建造的新百老汇大厦。大厦后面是虹口地区,领事馆、仓库、酒吧等混杂在居民区和里弄房子之中。图中第二座桥是乍浦路桥,1927年建造。桥北面大部分是里弄房子。(图片来源:上海市城建档案馆)

赚了钱后就要离开的想法。对我们大多数人来说，上海是永久的家。"[66]1937年日军进攻上海，1941年12月太平洋战争爆发后日军占领了整个城市，这些都在西方势力范围内投下一片阴影。但是直到1949年中国共产党建立政权为止，西方人在上海长达一个世纪的黄金时代才告结束。[67]

中国移民

尽管上海的外国人好像无处不在，非常重要，但是这座现代化城市发展的最基本原因却不在于它对外国人的吸引力，而在于中国人对上海的趋之若鹜。自从中外隔离制度解体以后，来自全国各地的移民潮水般地涌入上海。经过大约3/4个世纪的时间（从1855年华洋分居结束到1930年上海进入全盛时期），上海市中心的公共租界的人口增长了50倍不止，其中97%是中国人。[68]到1937年及民国末期，上海总人口已经增长了至少10倍，而市区人口则可能增长了20倍。[69]

在1949年以前，上海的行政区域并没有怎么扩大，如此迅速的人口增长完全是外来移民的结果。近代上海吸引和容纳了来自全国各地的移民。从19世纪末到20世纪20年代末，上海人中有85%是非本地人。[70]在南京国民政府时期（1927—1937），上海人中非本地人的比例有所下降，原因可能是第一、第二代移民的后代出生于上海，他们把自己看作了上海人。1937年日军进攻上海以及随后的解放战争（1946—1949）带来了新一轮的移民潮。到抗日战争结束时期，上海的非本地人比例仍保持在80%；到1950年1月，这个比例又升至85%。[71]

大部分移民来自长江下游地区的省份（特别是江苏、浙江）以及南方的广东省。20世纪30年代早期，上海人中以来自下列五个省份的为最多：江苏（占53%，包括20%上海本地人后裔）、浙江（34%）、广东（5%）、安徽（3%）和山东（1%）。[72]这种占比持续到1950年。[73]

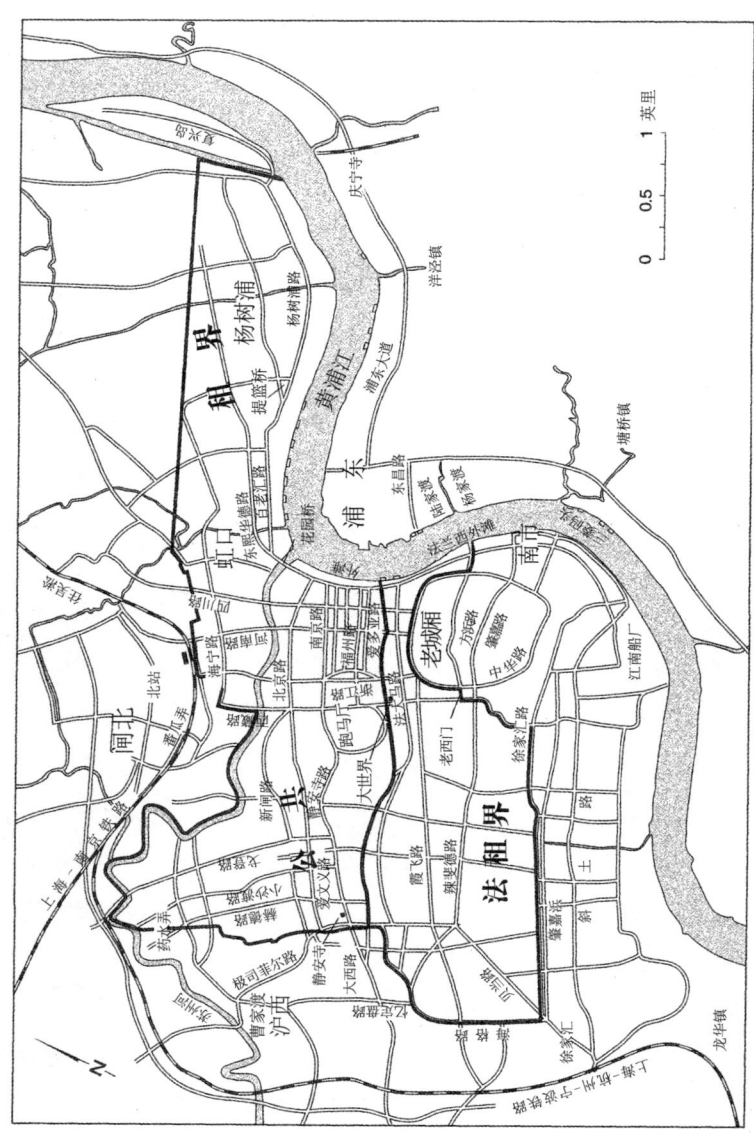

地图2：民国时期的上海

用中国俗语来讲，现在的上海人来自"五湖四海"，也就是说来自中国各个地方。[74]

人们怀着不同的原因和目的来到这个城市，从千万富翁——来上海体验在别的城市无法实现的既奢侈又隐逸的生活方式，到赤贫阶层——沿街乞讨仅仅为了糊口；从落魄政客——以外国租界为"安全地带"寻求庇护，到亡命之徒——来参加中国最大的黑社会；从现代女性（或所谓摩登女郎）——在这座城市找到了她们梦寐以求的自由，到无知的乡下少女——被招工者以打工为名骗到上海然后卖给妓院。不管怎样，所有来上海的人都抱着一个简单而共同的目标——追求更好的生活。

1928年冬天，上海市社会局对7处社会救济所的无家可归人员进行了一番调查。被调查的1 471人全部是刚到上海的移民，他们来自中国全部18个省份，还包括东北地区。这些人列出了他们以前干过的40份以上的工作，但是有310人无业。其中有138名复员军人决定哪怕没有工作也要留在上海，不愿回到家乡去。当问到"你为什么到上海来"，586人回答"来找工作"，354人说来找亲戚朋友。对他们大多数人来说，来找亲戚朋友就是为了找一个人可以帮他们介绍工作。也就是说，有64%的受访者是冲着来上海能找到一份工作的机遇才来的。[75]

1989—1990年间进行的一项调查与此结果相同。该调查选择了7个社区，对民国时期就来到上海的居民做了抽样访问。约70%的男性说他们到上海来的主要原因是为了"找一份工作"，实际上他们也找到了。来上海前，他们的就业率为46.6%，到上海后这个比率升至75.3%。调查同时显示，这些人的就业范围极广，一多半人（56.4%），也是最大的一部分——以前是农民，几乎都在城里找到了工作，通常是在工厂里做工或者自己做点小生意。其他的那些被调查者有着各种职业背景：有一半的人（50%）来自乡下，21%来自小乡镇，15.3%来自郊县，还有11%来自于国内的中等城市，2.7%来自其他大城市。[76]除了郊县以外，上海的吸引力甚至辐射到长江下游的一些省份。"农工出品销路惟何？曰惟上海。人民职业出路惟何？曰惟上海。"这是邻近上海的一个郊县——川沙县出版的方志上说的。"人口有余，则移之上海；职业无成，则求之上海。"[77]在19世纪后期到20世纪早期，上海已发展成为中国最大的工业中心。大量农民来到上海，主要是想在工厂里做工。[78]

早从19世纪70年代起，就有源源不断的近郊农民进上海的工厂做工。上海早期的工厂是位于虹口地区（沿黄浦江北岸）西方人开的造船厂。[79]船厂最早雇用一批广东籍熟练技工。随着工厂规模的扩大，到19世纪70年代后期，来自南京、宁波以及上海近郊的工人因为住得近，招募起来更容易（当然也更便宜），所以在数量上逐渐超过了广东工人。但是，广东来的都是有经验的技术工人，从江南一带招来的基本上都是农民，他们在工厂里只能从学徒工做起。[80]

钱仁道（出生于1881年），一名在机器工厂工作了一辈子的工人，回忆说他的祖父是本地的农民，一家人过去只靠两三亩薄田种蔬菜为生，日子过得捉襟见肘。祖父不得不来到公共租界找工作，然后在虹口的轮船码头找到一份搬运工的活儿。显然他并没有卖掉老家的农田，这样他的儿子（也就是钱仁道的父亲）从小就开始贩卖蔬菜来养家。但是这个家已经向着城市发展了。钱仁道的父亲长大后在中国人开的发昌机器厂当学徒工。满师以后，在他大舅子宋米郎的帮忙下，他又到了英国人开的祥生船厂（有限公司）工作。宋米郎年轻时也种过菜，还卖过菜给发昌机器厂，这样他对这个厂和厂里的工人有了大概的了解。后来他在这个厂里当起了学徒工。1880年学徒满师后，他转到祥生船厂当上了铜匠。因为技术熟练，经验丰富，他升得很快。没几年就当上了工段长，一直到1905年。宋米郎是钱仁道的舅舅，靠着这层关系，钱仁道18岁进祥生船厂当学徒工，成了铜匠的接班人。[81]这样的情况实在太普遍了。1960—1962年，当一些历史学家采访工厂企业里的老工人时，他们描述的经历与钱家和宋家的故事都大同小异。[82]

近代上海最大的工业——纺织厂也使用差不多的方法从农村里招工。[83]1920年一项针对纺织工人的调查显示,他们全部是来自邻近农村的农民。[84]他们的经历揭示出在中国工业化的初期,农民们如何利用这一时机向城市过渡。哪怕已经搬来上海,大多数人仍然保留了乡下祖祖辈辈生活的土地和老屋;有的人虽然在工厂里上班,但仍住在乡下。[85]

1920年的这次调查还发现:被称为"客民"的那些工人均来自位于长江口的南通、崇明和海门等县。他们并非一到上海就进工厂当工人,许多人先是在上海近郊农村里做佃户或者帮人种地,正好填补了当地人因为进城打工而留下的空缺。比起他们老家的盐碱地来,上海的肥沃土地让这些农民觉得在上海即使当农民也比原来要好。可是他们的最终目的还是进工厂当工人,而不是种地。等到在城市附近安顿下来后,不少人想办法结识纱厂的工人,最终也进了工厂(图2)。[86]类似这样的从农村到城市的转化进程一直持续到20世纪30年代。正如社会学家H. D. 兰

图2 祖籍浙江、生活在上海的书画家、作家丰子恺(1898—1975),善于以白描手法来表现日常生活,并以此闻名,其独特风格接近诺尔曼·罗克韦尔(Norman Rockwell)。这幅画作于1932年:一个农民和一个男孩看着一列火车经过。旁边写着:"到上海去的。"此画以一种含蓄却生动的方法表达了当时农民们普遍存在的对上海的向往。(图片来源于:《丰子恺文集》)

姆森（H. D. Lamson）在 1931 年的报告中写的那样：位于上海东北面杨树浦附近的农村往往被外地人当作进入上海的踏脚石。"搬到我们村子来的都是来自像崇明岛这样地方的人，"兰姆森这样写道，"过一阵子，他们中的一部分人或者全部都会搬到城里去。"[87]

相比那些来自外省的农民，本地的农民对正在逐步侵占他们土地并且扰乱了他们平静生活的新兴工业并没有太大的热情。当时，聂仲芳创办了恒丰棉纺厂，盛宣怀创办了三新棉纺厂，两家厂都是上海最早的现代纺织企业。可是附近的农民觉得厂房和设备看上去是那么奇形怪状，他们把织布机叫作"神车"，几乎没有人愿意到纺织厂工作。[88]1865 年，中国最早也是最大的现代企业之一——江南造船厂（1894 年仅这一家厂的工人就占了全中国产业工人的 4%）在上海郊区高昌庙成立了。当时当地农村中盛传说，这家工厂招募工人是要将人"丢到大烟囱里去"，然后"要被机器轧死"。在这种情况下，造船厂只能从当地孤儿院中招募学徒工。农民们憎恨工厂还有别的原因。一名老工人钱海根回忆说，他的爷爷就是高昌庙的农民，他的地被江南造船厂强征去造厂房了。爷爷不愿意为造船厂工作，从此开始贩卖青葱。他甚至定下家规：他家的子子孙孙谁都不准去造船厂工作。但是，工业化的强大浪潮势不可当，无论是谣传还是农民们的抗拒心理都于事无补。仅仅 20 年后，江南造船厂就成了大家都想去工作的地方。钱海根的爷爷死后，他的家人也不顾爷爷定下的规矩，进了造船厂。[89]

城市里的工作机会并不只有纺织厂一个地方。在一个位于彭浦的郊区村子里，女人通常是在纺织厂工作，而男人们在城里当小贩谋生。[90]在上海最南面的奉贤县，农家妇女则为上海的工厂做火柴盒。在它周围，比如浦东（位于黄浦江东面）[91]的一些村子里，农民们也在干着同样的事情。上海西南一个名叫法华镇的小镇，在 1922 年的镇志中写道：当地农民除了在纺织厂做工，男人们还在上海当园丁、筑路工人、送货人等各种没有太高的技能要求的工作。女人们则靠缝花边、做发网、折锡箔（一种烧给死人用的纸元宝）等活儿谋生。当时农妇们很流行到城里人家里当佣人（图3）。[92] 早在光绪年间（1875—1908），就有不少邻近上海的郊县，比如青浦县的农妇们成群结队地进城当佣人，人们形容说她们对进城帮佣"趋之若鹜，甚有弃家者"。[93] 这股风气一直没有减退过。从城里的佣人数量来看：1930年上海大约有50 000名佣人，到1950年这个数字几乎翻了倍。[94]

图3 在一条弄堂里，一位新到上海的农妇挑着扁担，两头的藤篮里装着她的孩子和其他物品。像这样的新移民通常住在棚户区，在里弄地区谋生，比如做佣人、街头小贩、打零工、卖艺等。（图片来源：R. Barz, *Shanghai: Sketches of Present-Day Shanghai*）

双重身份

关于上海,有一种流行的说法是"走尽天边,好不过黄浦两边"[95]。另一些本地俗语也表达了同样的意思,例如"人住勒花花世界,大有福气啦",或者"上海金银山"[96]。"上海"这个字眼如同兴奋剂一样激发着人们的想象,点燃了人们的希望。"哦!这就是上海!"初来乍到的人们,无论中外,往往发出这样的感叹。[97]上海著名的实业家之一王晓籁(1887—1967),出生于浙江某个农村,抗日战争期间离开上海,辗转于内地各处达8年之久,一直到1945年9月8日才回到上海。当他乘坐的飞机即将落地时,他激动的心情溢于言表:"但见沪西红瓦房屋,要增加十分之四,南市闸北,黯无生气,前之十里洋场则依然故我……上海人之福气毕竟不浅,与内地相较,真有天堂地狱之别。"[98]

来到上海的新移民很快就会为自己不仅仅做了"城里人",而是成了"上海人"而感到自豪,这几乎成为定律。随着上海渐渐发展成为中国第一大都市,上海人也渐渐有了狡猾、精明、西化等名声。作家张爱玲在1943年写道:"上海人是传统的中国人加上近代高压生活的磨练……谁都说上海人坏,可是坏得有分寸。上海人会奉承,会趋炎附势,会混水摸鱼,然而,因为他们有处世艺术,他们演得不过火。"[99]

尽管上海的人们都以自己是个"上海人"而自豪,但他们并不认为这座城市能够代表他们的全部。上海人多数来自外地,与家乡保持联系成为公认的社会规范,比如许多人立遗嘱时会要求"归葬乡里"。几乎所有子女,无论是不是孝子,都会满足老人的这一遗愿。上海有为数不少的同乡会,其一项重要职责就是把死去的人运回故乡安葬。而回故乡探望祖坟——通俗地说,称为"扫墓",也就是祭祀亡灵。扫墓,是许多上海人每年的例行公事。有时扫墓还是员工福利之一,例如:南洋兄弟烟草公司的所有员工每年都有一个月的带薪假期让他们去扫墓,这项制度一直延续到1924年。[100]

和其他地方的人们一样,现在的上海人并不仅仅将故乡看作一个死后仅供安葬的地方,还认为故乡是真正的家。这种故乡情结常常被利用来解决某些社会问题,例如上海市社会局为解决失业问题,惯常采取的方法是由政府补贴,将失业者送回他们的家乡(自遣还乡)。[101]以非政府角度来说,被解雇的人员通常会收到公司发给他们的旅费——"川资",供其返乡之用。在20世纪三四十年代的战争时期,遣送回乡成了解决战争危机的有效机制。政府和慈善机构面对1937年末1938年初因战争引发的难民潮压力,首先采用的也就是这个方法。[102]新中国政府不仅继承了这一做法,也通过运用国家权力使之更为有效。"动员还乡"在20世纪50年代和60年代常常伴随着各种政治运动开展。[103]

当权者利用人们的"故乡情结"来达到他们的目的,穷苦大众的"故乡情结"则是他们生活的支柱。无论是黄包车夫、码头小工、各种没有技能的临时工还是失业者、流浪汉,如果在城里实在混不下去,就干脆卷起铺盖回家。城里有的穷人在家乡仍然拥有一小块土地,有的还是当地的佃户。[104]1929—1931年,社会学家兰姆森对杨树浦地区的工人阶层进行调查后发现:"人们如果做生意失败或者被解雇,就会回到乡下他们的老家去。"[105]

对于那些境况比较好的人或者那些已经在城里安顿下来的人们,故乡仍然值得他们重视。经商的人都感觉到,在这个移民城市里,有同乡构成的关系网可以让生意开展得更为顺畅。表1显示了上海的几个所谓"乡帮"和"业帮"的交叉关系。一种生意往往由来自一个地方的人垄断这种现象,其实早在上海成为通商口岸之前就产生了。传统的贸易组织,比如行会,有的根据从业人员的祖籍自然形成并以此命名(如广肇公所),也有的根据他们经营的行当来命名(如豆业公所)。1842年之前,上海有

30个这样的行业协会。西风东渐后,这些行会非但没有消亡,反而随着近代上海的崛起愈加兴旺起来。到1911年,类似的行会增加到了108个。[106]大家都知道什么地方的人倾向于做什么生意,随便可以举出一串这样的例子,比如广东人基本上做烟草、鸦片、外国小百货生意,安徽商人经营茶叶和丝绸,江苏、浙江、山西人从事银行金融业的比较多,等等。当城市工业飞速发展的时候,不仅仅是商人,甚至是他们的雇员也形成了各式各样的同乡会。这样的区分随处都是(尽管也不是绝对严格):印刷织染业基本由嵊县、东阳、新昌、杭州、绍兴、湖州(以上都属于浙江省)和常州等地的人包揽,面粉加工和榨油业由无锡、海门、宁波、绍兴和湖北人包揽,船运业是广东、天津和宁波人的生意,而河北人和山东人大多来上海当警察。[107]

表1 民国时期上海"乡帮""业帮"一览表

故乡(乡帮)	贸易(业帮)
山东	抽丝剥茧
会宁	茶叶、木材、造纸、制墨、典当行
江西	中药、瓷器、造纸、纺织、四川中药材、制蜡
无锡	丝绸、猪肉、腊肉
金华	火腿
钱江	丝绸、绸缎
绍兴	酿酒、燃煤制品、鲜鱼、钱庄
宁波	纺织、杂货店、燃煤制品、鲜鱼、中药
福建	木材、漆器、烟草
广东	丝织、杂货店、制糖、广东菜
苏州	制扇、茶叶、点心店
温州	制席、制伞

资料来源:沈伯经、陈怀圃著《上海市指南》,第347页。

工厂老板喜欢从他们的家乡招募工人。曾有留美经历，后来回国投资纺织业，并成为中国早期工业发展象征的实业家穆藕初，1919年就开始从他的家乡湖南招募工人到上海的棉纺厂工作。[108]招工广告这样写道：因为湖南连年战乱，当地人们尤其是妇女儿童的生活十分艰难。所以我将我厂里的部分招工名额留给湖南妇女，这样做是为了让人们相信妇女也能靠双手自己自食其力，为了训练熟练的纺织工人，并为将来湖南的纺织厂做好准备。[109]

上述这种招工政策几乎成了行规。20世纪中国最为知名的企业家之一刘鸿生，从1936年开始，他的工厂从他的老家浙江定海招工长达十年之久。他本人就制定了这一政策。[110]另一名资本家王大班，在宁波从商店学徒工做起，做到在上海和宁波拥有五家工厂，他也喜欢从老家宁波招收工人。1935年他在上海设立了一家印染厂，厂里第一批工人全部来自他的家乡，"宁波帮"是他厂里的顶梁柱。[111]

在中国人自己创办的第一家现代化面粉厂——阜丰面粉厂里，故乡情结起到了至关重要的作用。1898年来自安徽的孙氏家族在上海创办了这家工厂。到1937年，它已经享有"远东第一"的美誉。尽管如此，它的管理手法还是非常家族化的。在将近50年的时间里，这家厂的经营者和主管人员无一例外，全部由来自安徽的孙氏家族中的人员担任，雇员中90%是安徽人，许多人直接从孙家的故乡寿州地区招募而来。他们不仅仅是所谓的"旧式农民"，更多地被看作是孙家的佃农：许多人自己在孙家工厂里做工，家人则在家乡租种孙家的农田。[112]

同样的故乡情结在雇主和雇员之间建立起一种自然而然的联系，使得管理更为方便：工人们因为老板给了他们一份工作而感恩戴德，老板看到自己的同乡在车间里挥锤苦干也觉得放心。不过故乡情结在生意和工作中的作用并不仅仅限于实用性，也带有感情成分。它反映出上海人潜在的双重性：一方面，他们很乐意自己被看作上海人；另一方面，他们又竭尽所能和故乡保持某种联系。这和美国的一些族裔尽量想保持本民族文化的想法不谋而合。因为上海是个移民城市,在《上海名人传》(*Who's Who of Shanghai*)里列出的"上海名人"当中,大概只有1/10才是真正意义上的上海人,但是大家都习惯把上面介绍的所有人看作上海人,其标题就是《上海工商名人录》或者《上海名人像传》,等等。在人名前往往会注明他的故乡,例如"余杭章太炎""吴兴陈其美""佛山吴趼人"等。[113] 他们在上海居住,在上海创业,可能在上海待上一辈子,可是他们有不同的故乡。这就像"美籍爱尔兰裔""美籍犹太裔""美籍华裔"的区别一样。

当人们认同并且吸收一种新的文化的时候,语言往往是最基本和最深刻的方面。历史学家熊月之指出:区别一个人是不是"上海人"的首要标准就是看他所说的上海方言。如果这个人说的上海话(即上海市区的方言)不标准,那么这个人肯定不会被视作真正的上海人。[114] 这一标准似乎更适用于当今的上海。1949年前,外地移民大量涌入上海,带来了他们各自的方言。1949年以后,在严格的户籍制度的管理下,外地人在上海的数量大为减少与之相对应的是,产生了至少两代出生在上海说着纯正上海话的人。此外,在移民带来的各地方言的直接影响下,上海话本身也已有了某些变化。

上海方言源于松江方言的一支,直到1850年之前一直是上海地区的通用方言。19世纪中期,汉学家艾约瑟(Joseph Edkins,1823—1905)研究后认为:上海话的发音基本上沿袭松江方言的发音,并且带有一点点浦东口音。也就是说,在开埠初期的几十年中,上海话保持着原貌。[115] 直到今天上海近郊地区,特别是奉贤、南汇和松江等地,仍然说着这种"带浦东口音的松江话"。

20世纪的上海方言受到了苏州和宁波等地方言的影响,已经与以前有所不同了。这显然是因为19世纪晚期上述地方的移民数量之大造成的。

上海话可能是中国最年轻的地方性语言了：它形成于十九、二十世纪之交，到民国初期逐渐成型。1916 年，语言学家金多士（Gilbert McIntosh）在他出版的研究上海方言的专著中加入了大量新的词汇用语，显示出上海话正在吸收新鲜血液。[116] 民国时期，原先那种带有松江或浦东口音的上海方言渐渐地成了"乡下人"才说的话，"城里人"说的是另一种流行的"上海话"。实际上，这类"上海话"通行的区域仅仅限于中心城区，范围并不广，也就是外国租界以及它的周边地区，最多不过 60 平方英里。浦东人说话的口音和浦西人有一点点不同，使人们容易区分"城里人"和"乡下人"。[117]

具有讽刺意味的是：在这座人们对各地方言都习以为常的移民城市里，上海话的根源——松江和浦东口音却被大家视作"乡下话"。上海人喜欢根据祖籍和年龄来昵称那些说话带着地方口音的人，比如"小绍兴""老广东""小苏州""老宁波"等等，这通常是表示亲切的称呼，并不一定带有偏见和歧视的意思。[118] 就好像许多移民到美国的人习惯在家中说母语一样，上海人也习惯在说上海话的同时说自己的家乡方言。[119]

鱼龙混杂

到 20 世纪 30 年代，上海已经成为一个拥有 300 万外来人口的城市，人们为了各种各样的目的来到这个大都市求生存。对于特权阶层而言，是为了财富、政权或者知识——上海是他们成为社会精英的基地；对于穷人们来说，上海好像一个脆弱的救生圈，给他们以希望。而对广大的普通民众来说，上海就是一座能使他们的生活变得较为富裕的实实在在的城市。像世界上每座城市一样，上海有着各类人物的共存、各种阶层的组合，同时这个城市又有着与众不同之处。

至此为止，我们横向地观察了住在上海的形形色色的人们，包括不同种族不同国籍的外国人，以及来自全国各地的中国人。下面让我们纵向地观察一下近代上海居民的社会和经济层次。

社会精英

上海商业贸易的繁荣和安全（当然是由外国势力决定的）使这个城市成为富有的中国人的真正天堂。从20世纪早期开始，官僚、军阀、政客、地主、文人以及各种各样的资本家和富豪来到上海，追寻他们需要的舒适奢华的生活。

从太平天国起义开始，江南地区许多富有的地主、商人和文人们便纷纷逃往上海。这些有钱的移民基本上分为两类：一类是利用上海良好的商业环境进行各种投资，并赚了大钱。这类人是上海的买办阶层和现代企业得以发展扩大的中坚力量，下面我会谈到。另一类人之所以选择上海，首先是由于它的安全和自由。那时候，隐退到上海，在中国的富人和名人中间十分流行。那些看起来只是为了追求所谓"舒适的流放"，逃避责任和复杂的利害关系才来到上海的人被称作"寓公"。当然谁都知道，不是每位"寓公"都是真正的隐退者。对于政客而言，到上海暂避风头，积蓄力量，酝酿下一步计划，不失为东山再起的良好策略。[120]

无论如何，这些名人都为上海留下了一笔财富，那就是他们建造的漂亮房子和花园。比如，从1914年直到去世，清末改革家康有为（1858—1927）在上海有三所大宅。其中位于公共租界的那幢房子最大，以至于他搬出去以后，先是改建成一座佛庙，后来又成了一家制药厂（保存至今）。他的另一处住宅1930年遭到破坏，之后改建成一条拥有29幢3层楼房子的新式里弄（一楼还有车库）。1988年，这条弄堂住了222户人家，共有828人。[121]官场要人盛宣怀（1844—1916）1911年以后也住在上海：他那豪华的西式风格的住宅现在已经成了日本领事馆。[122]许多公务繁忙而没有时间长住上海做"寓公"的政治家也在上海拥有别墅，比如李鸿章（1823—1901）就有一幢洋房给他的情妇丁香住。这幢房子因将漂亮的中国式花园和别致的欧式建筑风格完美结合而闻名，一直保存到现在。[123] 国民党高官们几乎无一例外在上海拥有住宅。在城市西区安静的林荫道旁坐落着南京国民政府许多重要官员的住所。[124] 上海似乎比当时的首都南京更适宜于解决复杂而敏感的政治问题。如果说 1927 年以后的南京是一个大舞台，一幕幕的政治活剧在此上演，那么上海就好比是这个舞台的后台。[125]

不仅仅是重要的政治事件在上海酝酿，重大的商业活动也往往在上海举行。至少在 19 世纪，凡是重大的商业活动都通过买办作为中间人来安排的。买办们为外国商行实行代理服务。他们通常头脑机敏，能说外语——最常见的是说洋泾浜英语——对外国的商业运作规则和顾客要求有一定的了解。如果没有了他们，外国公司就会很难，甚至不可能在中国开展业务。19 世纪中期，几乎没有中国人会说外语，也没有外国人会说中文。而且那时候，西方商人对中国市场体系以及中国人做生意的方式充其量也只有一点大概的认识。所以多数中国商人并不直接同外国人打交道，买办则成为生意运作环节中至关重要的人物，为此他们得到了很高的回报：高薪水和佣金（佣金往往高出薪水许多），所以他们很快成了 19 世纪下半叶中国最早的一批暴发户。[126]

上海的买办阶层基本上都来自广东和几个江南城市，比如宁波、苏州等地的移民。在 19 世纪下半叶，罗素公司（1846 年由美国人创办）在上海雇了 10 个买办，怡和洋行（1843 年由英国人创办）雇了 15 个买办，而宝顺洋行（1843 年由英国人创办）则雇了 6 个。他们没有一个是上海本地人。[127] 外国银行的买办多数是宁波和苏州人。他们出身于 19 世纪晚期迁到上海来的一些当地富裕家庭，年轻时学过英语，然后进洋行做事，一开始可能做一般职员，渐渐地成为一名买办。在外国银行当买办者往往曾在中国的钱庄做过。买办这个职业常常是代代相传的，因此在 19 世纪末 20 世纪初的时候出现了一批"买办世家"。[128]

　　大多数买办一边为洋行工作，一边也经营自己的生意。20 世纪 20 年代以后，买办在商业活动中的地位不再像当初那般重要，但买办阶层仍然是中国社会中最为富有的一族。共产党将他们归入"买办资本家"阶级，作为革命打击的重点。事实上也是这样，上海不少成功的资本家，尤其是大型企业的创办人，都曾经是买办。由 1902 年成立的上海总商会成员的组成可见一斑，这一组织是 20 世纪早期上海最有影响的商业组织。[129]1925—1926 年间，总商会 45% 的董事和 22% 的会员拥有双重身份：既当买办，又当老板。[130]

　　无论他们做的是何种生意，上海企业家中大多数是移民而非上海本地人。1923 年，上海总商会 86% 的成员是浙江人。1924 年，该会由 35 人组成的董事会中只有 4 个是上海本地人。[131]1921 年，69 家钱庄只有 7 家是上海本地人开的；到了 1933 年，在上海的 72 家钱庄中上海人开的只有 3 家。[132]1944 年，上海的 177 家房地产公司只有 35 家（占 1/5）由上海本地人经营。[133]

　　上海是近代中国的工业重镇，而 20 世纪早期的上海资本家们，正如柯博文（Parks Coble）所指出的那样，"形成了中国本土最具实力的经济团体"[134]。1927 年以前中国民族工业企业中，超过 1/5 落户上海，上海集中了全国 1/4 以上的民族工业资本。1932—1933 年间，全中国共有 2 435 家现代工厂（指的是那些完全机械化生产并且雇用至少 30 名工人的工厂），其中一半位于上海。[135] 由此可见，如果要认真研究中国的资产阶级必须着眼于上海。正如白吉尔（Bergère）所指出的，上海的资本家们不仅仅"看上去一望而知，而且在中国所有的企业家中，他们是最活跃而且人数最多的。几乎所有的企业家都喜欢按照某种地方标准以团体行动的方式处理各种日常事务。如果忽视这种由于地理位置产生的特点，你就无法运用相近的马克思主义原理分析他们的类别和内在特征"[136]。我们或许还可以补充说，上海的资产阶级其实并非真正是"上海"的资产阶级，多数不是本地人。但正是由于上海的资本家们来自全国各地，这一点使得他们的活动影响已不仅仅限于上海一地，而是影响到一个很广阔的范围。上海资本家的地域特征及其带来的影响极大地提高了资产阶级在中国的地位。

让我们把目光从商人身上移开，来看看需要受教育层次较高的职业，我们从中发现了另外一些精英。他们从事包括西医、主管经理、会计师、律师、工程师等职业，有的受雇于各类现代产业（工业、银行业、运输业、通信业等），也有的自己当老板。尽管他们的人数还不到整个上海市总人口的1%，但也远远超出了中国其他城市。[137] 不少从事上述职业的人也参与各种投资，可以说他们既是白领打工者，同时也是资本家。他们都接受过高等教育，多数毕业于教会学校；有的出洋留学归来。他们的公众形象是：穿西装，与洋人往来，说一口流利的英语（至少一部分人是这样）。他们的住宅位于安静而舒适的上海西区，通常是花园里弄或者洋房。像静安寺路（现南京西路）的西段、愚园路以及一些被称作"越界筑路"（就是与租界相邻）的路段，布满了他们优雅的住所。[138] 不少人拥有私人汽车（或者黄包车），家里雇佣人，是各类俱乐部的常客。在他们同胞们的眼里，这些生活西化的人与自己截然不同：他们是"高等华人"。

另一类精英则是被称作"文化精英"的人——作家、演员、画家、音乐家、电影明星等。他们创造并且发展了具有上海特色的文化——海派文化，可是在与传统的京派文化的较量中，海派文化日趋式微。海派和京派文化的区别最初是从19世纪后期两地不同的绘画风格中显现出来，后来逐渐波及其他文化领域，诸如戏剧与文学。两种文化的竞争（至少海派文化代表者们认为竞争确实存在）演变为以上海为中心的自由而富有活力的文化与北京所代表的传统而保守的文化之间的竞争。

清同治年间（1862—1874）从江南地区移民到上海的人中有着不少专业或者业余画家，许多画家都可以称之为传统意义上的"文人"。但他们选择住在外国租界里，靠卖画为生，而不是像正统画家那样为皇室或者政府服务。因为文人社会通常认为绘画的目的是为了提高自身修养，所以上海的画家们为了谋生而绘画的商业行为被视作敝俗。[139] 后来，戏剧也逐渐走向商业化。在上海上演的京剧被改编成南方风格，或者说是上海风格；上海风格的京剧重视各种丰富奢华的陪衬（服装和舞台布景）而甚于表演本身，以此来吸引为数众多的观众。[140]

到了民国时期，"海派"这个词开始与文学联系起来。"鸳鸯蝴蝶派"小说是最早的"海派文学"。海外风格的小说讲求娱乐性，以凄楚动人的爱情故事为主线，虽然头脑清醒一点的读者也能从中发现某种社会和道德价值。[141] 鸳鸯蝴蝶派的作品在民国早期的上海文学界处于主导地位：20世纪一二十年代，中国几乎一半的文学杂志是在上海出版的，刊登的都是这类作品。从1908—1938年的30年间，上海出版了180种鸳鸯蝴蝶派的报刊杂志；仅仅1914年，一年间，就有21种新的此类报刊在上海出版。[142]

但是鸳鸯蝴蝶派并不能代表所有的出版物。近代上海是中国出版业的中心。从19世纪末一直到1956年私人所有制向集体所有制转化的时候，上海共有大大小小约600家出版社（还不包括报社和杂志社），其中大部分创办于民国时期。位于公共租界的福州路和河南路书店林立，是全国知名的"文化街"。[143] 民国时期再也没有其他城市像上海那样出版自由，文化繁荣。

这座城市因此吸引了或者说培育了中国最为卓越的知识分子。新文化运动的先驱胡适回忆起他在上海接受的早期教育（1904—1910）使他成为查尔斯·达尔文（Charles Darwin，1809—1882）和托马斯·赫胥黎（Thomas Huxley，1825—1895）热情的追随者，并成为推动中国语言文化发展的先驱。[144]20 世纪中国的许多杰出作家,如鲁迅、茅盾、郁达夫、夏衍等,以及先进知识分子如陈独秀、瞿秋白等,都在上海住过相当长的一段时间,也在上海出版了他们的作品。他们都不是上海人,只是匆匆的过客。当时上海的生机和活力激励着他们创作出影响了整个时代的经典。

从经济角度来讲,这些知识分子处于社会精英阶层的中下级。他们的个人财富无法与那些大资本家或者社会要员相提并论。但是他们的收入足以使他们过上舒适的日子,比如一位多产的流行小说作家在 20 世纪 20 年代每月可以挣到 300 元。作家包天笑每天上午为一本小说杂志写上 3 个小时,下午和晚上则为报纸写专栏,在 1907 年每月收入为 120 元。[145]1921 年茅盾在一家商业性刊物当编辑,月工资 100 元。据郁达夫的夫人回忆,20 世纪 20 年代后期,郁达夫每月的版税收入约有 100—200 元。[146] 与之形成对比的是,1926 年一名熟练的技术工人的月薪为 30—40 元,这点钱已经足够养活一家五口。[147] 因为上海居住空间相对拥挤,一名作家的收入允许他(她)租一间普通的弄堂房子,与工人或者店员比邻而居。可是他们之间的差距还是比较明显的。许多作家(包括鲁迅、茅盾、郁达夫等著名作家)有能力租下一整幢里弄房子,而他们的邻居只能和其他房客合租。

如同金字塔一样,这些生活宽裕的作家们位于塔的顶端,而塔的下部则是许许多多刚刚来到上海的年轻知识分子,他们多数以当自由撰稿人为生。从经济角度而言,这些年轻作家可能还无法跻身社会精英的行列,他们写作的收入并不比一般的技工或者店主高。为了人生理想而奋斗的他们住在上海弄堂的"亭子间"里(详见第四章),在与平民为伍的同时维持着精神上的精英状态。仔细看来,民国时期上海的知识分子其实和拿破仑战争以后处于法国工业发展阶段的法国作家、诗人们颇有相似之处,与 20 世纪 20 年代那些前往欧洲寻找更适合表达自我环境的美国作家也有可比之处。考雷（Cowley）关于20世纪二三十年代一群逗留巴黎的美国作家的描述同样可以用于几乎同时期居住在上海的作家们："他们中的一些人成了革命家，另一些人在纯粹的艺术中寻求精神安慰；但是他们所有人都追寻着能够令他们满意的现实世界，在这个世界中，尽管周围是木匠和店员，他们仍然可以悄然地怀有贵族般的心态。"[148]

小市民们

"小市民"是一个统称，通常用来形容城市中那些位于中等或者中下阶层的人们。这个形容其实不见得准确，就好像我们习惯上给社会各个阶层分类一样。"小市民"的含义比较模糊，很难说清哪些人属于这一类而哪些人不包括在内。位于社会顶层的精英和处于社会底层的穷人们从来不会被称为"小市民"，它仅仅用来指称那些位于这两个阶层之间的人们。

这个词被到处运用，更使得它的含义模糊不清。每个人都知道"小市民"是什么意思，却没有人说得清它究竟是怎么来的，到底代表些什么。在西方，对中国的小市民形象讨论最多的是20世纪中国小说和杂志的读者。西方最早研究小市民形象的学者林培瑞曾经引用中国辞典中的话来解释"小市民"的含义：中产阶级或者小资产阶级。他还指出："小市民"一词包括小商贩、各类公司职员、高中学生、家庭主妇和其他受过一定教育的、生活富裕的都市人。这些人是20世纪二三十年代鸳鸯蝴蝶派小说的忠实读者。[149]根据魏斐德（Frederic Wakeman）和叶文心（Wen-shin Yeh）的研究，民国时期小市民"由大量的阅读像《生活》这类杂志的都市新生人群组成"。这些人包括"有文化的公司职员和商业学徒、制造行业从业者、各类专职人员、各类服务行业人员以及中小学和师范学校的教师们"。[150]

然而"中产阶级"一词并不能准确地描述某个社会群体的特征，有时甚至会造成误解（原因之一是当代人对某一词语已有的先入为主的观念）的时候，在某些方面，上海的小市民阶层和早期德国的 Kleinbürger 阶层有不少相似之处。和小市民一样，Kleinbürger 阶层也是"无论从社会地位上还是从经济地位上看，都与资产阶级或者无产阶级有着明显区别"。他们中有小手工业者、小店主、小商人、低等官员等，都是些"有着狭窄和单一人生观"的人们。这样的描述说的也正是中国小市民们的精神状态（详见以后的章节）。所以历史学家克里斯托芬·弗里德里克斯（Christopher Friedrichs）认为"中下阶级"一词才是"Kleinbürger"最准确的翻译。[151]

看来在研究"小市民"这一定义的过程中，人们主要以他们的职业为标准，而没有注意到他们之所以能形成一个群体的原因。实际上，"小市民"这个表述本身就隐约透露出一丝与群体有关的共同性。从单纯的名词学观点来看，"小市民"一词包含两个部分：一是"小"，二是"市民"。这里，"市民"强调了人的居住地区（是城里人，而不是农村人），"小"强调了此人的社会地位（是个小角色，不是大人物）。两个部分合在一起，"小市民"强烈地显示出一个人的社区背景。当人们用"小市民"来形容一个人时，经常的含义是"此人来自普通的街坊"。旧时曾经有一个类似的词语来形容普通的城镇居民——"市井之辈"。所以"小市民"本身就表明了一种以居住社区为基础的社会等级。当这个词被用来形容某人时，人们首先想到的是这个人的观点和见解被他（她）的生活环境限制了。[152]

在近代上海，"小市民"这个概念与石库门住房有着密切的关系。出现于19世纪晚期的石库门建筑最早是富裕人家才住得起的。后来这种建筑形式经历了一系列简化，主要是房型缩小，建造成本也随之降低。到了20世纪早期，这类房子成为上海最普通的住宅形式，住户大多是中等或者中等偏下收入的市民。也就是说,石库门是上海小市民的家。在这座城市里,"石库门里的小市民"是一种经常的提法。[153]

所谓的"职员"是上海小资产阶级的主要组成部分,也是石库门的主要居民之一。"职员"组成涉及广泛,包括坐办公室的、文员、各类白领以及店员等。根据某种定义,"职员"是指服务于经济、文化、政治机构的人员。[154] 表2列举了20世纪30年代上海存在的各种职员类型。到30年代晚期,上海大约有250 000—300 000人从事职员工作。[155] 如果算上他们的家属,这个数字不会低于150万,换句话说,这个数字占了当时上海总人口数的40%(当时上海共有350万人口)。[156]

表2 民国时期上海的职员(白领雇员)概况一览

年份	从事行业	职员人数
1934	店铺(老式)	82 900
1936	六大百货公司	3 000
1936	五金店和西药房	9 200
1936	银行金融业	10 000
1936	大中学校	13 500
1933	新闻媒体	15 000—17 000
1934	邮政运输	10 000
1937	外国商行	45 000
1936	法租界公董局	1 400
1936	政府部门	2 100
1938	工厂办公室以及其他办公室职员	80 000—100 000

资料来源:张仲礼编《近代上海城市研究》,第724页;朱邦兴等著《上海产业与上海职工》,第701-702页。

小市民的另一主要部分是工厂工人。说到近代中国的工人阶级,中外学者常常采取概括的手法,言辞老套。在中国,出于官方意识形态的需要,工人被塑造成一种领导革命的统一的无产阶级形象。而国外学者曾由于缺少相关信息，无法做详尽的研究。最近国外学者的这个薄弱之处已经被有效地补救了。近期关于中国劳工阶级的研究认为，产业工人是一个高度分化的群体，他们因个人的出身、工作的种类和自身的性别而有种种层次和差别。[157]但我们必须注意，研究工人的居住模式也十分重要。工人们住在哪里，住在什么样的房子里，不仅仅表明他们的经济地位，而且对他们的人生观有着深远的影响，这种影响就像工作场所对人发挥的作用一样重要。

20世纪30年代早期的研究得出这样的结论：上海工人住房类型主要有三种，即里弄房子或石库门房子、老式平房、棚户区。在对76 218间工人住宅的调查中发现，里弄房子也是上海小市民的典型住宅，占37%。这类房子上海随处可见，是大约一半的上海工人和他们家庭的住宅。[158]

研究还发现，住在"工人区"和"非工人区"的区分并不严格。产业工人的家可能住在离工厂很远的"白领"住宅区里。[159]也就是说，有相当多的工人不只是和工人住在一起，他们的邻居包括社会各式人等。住在这里的工人多是熟练的技术工人（包括少数女性）。他们在工厂里已经工作了很长时间，工作比较稳定（相对于那些临时工而言），住在石库门房子里的工人家庭与他们那些处于社会底层的"阶级兄弟"——临时工、长工、各类没有技术的劳力有很大不同。后者因为贫困，只能在城市边缘聚居，被住在石库门而心满意足的小市民轻蔑地称为乡下苦力或"乡巴佬"，[160]更别提那些孤傲冷漠的富人们对他们的态度了。

城市贫民

大部分上海人将棚户居民看作"乡下人"，其原因不难理解。这些城市贫民原先都是农民。如果有一份稳定的工作和一处位于市区的住所是评价一个人是否"城市化"的基本标准，那么这些农民虽然进了城，但并未完全"城市化"。作为新移民,他们缺乏找到好工作的三个基本条件:技能、金钱和良好的社会关系。

首先,几乎所有的农民都既无技能又无文化。其次,因为他们付不起学手艺或者做学徒必须付的"定金"(也就是一笔钱),他们在上海工作的机会就大大减少了。定金数目取决于手艺种类(或不同工厂),一般是相关行业两个月的薪水。[161] 可是穷人们就是付不起这样一笔数目不小的定金,因此他们在寻求稳定职业的第一步就遇到了障碍。最后,贫穷的乡下人在城里谁也不认识,没有人可以在找工作方面帮他们的忙。他们最多只能找在上海的亲戚、同乡或者比他们早来的熟人。可是这些人往往处于社会最底层,帮不了他们什么忙。即使能帮,也就是帮新来者在上海的贫民窟里找一个立足之地而已。[162]

一方面,第一次世界大战后,上海现代工业的发展以及随之而来的城市发展带来了无数的工作机会,也使得城市生活更为丰富多彩。这对农民来说无疑是一种强大的诱惑力。另一方面,农村的经济和社会状况持续恶化,战事频仍,盗匪猖獗,民国时期连续的天灾人祸使一大批生活艰难的农民把城市看成了庇护所。20世纪早期的上海正是他们想象中的天堂。这样一来,大量乡下穷人拼命涌向上海,寻求改善生活的机会。

民国时期上海城市贫民中最大的群体是由黄包车夫、码头工人、街头乞儿以及无数的临时工和失业者组成的。20世纪20年代中期,上海总共约有黄包车夫62 000人,手推车工和马夫22 000人,码头工人35 500;20年代晚期,码头工人的数量约是50 000—60 000人;到了30年代中期,上海有20 000—25 000个街头乞儿;30年代晚期到40年代早期,黄包车夫有100 000人。[163] 以上数字还不包括厂里的临时工和没有工作的人。到民国末年,几乎有上百万这样的人住在上海的棚户区里。

如前所述,并非所有的工人都是穷人,但许多工人的确是城市贫民的一员。当一些技术熟练的工人在工厂里拥有稳定的工作,住在普通的中下阶层居住的里弄房子里，跻身于小市民阶层的时候，临时工们只能在社会底层挣扎。至于哪年上海究竟有多少临时工的准确数据无从得知，因为所有关于"工人"的统计都是包括长工和临时工在内的。据官方统计，1920 年上海的工人总数为 181 485 人，1928 年有 223 681 人，到 1950 年 1 月达到 394 654 人。[164] 尽管从这些数字里我们看不出长工和临时工的比例，但实际上在民国时期雇佣临时工是一种日益普及的现象。所以我们有理由认为上海的工人阶层中有相当大的一部分是临时工，他们报酬很低，还经常面临失业的危险。

到民国末年，这些临时工、流浪者、无业者和没有稳定职业的人们，以及他们的家庭，在上海总共 500 万的人口中占到将近 1/4。[165] 像任何一个国家的底层人民一样，他们被社会大众歧视，但是并不能被忽略。

这一人群在城市生活中的重要性不仅仅在于他们的庞大人数，也在于他们的社会背景。和这个城里的大多数人一样，穷人们也是因为几乎相同的理由来到上海：为了过一种较好的生活。城市贫民几乎毫无例外的农村背景反映出 20 世纪中国社会的深层现象：对于千千万万的农民来说，城市生活哪怕千辛万苦，也已经是一种提高。上海人力车夫的世界，即为这种追求提供了一个有力且富于启发性的活例。

第二章　人力车世界

　　1926年7月，胡适（1891—1962）来到哈尔滨。这座城市曾是沙俄享有行政权的区域，因其异国管理所遗留的影响，而被称为"北中国的上海"。作为租界时期的一种遗风，这里不准用人力车，城外则满街都是人力车。[1]胡适被二者的截然不同震惊了，他感叹说他在这里发现了"东西文明的交界点"，并进一步下定论说，这条界线"只是人力车文明与摩托车文明的界线"[2]。

　　20世纪早期，人力车是中国城市落后的一种象征，而人力车苦力仍是"他那阶层的典型代表"[3]。如果上海没有人力车，它会是一个截然不同的城市。然而这类交通工具的重要性并不在于它在城市交通系统中的作用，也不在于它对市容风貌的影响，而在于它是一种成千上万的百姓赖以生存的行业。[4]

　　有关这种简易车辆的话题是无数五花八门的老城故事之一。人力车的辘辘声折射出这个城市的生活节律，这不仅是指穿行在城市间的车轮辗在柏油马路上发出的嘈杂声，而更指喧闹的人力车交易是这个城市商业文化的一部分。人力车夫无疑备受剥削和压迫，但在这个行业中他们也找到了生存的机会。正如人力车的"落后"只是相对其他交通工具而言，人力车夫的贫困也非绝对。

人力车

　　许多经由上海引入近代中国的事物都与西方有关，人力车也是如此。1873年春，一个名叫米拉（Menard）的法国商人，从日本来到上海，一心想仿效日本获利丰厚的人力车业开一家人力车公司。[5] 6月初，他向法租界公董局申请一项经营"手推车"的十年专利。公董局就这一申请做了讨论，并与英租界工部局商议。公董局否决了米拉的专利申请，但允许他开业，因为这类车的营运既能改善交通状况又能增加税收。公董局计划在年内启用1 000辆人力车，分两次发照，每次500辆，公董局共发放了20张牌照，每一张为25辆。米拉蒙惠得到12张，经营300辆人力车。[6]

　　不久，报纸做了宣传。8月份，上海最有影响的中文报《申报》报道了人力车即将出现的消息，并指明这种车是由西方商人从日本引入中国的。[7] 1874年3月24日，米拉注册了上海第一家人力车公司。1874年的后三个季度，上海又有9家人力车公司开业，业主都是西方人。那年年底，这十家公司已有近千辆人力车营运街头。[8]

　　"rickshaw"或者"ricksha"一词源于日本jinriksha一词，意为"人力车"，[9] 中国也沿用了该词，但上海没有普遍使用这一名称。在这个城市，人力车最初叫作"东洋车"。这个名字说明了这种车辆的日本来源。1913年，为了区别于私人包车，上海工部局公布了一项规则，所有公共人力车须漆成黄色。以后，人力车普遍被称为"黄包车"，黄包车成为这种车辆最为人熟知的名称。[10]

　　一经引进，人力车便一发不可收地流行开来。1882年，上海租界内已有1 500辆；到了1914年，单单公共租界就有9 178辆。[11] 作为交通工具的一种类型，人力车的好处是明显的。独轮车曾是19世纪上海主要的交通工具，与之相比，人力车舒适得多。在引入中国后，通过数十年的技术改进，人力车更适合乘坐了。这种技术改进包括废弃外围箍铁的木轮，改用实心的橡皮轮，最后改用打气轮胎；增加了靠背，使乘客更舒适；原先又平又硬的车座改换成弹簧坐垫；添加了车灯等。[12]人力车的车费是城市一般平民能够承受的，在20世纪20年代末30年代初，一英里左右的路程（人们雇车最通常的路程）收费不到二角（表3）。这相当于当时乘一次出租车给司机的小费。[13]

表3 1917—1937年上海人力车票价

路程	
1英里以下（起步费）	1角
第1英里以后每半英里以内	1角
时间	
1小时以内	5角
第一个小时以后每小时内	4角—5角

（资料来源：Fang Fu-an，"Rickshaws in China"，800；Darwent，*Shanghai*，XIV．）

注：这是上海工部局官方定价，但执行并不严。实际收费偏高，通常以车夫与乘客双方谈价而定。在1933—1934年有关人力车的辩论中，许多人甚至不知道存在官方定价。见郭崇阶著《上海市的人力车问题》，19—20页；Darwent，Shanghai，XIV；Pal，Shanghai Saga，168-170。

然而，人力车最大的益处在于它的灵活性。用不着生硬地挤撞，便可以轻松自如地通过每一个拐角，在城里无数弯曲而狭窄的街道小巷中穿梭，而这是汽车绝对做不到的（图4）。[14]它的灵活性还表现在，它可以随时随地应乘客要求停车，而不像公共汽车和有轨电车，有固定的班次和站点。一个西方人曾写道："台风季节来临时，车夫会兴冲冲地将你从门前背到黄包车上，或从车上背到门前，以免你弄湿了鞋子。"[15]

19世纪末，人力车已是该市最常用的交通工具。[16]上海的三个辖区中，公共租界作为现代上海的核心部分，很能说明问题。1900年，界内有4 647辆公共人力车。1907年间，数量增加到8 204辆。[17]而在20世纪30年代，上海街道上发照营运的公共人力车已超过23 000辆，平均每

150人一辆。[18]

表4 上海的公共人力车状况（1934年）

区域	人力车[a]	人力车公司	人力车夫
沪北[b]	2 900	805	8 700
沪南	6 014	1 292	18 042
沪西	3 124	1 215	9 372
浦东	1 078	180	2 156
吴淞	200	175	400
公共租界	9 990	1 148	39 960
总计	23 306	4 815	78 630

（资料来源：上海市出租汽车公司党史编写组编《上海出租汽车人力车工人运动史》，第75页。）

注：a 上海市公用事业管理局所撰《上海公用事业》，第250页中统计数据稍有不同：20世纪30年代中期上海人力车总数为23 335辆。Tim Wright,"Shanghai Imperialists versus Rickshaw Reforms";Perry, *Shanghai in Strike*,266. 这两份资料中，华界的人力车总数也是23 335辆。

b 沪北主要组成部分是闸北，沪南包括法租界和南市（老城厢和周边部分）。浦东包括四个镇：洋泾、塘桥、高桥、陆行。

1899年，即韦尔斯桥调查（Willis Bridge Survey）的同年，上海工部局开始发行私家人力车（俗称"包车"）的牌照。[19] 1907年，公共租界签发了5 625张包车牌照。[20] 1924年，公共租界内的19 882辆人力车中，就有9 882辆是包车（图4）。[21] 这些包车有时也像公共人力车一样，被称为黄包车，但实际上它们被漆成黑色。尽管公共人力车与包车是同一种车，但很容易分辨出二者的区别。公共人力车不仅漆有黄色，而且一般看上去肮脏破旧，尽管它们绝少在途中抛锚。对于这些外观破烂的车辆，一个外国目击者讥讽说："对于来中国不久的外国人来说，这摇摇欲坠的人力车应该不会把人吓出神经病的，因为到中国的访客不用在此待很久就会遇到奇迹。中国的事情（包括现在的政府）看上去总是像马上就要彻底崩溃,可是不知为什么老是不会完蛋。"[22] 恒久不变的是,私人的包车总是擦得锃亮,被仔细地保养着,而且有"毫无污迹的白色双人座,铺于乘客膝头的干净格子花布,雨天保护乘客的宽大的防雨布"[23]。

图 4　人力车夫提供实实在在的上门服务。这几个车夫正候在一个弄堂口。拱门内是一排排楼房。弄堂口右边是挂有巨幅布幌的杂货店,左边则是一家裁缝铺。通常,弄堂口两边是一家连一家的店铺。这里的居民购物或者坐车,都只需走几步路。(图片来源: R. Barz, *Shanghai:Sketches of Present-Day Shanghai*)

那个时代,拥有一辆私人汽车并雇用一个司机就意味着是最富有的阶层,拥有一辆包车还配上一名车夫(或者,相当于20世纪40年代末拥有一辆三轮车并雇用一名车夫),就是许多中上阶层家庭奢侈的享受了。[24] 一般家庭(无论中外)都愿意雇用公共人力车夫,通常是为一些特定的目的,诸如接送孩子上学、购物等一些有固定时间的短程出车。[25] 经营人力车是一项盈利丰厚的生意。据一则报告称,19世纪末,一辆日本制造的人力车售价15元,租一辆人力车(由车夫付给老板)每天400—600文,其中约1/3用于车辆保养。[26] 这就意味着出租一个月,老板就能收回投资,这之后,纯利润就滚滚而来。[27] 盈利如此之快,不久就引起中国人对此业的兴趣。19世纪80年代以后,中国人已能自行制造人力车,市场上车价开始下降。1898年,中国人开始经营这项生意(称"车行"),在老城厢出租人力车。1910年始,闸北——这一中国新开发的华人区域,也开始设立人力车公司。以后,郊外—沪西、浦东等也陆续设立了人力车公司。[28]

然而直到20世纪早期,上海的人力车业中,外国公司仍占支配地位。如上海人熟知的南和、飞星等公司,都是外商创办的车行。这些公司直接将车租给中国承包商,然后由他们转租给车夫。当然,用这种方法可以避免外国老板与众多中国车夫直接交易的麻烦,在他们看来这都是"脏活",也省去了语言障碍。[29]这些中国承包商,就是俗称的包头,绝大多数是帮派成员或地痞之类。通常,他们从外国老板那儿承包了人力车以后,又将车转租给较小的中间商,再由这些人转租给个体车夫。有时,中间商层层转包,因此就有了"二包""三包"等等行话。

直到20世纪20年代早期,这些中国承包商逐渐从外国老板手里买下人力车并接管其公司,尽管有些外国人仍保留了官方登记的业主名分。20年代末,中国人已买下上海的绝大多数人力车公司。南京政府十年是上海人力车业的巅峰时期。从老板、层层中间商到车夫,都是中国人。30年代后期,中国人已能说"黄包车行业,已十足是我们民族的资本了"[30]。

在20世纪二三十年代期间,人力车业也是上海声名狼藉的行业之一,尤其是在公共租界。由于交通拥塞,上海工部局限制了人力车牌照的签发,特别是公共人力车牌照受到严格控制。在1917—1934年期间,租界内公共人力车几乎被冻结。[31]从1924年起,上海工部局给公共人力车10 000张牌照的限额,并将这限额一直维持到30年代。

由于对大量牌照的限制以及其他管理上的特殊性(诸如自动更新牌照),在交易中形成了一个极为复杂的"牌照交易等级体系",这个体系的顶端是官方牌照的持有者,掌有公共租界内总计144家公司的9 900

辆人力车（30年代），[32]他们每月每辆车只要向上海工部局交上区区2元（20世纪30年代末增加为2.2元），而到了30年代，一张牌照的市价攀升到750元。[33]因为法律不允许转让牌照，许多执照持有者保留官方登记的业主名而出售或出租他们的牌照，在牌照交易中获利。据1933—1934年上海工部局人力车委员会的调查，仅有34%的牌照业主实际经营着车行，其余的不是部分出租就是全部出租，或者干脆一卖了事。[34]平均每年从出租或出售牌照的非法交易中所获净利在100%—300%之间，这要由所参与的中间人多少而定。单就出租上海工部局签发的搪瓷牌照（安在车上的），盈利就是100%。[35]因此，在公共租界做人力车生意，上至工部局，下至满街跑的车夫，中间卷入的多层次的执照持有人、业主、承包人、转承人，都不同程度地从牌照的买、卖、租的非法交易中获利。[36]

当然，这个等级体系的最底层是成千上万的车夫（图5）。据上海市社会局统计，20世纪30年代早期，市内有公共人力车夫80 649人，每个车夫要供养家人4.23个。因此，人力车使340 000人，或者说是市内人口的10%得以维持生计。[37]上海工部局有一个更为折中的估算，1934年租界内有将近140 000人依靠人力车谋生。"黄包车夫"与"贫穷"几乎成了同义词，这也就不以为怪了。[38]

人力车夫

在英语世界，人们通过老舍生动而详尽地描述车夫生活的经典小说《骆驼祥子》的译本和史谦德的学术著作《北京的人力车》而多少了解了一点民国时期的人力车夫。两本书都是以北京人力车夫的生活为背景的。毫无疑问，上海的人力车夫与他们的北京同行有许多相似处。但也存在一些显见的差异，主要的差异是车夫的来源。北京的车夫大多是本城人（农村来的不到1/4）[39]，而上海，几乎所有的车夫都直接来自农村，尤其是苏北地区（地处江苏省北部，以"江北"而闻名），成为上海最贫穷的移民。[40]当时著名期刊《东方杂志》中的一篇文章用了相当直率的标题，直陈人力车问题是"农村破产的产物"。[41]

图5 人力车夫并不都是衣衫不整的。有时车行也发号衣，而且工部局规定车夫必须有"得体的穿着"，但并没有强令实行（引自 Gamewell. *Gateway to China*, 94-95）。照片上的车夫正在外滩候客。他戴着西式便帽，面对好奇的记者或是路人的镜头由衷地笑着。这样的车夫并不少见。（图片来源：上海图书馆）

20世纪30年代，大量的调查表明人力车夫来自农村。1929—1930年间对杨树浦100名人力车夫的调查中发现，其中只有一人出生于上海；85人曾是农民，因闹饥荒而背井离乡；9人是孩提时随父母逃荒而来的；2人曾是当兵的；另2人为躲赌债而离乡。[42]1934年，上海工部局对一些曾从事过其他职业的车夫做了一份前职业调查报告（括号内是人数），农民（30）、纱厂工人（6）、小贩（3）、苦力（4）、更夫（4）、渔民（1）、船夫（1）、木匠（1）、教师（1）。[43]

显然，绝大多数车夫源自农民。另外，他们所说的前职业，如工人、小贩、苦力、更夫等，通常也源自农民。有时，来到上海的农民，在没做车夫以前，先得找些其他工作得以谋生。当然，拉车就是靠力气。对这些移民来说，拉车通常不是他们的第一选择。上海车夫大部分来自苏北最贫困的农村，如东台、盐城、阜宁、高邮、泰县，少数来自苏北较富庶的农村，如南通、海门等。[44]1934年，一位作家略带嘲讽地写道：

> 农村的贫困迫使农民放下手中的锄头、犁耙，转而来到城市——上海。但是，他们只会种田。上海被认作淘金之地，然而，要在这个城市的柏油马路上和水泥庭院里找方寸之地求生却不是容易的事。在这里，锄头和犁一钱不值。因而这些来沪的农民找不到工作。
>
> 他们只能去拉车。这活儿只须懂得红绿灯、上下街沿、左转弯右转弯这类简单交通规则即可。[45]

这个职业也有竞争。如此之多的农民涌入这个城市，很多人找不到工作。[46]只有少数车夫能够拥有一辆车，大多数车夫向车行租车，限定一日一租，而且总是车夫远多于车。南京政府十年，竞争状况始终是四五个车夫争一辆车，大多数车夫面临失业的威胁。[47]

以1934年为例，公共租界有1 009家车行，总计有9 990辆车；而当时公共租界有车夫40 000名，平均至少四个车夫分用一辆车。[48]拉车实行的是轮班制，第一班从下午3点到次日凌晨5点（14小时），第二班从清晨5点到下午3点（10小时）。[49]如果每辆车每天出租24小时的话，最大限度地利用也只能解决20 000名车夫的问题。这意味着当时上海的人力车夫约有一半处于失业状态。

这种状态到了 30 年代末变得更糟。1939 年，有 10 万人以拉车为业，而营运的公共人力车不到 2 万辆，平均 5 人分用 1 辆。[50]一项调查表明，第一班的车夫每月只能得到 15 个工作日，第二班 20 个工作日。[51]限制了工作自然也就限制了收入。根据中外两家机构（上海工部局人力车委员会、上海市社会局）对人力车夫的研究，1934 年，车夫平均每月的收入是 9 元。[52]

上海市社会局调查表明，1928 年一个男性工人每月平均收入为 20 元，1933 年为 25 元。[53]也就是说，车夫的收入还不到工人收入的一半。如果说工人，尤其是非技术工人，是城市中贫穷的典型，那么人力车夫就似乎该是赤贫了。相比之下，北京的人力车夫，用史谦德的话说，是"贫穷，但不是赤贫"。[54]

然而，上海人力车夫的实际生活比统计提及的更为复杂。挣扎在生死线上的上海人力车夫总在寻找其他工作，所以对某个行业中的某个人或其他随意性的调查，已经建立在"人力车夫"行业部门所得的收入数据可能不那么可信。首先，一个车夫总有他的副业，或者在某种情况下拉车本身反倒是他的"副业"。[55]再者，如果车夫成了家，他就须为妻儿尽力多干活，所挣的钱是家庭收入的主要部分。这种情况与贺萧（Gail Hershatter）所描述的一些天津工人相似，"没有固定的职业，见缝插针地争取每一种他们能干的活儿。这种不固定的收入得养活没有工作的家人。有时，他们会带回些活给家人干"。[56]比方，上海的一些人力车夫在工厂有一份固定的工作，每天下班后再去拉车，挣一份额外的收入。这种情况俗称"拉车屁股"，在临时工中尤为普遍，因为工厂的收入不足以养活家人。[57]

尽管人们大多认为工厂的工作比拉车好，但车夫并不都这样看。一项有关的调查显示，一些车夫认为拉车当然要优于工厂的工作。第一，工厂工作要占用很长时间（通常一天 12 小时或者更长），而且时间规定很死板；而车夫的工作时间短些，而且可灵活掌握。当然，晚班拉车时间是长一些，但通常是两个车夫分担，其中第二个车夫往往属于"拉车屁股"的那一类。

第二，非技术工种的收入与拉车所赚差不多，一天约4角（1930年）。这意味着车夫与工厂中非技术工人的收入大致相同，而所付出的时间还少些。此外，由于这行的性质，车夫总会期待幸运的来临，或者这天生意特别多，或者一位慷慨的乘客付以很高的车费。在这样的日子，一个车夫就可能得到比平时高两至三倍的收入。[58] 显然，这种机会在厂里是不存在的。1930年，一名44岁的车夫彭阜阳（音）对调查官员说："我不想在工厂干，那里一天只能挣4角，我拉车能挣得多一些，而且挣的钱也不是死（固定）的——如果运气的话，我还可以挣得更多。在厂里，你永远不要想一天超过4角。"[59] 被调查的对象中，有一部分就是放弃了工厂的工作而更愿意拉车的人。[60]

农民移居上海，有一个很典型的模式。一个农家男子先来上海试试运气。如果一切顺利，他大约一年左右可在上海立足，然后可能会有条件将家里人接来上海。但也有些人没有能力，仍是孤身一人寄居上海。这种状况的持续，造成了现代上海性别比例的失衡。1937年前，上海的男女比例是130∶100；40年代末，比例仍是120∶100。[61] 生活在社会底层的劳动者往往没有能力供养一个家庭，他们很多人没有能力结婚。长期独身，人们通称为"光棍"。[62] 一首民谣形象地描述了光棍的生活：

　　　　买米一顶帽，[63]
　　　　买柴怀中抱，
　　　　住的茅草屋，
　　　　月亮当灯照。[64]

人力车夫单身的比例很高。1939年，上海的租界内约有10万人力车夫，其中6万以上未婚或将家人留在乡下老家。[65]

史芝林，一名来自盐城36岁的人力车夫，具有上海人力车夫典型的三个特征：出生地、移民方式、与家乡家庭紧密的联系。下面是史在1929年的自述：

> 两年前因家乡遇上荒年，我来到上海。我父母有五个孩子，我是老二。我哥在电灯厂工作（上海）。我三弟和五弟在江北种田。我四弟也是上海人力车夫。我们五兄弟已经分家，每人得到13亩地。但因为江北遭灾，我来上海拉车，留下老婆在家照管田地。我父母由我们五人抚养。今年江北饥荒闹得厉害，所以我老婆带着六个孩子最近也来了上海。我的地由我弟弟耕种，用来抚养父母，也能补助弟弟。我不想种田，但如果父母死了，我还是想要回我的地的。[66]

对于举家移民上海的家庭来说，维持生活需要全家的努力。1933—1934年，上海市社会局对291户总计1 230人的人力车夫家庭做了一项调查。报告说："除了老弱、孩童，几乎所有的家庭成员都在做各种各样的工作。"他们走访了较为典型的57家（245人）就有关所做工种问题做了详细的调查，这些工种是（括号内是人数）：人力车夫（71）、做草鞋（23）、做牙刷（12）、纺织（16）、小贩（9）、分拣羽毛和羊毛（4）、捡橡皮球出售（5）、替人洗衣（3）、捡煤渣（1）、棉纺厂工人（1）、非技术工人（3）、卖洋货（1）、织布（1）、看车（2）。[67]

这份五花八门的清单透露出人力车夫家庭的窘况，也显示了面向这类家庭的就业机会。一方面，种类多样的活儿表现出家庭生活的合作性，这些农村移民家庭是具有冒险意味的：每月需要生活费用，每一个能做事的人都不得不出去揽活。有些活儿，像"捡橡皮球"，最可能是孩子干的。[68]另一方面，所有的这类活儿在乡村几乎都没有。也就是说，只有城市能提供这样的活计。甚至拾荒，也能使一个孩子成为补充家庭收入的一分子。1936年，上海有20 000人拾荒，其中5000以上是7—14岁的孩子，每天卖垃圾能挣得100—500文不等。[69]不管在都市社会其他阶层的眼里，这是多么低下的活计，这些工作毕竟提供了生存机会，而这也正是都市魅力的核心所在。

上海贫穷劳苦阶层家庭最为普遍的职业组合是车夫和纺织女工。正如我们所见，上海的许多工厂，尤其是最大的行业——纺织业大量地雇用女工（包括女孩）做非技术工种。[71]这种家庭模式与更为传统的城市家庭模式有很大的不同。例如在北京，妇女的主要职业是缝纫、洗涤之类，家庭收入基本依赖丈夫。[71]一首民谣《丝厂女工曲》沉痛地描述了这些女工作为妻子、工人、母亲的艰难生活处境：

> 才见东方放白光，
> 披衣束幕急离床，
> 回头细看孩子面，
> 儿啊，母做工时儿面黄。
>
> 刚泡茶汤奉公公，
> 厂中汽笛响隆隆，
> 蓬头散发无心理，
> 提着圆篮赶上工。
>
> 幸喜牢门（指厂门）还未关，
> 急忙走进调丝间，
> 腾腾热气皮焦痛，
> 不是为钱谁肯来？

调丝调到十二点,
拿来冷饭可充饥,
低头想到丈夫苦,
此刻拖车汗不离。

沸水中间手不停,
过了下午到黄昏,
放工已在钟点外,
厂前街中黑沉沉。

急忙跨进家门口,
听得孩儿哭母声。
孩儿你莫叫娘抱,
娘身酸痛不能熬。
爸爸拉车归来未,
带来白米好娘烧。[72]

  移民中的一些人力车夫仍有部分时间务农。他们经常在农闲时来上海拉车,而农忙时回乡种田。[73]正像裴宜理(Elizabeth Perry)所说,他们是"真正的农民工人,一只脚坚实地踩在农村的大地上,另一只脚在城市的街头奔跑,寻觅乘客"[74]。甘媚卫夫人(Mary Gamewell),一名上海的外国居民,写了一本反映20世纪二三十年代上海生活的书,书中说人力车夫"冬天从农村来到上海,春天又返回乡间"[75]。这些人主要来自贫穷的苏北农村,如盐城、阜宁,他们坐船经由运河到达上海,相当方便。[76]

  1929—1930年对杨树浦人力车夫的调查表明,回乡务农是上海车夫家庭收入的三个主要来源之一(另两个为拉车所挣和家庭其他成员所挣)。

有些车夫在家乡拥有7—8亩地，有些车夫把家人留在了乡下，包括妻子、孩子、双亲和兄弟。[77]自然，这些车夫与乡下的生活紧密地维系在了一起。正如蒂姆·赖特（Tim Wright）指出的："尽管（1934年期间）许多上海车夫已经拉了十年的车，但仍没有脱离农业，经常按农时回乡劳作。"[78]如果说上海的贫穷阶层，如车夫、码头工人、临时工，在谋求生计中相当模糊的职业概念反映出农村移民在城市中维持生活所做的努力，那么，人力车夫浓重的乡村情结，则表明了让自己融于都市的努力将是长期而艰难的。[79]

车夫生存状况的另一面

人力车夫的苦境是一个经常提及的话题。衣衫褴褛，脚穿草鞋，有时干脆赤脚，无论阴晴雨雪，终年奔波在街头。这些人力车夫的境况看上去并不比乞丐好。上海的很多外侨认为："拉车那么劳累，以致车夫没有能熬到50岁的，30岁就盛年以尽。"[80]而华人间还有一种传闻：人力车夫一般短命，"拉七年车肯定死"[81]。20世纪20年代，一名教会医院的医生观察了许多被送来治疗的苦力，报告说"大多数人是因为营养不良和生活卫生条件差，外加所忍受的过度劳累而导致"[82]。

1936年，上海人力车夫互助会为车夫设立了人寿保险和伤残保险。表5是从开办保险头5个月的业务报告中提取的数据，95%是死亡赔偿案，其中2/3死于中年。据报告说，上海人力车夫的平均寿命约为43岁。[83]

据这项保险业务的财政年度报告显示，1936年8月—1937年7月，有240项人寿险赔偿。从死亡原因后括号内的人数，亦可见人力车夫生活状况之一斑：肠炎、胃炎（37），心肾疾病（6），肺结核（58），流行病传染病（61），五官疾病（1），皮肤化脓感染（6），性病（4），外伤（9），自杀（4），其他（54）。[84]最常见的死亡原因——流行病传染病——常在上海棚户区盛行。大多数车夫和他们的家庭都住在邻近租界的郊区棚户区里。的确，人力车夫和其家庭是上海棚户区的主要居民。[85]那些把家属留在乡下的车夫通常住在人力车行的宿舍里。也许这里是中国最拥挤的城市中最拥挤的地方。一间狭窄的屋子通常要容纳20—50人。[86]另一个主要的死亡原因是消化道疾病，这无疑是因为工作的性质不能按时吃饭和饮食质量差。上海工部局的报告描述为"非常之差，又很粗糙，没有营养，也没滋味"[87]。在1936—1937财政年度，人力车互助会接纳了5 499人的求助，其中4 925人也就是说90%是因为患病和外伤。第二年度人数稍有下降，为5 271人，仍有85%（4 504人）与疾病和外伤有关。文件报告的最为普遍的疾病与表5中所列导致死亡的疾病是相同的。

表5 上海人力车互助会1936年5月1日—1936年9月30日保险业务报告

	伤残保险						人寿保险	
赔偿人数	5						107	
	死亡年龄							
	25—29	30—34	35—39	40—44	45—49	50—54	其他年龄	
死亡人数	13	13	12	19	23	12	15	
	死亡原因							
	地方病、流行病、传染病			消化系统疾病		其他原因		
死亡人数	59			18		30		

（资料来源：《上海市年鉴》1937年O篇，第36—37页）

但人力车夫们所有的这些痛苦——累断筋骨的活计、粗劣的饭食、疾病甚至短寿——都不足以阻止他们涌入这一早已劳力过剩的行业。例如，在1934—1939年短短的五年里，上海登记的人力车夫（包括许多有副业的）从7万增加到10万以上，而且在车夫增加的同时，人力车成为社会攻击的目标，并且因为当局希望限制性地使用这类"落后的交通工具"而逐渐受到制约。[88]拉车的吸引力反映了农村社会经济的恶化。一个同时代的记者写道："失业的农民离开农村，带着笑容奔向都市里找拉车的生活，以为从此可以脱离苦海而踏进乐土了。"[89]对上海的人力车夫而言，城里有"较好的生活"是显而易见的。

野鸡车

这些有关上海人力车夫的资料主要是通过当局（上海工部局和上海社会局）及同情车夫的个人在20世纪30年代的社会调查而获取的。[90]这些调查报告偏于描述这些车夫生活痛苦的一面。这大致有两个主要因素：第一，这些调查人员或是出于同情，或是出于社会责任，试图寻求解决方法。[91]第二，这些调查人（当局官员和知识分子）是站在社会精英的角度观察这些车夫的生活的。也许在无意间，他们将一种夹杂着优越感的悲天悯人的口气融进了对人力车界的调查报告，在他们的记叙中，人力车夫的生活完全是痛苦的。如果让一些车夫留在农村里的乡亲们来做这项调查，那么看法将会有很大的不同。[92]尽管如此，一些原始的采访稿中仍有一部分反映了事情的另外一面，并在无意中解释了为什么无数的农村移民能够忍受"悲惨"的人力车夫生活。

陈彩图，一个1895年因荒年离开老家苏北盐城来到上海，年已67岁的前人力车夫，30岁成家，留下妻子在农村。初来时，他做了一阵背石头的搬运工，后来经朋友帮忙，得到一份拉车的工作。据陈说，这工作无需太大的体力，却是他生活的一个转机："从那时起，我的生活一天比一天好。我存了点钱，两三年后，我把老婆接到了上海。"他的不幸似乎主要在家人重聚以后。他的妻子因是小脚而找不到工作。两人生了五个儿子，陈的收入勉强能维持全家的生活。五个孩子一个接一个地患病而死。[93]

36岁的人力车夫史芝林也来自盐城，他很幸运有一个在同兴纱厂工作的妻子，每月能挣14银元。六个孩子很健康，而且能干活增加家庭收入。14岁的大儿子在同兴纱厂做清洁工，每月10银元；12岁的二儿子在怡和纱厂当扫地工，每月6银元。八个人的口粮每月需要150斤米，用去15银元。

因此两个孩子的收入就足以解决全家的主食。这个家庭知道怎样节省每一分钱。小一点的孩子经常随母亲出去捡木柴，省下来烧火做饭用的柴钱。采访时，史芝林对前景很自信。他打算等孩子长大了，除了四儿子，其他的都送到纱厂工作。这个父亲自豪地说，他的四儿子"聪明异常"，希望能送他去上学。[94]

这种乐观的类型对上海的人力车夫而言并非偶然，以至于40年代居于上海的瑞纳·克拉斯诺评论说，黄包车夫的这种乐观精神体现了"一种高尚的品质：不屈不挠、自立自强，以积极进取去嘲笑命运"。[95] 当一个好奇的乘客问他的车夫，来上海的人力车夫怎样才能获得成功时，这个车夫回答说，从一个苦力上升到小康阶层有许多方法，"但是最终，"他强调说，"关键在勤俭。"[96] 很多车夫渴望被私人家庭固定地雇用。这常需要一名知晓车夫来历品行的可靠保证人，东家才能放心接受。一旦被雇用，东家会为车夫提供食宿，另每月有工钱：20世纪20年代末是5—7银元，30年代早期是10银元，这相当于一个店员的薪水。出于东家的阔绰或是好心，车夫总能得到些小费。另外还有东家提供的衣服，包括雨衣。此外，若有交通违章，也由东家付款。[97] 如前所说，在20年代早期，上海约有15 000名这样的私家车夫。[98]

除了像那位人力车夫所说的"勤俭"美德，再加上交易技巧上的阅历和经验，不少私人包车夫最后设法买了车，有的甚至买下整个车行。一个车夫完成"由穷到富"飞跃的一个最常见的方法，就是拉野鸡车。上海方言中，凡是不可靠或不货真价实的东西常被称之为"野鸡"。[99] 野鸡车就是登记为包车却在外忙于公共交通的人力车。一年下来，这个精明的车夫能够挣到40—50银元，足以买下一辆属于个人的人力车（通常用假名登记）。因为有被巡捕查到的危险，这些车夫常常请求附近大公司或妓院里的乘客假扮为富有的东家，而他是在此地恭候。因为上海的巡捕偏重对公共人力车的检查，而对私人包车不甚注意，所以当年上海有数以千计的车夫以拉野鸡车为生。[100]

据说上海的妓女使用野鸡车更多一些。妓女装成良家妇女坐着野鸡车在街上闲逛，更能留意那些富有的乘客，以便自己拉客。一旦一名合意的乘客被看上，妓女会让这个人坐进"她的车"，她自己则雇用另一辆车跟着。用这个方法能使这个客人"安全地"（如果他察觉到车夫的目的，也不易逃脱）被送到妓院或妓女的住处。通常，她会给车夫高价。在上海，妓女被骂为"野鸡"，因此"野鸡车"不仅指这类车的特征，而且还暗示着坐车人。[101]

如前所述，当时在公共租界有大量的人力车来来往往，上海工部局因交通拥塞而限制了签发人力车牌照。1934年，公共租界内签发了9 990辆公共人力车和12 751辆包车。估计当时大约有20 000辆野鸡车在非法接客。[102] 往往是私人包车的车夫将牌照出租给野鸡车车主，这种情况相当普遍。通常那些买得起包车又雇得起车夫的人对这类琐事不屑注意。即使那辆私人包车因无牌照在路上被抓，车夫道歉说忘了带照会，车主付了罚金，也就了事。[103]

拥有一辆野鸡车之后，进一步的目标，就是拥有一个车行。的确，对大多数车夫来说，这是最终的目标。据一份1934年的调查：

> 拉一辆野鸡车，平均一天能挣1.5元，或者说，每月40—50元。花上3元的牌照费，7元的伙食费，因此月底的纯收入大约30元，相当于一个小学教员的薪水。通过2—3年的努力，能攒下500—1 000元。然后买下大量的人力车出租，每辆一月6元。这时这个车夫可以歇着了，他再也不是苦力，穿上长袍马褂（绅士的传统服装），摆出一副富翁的派头。[104]

这幅图景并不是完全不切实际的。上海最大的黑社会组织青帮中的一个老板顾竹轩(1885—1956),就是从人力车起家的。顾原籍苏北盐城,16 岁来到上海,有七年靠拉车维持生活——先是为一个富有的东家拉包车,后拉自己的车。1918—1919 年,他用攒下的钱买了一些车出租。他的弟弟顾松茂开始也以拉车为生,后来成为法国人开的飞星人力车公司的十大包头之一,管理 350 辆车。[105] 像顾松茂这样的包头们,在 20 年代买下了外国人的人力车公司,将生意转到中国人的手下。

图 6 1923 年虹口一偏僻街道拐角处的人力车场。它的对面是建于 1916 年、上海最大的室内副食品集市——三角地菜场(右侧)。值得注意的是,这小小街道的一角里,商店的招牌有中文的、英文的和日文的。板车上的大竹篓里装的是待卖的家禽,它们通常是直接从附近农村运来的。(图片来源:R. Barz, *Shanghai:Sketches of Present-Day Shanghai*)

如前所述,尽管在外国租界的官方记载中,人力车牌照只是由几家公司拥有,但实际上,它已被众多的小车行拥有。20 世纪 30 年代中期,上海有 23 306 辆公共人力车和 4 814 家车行,平均每个车行不到 5 辆。在华界,平均每个车行不到 4 辆。甚至在租界规模较大的人力车行,平均也不到 9 辆。[106] 车行规模如此之小，说明了业主想做小的投资。据记载，车行业主以前一般是车夫。他们往往很勤俭，并懂得这行的交易方法。尽管大多数车夫最终不能成为业主，但成功的这部分恰恰表明了社会和经济上可行性的程度。如果成为车行业主这一目标对大多数车夫来说只是一个梦想，那么更为可行的目标就是拥有"大照会"，即工部局的牌照。作家于伶在 20 世纪三四十年代曾生活在上海，据他回忆说，如果一个车夫能拥有（更确切地说，是租上）公共租界的人力车牌照，那他的收入将比一个中小学教师高得多。这也许就是 1937 年抗日战争全面爆发后，一些白领会以拉车为生的原因。[107]

教育，一线希望

可以想象，人力车夫是一个几乎全是文盲或半文盲的群体。1929—1930 年，在对杨树浦的 100 个人力车夫进行的调查中发现，几乎没人能够阅读，只有一个叫臧宝鼎的车行业主还认识字。[108] 在城区的其他部分，对 304 个车夫进行的调查中，26 个"有较强的阅读能力"（8.55%），120 个（识字）（39.47%），158 个"不识字"（51.98%）。[109]

在一个有着亿万文盲的国度里，人力车夫们这么低的识字率是不足为奇的。官方统计表明，1936—1937 年，中国文盲人数为 286 322 536 人，而识字人数的比例，甚至以相当宽松的标准衡量，包括"所有登记入学的人，不论学时长短"，仍只占人口总数的 23.4%。[110]

然而，中国社会对文化教育的重视和尊重，在一部分车夫中也有所体现。史芝林想送最心爱的孩子去上学的计划，就反映了人力车夫的普遍倾向。殷文高，另一名住在杨树浦的车夫，对不识字感到很懊悔，这个 43 岁的车夫仍在抱怨他死去的父亲，一个当尽了所有家产却从未送孩子上学的鸦片鬼。殷早已决定送孩子上学，而且已经设法将大儿子送进了学校。[111] 将受教育作为进入上层社会最重要的手段，是根深蒂固的传统观念，而史和殷是这种传统思想的代表。就这两位车夫而言，他们是把希望寄托于下一代。

就此而言，城市鼓舞和激励着这个希望。当时中国的文学作品和风行一时的戏剧都爱用这样的一个情节，那就是一个穷孩子的奋斗史，通常他学习努力，通过科举考试，进入上流社会。[112] 但如此罗曼蒂克的故事里，难得有农夫充当主角。农村生活一般很少激励人的志向，或者说，更可能是它离目标太远，所以志向早被击毁了。[113]

不管怎么说，一旦上海贫穷的移民发现了受教育这一指望，生活就开始有所改变。都市所特有的机会就在他们眼前。但是，要抓住这些机会，通常需要受过教育或者掌握技术。因此，这些过去的农民感受到了没有文化的痛苦，这种痛苦以前在农村从未感受过，或者说，至少没有达到现在这种程度。几乎所有的对上海人力车夫的社会调查都表明，这些从农村来的移民在城里拉车，主要就是因为他们没有文化、没有技术。[114] 这种情况实质上激起了他们受教育的愿望，尤其是希望让年轻一代受教育，以改变这"贫穷的命运"。[115]

城市并不仅仅让人感到没有文化的深深的痛苦，它也提供了不少农村所没有的学习机会。在上海这样的国际性大都市，一个没有文化的人力车夫通常要学会认字，至少要认识一些路名和数字，包括阿拉伯数字和传统的中文数字（认地址需要反复使用），还要学些洋泾浜英语（与外国乘客做生意时使用）。[116] 但学习的机会远不止此。

1933 年成立的上海人力车夫互助会，为互助会成员提供的教育设施都是免费的。[117] 互助会设有 7 所以车夫的孩子为对象的学校。成人学校的对象则是车夫本人。互助会的每一办公区都设有阅览室，订有较有影响的报纸和画报。通常，阅览室旁设有茶室作为休息室。互助会还设有流动图书馆，每期有图书 500 册以上。[118] 这些设施都得到了充分的利用。

1937—1938 年，阅览室读者为 273 592 人次，平均每天 750 人次；图书馆 101 503 人次，平均每天 278 人次。[119]

总之，人力车夫们对这些服务的热情很高。这些学校没有留下学生人数的正式数据，也许是因为许多学生上课出席没有规律。但每个月的出席人次给人印象深刻：1937 年 8 月，正值日军进攻上海之前，该月出席共计 4 744 人次。这场战争炸毁了闸北、南市，而这两处恰恰是这类学校设立最多的地方。并且，这种对教育的热情，也被战争损毁了。只有公共租界内的三所学校在战争期间仍然授课，按常规听课的学生是 400 人，而仅 1938 年 7 月一个月，听课人次就超过 8 000，几乎是战前听课人次的两倍。[120]

对受教育如此热心，可称是人力车夫的一个传统。早在 1927 年，上海人力车夫刚刚开始有了自己的组织，短短一个月里，就吸收了 300 多人入会。这个组织确立了对会员提供基础教育的目标，计划教会员们识字。[121]40 年代末，人力车夫互助会大大衰落了，但仍有 4 所面向车夫孩子的学校，学生 500 人以上，教师 11 人。具有讽刺意味的是，30 年代中期，车夫的困苦已引起社会普遍关注，人力车夫互助会在那时却被指责办事不力。战后，互助会的活动基本停顿，怀旧的人们却常常会回忆起那段"过去的好时光"。人力车夫互助会因办学以及其他为车夫谋福利的活动搞得生气蓬勃，被认作是 1937 年前"上海最好的劳工组织"。[122]

"负重的牛马"

拉车常被描述为"牛马走"。[123] 事实上，做这类工作，需要体力和精力，适合健康的年轻人。1934 年，上海市社会局调查发现，71% 的车夫年龄在 26—45 岁之间，平均年龄 35.5 岁。[124]1930 年的一项调查发现，94% 的车夫年龄在 20—40 岁之间。[125]

然而，在上海，车夫年龄在 50 岁以上（有时更老）也相当普遍。比如陈彩图，拉了 27 年车，59 岁时被车行解雇。但他仍然设法从同乡臧宝鼎（车行业主）那里租了一辆车，继续他的"牛马走"生涯直到 60 多岁。[126] 另一车夫，1930 年被采访时刚开始他的"都市生涯"，时年 62 岁：

> 我今年 62 岁，家乡是江苏盐城。家里有五六亩地，但这些地都靠海边，现在全被淹了。在江北（苏北），我是佃农，但也种自家的地。而今年闹饥荒，所以我和老婆、儿子、女儿来上海找活路。因为年龄我找不到活。我向我的同乡也是熟人臧宝鼎借一辆黄包车，他答应了。如果巡捕看见会不让我拉车，所以我只好晚上拉野鸡车，就是说每天准备换班时，我就上前给某个车夫说好话，求他给我拉两三个钟头。一般是 9 点到深夜，这样子我就不用付租金。
>
> 我拉车时，戴一顶大黑帽遮住自己的脸，只露两只眼睛好看路，用这个办法，巡捕和乘客就不会看出我的年龄。每个晚上我能赚到 20—30 小洋。如果我赚到钱，家里就能吃饭，否则就只能喝稀粥。
>
> 我老婆太老不能工作。我女儿只有 10 岁，太小也不能工作。我儿子 15 岁，也还太小。但是家里每一张嘴都要吃饭，我只好送他去工作，给一个泥水匠当学徒——不拿钱，只管饭。
>
> 我现在住的房子是人家的，这人看在我年纪大的份上，好心让我免费住。[127]

60 岁，在中国已是花甲之年，在那个年代已算很老了。[128] 然而，1955 年，当上海的人力车业最终消亡时，车夫的平均年龄为 55—60 岁，最老的是 77 岁。其中有些人干了 30 年以上，意味着他从 20 年代就开始拉车了。[129] 而另一个极端是，孩童车夫在大街上也频频出现。这已成为社会问题，1935年上海市公安局（Shanghai Public Safety Bureau）因"孩童的健康和乘客的安全"明令禁止儿童拉车。[130]

还有一件令人心酸的事例，一个独臂人为了谋生在租界拉野鸡车。他是一个车夫的儿子，九岁时不幸失去右臂——那天晚上与小伙伴摔跤玩时，翻倒在地折断了右臂，由于一个中国庸医的差劲医术，非但没能减轻疼痛，反而导致最初不过骨折的手臂最后被截去。手术是在一家所谓"红头发人的医院里"（即指外国人开的医院，很可能是家教会医院）做的。当他成年后，尽管身有残疾，但仍须为谋生而工作。所以他只得步父亲的后尘，开始拉车。到1934年，他已拉了8年的车。

专栏作家袁（L. Z. Yuan）在英文的《大美晚报》（Shanghai Evening Post and Mercury）上报道这个"独臂车夫先生以无可挑剔的方式适应了这份工作"。这个残疾车夫自有一套驾驭黄包车的办法：他左手抓起车杆，然后用绳子将两根车杆绑在自己腰上，以此帮助拉车。黄昏后他开始工作，常常在游乐场最繁忙的时间出现，这样，他的断臂便不致引人注目，否则有些乘客会调头而去。袁发现这个车夫"很健谈"。实际上，他很为自己作为上海，也许是全中国唯一一个独臂人力车夫而感到自豪。[131]

工部局新人力车执照法于1934年3月1日起施行。对于这个独臂车夫来说，这法令很不利。新法令要求公共租界的40 000名车夫必须到工部局办公室登记（体检并照相），以便获得执照。[132]这个独臂车夫无法掩饰对新法令的忧虑。"但他仍然充满勇气，"袁写道，"对于一个要工作的人来说，世界大着呢！这位车夫说，中国的城市多得很，哪里都能拉车糊口，如果不允许他在公共租界拉车，他立刻就去闸北、南市和法租界，那里拉车不一定要执照。"[133]

的确，这是一个冷漠的社会。对那些弱者和贫民，虽有同情之心，却无相助之德。袁的故事令人一掬同情之泪，但给人的感觉似乎是，它主要是为了引起读者的兴趣，而不是唤起人们的同情。但是，不管怎样勉力为之,这些老年人,甚至是残疾者能够长期地拉车,就使我们产生了一个问题,即拉车到底是怎样的一个重活?我们知道,一般的说法是人力车夫不仅生活悲惨且短寿。有人甚至断言,干车夫这一行,不能持续五年以上。[134]

拉人力车等于被判了死刑这一观点多半是出于一种印象:每天,一个衣衫褴褛、汗流浃背的苦力,拉着一个大腹便便、衣着讲究的富翁。这种奴隶般的形象在刚到中国的西方"绅士"眼里特别触目惊心。在他们看来,人力车是东方落后的典型事例。甘媚卫夫人曾描述过西方人这种煞有介事的道德感在上海怎样很快就如泡影般消失得无影无踪:"看初来上海的西方人如何习惯坐人力车很有意思。一开始他痛斥这种人拉人的车子。如果他非上车不可,他会很小心地轻轻坐下,一只脚还荡在车外一边,像是准备用脚帮着车夫向前用把力。但不久他就放弃了,只要让自己坐得更舒服一些,似乎在享受一辆小巧灵活的马车。这微晃的黄包车,就像一位女士所形容的那样,仿佛一部'放大了的婴儿车'。而此时,这位乘客已几乎完全忘了拉车的是一个人。"[135]在关心车夫和节省金钱之间,大多数人是懒得装扮这小小的一点伪善的。著名作家郁达夫的夫人王映霞回忆说,她节俭的丈夫喜欢雇用人力车,不论是黄包车还是独轮车,因为这类车便宜。他尤其愿意雇老年车夫,认为这些老人自知体弱而不会索要太高的车费。[136]

多少年来,当人们谈及人力车的"无人性"和"落后"时都认为它应该被淘汰。[137]但这类讨论的主要出发点是人力车所导致的"不文明的街景",而不是真正基于对车夫的关心。它并没有考虑一旦人力车被禁止,成千上万的车夫就会失业这一实际问题,而成千上万人力车夫的生计问题得不到真正解决,要求废除人力车只能是一纸空谈。无论议论如何纷繁,事实上,半个多世纪来上海的人力车在与汽车的竞争中已成为城市的主要公共交通工具。[138]20世纪40年代人力车的衰落,从本质上说,不是社会改革的结果,而是技术革新的结果——脚踏三轮车的出现。1942年,上海街头出现了脚踏三轮车,到1946、1947年,绝大部分人力车已被取而代之。[139]

　　车夫的劳动强度并非会将人压垮,这是上海人力车行业持久存在的原因之一。拉车所需的体力其实小于其他的苦力活,诸如码头上装卸货物、搬运砖头和石块、拉纤等其他许多重活。例如,上海的码头苦力,肩上要扛200磅的货物。[140]在上海,拉黄包车的体力消耗一般还小于操作其他以人为动力的车辆。据定居上海的约翰·波尔（John Pal）所述,一个手推车苦力"通常每日运货所承受的重量是黄包车夫的4倍,而一个推独轮车的苦力干活时所需的体力是黄包车夫的6～7倍"。[141]必须记住的一点是,即如前所说,拉车并不比种田苦。曾做过车夫的赖其庚就认为拉车是个轻活,因为他在苏北泰兴家乡时,经常要挑250斤的担子在狭窄的田埂上行走。[142]

　　当有的外国人——也有一些中国人——坐黄包车时觉得于心不安时,另一些更为实在的人却与记者欧内斯特·霍塞（Ernest Hauser）持有相同的观点。霍塞曾经这样写道:"拉车本身并不难。人力车设计得很精巧,具有一种平衡力。拉一个体重正常的乘客,车夫随时都能靠上身控制重力,给腿脚以极大自由,下坡时,车夫的脚几乎可以不着地。"[143]约翰·波尔甚至尝试过自己拉车:

　　　　对于一个体格一般的人来说,拉车并不很累。我尝试后发现,拉车只是一个平衡问题。我曾因打赌输了而被罚在大白天的南京路上拉人力车。我戴着夜礼帽,叼着12英寸的雪茄载着我的报业同行跑完了南京路全程。当车杆提高,车座的重心就会下移,这时拉着车杆一路小跑,车座自己会恢复平衡,循着惯性前移。中国多数大城市,尤其是租界,马路很平缓。上海最高的"陡坡"

也只是市中心跨越著名的苏州河的石拱桥。这里总有一些身强力壮的中国流浪儿，等着为上桥的人力车推一把，好得到几个铜板。[144]

也许这些说法只不过是掌故逸闻而已，弃之无妨。但广州中山大学生理学院院长阿道夫·巴斯勒（Adolph Basler）的研究就不同了。巴斯勒对人力车消耗能量的状况做了细致的研究，其结果发表在纽约的《科学》杂志上。基于他对繁忙街道上运行的人力车的观察，以及力学上应用的观察，巴斯勒发现，在街道状况一般的情况下拉车，车夫跨两步约是4—6.5英尺，每分钟76—87步。巴斯勒指出，人力车的设计为，运动中重心在车轴之上，车夫毋需向上用力，只需全力往前拉。因此，一旦惯性产生，人力车能自行在平地上前移，车夫只需对付一点摩擦力。参照摩擦力的其他系数，拉一辆载重的人力车，需要依地面的实际情况克服4—11磅的摩擦力。巴斯勒下结论说，每分钟外部运动的总和与其本身的持续力是相等的，就好像车夫拽着滑轮上的绳子，而绳子那一头捆着4—11磅的重物，他所付出的体力"比埃及人利用器械从尼罗河引水，或者比法国海军登梯还轻松"[145]。

当然，这些调查，无论依据多么可靠，仍很有可能被指责为对车夫缺乏同情心，用毛泽东时代的话语来说，这是"资产阶级反对劳动人民的一派胡言乱语"[146]。中国的一句民谚"百步无轻担"，也能用来作为这类指责的一个论据。但是，有两个事实必须正视：一是多数人力车夫不是每天工作而是隔天拉车，因此，劳作一天休息一天，可互相调节；二是人力车载客通常跑的是短距离。

如我们所知，对人力车牌照签发上的大量限制使得车夫做不满正常的工作量，每个月只能轮到十五六个班次，"拉一天车维持两天的生活"[147]。尽管我们还知道，工厂的工人偶尔也有"拉车屁股"以增加收入的，但据 20 世纪 30 年代对人力车夫的集中调查，没有提及他们工余去打零工的。[148] 实际上，隔天的工作日程，可以让车夫得到休整，以准备下一班次的工作。

至于人力车夫拉生意通常是短程，是因为上海有比较完备的公共交通系统，解决了较长旅程的运输问题。尤其在 20 世纪早期引进了有轨电车、无轨电车以及公共汽车以后，人力车便主要用于机动车不便到达的地方。[149] 按上海道路的自然状态，许多车站被设置在弯曲的街道上和狭窄的小巷里。公共租界占地 8.7 平方英里（22.6 平方公里），法租界为 3.9 平方英里（10.22 平方公里）。[150] 从公共租界东端的外滩到西端的静安寺路，仅仅 3 英里。多数雇人力车要求的路程短于这个距离。[151] 从闸北的北火车站到城里的任何地方都被认为是长途，因此许多车夫不愿载客拉那么远，尽管火车站到市内大多数地方并不足 3 英里。[152]

上海行政管理的分隔状态，也使许多车夫不可能跑长途。上海的公共人力车有三种牌照：第一种是公共租界签发的，也就是前面提到由工部局签发的牌照，1920 年为 8 000 张，30 年代为 9 990 张。工部局牌照具有一种特权，就是除了公共租界，还允许跑法租界和华界，且车费另计。车夫通常称之为"大照会"。[153] 第二种称"小照会"，允许跑法租界和华界，而不允许进公共租界。签有这类牌照的人力车，1920 年有 1 800 辆，到 1934 年有 6 014 辆。第三种牌照只能在华界使用，这类牌照的人力车在 1920 年有 2 000 辆，到了 1934 年有 7 304 辆。[154] 华界的牌照还进一步分为两类：一类只能跑闸北，一类只能跑南市，去火车站可另加车费。因此，上海的许多人力车只在一到两个区域内营运。如果乘客的目的地在车辆不许去的另一区域，那么乘客不得不在分界线下车，另找一辆有当地照会的车子。例如，一个乘客在法租界霞飞路雇了一辆小照会的人力车，要去公共租界的南京路，到了"大世界"（上海最热闹的娱乐中心），乘客即不得不下车找一辆大照会的车子跑完余程。这会让乘客感到不便，但却使多数人力车只能跑短程。[155]

对人力车夫生活状况的调查人员常抱怨说调查难以进行，因为他们老不在家。从现有资料来看，这并不一定是车夫的工作时间太长所致。正相反，多数车夫有足够的闲暇。不工作时，他们常常会去茶室、浴室放松一下，也有到邻居家闲聊的，或者干脆在家睡大觉。[156]赌博是人力车夫最通常的一种消遣，打扑克牌和麻将牌尤为普遍。这类娱乐随处能玩，但多数是在邻居或朋友家里。

出了家门，车夫们通常去茶室聊天、打牌，或者听评弹。[157]另外，吸食鸦片在车夫中也很普遍，据说部分人是借此解脱工作中的劳累。许多偏僻的小巷都有价廉质次的鸦片出售。[158]车夫居住区的四周遍布了鸦片窝点，这种地方通常躺满了沉溺于烟气中的车夫。[159]20世纪20年代，上海估计有20%—30%的人力车夫吸鸦片成瘾，他们通常在鸦片上的花销要占去收入的70%—80%。[160]

贫穷阶层各式各样的娱乐场所也往往设在小街陋巷，比如思乡的车夫一听就能消解乡愁的江北戏，其戏班子通常在街角设露天舞台演出。上海有各类艺人流动的沿街卖艺，人们通常称他们为"吃江湖饭的""吃开口饭的"。其观众当然有偶尔路过的，但大多数是劳工。他们发现街头表演很对自己的口味，而且随时都演，又不要票，只需在演出后给几个小钱。尽管这类流浪艺人随处可见，无论是繁忙的商业区还是拥挤的贫民区，但他们还是有几个颇有名气的特定演出场所的。

例如，法租界安纳金路的艺人演出场所被称为"江北大世界"，意为穷人的"大世界"（"大世界"是上海最主要的大众娱乐中心，见下一章图9）。[161]"大世界"东南的一些街区及八仙桥（也在法租界境内），也许是上海最大的露天演出区域。爱来格路、东自来火街、西自来火街、宁波路等街区，也都挤满了不同类型的娱乐场子。[162]其节目有独角戏、说书、中外魔术、变戏法、唱大鼓、花鼓戏（来自北方的戏种）、车技、现代话剧、西洋镜、木偶戏、剑术、走钢丝、斗兽、说因果、气功表演、吞剑表演、驯猴、畸人表演、说唱，几乎其他较正规的娱乐中心所拥有的节目在这儿都能找到，而"下层社会"一类的娱乐倒是别处没有的。就像都市中的商业街常设专类商品或专类服务街，大众娱乐场子也按类别分设于不同街区，路人非常喜欢在这类"大世界"里逛一逛。[163] 每天从中午到夜晚，这里始终挤满了劳工阶层，或者用当时流行的既时尚又很文绉绉的名称来说——普罗阶级（无产阶级）。[164]

总之，人力车的设计，车夫工作时间的限制和短程服务，解释了大量车夫为何能拉车几十年而不停，以及一些老年人为何仍可拉车的现象。成千上万无技能的乡村农民涌入城市后发现，相对而言拉车对体力要求是尚可应付的，也不需要技术，于是对此趋之若鹜。约于1940年，一位作家记录了上海街头日常的所见所闻。他对人力车夫的描述并非一片阴暗，而是略带情趣："绿灯亮了，人力车像马拉松赛跑似的开始冲。他们疯狂地跑着想超过汽车，直到下一个红灯亮了才止步。他们常常绕着穿过大车不能通行的缝隙而获得胜利。那是苦力们的乐趣——然后他们大笑，打趣取笑穿制服的交通警。"[165]

这类毫无干系的旁观者对此景的描述很少见吗？应该不是。瑞纳·克拉斯诺，一个俄国犹太人，民国时期她全家已在上海居住多年了。1944年3月，在她的一篇日记中记载了一幅几乎完全相同甚至更为轻松的画面："战前（指太平洋战争），人力车夫经常开怀大笑，讲笑话，当交通灯转为绿灯，他们蜂拥而起，像马拉松赛跑似的向前冲。他们还嬉戏般地要超车，超自行车、汽车、马车，在上海拥挤的道路上见缝插针地飞快向前跑。"[166]

漫天要价

人力车夫诈骗乘客是近代上海盛行敲诈勒索之风中的一个典型现象。依照当时人们对人力车夫的成见或模式化印象，车夫经常欺诈乘客或者干脆漫天要价，尤其是对当地不熟悉的乘客。有关欺诈乘客（上海方言称"敲竹杠"）的小故事不胜枚举。一方面，由于绝大多数车夫来自苏北，这种认为人力车夫经常敲诈乘客的看法反映了上海民众对苏北人的偏见；[167]另一方面，人力车行业中确实存在的敲诈风气又可能首先促成了人们对苏北人的歧视。实际上，20世纪30年代所有的上海指南中，凡涉及人力车的部分，都提请读者提防人力车夫。

曾几何时，这种不诚实车夫的类型成了城市负面文化的一部分——诸如多重犯罪、恶习、黑暗交易、暴力集团，使近代上海以罪恶的城市而闻名。就像世界上许多城市的出租汽车司机无意间成了一个城市给初访者留下最初印象的窗口，日日夜夜往返于上海街头的数以千计的人力车夫也成了这个城市文化一样的最惹眼的化身之一。

一个老于世故的上海人，就是所谓的"老上海"，对交通非常熟悉，而且对车费行情相当了解，所以难得被骗。而一个涉世不深的乘客，或初来乍到不熟悉上海的人，就成了被欺诈的对象。仅根据乘客的口音，人力车夫就能轻易地辨别出此人是否久居上海。尽管他们自己有着农村的血缘和维系，尽管他们自己也被人称作"乡巴佬"，但人力车夫对新来的外乡人却很势利，轻蔑地称之为"外地人"，甚至直呼"乡下人"，而不管有许多人根本不是来自农村。[168]诈骗手段虽然普遍但却很简单，一般是一眼就能看穿的。车夫可能会索要比正常车费高两三倍的钱，或者为了多得些车钱，他可能拉着乘客绕很长的根本无需跑的路程。因为习惯上是车到了目的地才付钱，当乘客要求跑一个来回，车夫开始会同意一个较低的价钱，而到了终点，他强要双倍的车费，他说他当时所说的是单程的价格，只是乘客你误解了。[169]

甚至在付费以后，乘客仍可能上当。一种叫"调包"或者"调元宝"的，是最为普遍的欺诈手段。车夫时常随身带一些镀银铜片，当乘客付了车费，车夫迅速摸出假币换下乘客的真银元，然后大叫道："嘿！你给我的钱是假的！"真钱早被藏在车夫的夹衣里，衣服的第三颗纽扣下有一个藏东西的孔。如果乘客表示怀疑，车夫会解开衣服让乘客搜。但是没人会找到藏着的钱：车夫拉开衣襟的手正紧紧地抓着藏钱的地方。车夫还可能将钱藏在防雨帆布或者车灯里。用这种手段，一个车夫如果"幸运"的话，一天可"换"到20多元。很少有乘客知道这种诡计，因为当时社会上假币相当普遍，所以他们只能自认倒霉。[170]

人力车夫还会利用某种机会趁机索要高得离谱的价钱。比如，当客人结束拜访起身回府时，热心的主人出于习惯会为其雇一辆车。除非客人不在场时主人已谈好价钱，否则车夫会要价很高，因为他们非常了解主人不会在客人面前讨价还价。常常有这样的情形：客人一定要自己付钱，然后主人与客人出于礼节"抢着"付钱。这时，车夫当然趁势索要高价。[171]

另外，社会爱慕虚荣的风气也给了车夫可乘之机。一位作家描述了一件发生在自己身上的事。1937年秋，他下船到了南市外滩。[172]作为一个"小资产阶级"（他这样自嘲），他乘不起出租汽车。尽管只带一个小小的手提箱，但他知道一位绅士自己提着包在街上行走是不得体的。人力车夫也深知这一点。于是，作家走向一辆人力车：

"黄包车，法租界！"

"三只洋！"

黄包车夫瞧不起地这样应着，这时候无论什么地方都是"三只洋"。接着他又生气地，仿佛你雇他的车子是侮辱了他似的，他告诉你现在是在打仗,他明白向你表示他要趁火打劫了。你为什么要公平呢?在流氓世界的上海向来就没有公平。[173]

笔名为"碧翁"的一名中国作家惊呼,人力车夫由农村带来的"纯朴老实"的天性,已被上海的繁荣销蚀殆尽了。例如,一个乘客需急用黄包车(急于去医院等事)或者提有沉重的行李,这就难以逃脱车夫的敲诈。同样,雨天也是车夫做生意的好日子。碧翁写道:"一般总是车夫拉你的生意,但到了雨天,也许该轮到你求他了。那时,车夫可能会不理你,他低着头拉着空车,装作没听见你的声音。这是他们的伎俩——这之后,你就无法与他还价。当你大声叫住他,他会先回瞥一眼,瞧你是否穿了胶鞋带了雨伞,如果二者皆无,那么,他敲诈要高价的机会就来了。"[174]

掌握与人力车夫谈价的技巧,几乎是每一个上海人所必需的。通常在上车前,乘客"须得说明自己的目的地,对距离的估算几乎要准确到码,在车夫上路之前,有时需要将方位说得非常明确。乘客脑海里得有一张清晰的交通图,并且要清楚这段车程所需的价格。具备了这一切,然后报价,接着的一小会儿,通常是讨价还价直到一方让步。只有这时才能'启程'。"[175]似乎总是这样,车夫索要过分的高价,乘客则"煞半价",而这半价,就是乘客初始的报价,以此为底数开始谈价。然而甚至在双方达成协议,对车费和目的地也不再有争议之后,车夫却拉车走个没完,他可能会在超过目的地几码或者超过一条街的地方停下车,然后说这就是他认为乘客想要下车的地方。真不知道是出于误解还是故意恶作剧。继而可能会引发出一番争论。

约翰·波尔(John Pal),一个久居上海的外国人,非常生动地描述了接下去可能发生的一幕:[176]

"你讲的地方到了。"他会特地冲乘客强调一句,顺势将车杆放在地上。

乘客多半会回敬他:"你错了,还有好几条马路。"

"我没错,"苦力急急地回嘴,"你想诈我。"

"我没骗你。你大概是乡巴佬不识路的。"

"我家三代在这里拉黄包车,不会被你骗的。"

"你戆大。没人会要骗你。我讲的地方你根本没去过。"

"不要骂我戆大!说好是 12 个铜板,给钱,我好去跑生意。怎么,还是要我叫巡捕?"

"拉我到我讲的地方,我再付钱。"

"那好,12 个铜板我是一码也不拉的,如果你付 14 铜板,我可以再拉两条马路。否则,你付钱我走人。"

这类争论大多是以车夫的胜利而告终的:乘客要么多付钱,要么下车自己走到目的地。如果乘客是位男士,即使将这场争论发展到打架(这种情况并非罕见),也会有第三方出来调解,说些什么不值得和一个苦力争吵不休啦,或者另外一些息事宁人的话,而最终气呼呼的乘客还是得付钱。[177]

这种争论很少发生在外国乘客身上。通常,外国人(更准确地说,西方人)所付的钱比中国人多,[178]这不仅因为他们"有悲悯之心",而且因为他们普遍比中国人重,并且要求的车速也比中国人快。[179]上海人力车夫一般不与外国乘客讨价还价,他要知道的只是"先生,您去哪里?"[180]作家碧翁曾不平地述说,在南京路最繁忙的商业地段以及戏院前,"除非你装作坐车不还价的阔佬,否则你永远雇不到车。但如果这时恰恰遇上一个外国人,你这个阔佬还得靠边,因为人力车夫一心想拉洋财神"。[181]外国人也记述了人力车夫更愿选择西方人乘客的情况,波尔写道:"我偶然碰见一车夫与一中国乘客正较劲地谈价,我刚留意了一眼,瞬间,所有的讨价还价一并结束,车夫转到我眼前,笑问道:'去哪儿,先生?'"[182]

然而，也有让车夫害怕的另一类外国人。这些外国流氓态度蛮横，到了洋行、旅馆、酒吧、舞厅等目的地，随意付些车钱，便一溜烟进去了。若是车夫不服，管门、巡捕立刻会来把车夫推出去。[183] 早在1874年12月29日，上海人力车营运刚开始才几个月，就有两个外国人要了一辆人力车到法租界北界三洋泾桥，没付钱下车就走，车夫上前要钱，其中一人竟以刀相威胁。[184] 这只是上海的外国人欺负车夫最早的事例。那些不付钱的大多是外国海员。20世纪30—40年代，有大量车夫为要求正当的车费而遭受暴打甚至被杀的报道，这些流氓海员不外乎来自英国、西班牙、意大利、美国。[185]

影响最大的是臧大咬子事件。1946年12月22日夜晚，这个34岁的车夫载着一个西班牙水手从虹口到过去的法租界，跑了5英里。下了车，这个水手不付钱，臧坚持要车费。这个水手的同伙，一个美国水兵出手打死了臧。这一事件很快成为国内的头条新闻，在对中国境内西方暴行的处理上，臧大咬子事件尤其显现出民国政府的无能。[186]

臧大咬子是人力车夫中敢于与外国人相争的少数人之一。实际上，臧在水手所在的安乐宫舞厅前等了几小时，等他们玩够了醉醺醺地晃出门来，这才迎上前的。但是，在这个通商口岸的城市里拉了20年车的臧，他的胆气与义愤只能导致惨死。[187] 大多数车夫不敢向外国人坚持要车费，部分原因无疑是语言障碍，但大部分原因是出于对外国人的敬畏。碧翁曾激烈地指责人力车夫对外国人的盲目敬畏："他们所知就是这么肤浅，只知道外国人都是阔佬。他们甚至分辨不出犹太人（他们比中国人还吝啬）或者白俄（他们没有国籍，比中国人还穷）。他们对这些人就像对英国人和美国人一样殷勤。他们在外国人面前卑躬屈膝，就像母鸡发情！他们的洋泾浜英语，像什么'卖—大—母'（Madame）、'卖—死—丹'（Master）、'力—克—西'（Rickshaw），简直笑死人。"[188] 因为上海的人力车夫主要来自苏北，碧翁的责难可能被看成是对苏北人偏见的一部分。或者反过来说，苏北人如此集中于拉车行业，他们每天在街头的所作所为形成了人们的这种偏见。[189]公平地说，尊崇西方，或者称"崇洋"，属于这个城市文化的一部分，而人力车夫选择外国乘客，只是将这一部分城市文化赤裸裸地表现了出来。

在某种程度上，人力车夫并不愚昧，只是没有受到良好的教育。日夜奔忙于"东方巴黎"的街头，他们大量目睹了这个城市的生活状况，感受着这个城市的律动。他们的工作，实际在与形形色色的人打交道：与车行业主交涉、与乘客做交易、与巡捕相争辩、与友善或健谈的乘客一路聊天。用本地话说，车夫很"领市面"，[190]比起每天12小时关在车间里的工人，他们更见多识广一些。

那个臧大咬子有魄力向外国人要车费，也许与这个通商口岸城市中外国势力渐弱有关：首先，1941年12月日军占领了英法租界，接着于1943年废除了外国租界；其次，臧事件发生之时，日本战败才一年。碧翁愤慨地评论人力车夫对外国乘客的奴颜，似乎以1940年12月为背景可能更合适。太平洋战争爆发以后，这就不大确切了。1944年3月，一个俄国犹太人评论道："人力车夫无礼、好斗，几近恫吓，他们非常清楚当今外国势力的衰落。那些外国势力的残余——德国以及另两个轴心国成员——一般已使用雇有司机的私人汽车。不管怎么说，几年后，人力车夫已能一眼分辨出不同的外国人，几乎本能地知道哪些人可以骚扰而不用害怕报复。"[191]这段议论与碧翁所写仅三年之遥，但所表述的现象却截然相反。虽然这些评述不免带有一定程度的主观倾向，但所述现象可能也反映了一个事实，即上海的人力车夫并不像一般所想象的那样愚钝无知，而是能迅速熟悉时势并见机行事。

人力车夫必须去"领市面"是为了生存。关于这一点，他们与城市里任何其他的社会阶层——比如坐在豪华办公室里俯瞰市中心著名的跑马厅的精明商人，或者在南市老城隍庙一角设摊的机灵的街头小贩——

并无不同。人力车这一话题之重在于,这个简单的交通工具已将农民转化成"小商人",他们以自己的体力作为仅有的可出卖的商品,每天把自己投放到这个广大的市场(在街头候客),并做交易(与乘客讨价还价、与车行老板讲条件谈租金)。像任何一个进入市场的生意人一样,车夫也被迫积极地充当一个角色,寻找每一个机会,坚守每一分自己的权益。他们不得不每天与各行各业的人在"现金交易"上打交道。在家乡,他可能是出卖劳动力的佃农,而在人力车这一行业中,斤斤计较地谈价、形形色色的乘客、极为频繁的商机,都是农民远远想象不到的。因此,这些昔日的农民必须尽快地改变其纯朴的天性,以成为这既有挑战又有希望的都市生活的一部分。总而言之,在这个高度商业化的都市社会,农村移民转化成了各种各样的小商人。就这样,这些被人不屑一顾的小人物成了上海的商业世界及其文化——所谓"上海文化"——的一个基层部分。

第二部
立锥之地

第三章　逃离棚户区

　　近代上海常被冠以浪漫的别称，诸如"东方的巴黎""东方的明珠"以及"冒险家的乐园"。[1]矗立于著名的外滩及南京路上颇为壮观的建筑，成了这个大城市自豪的象征。然而，近代上海都市形成过程中的另一面很少被提及，它阴暗肮脏，也不复浪漫，那就是由无数破落的茅草棚杂乱无序拼凑成的大片棚户区。从繁华闹市区的摩天大楼俯身望去，几乎满眼都是"极为破败的东方式贫民窟"。[2]可以说，像外滩的倩影一样，棚户区也该算是近代上海的一个标志，或者，像韩起澜（Emily Honig）所说，"是上海的另一个特殊的世界"。[3]

　　1950年，上海的棚户家庭约占市内总人口的1/5。棚户居民绝大多数是农村移民，他们现已生活在城市，以只有城市里才可能存在的各种职业维持生计，从这一意义上讲，他们已成为都市的一部分了。但棚户区异常拥挤以及极低劣的生活条件，加之其居民的高失业率和就业不足的状况，使得城市其他阶层将棚户区只认作是"都市流浪汉"的收容所。从这点上讲，他们还只是不稳定的农村移民。对于这群人来说，工厂的职业是高不可攀的。一般认为产业工人是现代工业化城市中贫民区的主要居民，但工厂工人却只是上海棚户贫民中的一小部分。

　　中国最大的工业城市中大片棚户区的主要居民，为什么不是工业无产阶级呢？这个问题要求我们对上海工厂中工人的社会层次做一分析。

如果说，工厂中低收入的临时工作并不能改变农村移民蜗居棚户的不幸命运，那么他们确实在想方设法争取一份稳定而收入又高一些的工厂里的职业，以摆脱棚户，住进城里的一般住宅，过中等或中下阶层的生活。因此，在都市里寻找立锥之地形成了工厂工人们不同的居住模式，而居住模式的不同又促成了物质、社会和文化生活的不同，使得"产业工人"或者说"无产阶级"这些传统分类显得过于简单化了。

万国建筑博览会

近代上海是一个富有多样建筑风格的城市。堂皇的西方风格的大建筑成为了这个城市十分耀眼的标志。上海开埠后仅仅十年，外滩的数里长街就矗立起了一系列欧洲风格的建筑。20世纪20年代，上海的建筑有显见的英、美、法、德、俄、意、西班牙、挪威、荷兰的影响。其设计风格有罗马式、巴洛克式、文艺复兴时代建筑风格及现代、当代样式，形态各异，色彩纷呈。都市风景中还点缀有日式甚至伊斯兰式的建筑。这些外来的欧洲风格的建筑，其中有许多夹杂着一些中国传统的建筑手法，很有些中西合璧的味道。与此同时，中国的传统建筑也存留其间。在外滩南面不到一英里的地方，就是真实可见的中国老城厢，其中豫园还是明代的古典花园，是儒者潘允端为其父母安度晚年于1577年建造的（图7）。[4] 上海被称为"万国建筑博览会"——这个城市的另一桂冠——也算名副其实。[5]

如果需要住房，人们可以按照自己的口味以及自己的经济能力，在众多的类型中选用。在世界上很多地方，一个人的居住区域乃至居所的风格，能相应地反映出一个人的身份。与此相同，上海的住宅一般分成三个等级：西式洋房、里弄住宅、棚户。每一等级都含有多种多样的类型，相互间有这样或那样的不同，但总体上具有一些共同的特征。

图7 这个设在老城厢中心的茶楼建于1784年,在中国人中以"湖心亭"而闻名,在西方人中以"柳景茶楼"(willow-pattern teahouse)著称。自19世纪末起,这座茶楼连同九曲桥就成了上海老城厢的象征。(图片来源:R. Barz, *Shanghai:Sketches of Present-Day Shanghai*)

西式洋房,就像名称所表示的,是欧洲风格的独栋小楼,有几层楼面,前庭为花园,因此也以"花园洋房"著称。[6]这是上海最为豪华的住宅,即使以当时西方的标准来衡量亦属奢侈。就像世界上其他地区的豪宅一样,这类洋房别墅通常只是一个城市引以为傲的象征性建筑,而作为普通生活居所则太过奢华了。

第二等级是联排式的里弄住宅。这是上海人最主要的居住形式。从19世纪70年代初到20世纪40年代末,这座城市建造了大量的里弄住宅。

房屋的质量取决于建造技术和投资的多少。随着时间的推移，房屋的设计也有多方面的改进，但里弄的基本特征——中西合璧的毗连式房屋，内设天井——仍未改变。建于1935年以前的里弄，大多称石库门（此名得自大门的设计，见图8当铺的大门）。石库门是20世纪上海最常见的住房形式。[7]

图8 这个石库门当铺名为"永昌"。在大门的两边巨大的"当"字是上海当铺的典型标识，通常是白墙黑字。人们一般当衣物、珠宝之类，但如照片中墙面上所示，这家当铺还收上等木器。（图片来源：上海图书馆）

与石库门一比高下的，是新式里弄，出现于20世纪20年代早期。不久，石库门便过时了（因此后来称"老式里弄"）。新式里弄大多建于1924—1938年，明显不同的特征是，大门一改石库门总是在石墙上镶两块厚重的木板的形式，而依欧洲人的口味采用了不同质地的材料。室内设有卫生设施（诸如浴缸、抽水马桶等），并有钢窗蜡，而石库门只有木框窗和漆成深红色或深红褐色的木板地，没有卫生设备。因此，当新式里弄出现时，曾以"钢窗蜡地"闻名。

有些里弄设有绿化带及小汽车的车库，具有这种特征的，人们常将之归属于洋房类，称"花园里弄"。这些精致的宅群是里弄住宅之最。

还有另一类精致的住宅——西式公寓，它既有多层公寓形式，又有新式里弄分层住宅构造。通常，这种新式里弄的复合式建筑，面对马路的前排楼建成公寓式，而内里的几排是新式里弄的形式。这些雅致的楼房建于20世纪40年代，是上海战时繁荣期的产物。

第三等级是平房和棚户。这些平房源自郊区（在中国农村，这类形式仍是最普遍的）。在上海，这类房舍主要作为工厂的宿舍或贫民的居所。这些房屋因结构简陋不可能再造第二层，而且还经常缺水缺电。大多数平房就是一个单间，有时一个单间还用木板隔成几个部分。如果结构允许的话，房顶下还可能建一层阁楼。这类房屋多分布在杨树浦、闸北、曹家渡这些工业区，在浦东也有很多。[8]

与这些平房夹杂在一起的是棚户。平房是木架砖壁、瓦顶，而棚户是由竹子、草席、泥巴盖成的茅草屋，但二者都被认作是棚户区类型的低劣居所。

所有这些不同类型的民宅错杂地共存于这个大都市。尽管每一种住宅类型的区域所在没有严格的界线，但大致的分布还是能够划分的。

大多数洋房和新式里弄建于上海的西部和西南角，这里拥有全市最好的住宅。大量的新式里弄和高级石库门建在上海西部的主要干道静安寺路（现南京西路）上，并往西伸展到愚园路，直至上海西北面的极司菲尔公园（现中山公园）。许多洋房聚集在绿树成荫的辣斐德路（现复兴中路）和贝当路（现衡山路）一带。当时英法租界越界筑路，并在越界地区建了这些上等住宅，这些区域遂成为租界的一部分。类似的区域还有一片在虹口四川北路，这里大量的新式里弄建于20世纪30—40年代。同一时期，已扩张了的租界又向西部虹桥郊区扩展，建有豪华的维多利亚式和西班牙式别墅。

东部地区（黄浦江以西、西藏路以东）是该市的商业区，高耸的商业大厦与众多的民宅（主要是石库门）犬牙交错地交织在一起（图9）。这里是上海的中心，上海的政治和商业文化大多起源于此。

图9 大世界，上海最著名的娱乐中心，建于1917年。其上四层欧式塔顶为1929年改建。内设十个剧场、一露天舞台（以演大型杂技为主）、一舞厅、一溜冰场，另设有酒楼、茶室、商场、长廊、花园。尽管游客遍及各个阶层，但主要的还是"小市民"。大世界每日游客达1.5—2.5万人次，为民国时期全国最大的娱乐中心。大世界后面的马路，是街头艺人们表演的场所。（图片来源：R.Barz, *Shanghai:Sketches of Present-Day Shanghai*）

北部地区——东北的杨树浦、北部的闸北、西北的曹家渡——是该市的工业区。这里混杂着石库门住宅、平房以及棚户。城市的南部，主要是上海老城厢和南市。这里有上个世纪遗留下来的传统的中国式住宅，也有平房和棚户，但主要的住房形式是石库门。

简而言之，除了少数例外，上海民居类型的分布大致如下：最上等的住宅（洋房、公寓、新式里弄）在城市的西部，最低劣的住宅（平房及棚户）在城市周边的郊区，而中等层次的住宅（石库门或老式里弄）则遍布上海各处。[9]

尽管住房形式繁多，但对一个新移民来说，寻找居所仍然是最大的问题。

1933年随叔父从江苏太仓老家来上海"学生意"的老上海程国华（音）回忆起这种情况："走出北火车站，对于我们来说最紧迫的一个问题就是找住处。当你走在大街上，到处都是各式各样的房子，但我们租不起普通住房中的一个单间。我们到处寻找住得起的房子，徒劳了几个星期以后（在此期间我们住在亲戚家），我真希望我是一只蜗牛，背上有个大贝壳，晚上可以蜷缩在里面。也许很多人都有相同的感受。最后，我叔父总算在南市租了一间小阁楼，而我在一家五金店当学徒，店里可以住宿，就在店面上的小阁楼，每晚我都得小心翼翼，以免额头撞在房梁上。"[10] 程和他的叔叔只是冒险来城市寻找住处的众人中的一例，但他们远不是最不幸的。因为，正如下面我们将要讨论的，在这个有"万国建筑博览会"之称的城市里，许许多多供夜晚栖身蜗居的"贝壳"只是肮脏的棚户陋屋。

棚户区

20世纪美国的贫民窟总是和城市的中心区域连在一起。与此不同，上海的贫民窟遍布近郊，而且常设在外国租界的边界。[11] 设想一下，如以跑马厅（现人民广场）为中心，画一个东西向为5 000米、南北向为3 000米的椭圆，这个城市几乎所有的棚户区都密密麻麻地挤在这个椭圆的周围。[12] 它们所处的城市边缘这一位置似乎在告诉人们，这些陋屋和那里的居民是多余的。至少，在那些生活于更"体面"区域内的上海人眼里，棚户居民是不受欢迎的外来者。他们占据边缘社区，败坏了这个城市。[13] 同样，棚户居民也有被排斥而不能真正走进上海城市生活的感受。

从某种程度上讲，这些居于上海棚户的人们，可以更为确切地形容为无家可归的流浪者而非贫民窟的居民。尽管对于"无家的"这一定义的看法并不完全一致，但一个人"流落街头"或者遇紧急情况暂时留宿，一般认为是"无家的"。[14] 依这样的衡量标准,这些棚户的居住者只是中国式的无家可归者。上海的中外四方势力组成的警力施行一项控制流浪人口的法令,以便保持城市的"美观"。[15] 对上海当局来说,乞丐是唯一露宿街头的人。根据一项报告,20 世纪 30 年代早期,上海的城市人口已达 300 多万,而被正式划为"无家可归者"的还不到 3 000 人。[16] 其实那一时期这个城市普遍缺乏由政府主办的应急住宿处,却不乏流浪人口。无处栖身的人只是被撵出了城市的中心区域,蜗居于都市周边地区而已。于是那些简陋的屋棚也只好被称作"家"了。正如佩罗夫(Peroff)所指出的:"在较不发达的国家,许多人的固定居所的居住条件还不及美国应急的临时房。"[17] 以此而论,上海的棚户可称是无家可归者的家。

但是,试图在西方找一种与中国相对应的社会现象,总有些牵强。20 世纪的美国,失业是导致流浪生活和品行变异——也就是社会惯常所说的"无家可归"状态——的主要原因。[18] 而在中国,失业的人们不是流落街头,而是蜷缩在简陋的棚屋里。传统中国文化对家庭和家居的重视,可能降低了真正露宿街头人口的数量。然而更为重要的是其深层原因:美国的流浪现象主要是与少数族裔相关的社会问题有关,中国城市的棚户贫民则反映出一个完全不同的问题,即中国都市与农村之间的鸿沟。

从农村来到城市,尤其像上海这样的大都市,在中国一般公众的观念中普遍认为是一种"人往高处走"的社会流动。[19]"去上海"就像各国移民们去美国寻求"美国梦"一样。尽管千千万万的"上海梦"的追寻者在简陋的草棚里感到了梦的幻灭,但城市的诱惑力是永远不会因此而消退的。[20] 大多数棚户居民尽管生活贫困,但至少还在城市里生存着。由于灾荒和战乱,若留在农村,他们的命运可能会更糟。如果不是 1949 年共产党接管上海及其稍后执行的禁止移民政策,上海棚户区很可能还会继续增长。[21] 近代上海存在众多密集的棚户区这一现实,反映了在中国的一个城市共存着两个对比强烈的世界——农村和都市。

药水弄：棚户区的出现

19世纪上海有零零星星的草棚居住区，主要分布在沿黄浦江的郊区。[22] 大面积的棚户区是后来出现的现象：一战期间，随着上海的工业化发展，棚户扩展得很迅速。[23] 20世纪20年代末，棚户区已开始出现在城市的近郊。正如第一章所说，19世纪中叶移民来沪的主要有富商、士绅、官僚、技术工人和冒险家。[24] 使棚户区大面积发展的农村移民大潮是20世纪的事。20世纪40年代末，整个城市为密密麻麻成片的棚户区所困。为弄清棚户区如何成长、发展的确切历程，我们来研究一下上海最大的棚户区——药水弄。

药水弄位于上海商业中心南京路外滩西北5英里处，以前只是苏州河畔的荒芜之地。20年代初，在一家药水厂周围逐渐形成了棚户区，因此而得名。[25] 在一战前后，许多纺织厂、化工厂、机械厂、窑厂相继建于沪西，也就是药水弄所在之地。因为临近工厂，这片曾经的河边荒郊成了工人和城市贫民落脚的理想地点。30年代末，药水弄已有居民5 000户10 000多人。40年代末，面积已近于1 400 000平方英尺（约130 000平方米），居民4 000户16 000人，大多为草棚。[26]

就像上海几乎所有棚户区的居民一样，药水弄的先期居民大多来自农村，并有在上海寻找落脚点的艰难历程。我们可以探求一下其中"解决住房"这个意义层面的问题。通常，农村移民在上海苦苦奋斗最终寻找到居所，大致要经过三个阶段。上海棚户区的出现与这段艰苦奋斗的历程是相对应的。

大量农民是摇着小木船（常称舢舢船）经由运河来到上海的。[27] 这些设有顶篷（由麦秆做成）的木船群集在苏州河沿岸，其中很多长年停泊在河边作为这些初来者的"家"。这是他们成为上海"都市人"的第一阶段。

当小船过于破旧而不能停泊在水上时，船上的一家人便将破船推上岸，于是开始了他们在大上海居留的第二阶段。他们仍然住在推上陆地的破船里，而当船板完全烂尽不能作为住房时，他们便利用旧船的顶篷在岸边的泥地上搭起屋棚。这些破落污秽的屋棚有一个相当浪漫的名称：滚地龙。这一名称也许来自"龙"的同音字"笼"，因为这种屋棚简直就是人所居住的笼子。这些居所太过简陋，根本无法将他们归入住房形式的任何一类。粗略地说，滚地龙有两种类型：一种是利用旧船的麦秆草席顶篷弯成一个半圆形的棚子，另一种是用成片的细竹子或草席折成的三角形棚子。因为这类棚屋没有坚固的原材料，移民们又没钱搭梁砌墙，所以这两种类型的滚地龙内部空间很小，其面积还不到双人床垫那么大，高度也不及普通人的身高。[28]尽管如此，这种狭窄的"滚地龙"还是庇护了千千万万个城市新移民。

对于这些蜗居者来说，能住棚户已是一个巨大的改善，而且可能是他们所期盼得到的最好的房子。[29]经过多年努力，一些家庭也许能攒够一小笔钱去修筑草棚。在20世纪30年代，搭一间草棚的材料费需要20元，等值于135磅大米，够一个五口之家食用一个月，也相当于半熟练工厂工人一个月的工资。作为棚户家庭，他们雇不起木匠，不得不完全依靠自己，至多只能得到邻居的帮助。搭一间棚屋需要两三天的时间，而其中最犯难的事是想方设法筹集买材料的钱，他们常常需要借贷。一间滚地龙被拆除，就地搭一间新棚屋时，是一个很兴奋的时刻。

棚屋一般是一个单间，约12英尺宽24英尺长，但小于10平方英尺的也很常见。[30]竹子通常是最主要的建筑材料，房柱用的是毛竹，墙也是由竹篱笆糊土而成。房顶用的是茅草。门通常用旧船上的木板，但有时只用草帘或破布帘。棚屋直接建在郊外的泥地上，天然的泥地充作屋内地板。玻璃窗被认为是奢华之物，很多棚户根本不设窗。[31]1951年对药水弄的一项房屋调查表明，在所调查的4 191户中，1 020户（约占总数的 1/4）没有窗子。[32] 他们通常在墙上凿洞作窗。这在想象中是很容易的，因为墙很薄。然而这种很原始的棚屋是经不起这类"建筑工程"的，因为它很可能导致墙的坍塌，所以许多棚屋甚至没有一个通风孔。于是，这些草屋里难免显得阴暗潮湿，充满霉味。如果关着门的话，即使是晴天屋内也没有光线；而雨季则与室外街上没什么两样，满地泥泞。

说到室外街上，其实并不是所有的棚户区都有"街"的。药水弄，就像上海所有的棚户区一样，挤满了旱船、滚地龙和棚屋。这类居所毫无限制地发展着，20世纪30和40年代，棚户区越来越拥挤，几乎所有的空间都被占满了。仅存的空间作为小路，而小路狭窄得只能容两人并排通过。许多棚屋破旧不堪，只能倚靠着隔壁的棚屋以免坍塌。因此，穿过棚户区更像是通过障碍赛跑道。当你在此中穿行，必须弯腰低头通过一些低矮的屋檐，必须越过许多坑坑洼洼。无论什么天气，只要通过这类区域，总会弄得一脚泥泞。

药水弄的状况是上海棚户区的典型。1932年，一些社会学家调查了杨树浦的棚户区，报告中所述各方面情况与药水弄非常相似：

> 我们的住房研究包括那些非常破落的棚户，这类居所的搭建材料都是见火就着的芦席、稻草、麦秆、旧木板之类，而且既不防雨也不防风，根本防御不了上海多变的气候。一场大雨过后，屋内常常水深及膝，孩子们只能捂在床上，以免弄得一身水。甚至天放晴后，室内依然潮湿如旧，外面的道路因泥泞行走不便，常用煤屑、泥土等物填埋，日积月累，道路要比道旁的人家高出许多。那里的卫生状况也非常糟，生活垃圾和阴沟污物遍地都是。尽管不远处的主要街道设有地下排水系统和垃圾站，这里的居民却享用不到这些公共设施。大多数棚户居民喜欢以养猪作为一种投资，猪圈就紧挨着住房。这里还盛行养鸡，晚上鸡就待在床下。垃圾、猪粪腐臭的气味以及潮气的

霉味弥漫在这些居民的周围。[33]

从上述报道中可以看出,上海棚户区根本就没有任何公用设施。尽管药水弄紧挨着这个大城市完备而现代化的公用设施,但水、电的供给却被切断了。就如同在农村一样,上海每一处棚户区都不供电,仍然使用煤油灯,这是照明的唯一来源。对于棚户区居民来说,使用自来水也是困难的,他们只能去公共水站取水,而水站又常常控制在水霸手里,这又多了一层剥削。药水弄只有两个公共水龙头,而居民有10 000多人。水源控制在一伙地痞手里,人称"自来水十大股东"。这些地痞多次擅自提价,因此药水弄大多数居民用不起自来水。[34] 棚户区附近街边的消防龙头常常成为争抢的对象。由于成百上千的人争用消防龙头,以致人们天天为此争吵不休,甚至大打出手。[35] 迟至20世纪60年代,在政府改造了市内所有主要棚户区的情况下,污秽难闻的苏州河仍然是留存的棚户每日的主要水源,他们在河边同一处打饮用水、洗东西、刷马桶。[36]

蕃瓜弄和肇嘉浜:战时搭建的棚户

上海棚户区的出现与人口增长有着直接关系。在1927年以后的十年里,上海的人口增加了120万,其中大部分是农村来沪的移民。[37] 全面抗战(1937—1945)和解放战争(1946—1949)期间,各地难民纷纷涌入上海这一战时安全地域,促使人口持续增长。结果,20世纪30和40年代,棚户区不断扩展,而棚户区内的居住状况则愈加恶化。

紧挨着上海主要火车站北站,有一大片棚户区称"蕃瓜弄",始建于战争期间。蕃瓜弄占地约18英亩(相当于70 000多平方米),地处北站与东站(北站往西半英里处)之间铁路沿线南面。20世纪40年代晚期,居民约20 000人,平均每人居住面积仅3.5平方米。[38]

蕃瓜弄的扩展与其所在地闸北的兴衰有着直接的关系。20世纪最初的三十年,闸北逐渐发展成为一处新兴区域。在这个存在大片外国租界的城市,闸北还常常作为华界建设和中国人管理现代都市的一个范例。[39]

然而,1932年及1937年两次战争,摧毁了闸北初露的兴盛之光。1932年1月28日,日军侵入上海,战争持续了一个月之久。由于上海的中心区域是租界,受西方势力保护,于是战争在华界沪北和东北近郊进行。闸北成了日军攻击的主要目标。战争开初的两个星期,日军几乎天天轰炸,整个闸北成为一片废墟。据估计,在这场战争中,闸北的损失占上海总体损失的68%。据战后的现场报道,整个地区所有建筑无一幸免。[40]尽管中国政府也做过"都市重建"一类的计划,但闸北再也没有从重创中恢复过来。来自日军的第二次打击彻底毁灭了重兴闸北的一线希望。1937年8月13日,日军再次进攻上海。日军利用飞机和炮兵部队分别轰炸闸北各区域。这一次战斗相当惨烈,双方激战达两个月之久。之后,日军占领了上海除公共租界及法租界以外的一切地区。占领闸北的侵略军发泄性地烧毁了各处尚存的建筑。闸北就此被完全摧毁了。[41]

蕃瓜弄棚户区出现在这两次战争之间。尽管这是一片被战争摧残的荒芜之地,但仍吸引了不少都市贫民。究其原因,首先,建于1908年的上海火车站在开初的十年是城市的主要门户。车站附近便成了想在这个陌生城市寻找住处的初来者的聚居地。其次,蕃瓜弄也像其他火车站附近的区域一样,是进入大都市的重要通道,能为一无所长的新移民提供很多工作机会,诸如搬运工、人力车夫以及其他类型的苦力工作。

另外,蕃瓜弄处在公共租界北邻的华界,中国当局的管理不甚严格。从某种程度上说,这是一个管理的真空地带,有利于贫民窟的自然生存。再者,1932年的轰炸已使这里成为一片荒地,路牌荡然无存,谁也辨不清每一地界的来龙去脉。也就是说,真正的产权所有已模糊不清。这使得贫民搭建棚屋相对容易些,往往不经任何允诺,毋需租赁手续。不仅蕃瓜弄,其他的上海边缘地区也是如此,穷苦的移民只是私占一小块荒弃之地,在上面搭建自己的容身之所。[42]

一般来说,租一块地自搭一所小茅屋比租房要容易做到。这样,贫苦的移民在上海至少可以不再过流离失所的生活。至于租地方式,以众多居住者联合租用一片土地者为多。有一份幸存的20世纪20年代的合同记载着租地条款:租地半亩,年纳租金200元;此半亩之地皮,结庐而居者共有21家之多,人口约100人。这意味着平均每户每月租金为0.79元。[43] 20世纪30年代,一般3.3平方米的土地(搭一间棚屋所需之地)租金为每月1元,有时甚至可以得到免费的地皮。[44] 很多棚屋经常搭建在荒野上,因为这类地方租金低廉甚至免费。然而当住户密集聚居,地价便开始上涨。一项关于劳工住房的报告中说:"一般这类土地的所有者并不求租金多多益善,作为地产,他们希望因人气旺盛而使这片土地更具吸引力以利其价值的增长。"[45] 另一份报告论述了这些居民对该市地产市场所作的贡献:"此等苦力,实为上海市场之开拓者。凡彼等居住之处,其地即渐趋繁盛。迨地价日涨,则彼等又被逐而居较远之区。近年上海市场日益扩大,即此种变迁之结果。"[46] 然而,围绕着土地利用的问题并不总是风平浪静的。在棚户区,常常发生有关产权或租赁权的争吵,有时争吵还相当激烈。[47]

20世纪20年代末30年代初,农村经济普遍衰退,而抗日战争又严重地影响了上海的周边地区,尤其是北边的江苏、安徽。战争使得农村本已萧索的状况更加恶化。上海周边农村成千上万的难民涌入市内。靠近火车站的闸北区,这片除了瓦砾别无他物的空间成了难民们的聚居地。1935年,一个晚报记者走访了火车站附近的棚户区,写了如下报道:

在这里,你见到的是齐肩高的用破木片、稻草、麦秆搭成的棚屋,硬铅皮代替瓦做屋顶,泥糊的墙上挖一小孔做窗,无论晴雨冬夏，总那么阴暗、潮湿、肮脏，散发着一股子霉味。几件残旧的家具蒙着黏腻的污垢，你几乎无法辨别它的质地，甚至有些简直称不上是家具。这些居民不但以地为椅，而且还以地为床！

棚屋之间留作通道的狭窄小径常常遍地泥水坑，这里，男女老小、猪狗鸡鸭都生活在同一空间。通过棚户区时，你想找一条好走一点的路是不可能的。[48]

事实上，就像药水弄一样，蕃瓜弄的棚屋相对来说也算好的，这里大多数陋屋就是所谓的滚地龙。但这里的棚户居民比起肇嘉浜——上海南部郊区的一大片棚户区——的居民，或许还会感到幸运些。

肇嘉浜原是一条宽30米深3—4米的河流，上游与上海西郊的徐家汇水系相连，往东蜿蜒9公里注入黄浦江。[49]19世纪时，它曾是清澈的水域，常有农民在此捕鱼捉虾。尽管它只是条小河，又没有得到很好的养护，但直至1937年它还是一条可以通航的水路。日军占领上海后，肇嘉浜最终淤塞了：占领军强行在徐家汇修筑军用通道，切断了河流的源头。渐渐地，肇嘉浜成为沿岸工厂和居民倾倒垃圾的场所。河流本身成为死水，加之附近工厂每日倾倒废物，使得肇嘉浜成了一潭散发着恶臭的污水。抗日战争结束后，紧随其后又是解放战争，大量农村难民涌入上海，这条淤塞的小河就成了成千上万移民的家。1945年之后，以河流为中心向两边延伸约2英里的狭长范围内，很快就成了贫民的聚居之地。1946—1948年，肇嘉浜聚居的户数迅速增长，由几十户激增至2 000户，人口约8 000，使肇嘉浜成了上海最大的棚户区之一。[50]

上海其他棚户区内可见的简陋居所形式在肇嘉浜一应俱全：旱船、滚地龙、草棚、泥屋。但这个新棚户区的主要居住形式称为"水上阁楼"。当狭窄的河岸挤满了工厂、棚屋和滚地龙，新来者只能将居所建在河上。他们把毛竹或木桩支在淤积的河床上，作为草棚一端的支点，而另一端就建在河岸上,这样即"借用"了河上的空间。这是人们所能想象的最糟的一种居所形式了:棚屋内阴暗潮湿,地板只是裂有大缝的旧船板,底下就是恶臭难闻充满淤泥的死水。这里满处蚊蝇害虫,成了瘟疫的传播场所。到了雨天,"水上阁楼"就成了"水中阁楼"。[51]

如果建于20世纪20年代初期的药水弄是上海棚户区早期的代表,那么建于40年代末的肇嘉浜则是该市棚户区晚期的典型。而建于30年代的蕃瓜弄,是介于二者之间的棚户区模式。比较一下上海这三处主要的棚户区,我们可以发现,那种简陋的草棚已算"高级"居所了。到1949年,药水弄4 000多户家庭中大多数已住的是草棚;而在蕃瓜弄,草棚算是好房子,住在这里的20 000多居民中,大部分住的是滚地龙;至于肇嘉浜,不仅草棚稀有,而且有2 000户家庭甚至连造滚地龙的空间都不够,很多人只能把家搭在干枯的河床上。[52]

1949年以后的中国政府制定了改造棚户区的政策,决定对这三个主要棚户区分期分批地进行改造。计划的首选是肇嘉浜这一最贫困的棚户区。肇嘉浜改造工程被列为上海市第一个五年计划中的重要项目。1954年,改造工程开始。1956年,昔日的棚户区成了一条蔚为壮观的林荫大道。1964年,蕃瓜弄拆除了草棚和陋屋,兴建了五层楼公房。确实,这两个棚户区的改造成为中国共产党政绩的最好实例。药水弄,这一"最高等"的棚户区却没有蒙遇大规模改造的"恩典",尽管一些草棚一直存留到70年代,但1949年以后这里的居住条件还是有了不少改善。[53]

总之,在1920—1950年,上海的每一个新形式的贫穷移民聚居点,其居住条件一个比一个差。与晚期的那些散布在城市各处的"准住房"相比,连肇嘉浜看上去都不算糟糕了。例如,1948年一处靠近鲁班路的棚户区,据称是"全市最简陋的居所"——窑棚。其高不足3英尺,地板面积不足18平方英尺。这样的地方只容得下一人勉强坐直,却要容纳三个人睡眠。[54]还有更糟的情况:露宿街头的工人到了冬天只好躲进公共厕所,例如码头工人刘志康,从12岁到16岁,在公共厕所里睡了整整4年。[55]

棚户区居民

据估计,1926年,上海的棚户有50 000多户,其人口约20万—30万。[56]1936年上海市政府的一项调查说,单单华界棚户就有20 000户以上,人口约10万人。根据1948年详细的区域调查,上海棚户达70 000户,居民达30万以上。也就是说,约是城市人口的10%。[57]这些数字可能比较保守,因为棚户四散在城市各处,加之其拥挤的状况,可以想见要得到一个确切的数字是很困难的。[58]50年代早期,另一项更为有组织的调查估计,在上海棚户区13万个不同类型的屋棚里,住有18万—20万户人家。[59]棚户区的总人口将近100万人,或者说约是上海市总人口的1/5到1/6。[60]

那么,住棚户区的是哪些人呢?

有一段对当年加尔各答贫民窟居民的记载可以用来描述同时代上海棚户区的贫民:"这些人早先在农村毫无期盼地生活着。他们来到城市,带着淘金梦,这是他们最后的希望。他们过着一种奇异的混合生活,一种半都市的生活方式。他们的生活写就了一段特殊的历史,体现了一种特殊的社会流动。"[61]上海都市的发展和一些人在上海成功的事例,引发了人们对城市生活的幻想,即使不做发财梦,仅只为了生存,上海似乎也是必去之地。江苏无锡地区流传着这样的一首民谣:

农民背上两把刀,
租米重,利钱高!
农民眼前三条道,
一逃二牢三上吊!

第三章　逃离棚户区 / 123

图 10　一个冬日的下午，棚户区的居民（多为孩童和青年）聚集在一起好奇地观看外国游客。到这个地区采访显然是一次不寻常的探险。照片中很多孩子在吃饭。在暖和的日子，居民们喜欢在户外吃晚饭，这使小巷平添了几分生气。（图片来源：上海市档案馆）

这里所说的作为农民第一选择的"逃"的去向，指的正是上海。[62]对于大多数移民来说，早于自己离乡的亲戚、邻居、朋友进入城市并已定居，这使自己内心有所萌动，至少心存一种期望，一种能得到友善帮助而被接纳的期望。他们来到上海，心怀开始新生活的希望，而上海的生活远比他们想象的要艰难很多。这一现实无疑给了他们当头一棒。通常他们向往的目标是进工厂，可一旦来到上海，他们便发现工厂的工作并不好找。就像前几章说到的，要得到一份工作，哪怕是工厂里很一般的工作，首先要有强有力的社会关系的介绍，其次必须给工头送礼，在某种情况下，还需要一定的文化要求或经过某种技能考试。[63]这些贫穷的新移民要找到自身与这片陌生土地的连接点，可以想象其困难重重。另外，初到者常去找他们的亲戚、朋友、熟人，实际上并不一定有用，因为这些亲戚、朋友一般自身也非常穷困，就像一句歇后语所说，"泥菩萨过江——自身难保"。[64] 因此，无数的新移民，既没有现代工厂所要求的技能，也没有私人关系，甚至没钱租房，只能栖身于棚户区（图10）。

一位记者到苏州河沿岸曹家渡、梵皇渡附近的几个棚户区采访，这里的生活状况令他颇感悲哀，于是他向这些居民问了一个问题，这问题可能被认为有些幼稚或是大不敬："你们为什么不在家乡种田而来这里受罪？"一位60来岁的老者，看上去饱经沧桑，他的回答像是在训斥什么人："种田？现在种田养不活人！"然后，他诉说了农村生活的惨状——这些人大多数来自苏北盐城、高邮农村。归纳一下他们来沪的原因，几乎都是为了"逃离那种生活"。记者想看看这些居民从乡下家中带来的所有家产，然而除了煤油炉和一些厨房用具外，茅屋里几乎一无所有。他又问："你们没有从乡下老家带来其他东西？"一个居民苦笑着回答："是啊，我们带来的是一张要吃饭的嘴！"[65]

药水弄一位50岁的居民张扣子（音）的故事，反映出从农村来上海要找一份稳定的工作"吃口饭"有多么艰难。移民中能进厂工作的往往是孩子。张是一苏北贫农家庭的儿子，1924年的一场自然灾害使他们失去了唯一的财产——房子，从此他们无家可归。张的父母设法搞到了一条小船，全家沿着运河来到上海。他们停泊在靠近药水弄的苏州河边，这个家庭（扣子、父母、弟弟、妹妹）就此开始生活。他们托早几年来上海的亲戚帮忙找工作。这个亲戚本人在一家日本人开的棉纺厂工作。但他只是个穷工人，实在没有能力帮助他们进厂。这家厂根本不招男工，于是扣子的父亲做了黄包车夫。扣子的母亲才30多岁，却已过了厂方招收女工的年龄。在给工头送礼以后，13岁的扣子被雇用了。[66] 然而，一个车夫和一个童工两人的收入还供养不起这个家。因此母亲又带着两个年幼的孩子拾荒。不用说，这个家庭生活在极度贫困中。许多年以后，船板烂了，一家人从船上移进了滚地龙。扣子的弟弟妹妹最终没能熬过这苦日子，不幸夭折于童年。[67]

上海棚户区许多人都有类似遭遇。例如，1926年沪东地区成千上万的棚户区居民就向地方当局提交过请愿书，所有请愿者都是来自苏北的农村移民。据对上海西南的一处棚户区北平民村的调查显示，60%的居民直接由农村迁移到此。[68]

从来源讲，苏北移民组成了上海棚户区的主体。正像韩起澜所观察到的，"苏北人和棚户区如此紧密相连，以至于棚户区常被称作'江北棚户区'"，这些区域"象征性地成了形成苏北人这一族群的中心场所"[69]。如果棚户区里存在着一种"公认的正式语言"，那将不是上海方言而是苏北方言。直到20世纪80年代，那些原先棚户区所在地仍普遍使用苏北方言。[70]1936年的一项调查估计，当时上海将近10万棚户居民中，有70%是苏北人，湖北人和上海本地人各占了10%，5%是山东人，还有5%是其他各地的。[71]尽管统计资料不那么详尽，使我们无法得知多年来上海棚户区苏北人的确切数据，但棚户人口的主体由苏北籍构成，这一点是毫无疑问的。[72]

张氏一家的职业在棚户居民中也是相当典型的。棚户居民中成年男子通常只能干体力活，因此绝大部分是黄包车夫、苦力和码头工。而成年女子，如果无福进厂工作，通常会挎着竹篮沿街叫卖，出售诸如大饼、油条一类上海市民最为普通的早点；也有卖葱姜以及经营其他一些小本生意的。而像扣子的母亲，由于太穷没有本钱批货出售，只能捡破烂卖。他们所捡的一部分垃圾，例如别人丢弃的老菜叶，也会作为他们自己的盘中餐。有相当一部分棚户居民无以为生，只得出门乞讨。

据1939年的一项调查报告说，药水弄居民全是黄包车夫、苦力、小贩以及纺织工人。[73]其中纺织工人占很大比例，这片棚户区邻近上海主要棉纺厂区或许是其原因之一。20世纪50年代早期对这一地区所做的调查确证了药水弄居民的职业构成：40%是工厂职工，60%是黄包车夫、三轮车夫、小贩。[74]实际上，由于靠近沪西工业区，在三个主要棚户区中，药水弄居民中工厂职工的比例最大，因此它常被称为"工业棚户区"。如果说工厂职工还只是这个工厂棚户区人口较小的组成部分，那么可以想见产业工人远非上海棚户区的主要居民。

进厂就业：棚户区的梦想

现代产业工人通常被认为是下等阶层，用马克思的说法就是被剥削阶级。但在上海，一个能够在工厂内找到并且保持一份稳定工作的成年人，从社会阶层来讲肯定不属于最低等的层次。

这里，有两项在南京国民政府十年期间对上海产业工人生活水准的著名调查。一项是上海调查货价局与北平社会调查所在1927—1928年所做的调查，陶孟和为项目负责人；[75]另一项是上海市政府社会局在1929—1930年所做的调查，蔡振亚为项目主持人。[76]陶的项目调查了沪西曹家渡230个棉纺厂工人家庭。蔡的项目调查了上海305个不同职业的工人家庭，区域范围包括租界和华界。

就有关住房问题，两项调查结果表明，上海大多数产业工人家庭不是棚户区居民。陶的调查结果，95.7%（220户）住一楼一底的二层楼房，4.3%（10户）住平房，调查中没有住棚户的家庭。[77]如前所述，所有这些被调查的家庭中以棉纺厂工人为最多，在上海产业工人中，这个职业是收入最低的。[78]因此，如调查所见，如果棉纺业工人都不住棚户，那么可以理所当然地认为，上海绝大多数产业工人不会是棚户居民。

蔡的调查更有力地证实了这一结论的真实性。他的研究不仅仅针对产业工人，而且包括一些其他行业诸如运输业工人、服务业员工等。其调研结果显示，61%（185户）住二层楼房，34%（103户）住平房，只有5%（17户）是棚户。[79]因为蔡的调查在范围以及在职业的覆盖面上都要比陶的调查广泛，因此，在这两方面它都更具代表性。尽管蔡对5%棚户的有关职业的资料不那么详尽，我们无法得知他们是否是工厂的职工，但他的调查还是确证了大多数产业工人并不生活在棚户区这一结论。

一位沪江大学的教授——也是当时关注上海棚户区研究的社会学家之一——H.D.拉姆森于1932年对杨树浦的23户家庭做了详尽的调研，拉姆森的报告说："这里的职业状况是这样，男性就业如下：农民（8）、手推车苦力（5）、苦力（3）、筑路工人（2）、工厂职工（1）。这说明了在棚户居民的职业中工厂就业并非主要。而妇女的职业是：农民（9）、工厂职工（2）、洗涤（2）、小贩（1）。孩子中有不做什么的，也有沿街叫卖或者拾荒的。"[80]

拉姆森的报告中有两点特别值得注意：第一，尽管杨树浦是上海最大的工业区，然而在拉姆森所调查的棚户中，很少有工厂职工这一职业。当然，离工厂较远的棚户居民在工厂就业的比例就更低了。第二，自报职业为"农民"的人，是处于失业状态的那些人。20世纪30年代的杨树浦已成为工业区，很少有地可种。20世纪初，这地区的农村生活方式已渐渐消失，原籍的农民无地可种，便放弃了农民生活，顺应了都市类型的就业方式。[81]正如拉姆森所写："住在这些破屋里的大多数是江北人，他们一无亲戚二无朋友，实出无奈才漂泊到大城市来找活路。"拉姆森调查中所谓的农民很可能就是来到城市却工作无着的前农民。

棚户区居民有很大一部分是无业的。上海市政府社会局于1928年对10个不同行业劳工的同业公会进行了一项调查，155 069个公会成员中，有10 009人（6.45%）失业。[82]1929—1930年蔡所调查的上海工人家庭，其失业百分比是8.74%。[83]棚户区的失业率远远高于市内平均失业率。例如，在1946—1949年解放战争期间，上海的失业率为5%，而药水弄的失业率却是17.5%。[84]另一项对蕃瓜弄的调查有惊人的发现：1949年，这片棚户区中45%的家庭无一成员就业；而51%的家庭，全家只有一人就业。[85]

这项对蕃瓜弄202户家庭的调查表明：404名年龄在16—45岁之间

的"成年人"中，有 142 人（35%）处于失业状态，186 人（46%）的职业是黄包车夫、三轮车夫或街头小贩，只有 76 人（19%）是工厂职工。[86] 一项在 20 世纪 50 年代早期对药水弄的调查发现，在厂就职的工人占成年人口的 39.2%。[87] 另一项同时期对药水弄的调查，采样了该区 547 户，包括 1 223 名成年人口，其结果是就业人员占 53.7%。其中工厂职工为 37.1%，黄包车夫和三轮车夫为 24.4%，小贩为 20.3%，其他为 18.2%。[88] 事实证明，棉纺厂和许多其他工厂集中的沪西工业区近旁的这个棚户区，就业成年人中工厂职工的百分比仍相当小，如果再加上失业人口，那么成年人中工厂职工的百分比将会更小。

一位作家阐释说，农村难民怀着能在工厂找一份工作的希望来到上海，然而他们还没有机会踏进工厂的大门，就被迫加入了庞大的都市失业大军。因此，他们只得蜗居在都市一角的棚户区。[89] 问题还不止这些。即使某人得到一份工厂里的工作，但生活一般还是不稳定的，因为他们所能得到的工作多半属于临时工，稳定性极小。整个民国时期，上海工厂的老板更愿意雇用临时工。这类劳动力市场的流动带来两方面的重要结果：一方面，雇用临时工意味着工厂里常有位置，这样新移民的就业机会就会增加。一个初来城市的农民，没经过任何技能培训，也能到经常更换工人的工厂里当临时的非技术或半熟练工人。另一方面，工厂雇用临时工又意味着工人们难以有一份稳定的工作。对一个农村移民来说，没有一份稳定的工作，就意味着没有在城市真正站住脚——落脚棚户区正是农村移民战战兢兢地生存于这个城市的最形象化的象征。

据官方统计，1928 年纺织业工人占全市产业工人的 76.5%，整个民国时期，纺织业一直是上海最重要的产业。[90] 纺织业的一个显著特征是，纺织工人主要由女工和童工组成。20 世纪 20 年代，纺织业男工数量大幅度缩减。20 年代后期，纺织厂以惊人的速度解雇男工，主要原因是这些工厂大量地雇用了女工。例如，上海早年的纺织厂之一——杨树浦申新七厂，1928年全厂4 000多工人中，男工占40%左右，仅一年后，即1929年5月，男工比例一下子降到1%。[91]而同时，女工成了这一产业劳动力的主要来源。[92]许多女工在未成年时就进厂工作了。1930年，上海的纺织厂工人有66.5%是女工，9%是童工，男工不到1/4。[93]荣家企业是拥有纺织、面粉等多行业的联合企业，被称为"中国的洛克菲勒"。1931年，它的招聘政策为"凡可以用女工之处，尽量招用女工"。1933—1935年，荣氏纺织厂招雇的新工人中，女工所占的比重高达93%—98%。[94]

但这并不意味着这些工人就有了一份稳定的工作。刚好相反，雇用女工的一个主要原因就是因为与男工相比，女工更容易管理和被解雇。当企业不景气时，许多女工便会失业。大型联合企业之一的永安棉纺厂（Yong'an Cotton Mills）在1932—1935年，约有42%的工人（主要是女工）遭解雇。[95]

还有一些例子更能说明这类问题。在刘鸿生企业下属的章华毛绒纺织厂里，生产工人有两种：一种是长工，发有红色工折；另一种是临时工，发的是蓝色工折。从临时工转为长工需要经过技术资格考试，一旦成功便是一重大提升。[96]而恒丰印染厂（Hengfeng Printing and Dyeing Mill），其工人的地位划分为三等：长工、临时工、试用工。长工数量非常少，多数是临时工和试用工。抗日战争以后，叫法改变了，三类工人各被称为：定期工、照顾工、试用工。生意红火时被招用，生意清淡时被解雇，这就是临时工的命运。雇用期可能是一星期，最长不超过三个月。有时他们只工作半天，下午不需要人工时，马上就被打发回家。[97]

与纺织业不同，面粉工业（民国时期其经济地位与纺织业不相上下）工人全是男性。[98]但这并不意味着这里的工人职位就很稳定。面粉厂的生产具有很强的季节性，随着麦收时节而变化。因此，工厂对工人的雇用也有季节性。每年的龙舟节（即端阳节，每年农历五月初五，一般在6月）前后的麦收时节，面粉厂生产进入高速运转阶段，厂方广招工人。

但到了重九节（即重阳节，每年农历九月初九，一般在10月）前后，小麦加工完毕，这些工人的工作也到了尽头。因此，面粉厂工人被戏称为"两阳工人"。面粉业中有许多搬运工被雇来搬运厂外大袋沉重的小麦和面粉，这些搬运工也都是两阳工人。[99]

福新第一面粉厂的老工人乔宗元回忆说，每年端午前后，大批工人——大多是临时工——被招进福新厂。他们可能在招聘时就被告知干到秋天前结束。而在九、十月份加工淡季时，至少有一半人被辞退。通常，技术工人被留下来保养机器设备。被解雇的工人，若是家乡尚有田地，回乡种田就成了最好的选择。否则，就会像其他所有家中无地可种的人一样，流浪街头，忍饥挨饿。明昌梅——福新第二和第八面粉厂的临时工——回忆说，一到工厂的淡季，他就得四处找工作。他在靠近南京路泥城桥和杨树浦工业区的工厂里当过搬运工，也在浦东杨家渡沿岸码头做过苦力。[100]

在城里租一间10平方米的房间，对于一个工人家庭来说，大约要花费一个工人一半以上的收入。因此，临时工和失业者只能去棚户区找住处。工厂职工中住棚户的典型是棉纺厂的临时工。据1936年对全市近10万棚户居民的调查报告，码头工人、收粪工、苦力各占棚户人口的15%，黄包车夫占5%。另一半棚户人口是失业者（30%，包括乞丐）和棉纺厂临时工（20%）。棉纺厂工人多为妇女和儿童，他（她）们常常是三四天才能轮到一班。事实上，在临时工和失业者之间很难画出一条泾渭分明的界线。相当不稳定的工作必然导致相当不稳定的收入。因此，上海的棚户区成了他们唯一的选择也就不难理解了。[101]

由于这些贫民迫切需要寻找谋生机会，他们便常常聚居在能给生存提供哪怕是一丝希望的地方。因此，棚户区常常形成于能给这些居民提供工作机会的地区。例如，许多搬运工所住的棚户区常靠近闸北上海火车站，这里每日有成千上万的乘客来来往往。还有，大多数码头工人所住的棚户区在黄浦江沿岸，很少有人住在几乎没有大码头的西区。工厂职工的棚户区大多在沪西、沪东工业区。南面老城厢周边的棚户区有另一种职业群体：小手工艺者。他们聚居此地，可能是旧时设立在县城附近的传统手工作坊的一种传承。[102]

出于同样的原因，黄包车夫（包括40年代末的三轮车夫）散见于上海每一片棚户区。他们工作的性质——全市各处都是他们的工作场所——使他们住在哪个棚户区无关紧要。[103]1950年9月，市政府做了一项有关棚户区的调查，从职业类别看，黄包车夫在整个棚户区中是最大的职业群体：相对于占比17%的街头小贩（第二位的职业群体）和16%的非技术类劳工（第三位的职业群体）来说，黄包车夫以37%的比例占了上海棚户家庭总数的第一位。[104]

同样，乞丐是棚户区中另一个无处不在的群体。20世纪30年代早期，上海有约20 000专事乞讨的人，他们所住的窝棚散布于穷街陋巷。[105]有些人因这些乞丐的窝棚而将所有棚户称为"乞丐村"或"乞丐棚"，连苏州河上以船为家的贫民也脱不了干系，被认为是"乞丐船"。[106]

搭有这类棚屋的弄堂口的墙面上，人们总能看到用石灰粉或白粉笔写的大字标语，常常是对生活的祝福语，如"人口平安""四季太平"等。不过，也有些内容是带有实用功能的，例如"弄内有公共厕所"等，这些标识在某种意义上成了上海棚户区的象征。[107]比起其他地区更常见的那些"不许招贴""招贴即撕"之类的告示，棚户区的这些标志似乎更有人情味。[108]然而具有讽刺意味的是，这类祝福所揭示的恰恰是这些巷子里生活的脆弱和不确定性。能保佑这些社区的仅仅是几条石灰刷写的祝福语，难怪在这里生活的居民的最终愿望是逃离棚户区。

工商行业中收入稍高一些的工人通常住的是里弄住宅（详见第四章）。抗战前，上海的工人家庭在住房上的消费，平均是其收入的6%—9%。[109]对于每月收入30元左右（30年代非技术工人家庭的平均收入）的家庭来说，每月房租高于3元就超出了他们的承受能力。据上海工部局的一项报告称：30年代中期，公共租界棚户区内一间自建平房的租金从0.4元到3元不等。当然，这是全市最低的房租，这说明只要一个家庭每月收入在30元左右，就很难逃脱居住在棚户区的命运。[110]

同一时期，里弄住宅单间的租金平均约是10—30元。这样的数字对非技术工人来说是不可想象的，而对邮政业工人、公共交通业工人、机械技师等而言并不是难事。例如，20世纪20年代末，建在赫德路英国人开办的有轨电车公司对面的嘉禾里，每月房租为8元（不含天井）到12元（含天井）。上海西区这一区域有不少这一类型的里弄住宅——许多是房地产巨头哈同（1847—1931）的产业——被电车公司雇员租用。[111]

这些工人以及上海其他地区的工人一般难以租下整栋房子，而只是为全家租一两间房。不仅仅是工人家庭，在上海的居住者中，这种情况相当普遍。里弄房子因此而成了除却赤贫和巨富以外所有阶层的住所，其居民有工人、教师、画家、作家、店员、白领阶层、小业主、妓女、教士等。要了解上海绝大部分市民如何生活，我们就必须将目光转向住着芸芸众生的里弄住宅。

第四章　小市民之家

　　里弄，或者称作弄堂房子，虽然遍布全上海，却又往往容易被人们忽视。这不仅是因为弄堂大多位于商业设施的背后而不引人注目，最主要的原因是里弄那种平平淡淡的性质，使得其他城市建筑相应彰显，而弄堂建筑退居幕后了。旅游者们常常惊叹外滩的摩登、南京路的繁华，或者对位于西郊的欧式风格的别墅留下深刻印象。倾向于关心社会的观察者们则可能对第三章中描述的城市棚户区里那些一贫如洗的破屋感到震惊，但是很少有人（包括学者在内）注意到里弄。对本地民居来说，里弄就是一般市民的家，别无他义。这种对这类普通建筑物不加注意的现象，正应了中国的一句老话："熟视无睹。"[1]

　　但这种忽视必须纠正。如果缺少了对里弄这种特殊的建筑以及由它培育出来的邻里社区的研究，上海的社会史或者文化史都会显得不完整。就上海在20世纪的中国所处的重要地位而言，可以毫不夸张地说，研究上海的里弄文化也是研究近现代中国市民文化不可缺少的一环。本章将详细讨论上海的里弄房子（特别是石库门房子）及其产生的社会意义，包括租赁和转租这一层次上的房地产市场以及这种市场对普通百姓生活的影响。上海的里弄，以其民居与商业形式的结合，在上海商业文化的形成中起了决定性的作用。

现代房地产市场的兴起

19世纪中叶小刀会起义和太平天国起义相继发生,就在那时,上海最早的房地产市场在外国租界一带出现了。第一章里提到:从1853年9月到1855年2月,当时还有城墙围绕的上海县城一直被小刀会占领,而县城的北门和法租界仅仅只隔了一条街。小刀会起义的结果造成了第一波难民潮涌入"外国居留地"。尽管居留地的法律地位不甚明确,但此前只有西方侨民可在此居住。到了1854年初,已有超过20 000名难民离开县城进入外国租界。到后来难民数目达到了80 000人。[2]

我们知道,就如何处置大量涌入租界的中国人,西方侨民中存在着争议:一种意见认为应该保持种族隔离,将中国人驱逐出租界;另一种意见则提出专门建造一些房子出租给中国难民们居住,还可从中获利。最终,以地牟利的愿望战胜了种族隔离政策。其实,无论这场争论的结果如何,种族隔离制度的消亡很快就已是不可避免的了:太平天国(1850—1864)建都于上海西北约200英里的南京,成千上万的中国人争先恐后地逃往上海,涌入租界。特别在1860—1862年的时候,太平天国起义军逐渐向上海进发,有报道说外国租界里的难民竟然达到五十万之众。[3] 就当时上海外国租界的面积来说,这显然是夸张了。比较可靠的报道称:到1865年时英美租界(即后来的公共租界)的人口已经达到92 884人,其中大部分都是来自上海周边地区的中国人。与此同时,大约有50 000中国人涌入法租界。太平天国末期,上海的外国租界已有超过110 000的中国人。[4]

难民大量进入租界引发了一系列问题,比如犯罪率上升和公众卫生受到威胁等,使得英国领事和中国道台都感到棘手,但建房出租给中国人的生意还是日渐繁荣起来。[5] 在1853年9月到1854年7月这段时间内,英租界的广东路和福州路上相继建造了800多幢成排的二层楼房;更多的楼房则散布在租界的西北地区、外滩附近，以及沿着分割英法租界的洋泾浜一带。到了1860年，英租界里共有这样的房子8 740幢，屋主不是英国人就是美国人，住在里面的却都是中国人。成片的这样的房子还在汉口路、九江路，北至南京路直到苏州河南岸一带不断地出现。[6]

　　成片的新建房屋不只是改变了这座城市的景观，更为重要的是它们的出现标志着现代房地产市场在中国正式产生。中国传统的住宅通常是一幢幢独立建造的，不同时期建造的式样不尽相同的房子慢慢地连成一排，一片居住区就这样出现了。[7]19世纪五六十年代上海英租界里新建的那些房屋对中国人来说是前所未有的，因为那是成批建造的一模一样的单元房子，而建房的目的如果换做现代开发商们会说，是为了投机交易（或者说为了市场）。不同的房屋设计风格来自于不同的使用目的：中国人的传统是盖房子主要用于自住，所以传统的中国式住宅一般都是独立建造的；而租界里这些成排成片一模一样的楼房是完全为了商业目的而建造的。在19世纪中期的上海，这类房子的设计和建造目的可以称之为一种欧式的革新。当然，在这欧风东渐之前，中国早已经将土地和房屋作为商品了。早在11世纪，房屋租售在中国大城市里就已经非常普遍。[8]不过这种商业活动一般都是小规模的。房屋租售首先是一种"自我消费"行为（比如造房子是为了自己住），或者为了生活便利（比如旅居他乡就要租房子住，搬离故乡就得把老宅卖掉），又或者是财产方面的原因（比如为了还债卖房子，或者买下房屋而为自己置一恒产）。像西方商人于19世纪50年代中期在上海所做的那样，仅仅为了商业目的大规模地建造相同的房屋，在中国还是史无前例。[9]从这个意义上说，中国最早的现代房产市场是在硝烟弥漫中产生的，或者说得更确切一些，它出现在南京路附近的几个街区上。在19世纪后期西方国家对中国的蚕食持续不断的背景下，现代房地产市场在上海的出现不可避免地会对那里的中国人的生活产生深刻的影响。

19世纪60年代后期,太平天国起义平息后,上海的人口数量出现了暂时性的下降,但房地产市场仍然稳步发展着。据一名英国商人的叙述,那时候上海的外国人通过出租土地或者房屋至少可以获利30%——40%。[10] 19世纪70年代早期有报道称"上海租房获利最厚",而那时这一行业还控制在外国人手里。[11]

19世纪70年代,房地产买卖摆脱了战乱时期的投机性质,一个更加规范的房地产市场开始在上海出现。我们知道,1869年9月驻北京的欧洲公使们修订并通过了《土地章程》。该章程被认为是上海租界的法律依据,并由此而设立了工部局来管理公共租界——现在上海的中心。工部局成立后最早采取的与商业有关的措施之一就是对不动产征税。税率在1874年时为土地估价的3%,到1919年上涨到9%。1869年时对房屋出租的征税是:中式房子8%,西式房子6%。1919年,两者都上升到14%。而且出于课税的目的,公共租界被分为四区:中区、北区、东区和西区,定期对所有的不动产重新估价。[12]为方便房东知道自己的房子应该交多少税,工部局还出版了一本关于土地价值和税率的小册子。1869—1933年,在工部局的操作下,不动产的估价至少进行了19次,也就是说平均每三四年一次。[13]

上海的房地产市场是由西方人发起的,也是由他们主导的。19世纪晚期上海所有的房地产巨头都是西方人。他们中有不少我们熟知的冒险家:宋伊云(Edwin Smith)、汉璧礼(Thomas Hanbury,1832—1907)、雷士德(Henry Lester,1840—1925)、霍格兄弟(霍锦士[William]、詹姆斯[James]和E.捷纳[E.Jenner])、沙逊家族,以及欧司·爱·哈同(Silas Aaron Hardon,1847—1931)。1869—1933年,排名前三位的房产大王都是外国人。他们拥有的沿南京路一带的产业从开始的36%上升到后来的60%。在20世纪30年代早期,南京路沿线——这一上海最昂贵的地区,几乎一半产业都属于哈同名下。[14]

然而就在外国人支配房地产市场后不久，中国商人们也开始参与这项冒险。太平天国时期逃往上海的人中有不少是有钱的地主和官僚。他们很快发现在上海做房地产要比在乡下当地主赚的钱多。中国房地产商中被称为"四大象"的四大家族——张、刘、邢、彭名下就有不少南京路地区的石库门房子。这四大家族的共同之处是他们都来自浙江南浔，在家乡拥有大量土地并控制着当地的丝绸和茶叶市场。来到上海后，他们仍然从事丝绸、茶叶的生意，只是将一大部分资本投入了房地产业。[15]

到20世纪40年代末期，在市区拥有房产的总面积超过10 760平方英尺（1 000平方米）的人被称作"房地产大业主"，整个上海有3 000多名中国人获得这一称号。他们中约有160人拥有超过100 000平方英尺（10 000平方米）的房产，其中30人名下的房产超过了300 000平方英尺（30 000平方米）。[16]许多中国房地产业主都是当时的买办。[17]

南京路一带的住宅和商铺一样都是中外房地产商投资的对象。[18]1910—1940年，南京路西沿线大多数19世纪的老房子都被改造成了里弄房子。[19]里弄式建筑的雏形是太平天国时期成排建造的二层楼房，19世纪70年代早期被重新翻盖，变得更加完善（下文中将会讨论）。里弄房子最早出现在南京路地区，很快在市区各个角落兴建起来，19世纪末已经成为上海最主要的民居样式。在里弄房子出现70年之后，也就是20世纪40年代末期，超过72%的上海住宅都成了这种样式，而其中3/4为石库门房子。[20]即使如今，在石库门建筑的出现超过了一个世纪之后，它仍然是上海最主要的居民样式。[21]

上海的房地产市场是随着里弄的建设而兴起的，19世纪晚期到20世纪早期里弄房子的发展和改造也影响着房产市场的走势。当然，对上海人的日常生活而言，最重要的并非房产巨头（无论其为中国人或者外国人）的市场操纵，而是房地产市场在基层层面的运作。

现在就让我们来看看上海的里弄房子和房产市场是怎样逐渐适应百

姓们的需求,而上海老百姓的日常生活又是如何被这种市场的变化深深地影响的。

里弄的变革

在19世纪50年代到60年代的难民潮中一哄而上建造的那些成排的楼房都是木结构的,所以到了19世纪70年代,不少都已经损坏了。而且,一旦发生火灾,成排的木结构房屋就会非常危险。因此19世纪70年代早期新建的楼房都是砖、木和水泥混合建造的。新建的房子仍然成行排列,每隔几排就在四周建起围墙形成一个住宅小区。出于通行、采光和通风的需要,小区内每两排楼房中间都铺设出一条小巷。这种成排楼房中间有通道隔开的住宅形式从此被称作"里弄房子"或者"弄堂房子"。后来里弄房子发展成许多不同的式样,但是上海人仍然将各种各样有小巷隔开的楼房统称作"里弄"或"弄堂"。[22]

为里弄命名

石库门是里弄房子中出现最早也是最普通的一种,"石库门"描述的是这种房子的大门式样。这个词的起源比较模糊,有必要在这里解释一下。虽然20世纪的每个上海人都知道"石库门"这个词,但很少有人说得出它的具体含义及起源。从字面上看,它的意思是"石头仓库的门",让人不明所以。石库门房子的大门实际上是由两块黑色的厚木板合并而成,每块门板正中安着一只青铜门环。大门四周是石结构的框架,因此"石库门"的意思是"有石头框架的木门"(图11)。[23]

罗苏文在她近期的关于上海里弄的研究中,从历史和文学的角度解释了"石库门"一词的含义。她认为这个词的由来与古代中国宫殿的大门有关。在古代,皇宫正门的标准设计是由五道大门组成,诸侯宫殿的正门为三道。每道门都各有其名,但是不论是帝王的宫殿还是诸侯的宫殿,最外面的一道门都称为"库门"。因此"石库门"也可以解释为是"石制的库门"。[24]

图 11 20 世纪 80 年代末,中国邮政发行了一套主题为"民居"的邮票。每一张都是中国某一省市具有代表性的或者是当地传统的民居形式。其中上海民居就选择了石库门房子。邮票画面描绘的是一片石库门房子,右下角有四字标题:上海民居。这张邮票的发行可见石库门房子在上海的地位是公认的。(图片为作者本人所有)

既然里弄房子的正门都有石头框架,那么这样的解释倒是颇有启发性。但是这样想的话,也就意味着最外面的那道门(也就是库门)指的不是单独一幢房子的前门,而是指由几排房子组成的那个里弄的入口。既然典型的里弄式建筑都是建在一个有围墙围起来的弄堂内,弄堂入口为一道石砌框架的大门,所以我认为"库门"一词最初更有可能指的是一条弄堂的入口。早期的有关里弄房子的资料中有一份报纸广告确证了我的想法。广告宣传的是石库门房子,它的广告词上写这房子是"在石库门内",说明了"石库门"指的是一个小区,也就是一条里弄的大门。[25]

对"石库门"一词的考证并非咬文嚼字,这个词的含义实际上反映了19世纪下半叶上海出现的一个重要的社会变化。19世纪60年代的战乱结束后,新建的里弄房子已经成了新移民永久性的家,而不再仅仅是难民们的临时居所。中外双方的种族隔离消除了二十几年以后,上海的外国租界渐渐赢得了东亚"模范租界"的称号,中国人也开始把租界看作他们的"乐土"。[26]把房子的大门叫作"石库门",意味着人们形容这种在租界里建造的新式房子舒适如宫殿。一开始这或许只是商业广告,也是中国人爱用夸张而具有文学性的词语来表述他们所喜好之物的一个例子。[27]

为每一个里弄小区的命名进一步表明了中国人的恋家之情。所有名字里都含有"里"字或含义相近的"坊"字,这两个字在古代代表城市里最基本的一个居住区域,一个"里"或"坊"中居住着25—100个家庭不等。[28]这样的命名意味着住在外国租界里的中国人开始将里弄视作他们稳定的家,而不再是临时居所。里弄小区的名称"里"字用的非常之多,以至于到了20世纪,"里"就成了里弄房子的代名词。[29]

典型的里弄名一般都称为"某某里"或者"某某坊"。[30]里弄名的选择五花八门,有的以里弄主人的名字命名,有的与里弄主人有关(比如他的故乡),有的说明了当地的特点(比如那里原有一棵老树),还有的是某种对于主人来说意义重大的东西,等等。不过最常见的还是用一些寓意吉祥的字来给里弄命名。其中最常用的有福、宝、富、贵、庆、荣、安、长、吉、善、德、和、康、兴、祥等。有时候用永、恒、久、长(都是永恒、长久的意思)这些字组成一个吉祥词来表达"永远幸福"的美好祝愿。例如,常见的里弄名的"永兴里"的意思是"永远兴旺的地方"。调查发现有230条里弄名以"德"开头,279条以"福"开头,以"永"开头的多达365条。[31]

用含有道德寓意的词语——通常摘自儒家经典,来给里弄命名也很常见。例如,《大学》中的"明德"一词,全市共有 17 条弄堂以此命名。[32] 类似的词语还有"爱仁""恒德""怀德""怀仁""仁德"等。[33]

给弄堂起一个好的名字可以使弄堂变得富有情趣,让新家充满祝福,也等于为弄堂树立了一个永久的广告牌。刻有弄堂名的石块被安放在拱形的弄堂大门之上,与地面平行,有些还将字漆成红色。名称是由有点名气的书法家写的,字体为楷体。每个字都有两英尺见方,人们在远处也能看见(图 12)。弄堂名也是邮政服务所必需的。一条弄堂里的每幢房子有门牌号码,但弄堂却没有门牌。弄堂名称代替了门牌成为地址的一部分。1949 年以前标准的上海地址按照顺序是这样写的:路名、弄堂名、门牌号码。[34] 弄堂名称的这种行政用途进一步强化了弄堂作为一种居住单位或者居住社区的地位。

图 12 弄堂名通常寓意吉祥,比如新闸路上这条建于 1917 年的石库门里弄。弄堂的名字"福康里"三个大字刻在拱形门楣的正上方。福康里包含了好几条支弄,每条支弄都正对新闸路。1934 年福康里又新建了几排房子。"福康里"三个字上的两个小字说明这是福康里的"二弄"。请注意弄堂里有一座带木盖的井。尽管里弄内一般都有自来水,但人们还是在弄堂里挖一口井以备不时之需。(图片来源:罗小未、伍江著《上海弄堂》)

也许有人认为，一个有围墙的里弄小区，又有个优雅的名字刻在入口处，住在里面的居民会产生一种它是自己社区的归属感。如果弄堂里的居民稳定，居民们的社会背景或者故乡都差不多，这种归属感和认同感也许极容易产生。但是历史并没有给予弄堂居民太多的时间来建立这样的感情。20世纪上半叶，老式的石库门房子经历了不少变革。这种变革主要就是为了适应弄堂居民来源日渐多元化的需要。各种新式的里弄设计出现了，这些新的里弄没有取代石库门的地位，但却使老式石库门看上去明显过时了。

从多开间到单开间

图13A是一幢1872年建造的早期里弄房子的建筑平面图。虽然上海里弄房子的总体布局风格——也就是说房子都是成行排列地建造——是受西方的影响，但是就房子的内部结构来看，明显是源于四合院这种传统的中式住宅。[35] 里弄房子的主体结构有两层：包括底楼的客堂间和二楼的主卧室，主体两边有厢房。这样结构的两层楼房子可以还算舒适地安顿下一个大家庭（父母和已婚的子女）。两侧厢房之间，在客堂间的正前方，是围墙围着的铺地砖的天井，供户外活动之用。楼房后面有一排平房，厨房、佣人房以及其他房间都在那里。在厨房或者佣人房顶上是屋顶平台，四周围以木栅栏，用来晾晒衣物。在前面的楼房和后面的平房之间由一狭长的后天井隔开，这样前后两边的房子就都有点隐私感。

大部分的多开间、U形石库门房子都建于19世纪晚期，只有少数建于20世纪早期。1872年建造的兴仁里位于宁波路，和南京路隔了一条马路，和外滩也只隔两条马路，这一带是英租界的中心。它是最早的石库门里弄之一，一直保存到20世纪80年代早期。整条弄堂占地约3.3英亩。弄堂里的房子保护得不太好，到20世纪80年代初，为了建造新的建筑，整条弄堂都被拆掉了。[36]

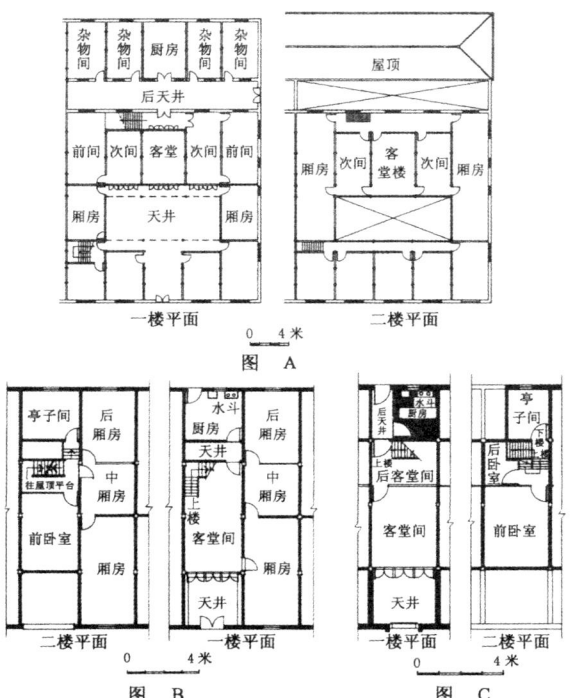

图 13 里弄房子的建筑平面图有三种形式：图 A 为兴仁里的一幢建于 1872 年的多开间 U 形石库门房子，图 B 为会乐里的一幢建于 1924 年的两开间、单厢房的石库门房子，图 C 为建业里的一幢建于 1930 年的单开间石库门房子。从多开间向单开间式样的转变反映了房地产市场为了应对快速增长的人口压力而采取的措施。住房的紧张也在一定程度上让几代同堂的家庭减少，而小家庭更喜欢经济实惠的单开间房子。

每一个对上海历史感兴趣的人都会对这些最老的里弄房子的消失感到遗憾，然而由于不断增长的人口压力，这种老式弄堂确实已不合时宜了。石库门房子的基本布局，即成行排列，外有围墙，都保留了下来。但是因为住房紧张，外国租界以及邻近地区的土地又有限，房子的具体式样做了不少改变。U 形房型因为占地较多，越来越不适应上海拥挤的人口和昂贵的地租，在 20 世纪早期被逐渐淘汰，取而代之的是小型的石库门房子。要减少房子的占地面积，最常见的方法就是减去一侧厢房。为了与老式房子区别开来，这种只有一侧厢房的里弄房子被称作"两间一厢"（图13B），而U形、两侧都有厢房的则称为"三间两厢"，如果有三层楼，也可以称为"三上三下"。新式房子里，主楼和厨房等所在的附楼之间的后天井没有了。厨房与主楼的后部直接相连，称为"披间"或者"灶披间"；在今日的上海方言里，"灶披间"仍然是厨房的意思。从1920年开始，许多新建的房子干脆去掉了厢房，原来老式房子的主体成了一个独立的单元，称为"单开间"，因为多数房子都有两层楼，所以又称为"一上一下"。从那时起，上海新建的里弄房子基本上都是这种式样（图13C）。[37]

不仅如此，与U形石库门相比，单开间房子的总体尺寸也要小得多。一幢普通的"一上一下"房子占地面积为13×46平方英尺（4×14平方米）。每层楼高约13英尺（4米），但是不少20世纪20年代和30年代建造的里弄房子还不到这个尺寸，有的占地仅为11.5×21平方英尺（3.5×6.5平方米），而且还省略了前天井。底楼的层高缩到10.8英尺（3.3米），二楼层高9.8英尺（3米）。[38]这种矮小的没有天井的里弄房子被称作"日式房子"，这样的称呼显然出自中国人的"矮东洋"的模式化印象。[39]同时这种房型实际上也是在上海的日本人最喜欢的。此类房子不少都建在上海的日本人聚居区——虹口。这类房子还被称作"广式房子"。据说这种式样是仿照广东的房子而来的，也可能是因为上海的许多广东人像日本人一样喜欢住在虹口一带的这类房子里。[40]

然而，并非所有的改变都意味着住房标准的降低。20世纪20年代后期与单开间房子同时出现的一些新造的里弄房子配备了现代生活设施——卫生设备（装有浴缸和抽水马桶的卫生间）和供烹调和水汀用的煤气管。区别于老式的没有卫生设备和煤气的里弄房子（即石库门），这种房子叫作"新式里弄"。[41]这些房子仍以里弄的形式成排建造，但它们常是三层楼结构的房子并装有一扇铁门,这使得它们与那种"有石头框架的木门"的房子明显不同。在普通上海市民(最典型的是老式里弄的居民)的眼里,这种房子已经不算是正宗的里弄房子(即石库门),而更像是洋房了。新式里弄房子都是钢筋混凝土结构(石库门房子为砖木结构),房屋质量很好,除了配备卫浴设施和煤气管道外,还有钢窗、打蜡硬木地板、铸铁大门和一个小花园。好一点的新式里弄还建有车库,说明有些住户拥有私人汽车。因此,这一类里弄的主干道至少有19.5英尺(6米)宽,支弄也有11.5英尺(3.5米)宽。[42]为满足一些有钱的房客或者买家的要求,有的房子设计成两开间或两开间半的式样,但多数还是适用于小家庭的单开间房型。[43]

里弄房子房型的缩小说明了一个重要的社会变革。在我们所知的近代上海的资料里并没有关于居民的身份、职业等详细数据,但是众所周知,19世纪下半叶来到上海的移民都是些富有的商人、深居简出的地主、下野的官僚以及作家、技术精英和冒险家之类的人物。[44]仅在1860—1862年,被中国人带入上海外国租界的白银估计至少有650万两。[45]那时的上海就是做生意和寻欢作乐之地。大量涌入的移民寻找工作(特别是工厂里的工作)的高峰还没有到来。

拖家带口来到上海的那些有钱的移民都需要大一点的房子。在中国数代同堂的家庭很常见,在自己的家乡,他们通常是几代人同住在一所带院子的大房子里,富裕的家庭有自己的私人庭院。搬到上海的外国租界后,他们无法再住如此宽敞的房子。不过U形里弄房子可以说是他们住惯了的那种房子的理想替代品。住这种房子使得他们能够在当时被称作"夷场"的外国租界里继续过他们过惯了的家庭生活。厢房通常是给大家庭里已婚的儿子们住,这种里弄房子特有的结构使年轻夫妇们既和长辈们同住一个屋檐下,又可以保持一定的私密性。一些早期建造的里弄,比如兴仁里,房子东西两侧都有厢房,有一个后天井,后天井后面有几间房间可以给佣人们住。[46]从江南一些传统的小镇搬进石库门居住的富有家庭可能会想念他们老家优雅的私人庭院，但是石库门房子也确实是他们在上海既舒适又实用的选择。[47]人们往往不愿意放弃习惯了的生活方式，早期石库门房子和传统庭院式建筑的相似之处正迎合了这种心理。

但是20世纪地价开始飞涨，房屋结构的改变还是不可避免地发生了。[48]上文提到，地产商们很快发现U形石库门已经不如"两间一厢"的房子受欢迎了，后来单开间的房子又取而代之成了最受欢迎的房型。到20世纪早期，外国租界里已经很难见到U形石库门房子了。1920年以后建造的里弄房子基本都是单开间结构。20世纪30年代建造的一幢普通石库门房子，其占地面积只有19世纪70年代建造的U形石库门房子的1/4。[49]

图14 霞飞坊鸟瞰图。霞飞坊1924年建于霞飞路，是一条新式里弄。请注意每幢房子后端都有一个很小的带围墙的平顶（"亭子间"顶上）。这是为洗晾衣物和进行户外活动诸如"晨练"或者夏夜"乘凉"而设计的。我们看到有些平台被封了顶，这是住户为了扩大居住面积而将平台改成了一间小房间。（图片来源：罗小未、伍江著《上海弄堂》）

与此同时，里弄的规模正在逐步扩大。晚清时期一条典型的里弄通常包括 20—30 幢房子，有的只有 10 幢不到。到 20 世纪 20 年代，有 100 多幢房子的里弄已经十分常见。1921 年上海最大的里弄——斯文里竣工，这条里弄包括了 700 多幢房子。[50] 任何一条大弄堂的主弄通常都不会窄于 13 英尺（4 米），每条支弄差不多有 8 英尺（2.5 米）宽——足够一辆黄包车进出。因为上海土地稀缺，房产投资者就想方设法缩小弄堂的宽度。位于里弄深处的一些小支弄常常只有 5 英尺（1.5 米）宽。窄小的弄堂被形象地称作"一线天"。苏州灵岩山两座陡峭的山峰之间有一条小裂缝，人在其中抬头只能看见细细的一条天空，"一线天"的名称由此而来（图 14）。[51]

让我们再来看看一幢普通的单开间石库门房子，20 世纪大多数上海人都住在这种房子里。1937 年上海市政府下属的房屋管理局对公共租界里的中国人居所做了一番调查，撰写了一份题为"典型房屋调查"的报告，其中是这样描述的：

> 公共租界里的中式住宅以"里"或"里弄"为单位组成，这类房屋是住房问题的症结所在。这种房子正前方的弄堂宽 12 英尺，长 40 英尺，整条里弄如果加上天井的面积有 500 平方英尺。算下来平均每亩地约有 12—13 幢房子（6 亩为 1 英亩）。简而述之，为了采光和通风的需要，房子一进门有一小天井。从天井步入客堂间，客堂间几乎与整幢房子等宽，有 12 英尺宽，15 英尺长。打开房间最里端的一扇门就是楼梯，楼梯后面是一间灶间和一个小小的后天井。客堂间楼上的房间和客堂间差不多大。灶间楼上是一间小卧室，小卧室楼上还有一个露天平台用来晾晒衣物，一条很陡的小楼梯通向那里。[52]

半个世纪后，这一类的房子由于岁月的侵蚀和保护不善变得老旧不堪,在20世纪90年代上海兴起的建筑热中,它们被大批大批地拆掉了。尽管在今天的上海,你走不了30分钟就可以看到里弄房子,但是要找到保存完好且原汁原味的石库门房子已是很不容易了。近几年来,市里到处在大兴土木,市政府做出决策将一些具有代表性的石库门里弄当作文化遗产保留下来,因为这类房子曾经是上海绝大部分居民的家,并且规定建筑商不能改造这些受保护的建筑。建业里就是其中的一条弄堂,位于当年的法租界,建于1930年(图15)。[53] 它是一条大弄堂,260幢房子排成22排,面向马路有3个大门。人们可以从任何一个门进入弄堂。大门的拱梁上刻着3个大字:建业里。步入大门,是直通到底的主弄,约16.5英尺(5米)宽。弄堂的长度往往与里弄的面积相对应。有的里弄只有一条弄堂,多数里弄都有一条主弄,主弄两边有一些支弄延伸开来,组成一个相对封闭的住宅小区。建业里所有的房子都是一样的,所以我们只要看一幢房子就可以窥一斑而知全豹了。

图15 位于法租界的建业里(建于1930年)面积为187 000平方英尺,共有3条主弄,每条主弄两边有若干条支弄。弄堂里共有260幢石库门房子,排成22排。在福履理路(今建国西路)沿街的40幢房子里开了不少小店。(图片来源:卢汉龙和胡森)

走进由两扇厚门板组成的大门,我们站在一个称为"天井"的露天场所,天井是一个铺地砖、围围墙的长方形的小院子。不同的里弄,天井大小都差不多,建业里的天井面积约为 108 平方英尺(10 平方米)。居民们在天井里晾晒衣物或者进行其他户外活动。天井里常常放着花盆,有的则在角落里辟出一个花坛。天井里的植物可能是上海这个钢筋水泥丛林里的居民们每日所见的最主要的花木了。往前穿过天井,就是带有落地窗的长方形客堂间,面积约为 215 平方英尺(20 平方米),这是石库门房子里的主要房间之一。客堂间尽头,位于客堂间和房子另一端的厨房之间有一座楼梯。从房子的后门也可以走到厨房间,厨房面积约 108 平方英尺。

楼梯上去是二楼的卧室,和楼下的客堂间几乎一样大小,也是长方形的,约有 215 平方英尺大,窗户朝南,望下去就是天井。20 世纪 20 年代以后建造的一些时髦的里弄房子用落地门代替了卧室的窗户,在卧室外建一个半露天或者全露天的小阳台,而建业里并不属于这种式样。重新沿楼梯下楼,走到楼梯一半处你会发现一个房间正位于厨房顶。这就是亭子间。亭子间可以当作书房或者派其他用场。亭子间顶上是一个晒台,四周被齐腰高的围墙围着,居民们可以在晒台上晾晒衣物。若这是一幢三层楼的房子(三层楼的石库门并不常见),那么三楼也有一间和客堂间一样大的卧室和一间与厨房一样大的亭子间,晒台则建在三楼亭子间的顶上。[54]

从多开间房子到单开间房子的转换以及单开间房型的普及反映了 20 世纪早期来到上海的移民组成情况的变化:从大量的社会精英阶层——富有的地主、商人、作家、官僚等变成了大量的普通民众——店员、职员、教师、工匠等。由于上海的房地产价格不断上扬,普通人住不起几代同堂的大房子,大多数人只能选择和最亲近的家人住在一起。如前所述,人们背井离乡只身来到城市来追逐他们的"上海梦"是常有的事。对于这些人来说，单开间房型比多开间房型更容易负担，因此更切合实际。而且随着新文化运动和五四运动（开始于20世纪头十年的后期，将矛头对准旧文化和旧制度，力图使中国走向现代化，并在20年代初引起中国社会各个方面的深远变化）给中国社会带来的明显转变，上海作为五四运动的前沿阵地，小家庭逐渐取代了几代同堂的大家庭而成为社会的主流。不过上海的居住情况不仅仅在于这种转变。面对20世纪不断增长的居住需求，单开间房子不久便被分割为为单间的住房分别出租。

分割石库门

所有的石库门房子都设计成适合一户人家居住的样式。这种房子，哪怕只是单开间的，对于一对夫妻带着没有成家的子女这样的家庭来说已经十分舒适了。通常是父母睡二楼的卧室，小孩住亭子间。如果是三层楼的房子，则小孩睡三楼的卧室。单开间房型没有餐厅，全家人吃饭通常是在厨房或者客堂间。

然而，因为上海房屋紧缺，里弄房子的居住方式常常与设计者的初衷相反，一幢房子里住了不止一户人家。为适应房客的需求，许多房子经过改造，增加了房间和楼层。新增加的房间都有独特的名字，只要是上海市民，几乎人人都知道。下列是石库门房子最常见的改造结果：[55]

1. 客堂间向前扩展，占据了原先的天井；
2. 客堂间分成前客堂和后客堂两间；
3. 后客堂天花板高度降低，在后客堂的顶上和二楼的卧室之间多出一间房间，称为"二层阁"；
4. 和客堂间一样，二楼的卧室也分成前房和后房；
5. 二楼的天花板高度降低，腾出的空间称作"假三层"或者"三层阁"。

经过这番改造后，单开间石库门的楼层面积扩大了50%，一幢原来只能住最多八九人一家子的房子现在可以容纳15—20人，或者4—9户人家。[56] 根据上海市政府1936—1937年对居住情况的调查显示，实际上每幢接受调查的房屋都经过了不同程度的改建。以下报道生动地描述了一幢楼层面积为718平方英尺、空间为8 077立方英尺的单开间石库门是如何容纳了8户人家共计24口人的：

> 天井被屋顶覆盖。一堵隔墙把底楼客堂间一分为二，沿墙边是一条过道，过道顶上建了一小间储藏室（二层阁）。约有10×10平方英尺的前客堂住了二房东一家五口。通常是二房东向房东付清整幢房子的租金，将多余的房间转租给房客。后客堂约10英尺长，8英尺宽，住了三个人。厨房间也被隔开了一间9×9平方英尺的房间，住了三个人。二楼的大卧室隔成两间，其中前房差不多和房子等宽，采光最佳，空气流通是整幢楼最好的房间——住着两个人。后房因为过道的关系面积较小，也住了一家三口。厨房顶上的亭子间的好处是较为隐蔽，住着两个人。这幢原先二层楼的房子利用房顶的坡度搭出两间三层阁。前三层阁房间的最前端只有5英尺高，房间中央高6—7英尺，深约8英尺，两个人住在里面。后三层阁面积约10×10平方英尺，处于斜顶正下方，房间后端只有3英尺高，住了一个人。原有的屋顶晒台也搭出了一间9×9平方英尺的房间，住着两个人。[57]

像上述报告中描述的这样把一幢石库门房子分割成许多小房间，在民国时期的上海十分典型。1935年以后，上海基本上停止了建造老式里弄房子，市区最好的地段几乎没有新建的石库门里弄。[58] 相反，前文中提到过的新式里弄（配有钢窗、蜡地、现代卫浴设施和一个小花园）倒是建了不少。尽管如此，由于城市人口的不断增长，大部分人又住不起新式里弄，所以石库门房子的需求量还是很大（图16）。面对有限的老式里弄房子和人口的不断增长,仅存的解决办法就是将房子细分再细分,让一幢被分割出更多房间的石库门房子可以住下越来越多的人。根据1937年上海市政府的报告,在里弄密集的公共租界里,每幢里弄房子中居住的人家数大致如下:

14 310 户家庭是 1 户人家住一幢房子,

12 874 户家庭是 2 户人家共住一幢房子,

18 945 户家庭是 3 户人家共住一幢房子,

22 764 户家庭是 4 户人家共住一幢房子,

15 435 户家庭是 5 户人家共住一幢房子,

14 028 户家庭是 6 户人家共住一幢房子,

7 840 户家庭是 7 户人家共住一幢房子,

3 824 户家庭是 8 户人家共住一幢房子,

2 061 户家庭是 9 户人家共住一幢房子,

还有 1 305 户家庭是 9 户以上人家共住一幢房子。

图 16 位于福熙路上的这幢晚期式样的石库门房子建于 1937 年。两侧厢房各有一个铸铁栏杆的阳台。正门之后,厢房之间,有一个小天井。居民们通常从后门进出。一位老太坐在竹椅上洗盆里的食物,这差不多是每个家庭上午必做的家务活。这是个晴朗的冬日,所以居民们把被子、床单等都晒了出来。因为由温暖的阳光晒过的被子蓬松柔软,且留下清新的味道,这一晚的睡眠将格外舒适。(图片来源:由卢汉彝和李瑾提供)

从报告中我们得知，甚至有一幢里弄房子里住着 15 户人家的情况。但基本上一幢房子住 4 户人家，或者 24 口人的情况较为常见，算下来人均居住面积为 30 平方英尺或者居住空间为 337 立方英尺。[59]

石库门房子的拥挤和狭小成了艺术作品经常表现的题材。著名滑稽演员杨华生和绿杨出演的滑稽戏《七十二家房客》，表现了房客们在石库门房子里的生活状态。这出戏广受欢迎，"七十二家房客"也成为描述上海石库门房子拥挤程度的同义词。[60] 20 世纪 40 年代晚期出品的一些经典电影如《万家灯火》《乌鸦与麻雀》等，也取材于拥挤的石库门生活。[61]

二房东

石库门房子里已经分割的房间不是由房东直接出租的，而是被房客们层层转租。上海法定的租房契约中有专门条款规定，未经房东允许房客不得将房间转租他人，但这项规定实际上只是一纸空文。[62] 当房客从房东那里租得了房子并付清房租后，房东和房客之间就没有什么联系了。楼房里没有房产经纪人或者物业管理，房东可能只雇一个门卫负责清扫或者收租。没有专门的人为保护房东的利益而留意转租之类的事情。事实上，不经过出租人的同意将房屋转租给他人也可以说是法律允许的。根据上海会审公廨制定的民法第 312 条："在租赁契约生效期间若承租人要将所租之物转租给第三方，必须首先得到出租人的同意。除非另有约定俗成的规矩。"[63] 也就是说，约定俗成的规矩占了上风。

20 世纪 20 年代末以前，房东和房客的关系中转租不是受争议的问题。20 世纪早期转租现象已经十分普遍，将房子转租给他人的那些房客被称为二房东，也广为人知。1906 年，著名记者、作家包天笑从家乡苏州来到上海，打算在上海找一处房子住上一段时间。他花了三天工夫沿着新修的马路（现黄河路和凤阳路）一直走到南京路西头，这条路上有不少新建的石库门里弄。最后他终于看到一条里弄的大门进口处贴了一张有房出租的广告，于是他走进去找到了那幢房子：

> 我叩门进去，有一十八九岁的姑娘，静悄悄的在客堂里做鞋子，容貌甚为美丽（就心理学家说：这个印象就好了）。我便说明要看房子，便有一位老太太出迎，领我到楼上看房子。本来是两楼两底，现在只把楼上一个厢房间出租。因为房子是新造不久，墙壁很干净，厢房朝东，后轩有窗，在夏天也很风凉。一切印象都好，我觉得很为满意。
>
> 我问她租金若干，那位二房东老太太先不说价，详询我家中多少人？是何职业？何处地方人氏？我一一告诉她，她似乎很为合意。她自己告诉我：他们家里一共是五人，老夫妇两人外，一个是女儿，便是刚才所见的，还有一子一媳。他们是南京人，但说的一口苏州话，因为她的儿媳是苏州人。她说："我们是喜欢清清爽爽的，如果人多嘈杂，我们便谢绝了。你先生是读书人，又是苏州人，我们不讨虚价，房租每月是七元。"我立刻便答应了，付了两元定金，请他们把所贴召租，即行扯去。[64]

从以上叙述中我们可以发现在20世纪早期上海房屋租赁的一些要点。首先，转租成了人所公认的惯例。包天笑只是从二房东手里租房间而不是直接向大房东租整幢房子。蔡家（也就是二房东）在自己住的弄堂门口张贴广告，说明他们并不顾忌邻居们知道他们要做二房东，也说明人们并不认为转租是对房东利益的侵害，否则的话蔡家不会在自己的弄堂门口做广告。实际上在上海，张贴一张"待租"的告示是招徕房客最常用的方法。这种被称为"招租"的广告通常是一张红纸，尺寸大约为8.5×11英寸纸张的1/4大小，上面用毛笔写着待租房屋的地点和面积。广告多数张贴在弄堂入口处，或者弄堂附近马路的电线杆上。[65]

尽管7块钱的房租差不多是普通工人一个月的工资，包天笑认为还是比较合理的。当时上海一家大面粉厂工人的月薪约为 7.5—10 元。[66]1906 年的时候，在公共租界外围稍微差一点的地段比如虹口，直接从房东手里租一整幢房子的价钱约为 3—4 元一个月。[67] 蔡家住的石库门房子尽管很新，但还不位于当时最好的地段。蔡家开出的这个价钱不可能是纯粹的租金，肯定还包括他们从中赚取的利润。也就是说，在 20 世纪早期的上海，当二房东已经是一门赚钱的生意了。

从蔡家对苏州房客的偏爱可见，祖籍或者籍贯在人们选择邻居和房客的时候起到了一定作用。来自南京的蔡家说的却是儿媳的苏州方言，说明社会上普遍欢迎江南一带的人，这和后来对苏北人的歧视形成对照。[68] 但是弄堂居民之间从来没有因为对同乡的亲切感而形成社区隔离的局面。上海有几个地区因为同一祖籍的居民相对集中而闻名。比如，虹口北四川路一带是广东人的聚居区，但那里也有其他地方的人，包括日本人。上海人对某些地方的人的歧视（主要是对苏北人的歧视）使这些地方的人聚居在市区边缘的棚户区内。[69] 但是在上海广大的里弄居民区里并不存在因籍贯不同而形成社区隔离的现象。现代中国社会经济史的研究者们近年来愈加注意到在中国社会中（特别是在大城市里）同乡所发挥的独特作用。但是对于上海人社会生活中的重要方面——选择住处来说，邻居是否是自己的同乡并没有太大关系，至少对大部分上海人而言是这样的。很少看见整幢里弄房子住的都是同乡——至于整条里弄，那就更少了。[70]

促使不同籍贯的人们住在一起的原因之一是面对人口数量不断增长的压力，大部分上海居民的经济状况使他们无法选择和同乡比邻而居。20 世纪的头 30 年是上海历史上人口增长最迅速的时期。19 世纪末 20 世纪初，上海总人口还不到 100 万；到 1930 年，上海人口已经超过 300 万，而且都集中在外国租界里。[71] 这 30 年也是上海石库门房子的黄金时期。在南京路一带中心区域（现南京东路地区）的 108 条石库门里弄中，有 98 条建于 1902—1931 年之间，其中包括上海的第一幢石库门房子。[72] 但如前所述，上海的住房建设还是远远跟不上需求，以至于转租渐渐普及起来。[73] 到 20 世纪 20 年代晚期，二房东逐渐成为房屋租赁的主角，并将这一地位保持到 30 和 40 年代，如表 6 所示。与之相应的，从二房东那里租房子的房客被称为"三房客"，房子的真正所有者被称为"大房东"。在 20 世纪 30 年代早期，以上称呼已经非常流行，整个民国时期这些上海流行的名词一直被视作"上海特产"。[74]

表 6 民国时期上海的房屋转租情况

（摘自 20 世纪 50 年代早期的调查数据）

租房时期	1938 年以前	1938 年至 1945 年	1948 年
租房居住的家庭户数	383	1 198	568
作为"三房客"租房的家庭户数	258	910	482
"三房客"所占租房户数的百分比	67	76	85

（资源来源：摘自余山著《二房东与顶费押租》）

造成转租兴旺起来的关键在于租房子的时候必须付"顶费"。如果前任房客走的时候留下一些生活设施或者家具之类，新房客就得付给老房客一笔费用作为补偿，这就是顶费的来历。这些东西老房客带走嫌麻烦，留给新房客倒可以派上用场，付上一笔费用，双方互惠互利，皆大欢喜。具体金额按照各人意愿，一般还不到留下的物品原价的一半。这一惯例大概始于 19 世纪晚期，那时上海人开始倾向于租房子而不买房子。渐渐地，这笔费用的性质发生了变化。到了 20 世纪 20 年代后期，原来新老房客之间的君子式交易成了"过去的美好时光"，租房过程中必须付顶费成了一项铁定的规矩。[75]

在 20 世纪 30 年代早期，房客要租一幢石库门房子，就得先付给大房东相当于 2—3 个月租金的顶费。精明一点的房客把顶费看成一项投资，因为租房并不仅仅是解决他或她的居住问题,还是一个做生意的机会。房子租下后,他或她可以当二房东把房间再转租出去,收来的房租很快就能弥补支付顶费的损失。然后,从三房客那里收来的房租和付给大房东的房租之间的差价就是一项固定收入了。因此,在民国时期的上海,当二房东成了一桩热门生意。

转租业在上海的兴起除了有上文提到的含义模糊的法规支持外,上海作为一个通商口岸的特殊地位也是原因之一。按照上海道台宫慕久和英国领事巴富尔曾经签署的一个协议,凡是发生于外国租界的租赁合约必须在英国领事馆登记备案,并由道台签章同意。盖有道台官印的地契称为"道契"。[76]1890年前,只有外国人才有资格进行土地买卖。中国人要在租界里购置土地,还得找一个外国人来履行登记程序。后来这项规定废除了,但是中国人还是情愿将自己的地产登记在某个外国人名下,以免因中国政府的腐败和章程含糊不清而引起麻烦。上海的外国人乐意担当有名无实的地产拥有者,于是这桩生意蓬勃地开展起来。人们称这些外国人为"挂号洋商",挂一次号收取十两白银的年费。这样一来,一条里弄常常有两个所有者:一个是注册登记的所有者,也就是道契上注明名字的那个外国人,另一个中国人才是真正的产权所有者。[77]这种复杂的产权关系使得实际的产权所有者不可能对转租提出诉讼,就拥有法律效力的契约来看,他究竟是不是产权所有者还是个问题呢。而且,一条里弄,不管其中有多少幢房子,都只有一张地契,如果有人要买其中的一幢房子,必须由业主签署一张"权柄单",说明这幢房子是作为整条里弄的一部分登记备案,但实际为购买者所有。抗战期间,此类产权关系的转换十分普遍。然而战争一开始,许多地产的实际拥有者——中国人纷纷离开上海,"挂号洋商"作为名义上的地产所有者代理着实际的事务,使得产权关系更为复杂。[78]不过转租之所以被房东默认,最重要的原因还是顶费的不断上涨,到了20世纪40年代初,顶费几乎可以买下这幢房子了。租户一旦付了顶费,意味着他和房东之间达成协议(尽管没有明说也没有书面材料),租户得到允许(如果不是权利的话)可以将房子转租出去以谋取利润。

165 捎客随着转租业的兴起而出现。捎客通过介绍业主和租户,从中获取佣金。但是捎客们的主要目的不是在于根据月租金而来的佣金,而是在于从顶费中获取提成。从事这个行当的捎客被称作"白蚂蚁",这个绰号形象地反映了人们对他们的看法。在20世纪40年代,报纸上每天都有"顶屋公司"(从事租房中介的公司)的广告。这种公司的全部家当不过是一间办公室(多数是租的,不是买的)、一部电话和一本记录客户资料的笔记本,不过这种公司做起生意来绝对是有声有色的。用当今中国的一个流行词来形容这些"白蚂蚁"们,他们都是"单干个体户"。他们的生意大多是在茶馆里谈成的。上海著名的两间茶馆——南京路上的仝羽春和老城厢豫园的春风得意楼,是捎客们最中意的茶馆。一位老上海居民回忆道:"每天清晨,曦阳初透微光,都市还在沉睡之际,这里已是熙熙攘攘,茶客满座了。绝大多数茶客是属于'白蚂蚁'之类的房屋中间人,像赶上早班的职工一样,每日必至,泡上一壶茶,一面品茗啖饼,一面与同行交流情况。尽管同行之间也相互封锁消息,谁也不肯轻易把生意让给别人去做,或被别人抢去,总是想多探听点,少泄露点,但是,只要在利害不互相冲突的情况下,大家还是愿意互相交流情报。因为手中掌握的情报愈多,成交的机会也就愈大,只要能够介绍成功一桩,就有一笔可观的佣金收入。"[79]

战争的开始极大地刺激了转租这桩投机生意,使其在上海及其周边地区发展得更为兴旺。1932年,被上海人称作"一·二八事变"的淞沪战役爆发,大量涌入上海的难民带来了转租业的繁荣。有人在1933年这样写道:"去年一·二八事变在华界发生后,特区(即公共租界和法租界)下令降低房租,为期三个月(为了保证难民租得起房子)。这样一来大房东们可是'哑巴吃黄连,有苦说不出',但是二房东们却乐开了怀。——'亭子间月租20元''三层阁月租18元'——这些广告刚刚贴出来,浆糊还没干,房子就已经租掉了。"[80]

战争带来的租房热在20世纪40年代再次出现,比以往有过之而无不及。1937—1945年的全面抗战和1946—1949年的解放战争在一开始都使上海的商贸发生暂时性的回落,但并没有影响上海的繁荣。相反,孤岛时期(1938—1941)和20世纪40年代中期是上海历史上最为兴旺的时期。大批人口,包括穷人和富人,从各地涌入上海寻求庇护。配备现代卫浴设施的新式里弄绝大多数兴建于20世纪30年代和40年代,但还是远远满足不了人们居住的需要。前面提到过,这些新式里弄基本上都被富裕的家庭租去或者买下了。1940年后新建的老式里弄非常少,这意味着大部分的人(到1949年上海差不多有550万人)不得不挤进1935年前建造的石库门房子里。二房东的生意因此兴隆起来。也就是在20世纪40年代,顶费从几个月的租金涨到几乎相当于房子的买价。[81]

20世纪30年代,一位学者在对上海的房产市场做了一番研究以后指出:"市上最大债主首推房东。债务之严重,又无过于房客。吾人日常生活费中,第一项开支即房租。"[82]在普通百姓看来,二房东才是最大的债主,比大房东还厉害。据估计,在那些工薪阶层居住集中的石库门里弄里,二房东们掌控了99%的租金收入。[83]一个普通工人或者店员要付出自己收入的20%—40%来租一间厨房间、亭子间或者一间108平方英尺(10平方米不到)的阁楼,以住进一家子人。[84]因为战争时期上海的房屋极其紧张,二房东们绞尽脑汁,尽可能地拆分房间来出租获利。将房子改造一番,在屋顶下搭出几个阁楼来是里弄里的常事。在亭子间顶上的平台上也能用几块铁皮搭成一间房间,有的二房东甚至把阁楼弄得像个小旅店,分割成块后按铺位出租。[85]

对上海绝大多数租不起整幢房子的人来说,二房东在他们的生活中是一个既让人讨厌又不得不与之打交道的角色。一名记者的下述文字可能代表了上海人对二房东的普遍看法："要知道谁是上海最狡猾的人，二房东是也。"[86] 尽管二房东名声很差，但是当二房东赚钱却是不争的事实，所以许多房客都乐意当二房东。当解放战争接近尾声时，成千上万的人被迫涌入上海，连三房客都想方设法要把房间租出去。据《申报》报道，20 世纪 40 年代后期，常有一些住在厢房里的三房客把一间房分成三间（前厢房、中厢房、后厢房）。三房客一家通常住前厢房，把中厢房和后厢房租出去。那年头人们在过年时走亲访友（按照习俗，先互致问候，然后互祝对方新年好）的时候常会送上这么一句祝愿："今年你们要做二房东了！"[87]

石库门大杂烩

各色人等

尽管老百姓不喜欢二房东，一些愤愤不平的知识分子又爱把他们描绘成"剥削阶级"，但是他们实际上只是一群小市民，用牺牲自己居住舒适性的办法来赚些租金弥补家用，或者以此为生。[88] 他们的经济情况不见得比租他们房子的三房客要好。为了把房子里较好的房间（比如朝南的卧室、前客堂、亭子间）租出去，许多二房东一家只好住在那些不太好的（如果不算最差的话）的房间里（如厨房、阁楼、后间）。[89] 二房东和房客之间其实没有明显的阶级或社会等级之分。

实际上石库门里的居民背景各异，来自各行各业。社会学家很难按照传统的社会标准将他们分类。1949 年后共产党按照其标准将他们划分成不同阶级成分，纯属政治需要，并不反映客观实际。[90] 这些居民在许多方面（阶级、职业、籍贯以及其他等方面）各不相同，却同住在一条小弄里，这正是里弄的特色。里弄或许称不上是一个熔炉，但是换个比喻，我们可以把它看作是一个中国式的炒锅——各种各样的人物在此如一盘炒菜般地混在一起却和而不同。正因为如此,我称之为"石库门大杂烩"。

夏衍的经典话剧《上海屋檐下》描述了20世纪30年代一群石库门居民的生活,形象地展示了石库门中的各色人等。坐落于沪东的一幢石库门房子是这出三幕悲喜剧的场景。作者说这个剧本来自他本人在石库门的生活经验。他在"这样的屋檐下"住了十多年,然后于1937年春完成了这部作品,旨在反映"上海这个畸形的社会中的一群小人物,反映他们的喜怒哀乐"[91]。作者熟悉他笔下那些人物的生活,并力求通过他们真实地反映上海人的生活,使得这部话剧成为评价很高的现实主义经典作品,也非常适宜在下文中用作历史分析的材料。

夏衍笔下的人物是上海石库门居民的一个缩影。二房东林志成(36岁)和在棉纺厂负责发工资的妻子杨彩玉(32岁)住在客堂间。小学教师赵振宇(48岁)和妻子(42岁)及两个孩子(儿子13岁、女儿5岁)一家住在厨房间,亭子间里住的是28岁的大学毕业生黄佳美和他24岁的妻子桂芬。黄佳美以前在一家外国人公司里当职员,不久前被解雇了。房子里最大的房间——卧室被海员的妻子施小宝(二十七八岁)租住,丈夫由于职业原因常年都不在家,这个寂寞的少妇只好做半公开的妓女(或者用当时上海对这类妓女的婉转称呼:"摩登女郎")养活自己,她租了最好的房间以方便接客。卧室底下一间阴暗的阁楼(也叫二层阁)里住的是李陵碑(54岁),他没有结婚,是个酒徒,以卖报为生。[92]

一幢石库门里住了这些身份、职业差异悬殊的市民,并非出于作者漫无边际的想象,相反,这恰恰是上海里弄生活的实际。一幢总面积约540平方英尺(50平方米)的房子里通常住着3—5户人家,十多位经历背景各异的居民栖居其中。[93]各色人等聚居于一幢里弄房子的情景在上海随处可见,石库门房子尤其如此。就在夏衍完成这部作品后没几年,一名教师发表了题为"阁楼十景"的文章,写的是住在一幢单开间石库门里的十个家庭的生活,场景和夏衍笔下的差不多。作者用朴实的文笔描绘了一幅上海里弄居民"三教九流"的大画卷。以下是根据他们所住房间概括的十景:

1. 前客堂:住着一名警察、他的妻子和两个十几岁的女儿。这个祖籍山东的警察也放高利贷,向他借钱的多数是住在附近的小贩。

2. 后客堂:一对夫妻带着三个孩子。夫妻两人都在弄堂里的一所小学(也叫弄堂小学)教书。妻子曾经是丈夫的学生,两人经历了一段浪漫的师生恋。成家生子后,罗曼史走到了尽头。作者抱怨说这对夫妇经常吵架,妻子又哭又骂,小孩子们一天到晚吵闹不休。

3. 二楼卧室:住了两名舞女和一名向导女。她们上午休息,只在下午和晚上出去工作,有时要到后半夜或者黎明才回家。作者坦言与这些年轻的异性邻居同住在一幢狭小的房子里常会让他感到冲动:"走起扶梯来,乳波臀浪,每次看见她们上扶梯或是下扶梯,心为之摇。"

4. 二层阁(位于后客堂和二楼卧室之间):住着一名皮匠和他妻子,二人都是苏北人。每天皮匠挑着竹竿、带着家当,走到附近弄堂里干他的活儿:做鞋、补鞋。他妻子整天四处游荡,和邻居打打麻将什么的。她根本不知道她的闲散生活成了住在楼下后客堂那对教师夫妻吵架的主题。教师妻子总指责丈夫没有让她过上好日子,她说,看看那个皮匠,尽管干的是粗贱的活儿,也能让老婆过得舒心。

5. 三楼卧室:一个30岁出头的少妇带着她的专职女佣兼伴侣。少妇吸鸦片成瘾,很少出门,由情夫养着。

6. 厨房:住着50多岁的二房东和他不到30岁的妻子。妻子一手当家,是个精明的苏州女人。丈夫每天的消遣就是去书场听听评弹。

7. 屋顶平台：住了一个为报纸做校对工作的单身男子。

8. 三楼亭子间：一个20多岁的苏州女人，曾经演过文明戏。她的丈夫是个游手好闲的鸦片烟鬼，靠老婆养活。

9. 二楼亭子间：住了四个在西餐厅当侍者的小伙子。他们喜欢穿着一身白色西装，吹嘘说他们的工作服"毕挺雪白，勿是啥话，大学生西装没有阿拉格好"。他们和二楼的女孩子们常常在亭子间里互相调笑。

10. 三层阁：当小学教师的作者住在那里。1937年八一三事变（8月13日），他任教的小学被日本人炸了，他也随之失业。然后他搬进这幢位于公共租界的石库门房子，当一名自由撰稿人养家糊口。[94]

如此类型的石库门房子在上海随处可见，尤其是在公共租界的中心区和东北角，也就是上海的商业中心——南京路一带和位于黄浦江东北面杨树浦的工业区和码头区（见本书第一章的地图2）。城市各处，尤其是这些地区，许多产业工人住在石库门里弄内。如前所述，上海多数产业工人（除了临时工）并不住在棚户区，而是住石库门房子。像杨树浦和沪西的工业区就聚居着不少工人，他们和各行各业的人们一样居住在石库门里弄里。[95]在上海的其他地区，石库门里弄内也常常可以见到各类工人的身影。[96]许多工人都喜欢住亭子间，因为租金便宜，位置又比较独立。

从某种程度上讲，亭子间是上海人生活的一种象征。因为它位于厨房顶上，所以这间面积约为108平方英尺（10平方米）的小房间被打趣地称作是厨房的"顶头上司"。和所有中式建筑一样，里弄房子的正房（也就是底楼的客堂间和二楼的卧室）总是尽可能地被设计成朝南，所以正房冬暖夏凉，采光充足。这样一来，房子后部的亭子间总是朝向最不受欢迎的方向——北面，只有在炎热的夏天才照得到太阳。但是亭子间位于一楼到二楼楼梯的中间，有一扇单独的门，不和别的房间相邻。在30年代，一幢普通的石库门房子的亭子间月租差不多是7—8元。相对后客堂或者后楼来说，多数租户都情愿租住亭子间。这样，石库门里的居民已是三教九流，而亭子间更是以其住户身份的五花八门而闻名。大大小小的办公室职员、产业工人、店铺学徒、大学生、高中生、自由撰稿人，以及各种被称作"游民知识分子"的人，比如失业者或者自由艺术家、剧作家、音乐家等。[97]"亭子间"这个名字似乎暗示着房间虽小但很惬意，让人不禁联想起中国传统园林里的亭子。

亭子间常常成为上海许多受过教育的年轻人的家。这些年轻人不少来自乡下小镇，留在上海工作（多数从事文学、新闻出版和教育方面的职业）。他们的收入使他们只租得起亭子间。有人回忆起他在上海度过的八年时光，除了其中两年住在老板提供的宿舍里，其余六年都是以一间亭子间为家。他很怀念那段日子，不仅因为常在亭子间里招待他的女朋友们，更令人难以忘怀的是在那里和同龄人度过的无数个夜晚：

> 吃过晚饭，我的一些单身朋友们过来聊天，小房间里塞满了人——大家屁股挨着屁股挤在椅子上和我的小铁床上。我们抽着烟，高声谈笑，为一些小事争辩不休，轻松自在，无拘无束。我们的话题漫无边际：从三皇五帝谈到宣统皇帝（清朝末代皇帝）的没落，从孙中山革命说到陈炯明叛变，从墨索里尼、希特勒到斯大林、罗斯福，从"满洲国"到日本大军阀。如果厌倦了谈论时事政治，我们就说说各地的民风民俗，从北平到南京，从上海到广州，从杭州到香港，从苏州到扬州。当然我们还会谈到女人。从女学生讲起，情妇、交际花、舞女、按摩女、妓女、女侍应生、乡下姑娘，无所不谈。讲着讲着就谈起了"老婆问题"，对于某人选老婆的品位会引起所有人的评论和争辩。

或者我们就坐着叹叹气，摸摸下巴上的胡子，自怜自哀一番。

对这些在上海的单身青年们来说，这样度过夜晚是很自由自在的。没有家室之累，这类快乐的聚会夜谈常常要到下半夜才散去。如果晚上天气好的话，他们先到马路上和附近的弄堂里散会儿步，然后回到亭子间接着谈。如果钱够用，他们就买些酒，叫几样小菜，给亭子间的夜谈锦上添花。[98]

这样的一种生活方式造就了一些民国时期杰出的"文学青年"。他们和他们的前辈们组成了20世纪中国最为著名的作家群体，其中包括：鲁迅、茅盾（1896—1981）、巴金（1904—2005）、郁达夫、梁实秋（1903—1987）、邹韬奋（1895—1944）等。他们都曾经在亭子间里写过作品。尽管亭子间十分狭小，就像一个作家形容的那样："三个人座谈就可以互相呼吸着从每个人嘴里呼出来的碳酸气。"[99]但这丝毫不影响亭子间成为众多知识分子的安乐窝。1933年，中国共产党的先驱瞿秋白（1899—1935）住在东照里12号的亭子间内，离鲁迅位于大陆新村9号的家不远。瞿秋白的妻子回忆说她丈夫和鲁迅的友谊就是在亭子间里培养起来的："鲁迅几乎每天到东照里来看我们，和秋白谈论政治、时事、文艺各方面的事情，乐而忘返。我们见到他，像在海阔天空中吸着新鲜空气享受着温暖的太阳一样。秋白一见鲁迅，就立刻改变了不爱说话的性情，两人边说边笑，有时哈哈大笑，冲破了像牢笼似的小亭子间里不自由的空气。我们舍不得鲁迅走，但他走了以后，他的笑声、愉快和温暖还保留在我们的小亭子间里。"[100]鲁迅本人就曾过着这种亭子间的生活。他在上海住过的所有地方，除了一处之外，都包括一间亭子间。他给位于虹口的居所的书房起了个新奇的名字："且介亭"，取"半租界里的亭子间"之意，并以此命名为他三本著名的杂文集。[101]

尽管鲁迅和另外一些20世纪的著名作家都曾经住过亭子间，并在那里写下了传世之作，但他们毕竟是知名人物，不能代表广大的亭子间住户。

说起上海的亭子间和文学之间的联系,人们最常提到的是民国时期上海的普通文人,通常叫作"亭子间作家"或者"亭子间文人"。这类作者的特点是:敏感,自负,看不起周围的一切但又无法超然世外,一直很努力但是从来没有成功过——就像巴尔扎克笔下潦倒落魄,只能住在阁楼里的作家和艺术家一样。他们之中的激进青年后来离开上海去了延安,投身革命。1938年毛泽东在延安的一次讲话中提到了他们对共产党根据地的知识界产生的影响——他们在革命知识分子中引发了帮派之争。毛泽东提到这个严肃问题的时候用的是一种不无幽默的口吻,他把"上海亭子间的人"作为新到延安的城市知识分子的代表,另一群则是"山顶上的人"(就是来自农村)的知识分子,他要求两者都要认识到自身存在的局限性,并且互相尊重。[102]

商居交融

里弄生活的混杂不仅表现在居民身份的形形色色,还表现在人们将居住和各种商业活动融为一体。里弄小区的第一排房子面向马路,具备了经营生意的基本条件,许多小店开在那里。[103] 除了小店还有其他形式的生意。哪怕是在纯居住的里弄里,也常常混杂着各种商业活动。上海人对生活区内的"弄堂工厂""弄堂学堂""弄堂商店"等都非常熟悉,这些词在上海话里的出现频率很高。

《社会日报》曾经刊登一篇题为"在咱们的胡同里——住户调查表"的文章,文章里并没有什么调查表,而是描述了一条石库门弄堂里门牌号码从24—36号的七幢房子。作者称:"这七家住户的生活背景和人生观,岂但不相关连,而且有极端的悬殊,就可见在世界第六大都市里的繁杂情况了。"这条弄堂也可以用来说明居住和商业是如何在里弄中融为一体的。除了民居之外,在这条短短的弄堂(大概100英尺长)里,还有一家裁缝铺、一家纺织品厂、一间仓库和一家娱乐总会的宿舍。

一对姓李的夫妻带着三个孩子（最大的十一二岁）住在24号里。李是苏州人，在海关工作——那可是最好的工作之一了，人们称之为"金饭碗"——收入相当高。邻居们都看到他们搬进来的时候花了一大笔钱把房子重新粉刷了一番。李给人们的印象是一个讲话很甜但却"市侩气十足"的人，"讲话很甜"是上海人对苏州人的普遍看法，苏州人"嘴很甜"——苏州菜糖放得多，而苏州方言听起来又糯又甜。

24号隔壁的26号是赵升泰开的一家裁缝铺。赵是常熟人，他的妻子是无锡人，看上去夫妻性格差异很大。丈夫性格安静，寡言少语，整天在裁缝桌前忙活。他妻子却是个长舌妇，哪怕怀着六七个月的身孕，也经常到邻居家里议论别人的家长里短，这在人家看来确实有些不像话。裁缝铺隔壁是一家小纺织作坊，生产人造丝袜。作坊里的男女工人日夜都在赶工：男工在二楼车间工作，女工则在楼下。邻居们常常抱怨机器的噪声，也抱怨这些工人们总是哼着小曲儿，隔着楼板互相调笑，打扰了邻居们的清静。

30号显得有些神秘，因为只住了两个女人。年纪较轻的那个十六岁，却称一个最多不过二十六七岁的女人为"姆妈"。每天晚上两人总是穿得很妖艳地出门，邻居们说不准她们到底是舞女还是妓女。一个年近三十岁的女人和年纪较大的女佣住在32号里。有个看起来像银行家的男人每隔两个星期来看这女人。邻居们私下议论32号是名副其实的"金屋藏娇"。和上海所有的这类艳情故事一样，人们说这男人大概在妓院里认识了这女人，爱上了她，把她从老鸨那里赎了出来。但是这女人看起来对"金屋"里的孤独生活并不满意：她常常站在后门口四处张望，像要诱惑男人似的，只是34号里住的却都是女人。这些女人穿得看似时髦，仔细打量却都是些过时的式样，看不出她们究竟是干什么的。她们可能是在一家娱乐总会或者夜总会之类的地方当服务员，整天打着麻将，似乎不用工作。

弄堂最里头的 36 号原先是一家灯泡商店，不久前刚关门。店主是个事业有成的年轻商人，最近刚刚上过报纸的《本埠新闻》版：他那逃跑的情妇控告他虐待。法院判决还没有出来，这个灰心丧气的年轻人却在一次驾驶事故中丧生了。当这篇文章在《社会日报》上发表的时候，灯泡店已经易主，36 号还空关着。[104]

石库门里弄里还间或夹杂着不少学校。坐落在弄堂里的小学很受人们欢迎，因为孩子们上学方便——学校离家近，孩子不用穿马路，只要稍微走点路就到了。这一类学校通常将石库门的客堂间和卧室改成教室，厨房和亭子间做办公室。前天井当操场可能太小，但是孩子们的户外活动完全可以在弄堂里进行。一幢三开间的石库门房子可以腾出 6—9 间教室来，每间里放上 20—30 张课桌。为了把学校弄得像样一点，有时候还会拆掉相邻几幢石库门房子的隔墙。[105]

"弄堂学校"有时并不仅仅限于小学。上海最早的由中国人自己办的大学——大同大学就是 1912 年在南市区一条名为南阳里的石库门里弄里成立的。[106] 另一所大夏大学也是 1924 年成立于位于法租界的美仁里的一幢石库门里，这条里弄就在霞飞路南边不远。据学校最早的教师之一回忆，当时的办公室就设在里弄里的一幢单开间石库门里。大门上贴着告示"请走后门"。这是因为房东住在底楼客堂间，如果来客从前门进去就得穿过他的家。[107] 以社会学课程和革命倾向著称的上海大学也坐落于一条里弄里。作家茅盾称上海大学是一所"名副其实"的弄堂大学，因为它就位于一幢弄堂房子内（闸北区青云路上的青云里）。1924 年上海大学曾经搬去租界内的西摩路，不久后又搬回到青云路上的另一条里弄——师寿坊。这所学校"没有校门，不挂招牌，自然没有什么大礼堂了。把并排的两个房间的墙壁拆掉，两间成为一间算是最大的讲堂"[108]。

书局和印刷厂也出现在石库门里弄内。[109] 上海著名的文化街福州路的弄堂里开着许多书局，夹杂在普通住宅以及出售文房四宝——笔、墨、纸、砚的文具店之间。到 1949 年，在上海书店业总体趋于衰退的情况下，福州路从河南路到福建路这一段(长约 1/4 英里)，仍然集中了 114 家书局。[110]

位于虹口区的内山书店也是一家弄堂书店，这家店由于鲁迅、郁达夫等一批曾留学日本的中国杰出知识分子的光顾而闻名。店主为日本人内山完造（1885—1959），书店开在北四川路上一条只有 7 幢房子的石库门里弄——魏盛里内。[111]1917 年，来上海从事医药生意的内山租下了这条弄堂靠大门右边两幢相邻的房子。他将两幢房子的客堂间和前天井打通，给天井盖上玻璃屋顶，就成了一家大小合适、采光良好的书店。郁达夫曾经说过，内山是个既"懂得生意经，并且也染上了中国人的习气，喜欢讲交情"的人。[112]书店被布置得颇有贵族气息：四面墙全部做成到顶的书架，店堂里还设了一个"漫谈席"——七八张旧的沙发、椅子围着一张小桌子，茶水是免费的。挑书挑得累了，或者只是想到书店来消磨时间的顾客，都可以坐在那里，随便翻翻书，或者喝茶聊天。[113]

朱联葆是个出版界从业者，曾经在上海多家出版社工作了半个世纪之久（1921—1970）。从他的回忆录中看来，1949 年前上海的 600 多家出版社和书店一大半都是开在里弄房子，尤其是石库门房子里。[114]几个中国最著名的报社和出版社也是这样。李伯元一般被认为是上海小报之鼻祖。他于 1901 年 4 月创办了《繁华报》，该报报社和印刷车间就位于南京路上的亿鑫里内。[115]近代中国最大的出版社商务印书馆 1897 年在江西路—南京路一带的德昌里内成立。第二年，社址迁往北京路上的另一条石库门里弄顺庆里。[116]出版了近 20 年，发行量达 40 000 份的解放前中国最著名的画报《良友》，就是于 1926 年从北四川路宏庆坊内的一家小出版社起家的。[117]1929 年，租界巡捕房突击抄查了一幢很普通的里弄房子，查封了设在里面的一家革命报社《赤旗》。在这幢房子里，底楼的客堂间成了印刷车间，二楼是印刷工人们的宿舍。邻居们根本看不出这幢房子有什么特别的地方。中共地下党正是利用石库门里弄的隐蔽性开展秘密出版活动的。[118]

南市区小北门一带弄堂密集,上海书店坐落在其中的振业里内,1923—1926年期间中共的出版社也在那条弄堂里。同时,出版了包括著名的《新青年》《中国青年》《向导》等共产主义刊物的明星出版社就在著名的国际饭店附近的西福海里内一幢石库门中办公。它的仓库设在马路对面三德里的一幢石库门内。1927—1932年期间,中国共产党的先锋刊物《布尔什维克》在愚园路的恒昌里内出版。[119]

除了出版杂志,中共充分利用了里弄房子的优势来开展革命活动。在租界里进行地下活动相对比较安全,因为警察当局在那里不能不有所顾忌。租界里的里弄房子人口密度高,弄堂里还有许多学校、出版社、书店,复杂的环境对共产党开展地下活动很有利。在里弄这样的地方,聚居的人们来自各行各业,三教九流都有,还有各种各样的商铺,共产党的活动不太容易引人注意。1921年7月23日到7月30日,中国共产党第一

图17 这是1921年7月中国共产党第一次代表大会会址所在的弄堂。1952年以后这个地方被作为文物建筑保护起来,但是在民国时期,这里只是一处不起眼的普通石库门里弄。石砌的大门和门上方的雕花是石库门的典型特征。小弄堂拱形门上方的建筑称为"过街楼"。(图片来源:作者提供)

次代表大会在法租界的一幢石库门房子里召开（见图17），这次会议标志着中国共产党正式成立。会议召开地望志路106号（现兴业路76号）是一幢普通的二层楼石库门房子，建于1920年。其所在的一排房子共五幢，它位于中间，是中共创始人之一李汉俊的家。他哥哥李书城，曾协助孙中山创建同盟会（国民党的前身），住在隔壁108号。这次被中共称为"开天辟地"大事件的会议就是在李汉俊家的客堂间里召开的。这间194平方英尺（18平方米）的房间现在是一个供人瞻仰的圣地。早在1950年9月，这幢房子就被作为文物遗迹原封不动地保护起来。现在兴业路上的这五幢房子是全上海保存最好的石库门建筑。作为中国共产党的诞生地，106号现在是中共一大会址纪念馆，门口悬挂着邓小平题写的馆名。[120]

在望志路以北约328英尺（100米）远，白尔路389号（现太仓路127号）是创立于1917年的博文女校，1920年迁至此地。整所学校就在一幢三开间、二层楼的石库门房子里。参加中共一大的与会者曾经借住在这里，教室成了临时旅馆。毛泽东和何叔衡（湖南共产主义小组代表）睡二楼西厢房，董必武和陈潭秋（河北共产主义小组代表）睡东厢房。在夏天，用学校做旅馆是常有的事——与会者"以北京大学师生旅行团的名义，借宿于博文女校教室"。[121]

中共二大也是在一处石库门里召开的。时间是1922年7月，地址在成都北路福德里30号，这条建于1915年的里弄由50幢二层楼石库门房子组成。离开30号没几步的42号是平民女校，1922—1923年，中国共产党在那里发起勤工助学计划。学生们通过织袜、缝纫、开洗衣坊等方式赚钱支付学费。1925年1月中共四大在位于虹口北部的一幢三层楼石库门里召开。会议在二楼举行，参加会议的代表就睡在三楼。当时任大会书记的老党员郑超麟回忆说，那幢房子被布置得像所英语学校，没有引起邻里的怀疑。与会者人手一册英语课本；如果突然来了不速之客，他们可以装出正在上英语课的样子。[122]

让我们回过头来看看新文化运动（1915—1920），当时共产主义思想在中国尚处于萌芽阶段，在上海的里弄里有不少这方面的遗迹。1920年，著名的共产主义先驱陈独秀住在环龙路渔阳里2号（现南昌路100弄2号）这幢单开间二层楼的石库门房子里，这里也是由他所主编的著名杂志《新青年》的编辑部。陈独秀和妻子高君曼住二楼，把底楼的客堂间腾出来做编辑部。就是在这里，陈独秀和一些志同道合的知识分子李达、李汉俊、陈望道组成了中国第一个共产主义小组。这个小组出版的月刊《共产主义者》的编辑部也设在这幢房子里。[123]

当年，如果穿过渔阳里向北来到霞飞路再往东走，你会看见一条名字一模一样的弄堂也叫渔阳里。"渔阳里"三个黑色大字就刻在大门正上方——看起来里弄名是没有版权的。为了和环龙路的那条渔阳里区别开来，上海人习惯把这条里弄叫作"新渔阳里"。恰巧，新渔阳里是中国共产党历史上另一处重要的遗迹。新渔阳里6号前面有块约3英尺长、1英尺宽的木板，上刻五个大字："外国语学社"。1920年9月30日的《民国日报》上刊登了这所学校的俄语和法语课的广告。事实上，这所里弄学校是中国共产党的一个据点。学校里绝大多数学生——最多的时候有60人——不是看了广告来报名，而是通过党内同志介绍进来的。学生中有些人后来成了中国共产党的高层领导：刘少奇、任弼时、柯庆施、萧劲光等。他们之所以来学习俄语和法语，是为了学习马列主义著作，并为去苏联深造做准备。1921年春天，学校曾先后派出三批学生前往莫斯科。

这幢两开间二层楼的石库门看上去和弄堂里其他32幢房子没什么两样，但它好像注定会具有某种历史意义。孙中山的部下，也是蒋介石政府的高官戴季陶（1890—1949）最早租下这幢房子。1920年3月，正当他打算搬走时，碰巧听说他的朋友陈独秀正在找房子，于是他告诉了陈独秀。那时一名共产国际的代表正在和陈独秀联系筹备成立中国共产党，所以陈独秀打算租幢房子为共产党提供活动场所。房子以共产国际的翻译杨明斋的名义租了下来。6号除了是外国语学社外,也是社会主义青年团(后称共产主义青年团)的总部,还是华俄通讯社的办公室。底楼的东西厢房是学校的教室,学生多时客堂间也当教室。二楼的前房是青年团的办公室,后房和厢房用作学生宿舍。亭子间既是杨明斋的卧室,也是华俄通讯社的办公室。[124]

1950年后,那些和中国共产党的历史有所关联的里弄房子都被作为革命文物很好地保护了下来。这样一来当然也使民国时期的上海风貌得以部分地保存。但是,像学校、出版社、书店等文化教育机构并不是里弄里的主要商业形式。里弄里的大部分机构都是纯粹的商业性质,比如小商店、工场、仓库、鸦片烟馆、妓院或者其他类型的小公司等。例如,从19世纪晚期开始,离开南京路只有几步之遥的富润里就已经以其"三多"而闻名:店多、厂多、仓库多。[125]还有一条叫作"八仙坊"的里弄也很出名。里弄共有71幢房子,底楼几乎没有住人,都开着店铺。其中光当铺就有6家。各类商店散布于八仙坊的民居之间,而那里的居民多数是街头小贩、小店主、艺术家、妓女、变戏法的以及其他一些演艺人员。[126]

在南京路一带的石库门里弄里,既有现代化的西式银行,也有中国传统的钱庄。其中清远里和如意里是最早的石库门里弄之一(在1876年出版的地图上都有标出)。这两条弄堂在民国时期都是金融机构集中之地。[127]在清远里内西式银行都开在沿北京路的几排房子中,而钱庄都不开在街面房子中。在如意里,钱庄和公司比居民的住房还要多。[128]南京路北面一街之隔的另一条上海最早的石库门里弄——兴仁里与如意里的情况差不多。兴仁里的24幢房子中有20幢开着钱庄。其中有3家一度属于宁波人方家所有。[129]显然,这些里弄都靠近上海最大的商业和金融中心南京路,这个得天独厚的地理位置使得它们成为开银行和钱庄的首选之地。初到上海的人都会对外滩的欧式银行大楼留下深刻印象,但是很少有人注意到隐藏在这些大楼背后弄堂里的小银行和小钱庄。而正是这些小规模的金融机构，为上海成为中国第一大金融中心发挥了不可替代的作用。

石库门弄堂里还有娱乐设施。在上海最繁忙的商业地段（尤指南京路一带）的弄堂里充斥着鸦片烟馆、赌场和妓院。早在19世纪60年代中期，当时的上海尚未摆脱太平天国运动的阴影，离大都市还有相当的距离，然而据估计那时上海的妓院总数已经达到了1 500家。[130] 到了20世纪30年代早期，根据贺萧的估计，每30个上海人中就有1人以卖淫为生。[131] 绝大部分的妓院就在普通的居民住宅区营业。从1860年到清朝覆灭的近五十年里，与南京路隔开四条马路的宝善街及其周边一直是妓女的集散地。整个民国时期，这一带始终都是"红灯区"或者称为"风化区"。宝善街上的弄堂，诸如共兴里、东共兴里、共顺里以及最为有名的会乐里——一个与嫖妓颇为相称的弄堂名，开满了妓院。[132] 其中会乐里初建于19世纪末，占地约47 577平方英尺（4 420平方米），有着当时少有的宽达15英尺（4.6米），长280英尺（85米）的主弄，以及4条支弄，1924年经过改建，成了一条拥有28幢三间两厢石库门房子的里弄。[133] 整条里弄颇具现代风格：每幢房子都带一个宽敞的前天井，主弄两边的房子还有阳台，每一条支弄都有和里弄正门一样的拱形设计，石拱上刻着支弄的序列和走向（如东一弄、西二弄等）。当初的建造者肯定没有想到这里在20世纪20年代后期会成为上海比较上等的妓院汇集之地。[134] 到1949年的时候，会乐里有27幢房子整幢或者部分成了妓院；唯一一幢不是妓院的是一家药房，可能主要是为性病患者服务的。[135] 这条里弄是如此出名，以至于在上海，"会乐里"差不多成了妓院的代名词（图18）。[136]

上海其他地方也有开在石库门弄堂里的妓院。从公共租界沿西藏路往南走到法租界，一路上有不少弄堂里开着妓院。比如，在20世纪30年代后期，西藏路上一条建于1910年的里弄"贤德里"的52幢房子中，1/5都是妓院，其余的房子中则有不少鸦片烟馆。除此之外，里弄中还住着各式各样的居民，包括一些来自各地的穆斯林：他们中有的来自苏北的扬州，有的来自江南地区的宁波，也有的来自广东。[137] 西藏路上另一条里弄天元坊，建于1929年，离上海著名的娱乐中心"大世界"（1917年建造）很近，弄堂里也有许多妓院、烟馆和声誉不良的小旅店。弄堂里四幢相连的石库门房子后来被改建成扬州戏院。[138] 再往南几条马路就成了法大马路，那里有一条名叫"升平里"的里弄。该弄建于1925年，32幢房子中有10幢是鸦片烟馆。[139]

图18 图为上海最出名的"红灯区"会乐里，空中悬挂着各种各样的灯笼，上书各式妓女的"艺名"。这些名字往往带有某种暗示，比如"香""艳""红""兰""玉""丽"等。截至1949年1月，会乐里共有妓院171家（为上海登记在册的妓院总数的1/5）。（图片来源：上海市档案馆）

上述种种仅仅是将石库门房子颇具创意地用作非居住场所的一些例子，其他情况还有很多，不胜枚举。到20世纪40年代后期，上海所有的250家旅馆约有一半开在弄堂里。1947年，上海共有45家电台，7家在里弄里。[140]老记者陈古海回忆说，1946—1947年间非常活跃的中联广播电台，其播音室就在他的家中，位于新大沽路的一条里弄里，曾经在他的卧室里广播了九个月。[141]1931年初，中国共产党的中央广播电台就设在慕尔鸣路上兴庆里11号，电台发射装置也在同一幢楼里。[142]1933年，中共在大沽路合庆里还建了一个地下电台，用来和莫斯科方面联络。解放战争期间，中共的电台搬到了另一处里弄：虹口区黄渡路107弄15号。发报员李白在那幢房子三楼秘密工作了三年，直到1948年12月被捕。[143]

里弄里还有各种各样的公司、公共浴室、算命店铺、餐馆、诊所、律师事务所，有时甚至一些政府机构也设在弄堂里。上海有句俗语"螺蛳壳里做道场"，可以用来形容石库门房子的拥挤和用途的多种多样。[144]这句话有时不仅仅只是比喻：根据上海市佛教会（成立于1929年6月）的一本通信录，在20世纪40年代后期，上海共有285处寺庙，其中不少坐落于弄堂里。[145]只要在石库门房子的客堂间或者厢房里放上一张香烛台和几尊佛像，就成了一间佛堂，可以供人们礼仪俱全地上香祭拜，进行各类佛事。

第三部

上海屋檐下

第五章　石库门后

在上海，没有什么能像那些比比皆是的弄堂更能使人了解这个城市人们的日常生活了。这些邻里社区是上海绝大多数市民的居家住所。他们不仅仅住在里弄，这儿也是他们工作、娱乐、社交以及日常购物之地。总之，弄堂就是这些居民的城市。相比之下，上海的那些高级的和广为人知的区域并不是普通人生活和活动的场所，甚至和他们毫无关系，里弄才是体现大部分上海人生活的真正世界。我们或许可以以弄堂的进口为界，把里弄生活在形体上（但不在文化方面）分成密切相关的两个部分。在弄堂口后面的房子里，是上海普通市民的隐私（有时候也并不那么私密）世界。弄堂外面的马路上，则是弄堂里日常生活的延伸。

唤醒城市的人们

上海是20世纪上半叶世界上最现代化的城市之一，但与此不相称的是大部分市民家中没有卫生设施。上海是最早有电、煤气、电话以及其他现代化便利的城市之一，但是直到这个城市发展的鼎盛期即20世纪20—40年代，家庭厕所对于大部分居民而言仍只是一只木制的马桶，这一点基本上与偏僻的内地乡村没什么两样。倒马桶不仅是一项令人讨厌却又无法逃避的日常工作，而且成了都市生活清晨的序幕（图19）。

第五章 石库门后 / 179

图 19 这排石库门房子建于1919年，位于南市，靠近老西门。铁条从墙上伸出用来悬挂晾衣服的竹竿（铁条的另一端伸入对面那排房子的墙里，无法从图片中看到）。一只马桶放在门口，显现出这里没有现代化的卫生设施，这就是石库门里弄最普通的场景。马桶盖是敞开的，说明马桶刚刚刷过，正在早晨的阳光下晒干。居民们通常在午前将马桶拿进屋。（图片来源：作者提供）

所有的马桶虽然并不完全相同，但基本相似：木制，鼓形，约16英寸高，直径约1英尺，顶部坐圈为1.5英寸宽的木边，一条铁质或黄铜的圆环固定住桶身，圆形的木盖上挖两只半圆形的凹槽以便抓取。马桶内外刷满了桐油以防渗漏及确保能长期使用，一般都漆成紫红色或金黄色。[1]

由于马桶是日常生活的必备品，往往作为妇女的陪嫁物。在这层意义上，马桶就好像如今上海新娘的陪嫁物品彩电一样，更是不可或缺。[2] 马桶作为陪嫁物时，里面装着红蛋，象征并祝愿新婚夫妇能早日生育（尤其是男孩儿）。[3] 制作精美的马桶箍裹着镀金圆环，桶身和桶盖上还描画着龙凤图案，这种马桶有时成了偷盗的目标。

城市里所用的马桶尺寸一般是乡村的2/3。尺寸的缩小显然与城市的居住状况有关。[4] 那些没有卫生设施的里弄房子（例如老式里弄房子），也没有一间空余的房间或者一点空间来建造厕所。因此马桶必须是小而轻巧的，以便于安放。大多数家庭将它置放于并不宽敞的寓所中硬挤出来的地方。通常是在房间的角落，悬挂的棉布帘将之隔成隐秘的一角，或者在家具的背后。有时，楼梯下面呈三角形的空间也会被用作"马桶间"。

如果附近有一所公共卫生间的话，男人们多半会去使用，这与乡下的情况差不多。[5] 但是事实上附近的公共卫生间也并不方便，因此小小的马桶就成了每个家庭成员的所需之物。一项很重要但令人讨厌的家务就是在上半夜将马桶放到后门外去，由收粪工负责将它们倒空。收粪工通常在凌晨四五点钟到达，天还未亮，此时大部分人仍在梦乡。拖着黑色的有着两只红色车轮的粪车，收粪工进入里弄，喊着："倒马桶！倒马桶的来了，倒马桶！"[6] 有时他摇着铜铃，声音划破了里弄的宁静，常常引起一阵阵的鸡鸣（图20）。[7]

根据都市管理规则，粪车是居民唯一可以倾倒粪便的地方。[8] 尽管大多数家庭备有两只马桶，隔日交替使用（这样总有一只干净的空马桶），但是万一收粪工有一天没来，这就意味着要使用昨日未清洁的马桶，也

图 20 这是丰子恺作于 1934 年的漫画,描绘了一辆粪车隆隆地走在石库门弄堂里。收粪是一项必须每天提供服务而不能间断的工作。画的标题"不知元旦的人",表现了艺术家对收粪工辛勤劳动的同情与感谢。(图片来源:《丰子恺文集》)

就是说家里会有两只不干净的马桶,这显然是一件令人不舒服而且不卫生的麻烦事,尤其是在上海炎热潮湿的夏天。一个能为别人着想的收粪工会意识到这一点,在离开之前往往会大喊一声:"(我要)走啦!不回来了!"这时,常常会看到一位睡眼惺忪的家庭主妇,穿着睡衣,从门后探出脑袋答应道:"等一歇!"然后,急匆匆地提着马桶向粪车走去。[9]

半个多世纪以前,一位作家用幽默的语调描述了这一场景:"大家小户,形形色色的马子。横七竖八,散兵线般陈列里巷中,如开'马桶展览会',猗欤盛哉!"[10] 欧尼斯特·哈伯纳(Ernest Heppner),一位战争时期居住在上海的犹太人,回忆起二战时期在上海的生活:"虹口(卢注:虹口有很大的犹太人居住区,里面也住着很多普通的中国人)的房子很少带有厕所。大多数房子的入口处往往放着一只马桶。每天清晨,一个苦力推着一部车子,一边嚷嚷,一边挨家挨户地来倒马桶,以用作肥料。"[11] 实际上,直到 20 世纪 80 年代,上海几乎有 100 万户石库门房子的居民还在演绎着与民国时期差不多的收粪故事，原因很简单，他们的家庭厕所仍然是"亲爱的马桶"。作为城市生活的一部分，一个60或70年代出生的人，看见的是与其祖父母半个世纪前所见几乎相同的里弄场景。[12] 20世纪80年代晚期上海的一个居民开玩笑似的用"壮观"两字描述那个时代的景象：上百只马桶摆龙阵似的曲曲折折地从弄底一直摆到弄口。住在沿街面房子的住户，甚至就将马桶放在昏暗路灯照耀下的街道旁。[13]

收粪是"末等生意，头等利息"[14]，每月收费为两角，[15]这还不包括每个月底人们付给"倒老爷"的小费。"倒老爷"是大家开玩笑给收粪工起的绰号，这个绰号反映了人们对于这位每天清晨出现在后门，满身臭味却又相当重要的人物复杂矛盾的感情。这一职业也是从交易和竞争中得来的。为了能够当上一名"倒老爷"，大约需要孝敬100元钱给负责雇佣粪工的"粪头"。一旦被批准成为收粪工，将得到一辆粪车，就有了在指定的区域收粪的权利。每月的薪水由老板支付，而更重要的收入是小费。只要收粪工不违反规矩，切记不能晚于早晨8点收粪和不得在未经许可的区域工作，那么他的工作将会是稳定的，一般不会受"粪头"换人的影响。事实上，他甚至可以将这个位置传给他的儿孙。[16]但是真正的利润属于老板，所有的粪车都集中到船码头，在那里羼入与粪便几乎同等量的水，然后以每车1元钱的价格卖给农民。[17]在中国，粪便一直被视作最好的肥料。每天一大早，农民们驾着船来到上海。"每天，小船运载着粪便从上海驶往乡村，在那里农民正等着肥料，将之贮存于巨大的陶瓶中，直到给农作物施肥的时候。"一张关于虹口粪码头照片的解说词中这样写道，"上海的粪便尤其受欢迎，品质优良而且特别肥沃，这还要感谢上海人丰盛的饮食。"[18]

上海有几个粪码头（图21）。位于城市西北部的曹家渡有一处码头是为公共租界服务的，而南面的打浦桥码头负责法租界这一区域。两处码头都由帮会组织管理。在法租界，一位名为阿桂姐的女流氓和她的儿子马鸿根自20世纪20年代后做了很多年的"粪霸"。他们拥有400辆粪车，这是他们所必需的固定资本。在承诺交付14 000元给法租界当局后，他们雇用了上百名工人去租界内收粪。这项事务每个月利润总数大约为10 000—12 000元。阿桂姐是二三十年代上海滩三大亨之一黄金荣（1868—1953）的情妇，这层关系使她能够垄断该项业务。虽然很少有人知道她的真名，其绰号阿桂姐在上海却是家喻户晓的。[19] 对很多人来说，阿桂姐之流可以凭借诸如收粪这一类"污秽"的工作而发财致富，这无疑是对上海"遍地是黄金"的传奇做了有力的注解。[20]

图21　一辆辆粪车停靠在法租界南边的码头，等待着卸货。在每天早晨8点前的法租界街头，有超过400辆的粪车在工作。小船等着运载粪便去乡下，给土地浇灌施肥。墙上的大字说明这里是一家酱园，入口正对着码头。酱园是大规模生产调味品的商店，并批发给零售商。（图片来源：R. Barz, Shanghai: *Sketches of Present-Day Shanghai*）

大多数居民也许对谁是"粪霸"以及粪便的最终去向并不感兴趣，但他们对清晨弄堂里年复一年日复一日那句悠扬的叫喊声"倒马桶"肯定是特别熟悉的。像黄包车夫、码头工人以及其他手工业者一样，收粪工差不多都是苏北移民。这无疑也是公众歧视苏北人的原因之一。这一职业并不像所看到的那样简单。事实上，这需要一双灵巧的手。收粪工嘴里喊着"倒马桶"，每隔几家即停下车子——这一距离恰好方便他提取放在弄堂两边每户人家门前的马桶。他右手提起马桶，左手迅速打开盖子并用其托住马桶底部。接着右手拎高马桶，将其紧贴粪车顶部的方形入口，同时左手用盖子那么一推，就将粪便全部倒入了车内。依照这一方法，收粪工的双手仅仅接触马桶的提环和木盖，将弄脏身手的机会减少到了最小的程度。[21] 随后他从车上挂着的吊桶中取出长柄勺子，舀一勺水倒入马桶，略作搅动再倒入粪车。这一动作的目的并不是清洗马桶，而是为了不遗漏粘在马桶边上的残余粪便。

一名收粪工每天早晨要十分熟练地重复这组动作上百次。通常，他在一条有着约30户人家的弄堂前后工作时间不会超过十分钟。早晨8点以后市政当局不允许粪车在街上行驶，所以收粪工总显得十分匆忙。[22] 有时他会配备一位帮手，往往是他的妻子。有经验的收粪工边工作边轻松从容地与居民们交谈上几句，偶尔甚至还能与熟悉的女佣聊聊天。女佣总是被清晨收粪工的叫喊声吵醒，从而开始了一天的家务活。事实上，收粪工所吵醒的不只是女佣和家庭主妇，他们已成了居民区（如果不是整座城市的话）的闹钟。一位作家用幽默发噱的笔调描写了清晨的景象：

> 太阳从地平线下慢慢升了起来，幻成"东海浴日"丽景。光芒射到了淞沪之滨，上海这都市，卸下睡衣理晨妆！……这"朝阳洗盥"的上海小姐，妆台罗列的化妆品中，第一样却是"木樨香水"！查非来自巴黎，而为国货——土产社制——呵？！

> 上海之晨，倒老爷第一个登场！……十条马路九条清！唯每个里巷闹纷纷，倒老爷和倒太太俩，推了那辆坦克——粪车，扬起破竹管般喉咙，"唉！……倒马桶"！丈夫似在吊嗓，夫人则在埋头苦干；"渐杪渐杪……"夫唱妇随，真实表现，离婚男女对之，当愧死哩？！[23]

粪车离开后，倒空的马桶置放在弄堂边上，接着就是早晨一件十分重要而又令人生厌的事：刷马桶。主妇们所用的两英尺长由竹条制成的马桶刷能很容易从里弄小店或摊贩手里买到。在弄堂里刷马桶，是女性家庭成员（一般是母亲或祖母）的活儿。未出嫁的女儿基本不做这一事情。一位居民回想起她唯一一次看见男人刷马桶的情景。那是春节期间的某一天，李锡康老人家里唯一的女性——他的儿媳回嘉定乡下娘家探亲。不知为什么，当天晚上她没能赶回来。[24]第二天清晨起床后，一家人陷入了恐慌：谁来刷马桶？让年届中年的父亲或那三个十几岁的儿子在大庭广众之下刷马桶是无法想象的。较之于儿孙，老祖父似乎更合适一些，于是老人准备去做这件令人尴尬的事情。这时，邻居彭太太伸出了援助之手。显然，她认为让一个大男人来刷马桶是不适当而且令人同情的。其实，只要每个月花上约一块钱，就能雇一个女佣来刷马桶，但这种服务通常是以月为单位结算的。[25]

刷马桶要使用一定的力气去清除粘在马桶壁上的粪便。在清洗的过程中要频繁地加水、倒出。如放入一盘小蚌壳在马桶内，用竹刷子刷的时候就更加有效。居民们知道刷马桶的最佳时间是在粪便变干粘在马桶壁上之前。于是，当粪车一离开弄堂，家家户户便即刻开始刷洗马桶，场所通常是在居屋后门外靠近阴沟的露天空地。弄堂里于是充满了喧闹声，上海人幽默地称之为"弄堂奏鸣曲"。主妇们辛勤刷洗马桶的场景在上海随处可见。直至1994年，一位作家还如此形容："每天清晨，八十万只马桶在弄堂涮响,成为上海晨曲的特殊音响。"[26] 马桶刷完后,居民们将之斜靠在墙脚,让其自然晾干。通常不到半个小时的光景,居民们就都完成了这件早晨的工作。

此时天色已渐渐泛白,这是居民们生煤炉、去附近的菜场买菜、去大饼店购买早点的时间了(见第六章)。各色的摊贩陆陆续续来到里弄,生意一直要做到中午。粪车可以算是都市里弄居民一天生活的先锋,20世纪40年代流行于上海的一首歌曲描述了清晨时典型的都市里弄生活:

> 粪车是我们的报晓鸡,
> 多少声音都跟着它起。
> 前面叫卖菜,
> 后面叫卖米。
> 哭声震天是二房东的小弟弟,
> 双脚乱跳是三层阁的小东西。
> 煤球烟熏得眼昏迷,
> 这是厨房里的开锣戏。
> 旧被面飘扬像国旗,
> 这是晒台上的开幕礼。
> 天天的早晨总打不破这例,
> 这样的生活我过得真有点腻。[27]

对于都市拥挤的里弄日常生活,这首歌显示着"生活将继续下去,得过且过"的无奈,这一感觉是绝大多数居民所共有的。关于上海里弄生活的文学作品常常登载于地方小报和临时性的期刊杂志上,作家自身也是喧嚣的里弄生活的一部分。这些普通市民真实生活的近距离观察者的作品,往往难以适合同时期某些读者的高尚口味,而且也并不被看作是"真正的"文学作品。于是,他们对所描写的对象常常采取一种"自嘲"

或讽刺的态度,就像上面所引用的一些例子那样。

上海市民有理由嘲讽清晨弄堂里的情景,毕竟这儿是全国最现代化的城市,以"东方巴黎""中国的纽约""世界第六大都市"著称。[28]与成千上万贫民窟的居住者相比,里弄住宅区的居民还是都市里的"中产阶级"。而在日常生活中他们仍不可避免地要使用那只小小的木制马桶,同样的东西在农村已被使用了许多世纪。

然而,粪车离开后的里弄生活景象才显出城市的繁荣、人民的小康和生活的便利。街头的商贩——他们贩卖食品,提供各种服务——以其特有的方式走街串巷,劲头十足地做着生意——这些小商小贩描绘了上海日常生活的另一幅图画。

商贩

食在上海

> 薏米杏仁莲心粥
> 玫瑰白糖伦敦糕
> 虾肉馄饨面
> 五香茶叶蛋[29]

这是鲁迅1935年所写的散文《弄堂生意古今谈》开头所记录的上海里弄小贩的吆喝声。上海市民对此特别熟悉,因为小贩们每天走街串巷沿街叫卖他们的货物。正如我们所知,鲁迅最后十年生活在上海,主要居住在里弄房子里。他度过生命最后三年的那所住宅,是虹口一幢普通的新式里弄房子,现在已是受到保护的故居。[30]在许多场合,鲁迅以其广为人知的锐利和洞察力,运用杂文(一种夹杂着议论的短篇散文)记录了上海里弄生活的情景。关于叫卖声,他写道:"假使当时记录了下来,从早到夜,恐怕总可以有二三十样。居民似乎也真会化零钱,吃零食,时时给他们一点生意,因为叫声也时时中止,可见是在招呼主顾了。"[31] 小贩可以跻身于都市弄堂生活剧最活跃的演员之列。一大早,当粪车离开之后,他们开始贩卖大米、蔬菜等食品。于是,各类食品的叫卖声在都市里弄中回荡一整天,上海成了一处没有比之更便利的吃的世界。食品商贩是无处不在的,从外地来到上海的人们很容易就能注意到他们。1935年,一位美国记者到达上海不久,发现"这里在一天中的任何时候都有着各种各样的食品。除了早餐、午餐和晚餐——上海的中国人和我们一样一日三餐,而广东人只在十一点和四点吃两顿——你还可以在上午随时享用午前点心:拌有火腿丁、虾米和鸡丁的汤面或炒面,或者是甜杏仁羹。下午的小吃有各式各样甜的或咸的豆沙馅、猪肉馅或菜馅的馒头"[32]。这些食物总是在那些所谓的普罗(无产阶级)餐馆或者里弄中的大饼店里出售。[33]但最大众化的和别出心裁的食品还得到街头挑着骆驼担的商贩那儿去买(图22)。挑着骆驼担的食品商贩在上海到处可见。

图22 如图所示,食品商贩肩头那副简单的竹担,几乎相当于一个活动的厨房。这种售货担是一项巧妙的发明,前面是炉子,上面置放着一口锅,后面是碗橱。抽屉中放着面条、饺子皮、猪肉和虾米,以及不同的香料、调料。不一会儿,商贩就能为顾客端上一碗热腾腾的汤面或馄饨。墙上张贴的是人丹的广告,这是一种中国和日本特有的中成药,用于治疗不太严重的中暑发热。(图片来源:上海图书馆。)

就如同作家哈丽德·塞甘特（Harriet Sergeant）所说，这些沿街叫卖的商贩"将小吃变成一种上海风俗"。[34] 他们做买卖的路线并不是上海的大马路，而是背街后巷和里弄，那里才是绝大多数上海市民居住的地方。

1949年解放后，"老上海"常常回忆起街头小贩所提供的各种不时之需的服务（诸如能果腹的各类食品）和"过去那段美好的时光"。离开这座城市的上海人会怀念那些随时随地可以买到的形形色色的"小吃"，以及街头的各种吆喝声。

铁民（Tim Min Tieh，出生于1905年），一位在欧洲和美国生活了多年的上海人，1940年当他准备离开被战火破坏的欧洲，在里斯本等候去美国的轮船的时候，他想起了上海街头商贩的吆喝声。起先，他居住于罗塞尔市（Rossio）中心。"葡萄牙司机不断地按着车喇叭，其实街上很空阔，"铁民写道，"每天傍晚坐在窗前，被迫听着令人发狂的噪声，回想起童年时代老上海街头摊贩们悦耳的叫卖声，对照是如此强烈，我不禁感到颇为遗憾。"[35] 于是铁民开始写一篇题为"老上海的街头音乐"（"Street Music of Old Shanghai"）的散文，以缓解自己的思乡之情。写作不久就中断了，但他对上海街头如音乐一般的吆喝声的怀念并没有随之衰退。四十年后，当他偶然找出那份未完成的手稿，萌生了继续写下去的念头，并最终完成了这篇文章。此文在他的一些对老上海生活鲜有所闻的年轻学生中传播。1993年夏天我采访铁民的时候，他已是88岁的老人了，而且双目失明，但仍在家中教授英语。他关于老上海生活的记忆依然极为清晰详明。他是我在上海所遇到的最优秀的交谈者之一。以下段落便多少传递了铁民关于上海弄堂摊贩们丰富而生动的信息。

上海弄堂里所卖的各色食品反映了季节变化的节奏。商贩将新鲜上市的时令食品很及时地带到里弄，以满足居民的需求。许多食品甚至在食品店里还买不到。例如，当新鲜的玉米刚刚收获，小贩将之放入铺着棉被而保温的漆篮中,来到里弄中叫卖:"珍珠米,热腾腾的珍珠米!"这种玉米品质优良,鲜嫩多汁,香甜可口。

另一种大众时令食品是白糖梅子,晚春早夏当杨梅还是鲜绿的时候即可采摘。白糖梅子上市意味着江南被称为"黄梅天"的梅雨季节的到来。梅子包裹着白糖以缓解它的酸味,这种酸酸甜甜的味道使人十分愉快。仅仅提及白糖梅子就能引得老上海们满口生津。这种水果正好符合中国人品评好食品的三项标准:色、香、味。白糖梅子因其颜色被人比喻为"白雪公主",这也显示了西方流行文化对上海的影响。[36] 一位居民带着遗憾回想起这种水果,这一在20世纪30—50年代上海人最喜爱的时令食品,到了60年代逐渐匮乏了。当时的官方政策是"以粮为纲",导致江南大部分地区的水果种植大量减少,而这里正是梅子生长的地方。[37]

白糖梅子并不是解放之后,或是使许多农作物大量减产的"大跃进"之后,从里弄中消失的唯一食品。白果是另一种已经消失的食品。多少年来,夏日上海的街头有卖炒白果的。在午后,小贩们挑着一口圆底铁锅,以及一只简陋的炉子出现在弄堂中。铁铲在锅中翻炒着,白果混合着碎瓷片,以确保能均匀地受热。白果和碎瓷片在锅子里发出嘎嘎作响的声音,这也是引起人们注意的手段。小贩一边炒着白果,一边唱着:

> 热白果来,热白果,
> 只只脆来,只只大。
> 若是要吃热白果,
> 一块钱来买三颗。
> 三块钱来买十颗。
> 哎!又香又甜又是糯。[38]

不论是小孩还是成年人,无不为炒白果的声音和悦耳的吆喝声所吸引。当小贩在路边或弄堂口停下担子时,人们连忙准备好零钱,围上去购买新出炉热乎乎的包在纸袋中的炒白果。[39]

另一些小吃则在小贩之间展开生意上的竞争。他们的吆喝声与白果小贩同样具有吸引力,生意也很兴旺。在弄堂内,他们轻快地吆喝着:

> 伲从浦东到上海,
> 五香豆是甜得来!
> 甘草酸梅、黄莲枝,
> 还有怪味萝卜干哎!
> 十分洋钿买一包来! [40]

小贩的叫卖声既响亮又动听,对老上海的耳朵而言,很"富有艺术感染力"[41]。

夏天,冷饮和西瓜给弄堂里的日常生活增添了一股新的活力。常常有十几岁的青少年肩担一只保温桶贩卖冰块,用一种尖尖的男童声叫道:"哦!冷啊!卖冰啦,冰啊!卖冰啦!"保温桶里的冰块不足20磅,而居民们对冰块的需求量也不大,一般只要一些小块的冰放在茶里或薄荷绿豆汤这类夏天的大众饮料里就可以了。[42]

还有一些小伙子背着同样的木桶,但他们却属于新潮一族,卖的是冰激凌。"品质一流!十个铜板一杯!"小贩们吆喝着。十个铜板并不贵,但也不会亏本,因为这杯子很小,并不比一只小酒杯大多少。不管怎样,大多数人买这一小杯冰激凌,与其说是满足口腹之欲,还不如说是出于对这种外国食品的好奇。尽管如此,冰激凌还是上海最大众化的食品之一,生意十分兴隆。那些负责公众卫生的机构曾向上海工部局抱怨:"夏天许多小厂大量生产冰激凌,要掌握他们的全部资讯并检查每一项产品的细菌样本,无疑是极为困难的。"[43]

但这并不是一个重大的公共卫生问题，因为在大热天居民对冰块和冰激凌的需求量并不大，根本无法与西瓜相比。每一块居民区都设有水果店。在夏天，居民们成百斤地购买西瓜。开西瓜的时候通常是在晚饭后，家中的小孩急切地盼望着这一时刻到来。在此之前，他们也学着像大人一样仔细地敲敲西瓜，看看它们是否成熟。小贩也卖切开的西瓜，摆放在树荫或遮阳伞下的折叠桌上。卖瓜的小贩都是切瓜的好手，他们能将西瓜切得看上去尽量大而实际分量尽量小，而且每一片大小相同。但小贩切西瓜的时候，响亮的吆喝声同时响起："新鲜的，冰凉的，甜甜的西瓜哟！十个铜板一块！"西瓜的价格根据供应量的变化而变化，但是上海卖西瓜的吆喝声却是几十年来没什么改变。

街头的商贩是很有天赋的广告家。一些食物被介绍成具有轻微医疗效果或者很有营养的食品。例如，芦根就被认为具有预防某些疾病，尤其是夏天流行病的功效。这一功效由小贩的吆喝声而广受宣传："哎！芦根当茶喝，明目效果强。夏天小儿用了它，包你皮肤不生疮。"[44]

另一种食品梨膏糖，是自咸丰年间（1850—1861）即流行于上海的特产。上海居民特别熟悉卖梨膏糖的吆喝声，小贩来到里弄，用苏北方言唱道："呜呀呜哩哐呀，梨呀梨膏糖呀——老爹爹吃了吾的梨膏糖呀，一觉困到大天光呀；老奶奶吃了吾的梨膏糖呀，耳不聋来眼不花呀。"[45]吆喝往往用手风琴伴奏，总是一个曲调，可以更换不同的歌词，唱出不同年龄、不同职业的人吃了梨膏糖后的种种好处以及不吃梨膏糖的种种坏处。[46]

这些商贩有一个绰号——"小热昏"，其最初得名就起源于卖梨膏糖的小贩和他们所唱的小曲，后来又泛指一切以唱曲儿的形式推销商品的商贩。"小热昏"兼有做买卖的吆喝和免费的娱乐，很受欢迎。在城市各处都能看到这样的景象：一群人围成圈儿占据了部分的人行道，全神贯注地观看着什么。过路人好奇地问道："这是在干什么？"回答是："'小热昏'在表演。"[47]

这类街头表演也包括讲故事,商贩常常具有讲故事的天赋。表演无疑是引人入胜的,其题材源自古典小说或同时期爱情戏里的情节。其中,性总是最吸引人的部分。乔治·王(George Wang),1927年出生的上海本地人,回忆起年幼时在南市附近的家中,炎热的夏夜,总有一位讲故事的小贩,站在凳子上,旁边摆放着一只高脚箱子当作桌子。每天饭后,人们都来听他讲永远也讲不完的故事。当王八九岁之际,他几乎每晚都要去听故事。在一部用英文撰写的回忆录中,王想起了这样的情景:

> 这人用上海方言说着故事,伴随着接连不断的手势,不时地用木块敲击桌子以引起听众的注意。像玩木偶的人那样,他用声音的效果来表现骏马的奔驰和大炮的隆隆声,他表演得还不错。当说到带有色情的部分,声音也变了,他用低沉的、神秘的声调描述着每一个细节。我还不能全部理解他所说的内容和其中的意思。虽然我忙着听故事,没能转身观察(其他听众),但他们正听得津津有味则是很明显的。当故事到了真正的高潮,我们知道他要说些什么了:
> "预知后事如何,且听下回分解。现在,来尝尝我的梨膏糖。"接着,他打开箱子拿出梨膏糖向人们兜售。[48]

对于广大的"小市民"听众,这个"且听下回分解"的策略通常是有效的,糖果卖得很好。这类表演显然是许多居民每天盼望着的一件乐事。对于小孩而言,这短时间的街头文化,包括商贸和性,是他们关于这个世界启蒙教育的一部分。

时令性食品只是一年里天天供应的许多食品的附属物。这些常年供应的食品包括桂花赤豆汤、油煎臭豆腐干、甜酒酿、面条、芝麻大饼、糖年糕,还有其他许多东西。[49] 油煎臭豆腐干尤为风行。豆腐在一锅沸腾的油中煎炸。小贩用一双长长的竹筷不停地翻转着，直到豆腐发黄发脆，而内部依然白嫩松软。如果顾客自带盘子，小贩就把煎好的豆腐装入盘子内；如果顾客空手而来，小贩早已备好了许多干净的稻草，就像渔夫串鱼一样，将豆腐扎成一串。臭豆腐又热又可口，人们必须慢慢品尝，以免烫了舌头。这一小吃也许是街头所卖的最美味的食品。飘浮在弄堂里的香味告诉人们，在不远处有卖油煎豆腐干的小贩。然而这一食品却有着一个古怪的名字：臭豆腐干。[50]

在冬天死一般寂静的夜晚，商贩依然做着生意，给他的顾客带来最喜爱的食品。夜晚具有代表性的小吃是新鲜的檀香橄榄。这一果品吃起来略带一点涩味，慢慢地则变成了令人愉快的轻微的甜味，具有清新提神的效果。人们相信橄榄可以帮助度过寒冷的夜晚，它是上海人最喜爱的食品之一。乔治·王对童年时期冬天夜晚定时到来的卖橄榄的小贩依然记忆犹新："深夜里，假如我还醒着，我能够从好几条街外就听到小贩的叫卖声：'檀香橄榄，卖橄榄！又香又脆的橄榄，来买我的橄榄！'小贩肩头挎着用粗绳系缚的篮子，鲜绿的橄榄上盖着湿毛巾。橄榄按颗出售，根据大小成色有三种价格：饱满的、瘦小的以及呈黑褐色的。最后一种是前一天的存货。"[51]

另一种大众化的宵夜是粥，即用糯米和莲子做成的甜甜的稀饭，莲子被认为是很有营养且具有滋补效果的食品。粽子，一种用糯米制作、裹着新鲜芦苇叶、类似金字塔状的食品；汤团，用糯米粉包有肉馅、豆沙馅或芝麻馅并伴以汤水的食品；还有馄饨，都可以在夜晚的弄堂里买到。[52] 小贩备有蒸煮食物的火炉。他们的叫卖声打破了寒夜的宁静："火腿粽子啊！白糖莲心粥啊！"老主顾已等了很久，一听到这叫卖声，立即从二楼的窗户放下一只装着钱和碗的竹篮。在寒冷的夜晚跑到屋外可不是令人愉快的事情。

这些食品，除了大热天瓜果占据市场的那段时间，几乎每天都有得卖。

1933年,小说家张恨水正住在上海,他的书斋是天津路一条弄堂里的一间亭子间。小说《啼笑因缘》于1932—1933年在《新闻报》上分期连载,流行一时,因此张决定做一名作家。事实上,当时张正同时为十家出版社写小说。社会交际使得张白天十分繁忙,因此他习惯于夜晚在书斋写作。卖粽子的小贩的到来成了张稍事休息、吃点夜宵的信号。张的妻子在上床睡觉前,总不忘提醒丈夫:"倘有小贩喊卖火腿粽子,给买几只。"(图23,左上)[53]

图23 丰子恺的四幅速写,描述了上海里弄生活的一些侧影。左上:放下吊篮买粽子(1923—1925年)。右上:肩挑担子的卖馄饨者(1934年)。左下:卖草席的商贩,草席是夏天的必备品(1934年)。右下:街头理发师正在为顾客掏耳朵,这是剃完头后提供的服务(1934年)。(图片来源:《丰子恺文集》)

卢大方,一位曾长期生活于上海的作家,回想起某天晚上从弄堂小贩那里买了一碗馄饨,从而成了20世纪30年代末他在上海那段放荡生活的"催化剂"。在那个命运攸关的夜晚,卢正和一些年轻的朋友在弄堂里的一间房子内欢快地聚会,这是"旧上海"的典型的沙龙。大家玩得很开心,当参加者注意到时间的时候已经到了午夜。"我们饿了,听到了弄堂里'笃笃'的声音,"卢写道,"那是卖馄饨的来了。女孩脱下她们的长筒丝袜,扎在一起,成为一根绳子,一头系着篮子,从窗口放下去。鸡蛋味的馄饨,一碗接着一碗,吊上了我们所在的三楼。大家一起享用着美味。"40年后,卢在香港回想起当时的情景,那碗热腾腾好吃的馄饨诱使他有了他生命中第一次的性体验,对象是聚会中的一位女孩。[54]

卢大方的逸事给上海弄堂里本是司空见惯的晚间生意平添了一种风情。如卢所述,在经常而又定时交易的基础上,顾客与商贩之间已建立了一种相互依赖的关系。每天,小贩们准时在弄堂里出现,已成了居民每日生活的一部分。例如,几乎所有卖馄饨的小贩其经营时间为晚上8点到深夜1点,他们沿着确定的路线从一条弄堂走到另一条弄堂。这样,在某一特定的里弄,他们差不多每天会在同一个时间段出现。[55]当听到"噗噗噗"或"笃笃笃"的声音(因小贩使用不同类别的竹板而有所差别),老顾客准备好了盛器和钱钞在门口等着,或者从窗口吊下一只装着钱的器皿。小贩收好钱,没几分钟便盛好了一碗热腾腾的馄饨。馄饨薄薄的皮——煮熟后皮变得透明了,里面的馅(猪肉或虾肉)呈粉红色,与绿色的葱花、棕色的香菇、金黄色的蛋皮以及咸芥根相互映衬。对于许多人来说,这已成了无法抗拒的夜间美味。

上海是"不夜城"。尽管大多数市民不能承受南京路及其他商业区域的消费水准——当然,也不像鲁迅和张恨水那样能在午夜里写出最好的作品——普通的上海家庭睡觉也很晚。作为对照,20世纪40年代住在赫德路的一户李姓人家一直维持着从绍兴老家带来的生活方式。清晨早起,晚上9点以前上床睡觉。邻居们打趣地称他们一家为"乡下人"。[56]

有这样一个故事,一对住在石库门亭子间里的年轻夫妇习惯于在家里共度夜晚的时光:丈夫在灯下阅读,妻子在一旁织着绒线。当馄饨的叫卖声在弄堂里响起时,妻子将两只长筒袜系在一起从窗口吊下竹篮,里面放着锅子和钱款。这已成了他们每天夜生活的固定节目,顾客和小贩之间的交易已不需要任何语言，甚至整年都不用打照面。不幸的是，年轻的丈夫英年早逝。他的寡妇心碎了，在随后的两年里仍充满深情地买着馄饨——以怀念她的丈夫，同时也不想让小贩失望——后来小贩知道了这一情况，就再也不忍心做这笔买卖了。[57]

上门服务

在居民区出售食品显然是最普通的弄堂生意了，还有许多商贩在弄堂内为居民提供各种服务。有卖报的、卖花的、卖菜的，还有卖米、卖盐、卖针线、袜子、手帕、毛巾、肥皂、香烟、草席、晾衣服竹竿、玩具以及其他东西的。商贩们都有自己的吆喝，他们唱着特定的小曲以引起人们的注意（图23，左下）。例如，卖袜子的商贩一边走进弄堂，一边唱着小曲吹嘘他的袜子是如何地经久耐用。有时，会有两个共同卖布的，交互吆喝炫耀着布的便宜。一直唱着走进弄堂，直达弄底，又一直唱着回去。[58] 卖报的一天来两次。早晨，他们是最早的一批商贩。大约七八点钟，他们骑着自行车忙着卖报。下午，他们又出现在弄堂里，贩卖当天的晚报。[59] 自1932年2月12日《大晚报》第1期出版发行以后，一天读两次报纸已成了上海人的习惯。[60] 许多街头的卖报者都是穷苦的儿童，他们是民歌和漫画里常见的题材。同样，歌曲和漫画中的卖报者也总是城市里的流浪儿。[61] 日常生活所需要的各种服务，诸如家庭日用品的小修小补、打铁锻铜、算命看相、补牙镶牙、剃头修面等，也由那些主要在居民区做生意的商贩和手工艺人来承担。这些商贩和他们的老婆一起在居民区转悠，或者在固定的地点摆摊。哈伯纳回忆起上海街头繁忙的场景："在弄堂里反而有更多的人，鞋匠在一天之内就能做双新鞋，锁匠正在为一旁等候着的顾客配钥匙。还有许多欧洲贫困的难民，中国人的一些小买卖也吸引了他们。于是，弄堂里出现了这样的吆喝声：'Kaputie—ganz machen',这是德国俚语,意思是修补破损的东西。"[62]

街角或弄堂口的剃头摊是最常见的场景之一(图24)。一张凳子或椅子,两层木板撑起一张竹架子,上面摆放着洗头用的脸盆,底下是剃头工具。如果摊位紧靠着墙,那剃头师傅会在墙上吊一面镜子或挂起布帘以确保隐私,但这种讲究并不多见。有的剃头师傅会挑着他的全副装备四处招揽生意,但大多数剃头师傅是有固定摊位的,往往靠近老虎灶,这样便于取用热水为顾客洗头以及准备刮胡子用的热毛巾。便利的地点和低廉的价格(一般比理发店价格便宜了25%—30%)吸引了居民,每一个剃头师傅都有一批固定的顾客。然而,成年人在大庭广众之下剃头毕竟有些不自在,且在这里理发也毫无时尚可言。因此绝大多数顾客是老人和小孩,女顾客也比较少见。一位资料提供者告诉我,他从小一直在

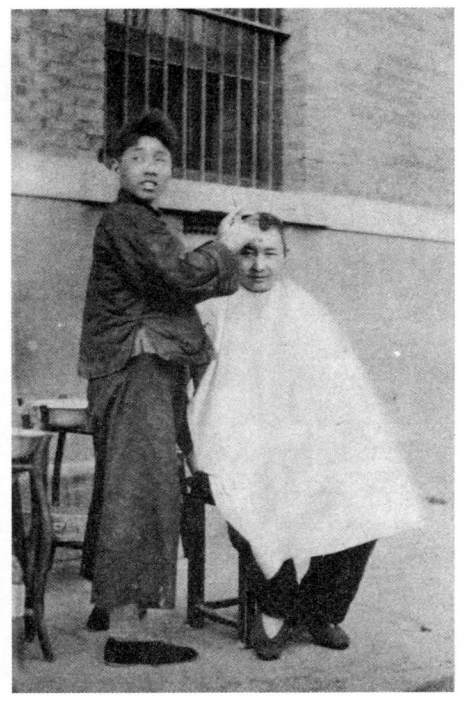

图24 街边剃头摊遍布于上海市内。其设备及工具简便易携,但每个剃头师傅一般都有自己的固定摊位,或是安静的街角,或是喧闹的市中。这幅照片摄于20世纪30年代早期,从中可以看出,街边的剃头摊看似简陋,却也有着脸盆、肥皂、刷子、剃刀,甚至客人脖子上也围着长长的白布,可与时尚的理发店一争高下。(图片来源:R. Barz, Shanghai:Sketches of Present-Day Shanghai)

街边剃头。当他 21 岁时坐在马路剃头摊的凳子上剃头,有熟人经过的时候,不免觉得有些难为情,于是他开始去理发店理发。一位年长的居民很怀念这一旧时的服务,尤其是光顾了几十年而且帮他按摩的那个剃头摊,他补充道:"如今再也没人做这件事(指按摩)了。"按惯例,只要提出要求,剃头师傅理完发后会提供诸如掏耳朵或推拿肩背等免费服务(图 23,右下)。[63]

另一种尤其适合孩子们的特色服务是弄堂里的书摊。一只大约 6 英尺高可携带的木架,加上一两只小板凳,即组成了流动的图书馆。取决于书的热门流行程度,一分钱可以租 1—3 本书,能在摊位上愉快地看上老半天。有些顾客偶尔会要求把书带回去阅读,而过夜的租金是不固定的。这些书摊可以设在弄堂中的任何地方,但通常摆在有屋顶的弄堂入口处——即过街楼下,在这里即使是下雨天也能照常营业——或是弄堂

图 25 这类书摊是上海城市日常生活的一部分。不仅孩子们喜爱,成年人也是书摊上的常客。书架上摆放着许多改编自中国历史故事、古典小说、寓言和戏曲的连环画。例如,许多人在阅读《三国演义》或《红楼梦》原书之前早已看过了由此改编的连环画。因此,这类街头读物成了寻常百姓关于历史与文学的初级课本。(图片来源:R. Barz, Shanghai:*Sketches of Present-Day Shanghai*)

的角落，书架可以靠在墙上，而且光线充足。如果书摊是摆在自己所居住的里弄住宅区，那就更方便了。早晨他或她将书摊（包括书架、书本和板凳）从家中搬出，日落之后再搬回家中（图25）。出租的书本几乎都是小说和其他类型的故事书以及小人书。连环画，标准为4×6英寸，每页图像（常常是有技巧的艺术家所画）下有两三行说明文字，是书摊上最受欢迎、老少皆宜的书籍。许多孩子就是通过连环画第一次接触到中国古典小说的，例如《三国演义》《水浒传》《西游记》和《封神榜》。[64]

缝穷婆是居民区另一种固定的摊贩。妇女们挑着竹篮，里面装着碎布头、针线、卷尺、剪刀，在一些相对比较贫穷的居民区较为多见。她们的顾客几乎都是工厂里的工人、商店的职员、学徒以及从事其他职业的单身汉。[65]上海有许多光棍，或是背井离乡独自在城市打工的男人。在民国时期（1912—1949），上海的男女比例经常在130∶100以上。1935年，甚至高达141∶100。[66]和世界其他地方一样，在中国除了专职裁缝以外，男人不做任何剪剪裁裁缝缝补补的事情。中国有句俗话："男做女工越做越穷。"[67]讨老婆的好处之一就是她能为男人做缝补裁剪的事情。一首叫作《王老五》（这是对单身男子的戏称）的流行歌曲这样唱道："王老五呀王老五，白白活了三十五。至今还没讨老婆，衣服破了没人补。"[68]于是缝穷婆就有了做不完的生意。

缝纫工作虽为妇女所独占，而里弄里其他的大部分服务工作则由男人提供（图26）。上海市民能轻易地列举出家门口所能得到的服务：一些男子（偶尔会是妇女），为居民们修补搪瓷器皿、铝制器皿、皮鞋、橡胶制品、雨伞、马桶、水桶、浴盆、藤器、竹器、棕绷、草席、钟、木制家具以及其他一些日用品。[69]锁匠，在自行车两边悬挂着全套工具，定期来到弄堂里设摊做生意。

图 26 公共租界弄堂里一名专门从事修补竹器的工匠。从门边的扁担上挂着的工具和材料来看,这个男人很有可能在为这家住户修补物品。扁担上圆环状竹条是做蒸笼用的材料,蒸笼是当时上海家居必备的一种蒸煮食品的器具。走街串巷的工匠,挨门挨户为居民提供各种便利。他们已成了城市生活不可或缺的一部分。除了要避开当地的流氓恶棍,他们还要逃避来自方方面面的干涉和税收。(图片来源:上海博物馆)

自 1866 年英国橡胶产品第一次进入上海之后,胶底鞋和套鞋成了上海人最普通的脚上穿用之物,[70]因此修补橡胶鞋也是里弄中常见的服务。修鞋匠背着一只小木箱,里边装有全套的"生产资料":砂纸、锉刀、胶水以及一些从废旧胶鞋上取下的橡胶皮。他蹲坐在弄堂的一角,做着手上的活:取出一块大小适合的橡胶皮,用砂纸打磨橡胶和所要补的洞,然后将橡胶皮粘在破洞上。几分钟后,顾客就可以拿着补好的鞋回家了。[71]

这些工匠,比如修伞匠,也从居民手里收购破旧物品,经过修补再次出售。修伞匠们经常挑着一堆用防水布或彩绘油纸制作的雨伞在卖。在修马桶匠的扁担上,一些重新油漆过的马桶也是待售的商品。许多工匠也收取旧物,然后折价修理。这些买卖不仅便利而且价低,但利润足以谋生,通常可使小贩一家衣食无忧(图 27)。[72]这些活跃在住宅区内的小生意,使上海成为一处比其他较小的城市更容易居家度日的地方,而乡镇和村庄就更不必说了。

图 27 一位老妪一边照看着孙儿，一边经营着一处小小的博彩游戏摊。一张圆桌面摆放在藤筐上，各扇形区域内分别摆放着糖果、点心和其他各式各样的小玩具。游戏者用手指拨动中间的转针，转针停止时所指的物品即游戏者的奖品。当然，绝大部分物品的价值要低于玩一次游戏的价格，这样商贩才有利可图。（图片来源：上海博物馆）

或许有点讽刺意味的是，民国时期上海的一种下层阶级的鸦片交易就特别能展示多种人的共生利益。上海的苦力，每天累得精疲力尽，因此尝试寻求鸦片的刺激。[73]但鸦片，即使是劣质的，价格还是十分昂贵。这类鸦片交易就是为了穷人的需要而出现的。在上海的弄堂里，居民常常遇见手持草包来收购"龙头渣"的男人，"龙头渣"就是富裕家庭中吸毒者留下的鸦片残渣。佣人们不会将主人吸剩下的鸦片渣一扔了之，而是将之出售以换取一些零用钱。有时，他们也会卖掉一些坏了的鸦片烟枪和烟碟，这些器具因使用多年，上面已粘有一层鸦片的油腻。收购者花上几文钱买下鸦片渣，接着就在安静的弄堂口架起煤炉，将残渣放入沸水中煎煮。然后，向苦力、黄包车夫、乞丐和其他因贫穷而买不起常规毒品的瘾君子出售这种"龙头水"——意味着这种含有鸦片成分的水就好似龙头里放出来的自来水那样便宜。使用者继续煎熬"龙头水"以提取鸦片来吸食。破旧的烟枪、烟碟也含有鸦片成分，同样可以用来煎煮"龙头水"。[74]

　　这种买卖对三种人有利。首先，是数以百计的靠出售"龙头水"谋生的商贩。由于利润不薄，收购"龙头渣"成了上海大多数里弄住宅区的日常生意。其次，从顾客那一方来看，所提供的是一种负担得起的奢侈品——鸦片。只要付三四个铜板，就可以得到满满一酒壶的"龙头水"，这足以使一个苦力保持好几个小时的充沛体力。若是中号的酒壶，售价4个铜板；大号的酒壶，为6个铜板。即使是瘾头很大的吸毒者，每天最多也不过花上十五六个铜板。[75]据20世纪30年代的一份商业报告记载，上海大约有20 000—30 000名"龙头水"消费者，年龄在25至70岁之间。[76]最后，为数众多的家佣和女仆也十分乐意将原本要丢弃的鸦片渣用来换取零花钱。王治平（生于1918年），曾任匣北区区长，回忆起他13岁时在六马路（现北海路）商业区一家小型的皮革店当学徒的往事。店主凌善元是一名瘾头很大的鸦片吸食者，也是煎鸦片的好手（将生鸦片加工成各种形式的熟鸦片，以便于吸食）。每天晚上为老板加工鸦片是王必须要做的事情之一，鸦片渣当然会保存着，第二天可以卖给上门收购的商贩。[77]

　　20世纪20年代，一名女佣的月平均收入大约为4—5块银元，不足一般工人月收入的一半。但女佣有免费的食宿，工作也相对较轻，主要为缝缝补补，为女主人梳头，并给女主人做伴。[78]此外，她可以用雇主废弃的物品来换些零钱。鸦片渣只是众多废弃物之一。另一些可买卖物品包括报纸、空瓶、碎玻璃、罐头、破布、旧衣服、破鞋子、乌贼鱼骨头和甲鱼壳（乌贼和甲鱼是上海人最喜欢的菜肴）等。收垃圾者，背着一只竹筐，或挑着一对方底竹篮，是里弄中十分常见的身影。他也出售收购来的物品，从旧衣服、小金属物件、旧钟表、小摆设一直到红木家具。[79] 有时他能花很少的钱从不懂行的人手中购进一件珍稀罕见值钱的古董。当然，要成为一名真正成功的旧货商，他必须集鉴定家的眼光与商人的精明于一身。绝大多数收垃圾者只是不起眼的小商贩。在最近的一次采访中，不同街区、不同里弄的老上海居民仍记得收垃圾者遍布城市街巷的吆喝声。其中一位受访者模仿他那条弄堂每两三天来一次的收垃圾者的吆喝，而其他人都发出了会心的笑，显然他们都听到过同样的吆喝："哎——呼——哎，卖烂东西吱！洋瓶、碎玻璃调自来火吱！"[80]

邻里之间

关于上海拥挤的里弄住宅区中居民之间人际关系的讨论必须要考虑以下三个因素：首先是保甲制度，这是政府插手居民生活的一次失败尝试；其次是特别的临时市民组织，其目的主要是为了协商房租等事宜；第三是一个人对其他人各种自然的反应——换种说法，就是邻里之间的和睦相处或是非争端。前两者是短暂和脆弱的，第三个起源于琐碎的日常生活，构成了居民们自己所理解的"政治"。

"天高皇帝远"

几个世纪以来，中国政府企图将其政治控制力从首都扩展和深入到普通百姓日常生活的街区。政府对此最明显的努力就是在邻里间建立互保连坐的保甲制度。在上海，保甲制度早在清王朝（1644—1911）确立其统治后四年，即1648年就已建立。然而，像其他地方一样，在上海这一制度也只流于形式。[81] 尽管北京的朝廷不断地强调保甲制度的重要性，地方政府却从未对之重视过，或任由其慢慢拖延，执行这一命令的困难是巨大的。总而言之，在整个清代，保甲制度并没有按照最初设想的那样被严格实施过。[82]

国民党政权依然认为保甲制度是确保政府的控制能够覆盖整个社会的有效方法。南京政府于1932年8月在河南、河北、安徽正式推行保甲制度，并于1934年将之扩展到了全国。[83]或许因为上海战略地位的重要性，1927年的上海特别市（这是一个经过深思熟虑的名字，范围涵盖了整个上海，甚至包括外国租界）设立之初就提出了建立保甲制度的计划。[84]其目标就是在行政管理机构"区"之下建立三级街区管理组织，由500户组成一个基本的居民区单位"邻"，5个邻组成"路"，20个路组成"坊"。一户人家平均8口人，一个100万人的城市管理机构就这样被组织了起来：1 000 000人 = 25 000户 = 5 000路 = 250坊 = 25个区。[85]

整整十年，计划仅仅停留在纸面，因为该项计划即使单独在华界实施也是十分复杂的，而1932年和1937年发生的两次中日之间的战争，更使许多重要的行政改革方案化作了泡影。国民党未能建立自己的保甲制度，某些城市的职权就只得依靠旧地方制度的人员来维持，比如由地保（相当于地方警察或地方监护人的角色）来执行诸如测量土地、签订契约、估算财产价值等行政管理职能。[86]与此同时，在上海建立一整套保甲制度的计划并没有放弃。这从国民党对待抗战期间傀儡市政府在上海所建立的保甲制度的态度中就可以看出。一直到战争结束后，国民党不仅丝毫没有废除日伪时期建立的保甲制度的意思，反而试图进一步巩固这一制度。在国民党严格的意识形态控制和政治审查制度下，于1947—1948年间开展了一项关于五级"地方自治政府"框架的集中培训项目，并准备在全市范围内复兴保甲制度。[87]这项努力直至1949年国民党政权崩溃才告结束。

民国时期，上海人仅有一次真正感到保甲制度进入了他们的生活，那是在日军占领期间（1938—1945）。从1938年9月至1943年末，日本人和傀儡市政府花了大约五年的时间，在上海（包括租界在内）建立保甲制度。[88]这一制度的基本单位是"户"，紧邻的十户组成一"甲"，十甲组成一"保",每一层面都有登记在案的负责人。[89]一"户"不一定就是有亲属关系的一个自然家庭,而可以由住在一起的几个家庭组成,实际上一"户"往往包括了住在同一幢里弄房子里的所有居民,房东或二房东是登记注册的户长。[90]这是由于上海拥挤的居住状况所造成的,如前文所述,六七户人家住在同一幢石库门房子里是很普遍的现象。显然,占领军当局觉得依照血缘上的自然家庭的定义来划分"户"并不可行。

战时保甲制度最初的目的,是在居民中建立连保连坐相互负责的机制,以防止反日情绪和抗日行为。如果街区内有反对日本人的"罪行",户长要对之负责,而且整个"甲"里的居民都会被牵连。[91]日军和傀儡市政府也利用保甲组织来征税、摊派徭役、分配定量供给的物品。从1942年7月起,大米供应开始以"计口售粮"取代"计户售粮",每个人的居住情况必须由户长和甲长共同证明。然而官方所制定的定量供应制度从未完整过,配给米往往量不足且品质低,迫使人不得不到黑市上去购买大米——黑市在整个战争期间一直非常兴旺——粮食的定量供应只是保甲制度真正对大部分居民产生影响的一部分。[92]

由于保甲制度是日军作为战时措施强加于人民头上的,并未起过好的作用。从一开始起,上海人口的流动就处于一种不确定的状态。战争时期,居住空间日益拥挤,人们对日本人建立的这一制度普遍感到不满,因此保甲制度实施起来极其困难。即使没有公开的抵制,上海市民一般也抱着不合作的态度。对职责的漠不关心、制度运作中的弊病、保甲人员的腐败成风,都很盛行。[93]在太平洋战争爆发前,日本人还无法在市中心的公共租界和法租界建立保甲制度。1943年以后,当保甲制度或多或少蔓延全市的时候,其运作时间还不到两年,而且运作得很差。1945年夏天,市保甲委员会,这一制度的最高管理机构,在半年一次的报告中抱怨:除了浦东的两个地区之外,没有任何地区上报每月的户数统计值以及进行其他的例行汇报,这一制度实际上已名存实亡。[94]

在中国共产党接管政权前的内战时期，无论国民党如何努力，保甲制度在上海也仅在名义上存在。中国共产党政权比以前的政权更了解政治控制在基层的重要性，因此对保甲制度采取了谨慎的态度。它没有像对待旧政权在这个城市中所做的其他事情那样，用习以为常的语调来谴责保甲制度，而是公开承认这一制度有其用处。在1949年5月3日致"上海人民"的一封公开信中，共产党要求居民们联合起来维持秩序和保护公众安全，"上海的人民平时是很难聚在一起的，但现在是大难（指战争）临头，人人都感觉到有联合自卫的需要。以里弄为单位组织起来是很容易的，这可以以本里弄的保甲长驻卫警或其他同里弄住户接触比较广泛的人士为中心"。[95] 在接管政权之前大约一个月，即1949年4月29日，中国共产党在另一封致"国民党各级机关和保甲人员"的信中指出："保甲人员更应特别注意保全户籍簿，检举破坏分子和立即组织里弄居民……不要担心将来的职业和生活，新民主主义的政策就是人人有事做，人人有饭吃。只要你们下决心为人民服务，将来的新政权，对你们是一定会量才录用和适当安置的。"[96]

解放后，对于原国民党人员的这些承诺不一定全部兑现，但中国共产党自身确实认真地在全国建立了有效的城镇居民管理制度，中国最大的城市就在这一努力的最前沿。上海是最早建立街道居民组织的城市之一。1950年6月，在解放一年后，上海已经建立了直接置于全市20个区的管理部门之下的102个"接管专员办事处"，即所谓的街道办事处的萌芽。[97] 在全国性三级街区管理组织（从下到上是：居民小组、居民委员会、街道办事处）建立前，这一阶段有5年之久。[98]

然而在中国共产党执政之前，政府在社区生活中几乎是不出现的。许多长时间生活在上海的老居民认为，讨论解放前政府在居民区的存在没什么必要，他们说以前在居民区并没有这类事情。一些"老上海"甚至觉得因为解放后有长达40年之久的"居民委员会"，对居民生活的影响史无前例，使得人们以为1949年前居民区也有类似的"政治"。这些年长的居民认为有一句俗语能恰如其分地描述解放前上海的里弄生活，那就是"天高皇帝远"。[99]

尽管市民们没有感觉到政府对其日常生活的干预，但这不等于上海的居民区是远离政治或政府的桃花源。[100]居民们对政治的无动于衷反映的是政府对人民生活很少干预或者说政府在干预人民生活上颇为无能。上海的中心区域在外国租界当局的管理下，这一点当然也造成了政府在这方面的无能。但租界也并非无政府的自由王国，租界当局在其范围内有各种管理措施。就涉及居民区的部分而言，例如关于住宅的材料和维修的细节，无论是公共租界还是法租界都有相关的章程和法令。诸如此类的条例还有建筑材料、弄堂的宽窄尺寸、下水道系统、路灯等。[101]这些当然都是政府控制社会的一种形式。不过，制定这些章程法令主要的目的是管理住宅建造者或拥有产权的开发商，里弄里的普通居民往往在那里住了许多年而不知道有这些条例。这样一般居民也就感觉不到在他们日常生活中有多少政府干预的存在。

"乌合之众"

同样，邻里之间的关系（相对于国家—社会这一垂直的关系，它是一种平行的关系）一旦涉及公共事务，其特点可表述为：很少会有在里弄基础上建立团体的现象。但居民们，至少是一些"有公益心"的人士，偶尔也会为公众所关注的事情一起工作。

中国是这样的一个国家，绝大部分中国人祖祖辈辈都生活在同一个地方。因此在一些内地人看来，上海人有点特别，因为他们常常变更住处。有人认为在上海邻里之间绝大多数是漠不关心的，这就是人们"喜欢搬家"的原因。[102]但上海人的流动性只是相对于那些祖祖辈辈一直生活在同一个地方的人们而言的。1990年的一项调查表明,7条里弄的居民有87%(483人中有381人)在迁入之前至少曾搬过一次家。虽然如此,也有79%的居民从20世纪50年代起就住在这里,换句话说他们在这里差不多住了有40年了。此外,这部分人中的79%,即超过总数一半的居民是40年代初就搬来的,一直住到现在。[103]

表7　1933—1951年上海市正明里居民情况调查表

门牌号	姓	男户主职业	迁入时间	原籍
2	★游	里弄门卫	1933	宁波（浙江）
4	卢	摄影师	1941	顺德（广东）
6	吴	出版社校对	1938	常州（江苏）
8	朱	会计	1935	宁波（浙江）
10	邓	无轨电车司机	1938	无锡（江苏）
	★赵	不详	1939	济南（山东）
	韩	电车售票员	1945	扬州（江苏）
12	陆	工厂经理	1937	江阴（江苏）
14	蒋	工厂经理	1937	宁波（浙江）
16	洪	不详	1946	潮州（广东）
18	孙	出版社编辑	1946	宁波（浙江）
20	沈	电车公司查票员	1947	宁波（浙江）
	赵	律师	1936	苏州（江苏）
22	奚	棉纺厂写字间职员	1935	南汇（上海）
24	邓	有轨电车司机	1950	宁波（浙江）
	★赵	商贩	1951	浦东（上海）
26	孙	写字楼职员	1947	绍兴（浙江）

（资料来源：作者的实地调查,于1995年8月2日—8月11日在上海社会科学院社会学研究所协助下进行。）

注：所有的家庭,除了那些标上星号的,在1995年8月我调查之际仍是正明里的居民。1951年之后迁入的居民不包括在内。"男户主职业"一栏显示的是其1949年前的职业。

1995年的另一项调查所显示的结果大体是相同的（表7）。上海西部一处典型的石库门住宅区正明里内的大多数居民自民国时期就在此生活，已有几十年了。大多数人家（15户中的12户）是在30年代晚期和40年代迁入此处的，直到90年代前期还住在这里。在这12户人家中，有3户是在里弄建成后的第一个十年里迁入的。早期的一些居民已经去世了，但他们的后辈仍住在这里。

　　这种稳定性有着种种不同的原因。部分是由于50年代中期以后政府实行户口登记制度的结果，这使得移民大潮几乎终止。如果要想变更住所迁入城市，无异于要做一场复杂的要与种种官僚文牍周旋的噩梦。[104]但是，即使在解放前，市民也很难随心所欲地变更住处。搬来搬去成本过高，为了生活疲于奔命，人们尽可能地避免搬家。这一世纪的大部分时间，上海的住房一直都很紧张，加上租金的因素，可供选择的住处是有限的。一般人能在石库门住宅区拥有房子，哪怕只是一小间，就已算是幸运的了，往往不敢再做搬家之想。即使有此念头，也负担不起。此外，中国人"安土重迁"的观念在这里也起了一定的作用。[105]

　　上海的里弄住宅区在某种程度上和中国的乡村有些相似，在那里农民们世世代代居住在同样的"隔绝或许也是封闭的社区"[106]。然而，乡村中那种由住所、工作场所，有时是靠家族关系得以维系的社区观念，一般不会在都市人群中形成，人们只是碰巧居住在同一个里弄住宅区，相互之间的关系并不依靠生产劳动或者家族血缘来维系。有时在同一家公司工作的职工住在离公司不远的弄堂里。例如，英商电车公司的许多雇员都住在赫德路西侧的里弄内，因为电车公司就在马路的对面；而虹口横浜路一带里弄内的居民有很多是受雇于商务印书馆的职工。但是鉴于这些区域的居民是个复杂的群体，尽管有一部分居住者是相同职业的工人，但这些社区仍是松散的，远非一个强有力的共同体。[107]

　　总而言之，上海人没有形成以"里弄"或者是更宽泛意义上的"社区"为基础的认同概念。[108]如果说市民们有一些以居住地为基础的概念上的社区认同感，那也至多不过是在交谈中偶尔提及大家都是某一"里"某一"坊"的居民而已。里弄中的邻里关系可以用道家始祖老子的一句话来描述："鸡犬之声相闻，民至老死不相往来。"[109]即使住在同一里弄几十年之久，正明里的许多居民彼此之间甚至连偶尔的交谈都没有过。通常，在相遇之时，他们只是笑一笑点一下头。在上海，做了邻居是形势使然：由于大家都居住在一个极端拥挤的城市，所以人们不得不挤在一起彼此为邻。

邻里之间互相的称呼也反映了这种关系的偶然性。通常居民们彼此并不知道对方姓名，即使大家住在同一条里弄甚至是同一栋房子内好几十年。人们往往用"张家姆妈""李家伯伯"这样的称号来招呼他们的邻居。孩子们经常在弄堂里嬉戏，他们的名字很容易为大家所熟知，因此很频繁地被用在他们父母的身上。于是，成年人就有了"小林姆妈""大郭爸爸"这样的称呼。大家住在同一个区域而不知道彼此姓名也是很平常的事情（有时甚至连姓氏都不知道，而姓氏在中国社会中比名字更为重要）。通常，"年龄和性别"再加上她或他所住房间的类型就构成了某个人的称呼，例如"前客堂阿奶""亭子间嫂嫂""二层阁伯母"等。正明里的一位妇女被人叫做"新娘子"，因为她是以新娘的身份迁入正明里的；差不多 30 年了，她还是被叫作"新娘子"（基于这一理由，也有人称她为"老新娘子"）。邻居中几乎没有人知道她的真实姓名。[110]

然而，居民们也不是完全地彼此隔绝。保甲制度作为战时紧急措施只实施了很短的时间，上海人从未有过像东京町会那样的社区组织。当房客与房东（不包括二房东）发生争执，房客们（常常是在自愿的基础上）会推选出一个委员会与房东进行磋商。[111]例如，在 1929 年最后的三个月内，上海闹市地段的石库门住宅区房客与房东之间发生了三次大的纠纷：一次是在裕德里，原因是房租上涨了 40%；[112]一次在福兴里，是由于拆旧建新的缘故而要提早终止租赁合约;一次在春华里,因房产所有权的变化而要求住户重新签订租借手续。在纠纷中,房客们组织了一个"房客联合会"与房屋所有人谈判。[113]类似的组织也由于治安与卫生的原因出现于居民区。但大多数联合会是松散的,是为一个临时性的目的(主要是为了协商房租事宜)而组建的,没有一个在官方注册过。委员会的代表或成员也不是选举产生的,而是自愿为大家服务并为公众所熟知的房客。这些组织常常自行宣告终结,当时一位研究上海住房者讥之为一群无工作效率的"乌合之众"。[114]

但"乌合之众"似乎有时也能唱出响亮的主旋律,就像1934年那场全市性的减租运动。这场运动的根源可以追溯到两年前,1932年"一·二八"淞沪抗战,日军空军在华界(尤其是闸北)的大肆破坏对于房地产市场是一个巨大的打击。一方面,在30年代早期,无论战争如何进行,房子仍被大面积地建造着。1930年,2 792栋新住宅在上海建成;1932年,这一数字增加到了4 895栋;第二年又猛增到9 585栋——这比1930年翻了三倍还多。[115]但另一方面,这些数字只是房地产市场一种虚假的繁荣。当上海到处都是新房子的时候,房地产市场却迅速地跌落,就如30年代早期不动产交易总额所显示的:1931年的贸易额为183 000 000元,第二年下跌至25 175 000元——这是战争所造成的明显后果。1933年交易额迅速恢复至43 130 000元,但1934年再次下跌至历史最低记录12 990 000元。在以后的十年,上海房地产市场的交易额从没有超过14 460 000元。[116]市场的不景气也很明显地反映在空房的数量上。据1930年春的一项调查,上海有12.8%的西式住宅(包括新式里弄房子)是空的,这是自1910年以来的最高纪录;4.4%的中式住宅(主要是石库门)是空的,这也超过了前五年的纪录。[117]1930年在公共租界,只有2%的中式住宅是空的;但到了1935年,空房数增至8.5%。1934年,仅租界就有5 000栋空关着的中式住宅(1936年有5 517栋)。在上海大部分的住宅区如同沙丁鱼罐头般拥挤的居住状况下，这是一个令人吃惊的数字。造成这一反常现象的一个主要原因是租金：虽然在1930年后，有关日常生活的260个项目的价格已下降了20%，房租在1934年前却增加了12%。[118]

这就是1934年爆发的全市性减租运动的背景。在上海，就好像谈论天气一样，对高房租的抱怨是多年来常见的聊天话题。于是，就慢慢地有了"上海居，大不易"这句俗语，当然，它套用了中国古代"长安居，大不易"的说法。[119]到1933年底，一个由中等商人发起的公共租界市民联合会在《申报》上建议搞一次全市性的减租运动，以"减轻人民的负担和维持社会的和平稳定"。联合会于1934年1月6日召开了一次会议，决定在全市请求其他组织的支持。1月16日，包括商会、市民联合会、总工会和各种同业公会、同乡会在内的100多个不同类型组织的代表，在总商会会议厅召开了一次联席会议。上海市减低房租委员会在会上宣告成立。会议公布了9条《组织章程》和15条《组织规则》以管理该委员会，并选举产生了由35人组成的执委会，9名执委会成员组成常务委员会主持日常工作。数月之内，委员会成立了第一特区（即公共租界）、第二特区（法租界）、南市、闸北和浦东5个全市性的部门委员会，更小的分支委员会也在许多里弄住宅区内建立了起来。从6月起，委员会出版了一份时事通讯。到1934年夏，运动已经获得12个以上国籍的一些外侨的支持。尽管这些支持大部分只是在道义层面，但俄国、印度和日本的商人组织确实曾提出过加入该委员会的请求。

运动取得了一些零星的成果。一些里弄住宅的月租金额的消息不断地被报道，数额在两元至几十元之间不等，偶尔也会有房东自愿减租的新闻，但减租在上海依然不是常见的事情。在南市、闸北和虹口区，某种程度上还包括江湾地区，运动获得了很大的成功。在城市的核心地区——外国租界，房租几乎没有降低，而这里恰恰正是运动的源头，是最需要解决这一问题的地方。尽管这一运动有社会基础（即人们普遍抱怨上海的高房租），这是一次大规模的自上而下由商人领导的运动，他们确信高房租是"一·二八"战争后上海经济萧条的一个重要原因。委员会在财政上由上海的商贸组织支持，依靠委员会某些成员的捐款，他们都是一些商贸组织的领导人。尽管委员会的寿命只有几个月，其行政系统却是不切实际十分庞大的。执委会下设"特别委员会""秘书处""常务委员会""总务处""财务处""组织处""调研处""公关宣传处""调解仲裁处""法律咨询处"等。这一庞大的系统不久就产生了财政上的问题。7月，委员会不得不变更"会员不交会费"的规则，并开始寻求社会捐助，倡导会员志愿服务。到1934年秋，这场运动已成强弩之末，或如《社会日报》（Social Daily News）所描述的那样，成了"一场武功表演"，意思是这种运动只能摆出唬人的姿态。像这样的组织在危机来临之际也许能够发动一场联合运动，但他们无法促使人们形成一个持久的、以长期生活的居住区为基础的"社区"概念。[120]

对待公共事务，正明里的居民之间那种浅显的松散的关系显然是全上海住宅区的典型。正明里位于公共租界西区，有65栋二层楼的石库门房子，分布在4条弄堂中，每一排房子都有支弄分隔，各有弄口通往靠近静安寺路的赫德路一段。[121] 表7提供了正明里内一条弄堂的居民信息。这是正明里唯一一条不是典型石库门房子的弄堂，取而代之的是颇为时尚的前立面：每栋房子有铸铁镂花的大门，房子前面有一个小小的庭院，二楼有一个不大不小的阳台，阳台上面是由鹅卵石砌成的拱形前墙——这一切都仿自新式里弄房子。大约因为这种设计略为昂贵了一点，正明里其他几条弄堂仍采用了石库门的设计。如前所述，这是一处很稳定的住宅区，30年代晚期和40年代迁入的大部分居民直至80年代和90年代仍居住在这里。由于这条弄堂里的大部分住户是一户一房，因此邻里关系相对比较简单。若是有涉及弄堂中所有居民的问题，一些家庭往往会扮演弄堂里老资格的角色。在那样的情况下，如有必要，吴家（6号）、朱家（8号）、陆家（12号）和奚家（22号）的户主会开一次会，一般是在吴先生的家里，大家一起讨论，以寻求解决问题的方法，但这样的情况是很少有的。因此奚先生和朱太太（朱先生的遗孀）还回忆得起40年代后期那仅有的一次：由于房租涨价，这四户人家在吴先生的家里召开了一次简单的会议，讨论如何与房东（一家面粉公司）进行谈判。可直至解放，他们仍然没有商量出解决问题的办法。

正明里的居民中只有一个人扮演着邻里之间联系人的角色，他就是游先生（住在2号）。游为房东工作，负责清扫里弄和收取房租。相对其他房子而言，2号并不是正式的住房，而是建造在弄堂口，一边设有楼梯的过街楼，这是为里弄的安全警戒而设计的。门卫工作一般没有报酬，但可以享受减免房租的优惠（图17）。[122]

正明里的居民认为，作为里弄的公共门卫，游与当地的黑社会有联系。尽管没人能说出其中的细节，居民却总认为门卫必须具有黑社会背景，这样他才有能力处理诸如乞丐或其他惹是生非者所带来的麻烦。居民们回想起游的所作所为，除了偶尔会索要过高的里弄清洁费——每个月由他挨家挨户地收取，并不觉得他有什么害处。在某种程度上，游尊重从4—26号那些正式住房里的居民，认为他们是比他体面的居民，而他自己只是一个住在过街楼里负责打扫弄堂的人。[123]

傍晚的闲聊

根据居民的职业，特别是大部分人家都有能力住上一房一户的情况看，正明里尽管不是十分富裕，也还可以算是一处小康的住宅区。在一些拥挤的住宅区里，居民之间的联系更为密切，彼此之间更加知根知底。绝大部分的里弄房子是联排式的，人们住在隔出来的房间内。在这种环境里，邻里之间的联系并不仅仅是关于租金等问题的讨论。石库门住宅邻里之间的关系要比新式里弄密切得多。一般而言，房屋品质越高，居民之间的联系越少。

拥挤的里弄有时自成一个小小的社区，邻里之间没有多少秘密可言。就像两位历史学家注意到的那样，在这种社区里，无论何时，只要一户人家有客人上门，邻居们都会来问好。如果一家有了困难，大家也会伸出援助之手，邻里之间分享着彼此的悲痛和欢乐。甚至当一户人家包了馄饨或饺子，也会与他们的邻居分享。人们可以放心地上班工作，如果突然下雨，隔壁阿婆会帮忙把晾在外面的衣服收进来。人们也不必担心偷盗之事的发生，邻居会帮忙照看以解除后顾之忧。对此上海人可以说："远亲不如近邻。"[124]

对于习惯于住在更为隐私的环境中的人而言，这种邻里关系是恼人的，因为个人隐私常常会受到侵犯。但住惯了里弄的居民一旦离开，他又会怀念这里人与人之间的那份热情。1949年后的上海，居民们往往不情愿迁出拥挤的弄堂，搬入由工作单位分配的较为宽敞的新公房。这其中有各种因素，但舍不得老邻居常常是一个重要的原因。[125]一位迁入了新居的里弄居民在为地方报纸所写的小文中抱怨，在他所居住的新公房，"要和邻居聊天几乎是不可能的"。而在他以前居住的红豆巷里，邻居们常常在夏夜的小庭院中一起聊天乘凉。回想起过去，他不禁流露出了一种失落感。[126]"尽管不少邻居的谈吐粗俗甚至无礼，"作者写道，"乘凉的时间却充满着坦诚、友好和幽默……一旦有人进入了小庭院，他会忘记酷暑的闷热。夏夜每个小庭院里充满着欢乐和笑声。"[127]

夏夜在弄堂中乘凉是上海的风俗，在身心得到松弛的同时也为邻里之间增进友情。晚饭时开始的三个小时——晚上6—9点（在七八月份太阳要到8点才下山）——上海人称之为"乘风凉"。走出酷热窒闷的房间，带着小凳子、扇子、席子，有时还带着饮料（一种和绿茶一起泡的菊花茶很流行）、瓜果（西瓜很常见），大家坐在弄堂里一起聊天。这就是里弄中的"沙龙时光"。邻居们讲着故事,互相闲聊,谈论新闻或时事,也增长了知识,这往往是关系比较疏远的邻居相互交谈的唯一机会。作家茅盾曾回忆起他写作生涯开始的1927年,那年夏天他住在景云里,"晚饭后便在门外乘凉,男女老小,哭声笑声,吵成一片"。[128]

据称鲁迅的杰作《门外文谈》就是1934年他住在上海里弄时夏夜闲聊的产物,因此起了这么个名字。这篇文章的开头是这样写的:

> 听说今年上海的热,是六十年来所未有的。白天出去混饭,晚上低头回家,屋子里还是热,并且加上蚊子,这时候只有门外是天堂。因为海边的缘故罢,总有些风,用不着挥扇。虽然彼此有些认识,却不常见面的寓在四近的亭子间或搁楼的邻人也都坐出来了,他们有的是店员,有的是书局里的校对员,有的是制图工人的好手,大家都已经做的筋疲力尽,叹着苦,但这时总还算有闲的,所以也谈闲天。闲天的范围也并不小:谈早灾,谈求雨,谈吊膀子,谈三寸怪人干,谈洋米,谈裸腿,也谈古文,谈白话,谈大众语。[129]

这里提到的话题,除了语言和文学外都是那一年夏天上海报纸上登载的东西。夏夜闲聊是里弄住宅区中具有代表性的活动。另一位作者所描述的里弄生活显然要比鲁迅的弄堂要贫困些,但夏夜乘凉聊天的景象却几乎完全相同:

> 太阳渐渐地斜西了。弄堂里吹入一阵阵的晚风,于是穷人也可以享点小福,从三层搁,亭子间爬了出来,上身赤膊,下身一条短裤,芭蕉扇一把,坐在弄堂里,这时,后楼阿大、灶披间的好婆等,不约而同的来集在一处。于是阿大与阿三阿四,大谈特谈,上谈玉皇大帝,中谈陈济棠飞机失事,下谈昨天某家娘姨,与某家车夫,在某处开房间。[130]

聊天的话题不仅仅是流言蜚语，还可能包括正在发生的政治事件。民国时期上海政治性的示威和罢工与市民们的这种交往或许也有一定的关系。无论如何，这种交往在传播政治活动信息方面扮演着自己独特的角色。

聊天，并不是乘凉时唯一的户外活动。居民也喜欢那些大众化的娱乐，例如打扑克、搓麻将、下象棋等。在狭窄的里弄中如何为这些娱乐活动设置临时性的场地，居民们对此很有创造力：一张破草席，几只小板凳，一块洗衣搓板瞬间就能变成游戏桌。这些游戏总能吸引一大圈围观者。有时围观者也会沉溺于游戏之中，忍不住大呼小叫，或打破规则为一位游戏者出谋划策，而给另一位增加了麻烦。茅盾回想起打扑克者的兴奋劲，有时游戏者突然的惊呼会使他心惊肉跳。但里弄中的喧闹对茅盾的干扰没有对鲁迅那么大，1927年他们住在同一条里弄——景云里内。茅盾常常在白天写作，那时的里弄反而安静些；鲁迅则习惯于在夜晚写作，此时的喧闹声达到了顶点。[131]

夏夜，里弄居民也会演奏乐器，其中二胡是最流行的。音乐还常常伴随着歌声，演奏者与同伴一起唱着。旁观的人群拍手附和着这业余的音乐家，使得里弄成了一处热闹的、快乐的、兴奋的地方。[132] 如前所述，这样的夏夜对小贩来说可是黄金时机，从小吃到报纸，这些简易方便的食品和服务很受欢迎。里弄内的西瓜摊往往摆在路灯的下面，摊主热情地招呼着顾客，任凭他们在瓜堆中挑选那只"刚刚好"的西瓜。这些活动一直要持续到午夜。在一些异常炎热的夜晚，有的居民干脆就用一张竹椅或帆布折叠床睡在了家门外面的弄堂里。

夏夜无疑是里弄住宅区最愉快的时刻，但里弄内一年四季都很热闹。主妇们和仆人们总喜欢在屋子后门口那块靠近厨房和阴沟的空地做那些天天要做的家务活，包括洗衣服在内。里弄，尤其是弄堂口，是一处适合居民随意闲聊的地方。这里有居民区最常见的景象：早晨，几个邻居坐在一起拣着菜（从菜场或小贩那里买来的蔬菜都需要洗干净，并拣出那些枯萎的部分和杂草）；在阳光明媚的下午，人们喜欢躺在扶手椅中享受着暖洋洋的阳光，或拿出被褥和冬天的衣物在弄堂里晒晒太阳（这样在晚上，他们的寝具会变得清新暖和一些。人们也确信阳光可以有效地杀死细菌）；在夏夜，就像我们所看到的，里弄中满是外出乘凉的居民。在这种情况下，陌生人或不寻常的事情很容易引起居民的注意。在这里，"邻里监察"并不是有组织的行为，但却是的的确确存在的事实。几十年来，正明里的一些人家白天时任凭后门敞开着，据说从没失窃过一件东西。[133] 盗窃行为在里弄住宅区很少发生，部分是因为绝大多数家庭每时每刻都有人——主妇、女佣、祖父母、小孩在家，部分是因为弄堂里每时每刻都有各种活动在进行着。[134]

暧昧行为与恋爱故事

生活在里弄中居民们可能感到很安全，但另一方面他们自己的生活也可能被别人近距离地观察着。不仅仅是他们家来了哪些客人，晚饭餐桌上有什么食物，谁经常坐黄包车去买东西这类事情很容易被邻居所知道。甚至恋爱和通奸在邻里之间也很难长期保守秘密。的确，有时候这些小市民好像很喜欢打探邻里之间与性有关的事情。若是像一项学术研究所显示的那样，上海的小市民是20世纪早期（尤其是在20年代）在全国极具影响力的鸳鸯蝴蝶派小说的主要阅读者，那么对于里弄居民而言，邻里之间的暧昧故事是他们所阅读的爱情小说的生动再现。[135] 一位住在石库门房子里的教师，曾这样描述他是如何发现住在三楼邻居的秘密的：

> 那模样确乎是一个入时的徐娘，她用一个小大姐服侍，其余没有人。我起初弄不明白她是甚么路道，说她是做生意的，

却不出门的时候多,男人也没有来,只有一个黑苍的西装朋友,每隔两三天来一回,有时过夜,有时不过夜。那西装朋友像是个外路人,年纪也要四十光景了,这当然是那个人外室。有一回,我突然瞧见一个穿着袈裟僧鞋的和尚,进了门直上三楼去。我不禁大奇,想那女人暗地里还姘和尚吗?我有意等那和尚出来,看看是什么样子。到晚上,那和尚下楼了,我觌面对他一瞧,却恍然大悟起来,原来那和尚不是别人,就是那隔两三天来的西装朋友,不过每次来总戴着铜盆帽,瞧不出他的光头。由此,那女人的秘密,被我完全发现,她却是一个和尚的外室。[136]

这段文字所使用的是典型的上海小市民语气:对他人的事情十分好奇,喜欢谈论他人的隐私。所发掘出的丑闻当然就成了弄堂闲谈的材料。另一篇写于此前12年的小文,也采用了相似的语气。在谈论了1926年时上海的食物和衣服之后,作者开始描述自己的住房,并很快就将注意力转到了邻居身上:

说起后楼这位芳邻,真是又好笑又好气。他们只是似正式非正式的一对夫妇,照我的观察,他好像在一家工厂里做工,早出晚归,倒也乐其所业。而他的她确是一个很出乎其类的一个女性。每逢丈夫回来了,常常妖声怪气,吵得不肯停。往往方才才听得盈盈哭泣,忽然接上哈哈大笑。或乒乒乓乓,闹得不亦乐乎。我虽然搬了不少的地方,可是没碰到过这种哭笑靡定,喜怒无常的人。平日这种怪象,听惯了,倒不觉得什么,然而有一夜忽然这种声浪不若往日一般的高亮。但是和他们一板相隔的我,凭你声浪如何微细,也能理会得。当时男女二人,在那时不会明了个中内幕的,尚不足为奇。谁料时在夜午,楼下敲后门的声,惊破了我的好梦。细听敲门的不是后楼的家主公,这时候可引起了我的好奇心,因为不是他们双双睡了么?为何他又出去了回来呢？再一想，这算什么，睡不熟出去兜一趟圈子，我常常有的，何必这样的多疑？谁知理想和事实，处于反对地位，只听得隔壁起了一种很慌忙的声音，复听得女人说来了，又听得有二人的脚步声同时下楼，再听确不是去开后门，反而去走前门；前门一开，女的接上说：人呢？在哪里？高叫了几声，男的果然从后门兜到前门，双双上来了。诸君！请你们想想，隔壁为何比往日声音不高亮，先前一个是谁？明明听得敲后门而开前门为了何事？这一幕怪剧说完了，不得不转回笔头，讲我的生活了。[137]

住在同一所房子甚至同一间房间里的邻居所观察到的通奸现象并不少见，就如这位作家所写的——尽管很少有人会将观察到的情景写入文章中。一首20年代的"竹枝词"（一种以地方事物为题材的古体诗）显示了上海"中下阶层"拥挤的居住环境。

> 半椽小屋数家分，
> 绝似千蹄合一群。
> 最是中宵清梦醒，
> 邻家绮语不堪闻。

诗歌附注写道："（上海的住房）甚至走廊灶披亦有人满之患。经济则经济矣，然终日胼手胝足，局促万状，羝羊触藩，不是过也。"[138]哈伯纳在描写他于1938—1948年住在虹口里弄房子内那段生活时，也附和了这一观点："墙薄得像纸，你只有耳语，除非你想让整幢房子的人都知道你在说些什么。无论白天黑夜，在一切可以穿便服的活动范围内，衣着不整的男人女人被迫在狭窄的走廊中迎面相逢，也许是去'马桶间'的途中或刚刚从那里回来，想要维持礼仪的标准是不可能的。"[139]

恋爱在里弄中的年轻人和未婚者之间也时有发生。在《上海门径》一书中就介绍了上海的各种爱情，从邻居中找女朋友或男朋友也是恋爱的一种途径。如果一位年轻人发现他爱上了邻家的女孩而陷入了深深的苦恼之中，那么为了达到目的而又有时间的话，他就应该常常站在他所住的石库门房子前，朝弄堂内四处闲望，这种举动在居民中很常见。如此就让女孩知道弄堂内还有这么一个人。这样，当他主动搭话之际女孩就不会感到吃惊。一旦混得有些脸熟，他就可以和她打个招呼了，从而进一步相识。或者，如果她是一个比较保守的女孩，几乎不出家门甚至不会站在门口，那搭话方法就是问她借上一样家用物品，这在居民间也是很平常的事情。[140]

有时里弄爱情故事的结果如人所愿，男女双方步入了婚姻的殿堂，就称之为"攀弄堂亲"。[141]然而更常见的是恋爱的不幸夭折，最终成了邻里之间闲聊的谈资。有时年轻邻居之间的恋爱还会引发法律上的纠葛。有一位年轻的小伙名叫项三宝，是法租界蒲石路一家水果店的店员，爱上了水果店后面里弄内的16岁女孩盛杏珍。作为一名普通的店员，项寄宿在店铺的二楼。两位年轻人由此成了天天见面的亲密邻居，就如项写给他女友的情书中所说："我睡在床上思想你，早晨等在洋台上，看你开门，我多看见你的芳影，很是快活！"最后两位恋人私奔了。盛焦虑的养父在女孩的房间里发现了这封情书。于是项被逮捕了，被指控以诱拐少女的罪名。[142]

也许像项这样的年轻店员要在弄堂里谈情说爱并有一个美好的结局不是件容易的事情，但对于地痞流氓，事情就不同了。蔡，20世纪初期南市的一名恶棍，看上了住在同一里弄中木匠的妻子。蔡花了500元钱逼迫木匠夫妇离婚，于是邻居的老婆成了他的第三房姨太太，因为在这件事上是那木匠的老婆主动。尽管木匠很不高兴，但还是收了这笔钱与老婆离了婚。这件事没有引起任何法律上的纠葛。[143]

蔡的所作所为显然是欺凌弱小，大部分上海人不屑于此。然而，对于有钱人来说，里弄住宅可以是包养秘密情人的理想场所。这在上海已不是偶然的例外，而是习以为常的事实，被称作"小房子"。"小"字意味着情妇的身份——小老婆（或者说是妾室）——而不是指房子的大小，因此"小房子"也可以是"三上三下"的里弄房子，有足够的房间容纳数代同堂的家庭。尽管不是全部，但绝大多数的"小房子"都是里弄房子。据说"小房子"起源于晚清高官盛宣怀（1844—1916）家族中一位年轻男子。这位盛少爷爱上了上海滩著名的妓女林黛玉，[144]但以盛家少主人的身份与一位妓女结婚显然是不合适的，于是他在跑马厅附近的白克路（现凤阳路）买下了一栋石库门作为幽会的"小房子"。后来，"小房子"就成了人们在正当婚姻之外寻欢作乐的流行的形式，闹市区周围的许多里弄房子都成了爱巢。[145]尽管有些夸张，但在这座拥挤的城市里，非正式的婚姻和"同居"现象的盛行可以用一句地方谚语来形容："生无结发妻，死无葬身地。"[146]

然而，考虑到上海里弄房子拥挤的居住状态和居民之间自然的接近，邻里之间的亲昵行为和爱情故事并不会泛滥成灾。在上海一户一房的住宅区里，类似的爱情故事与通奸行为很少发生。在正明里，居民们回想不起邻里之间曾有过这一类的事情，其原因就像一位居民所解释的那样："我们中国人相信'兔子不吃窝边草'的道理。甚至盗贼也不会去偷自己的隔壁邻居，如果一个人做了坏事而成为别人谈论的话题，那是很可耻的。老上海有许多娱乐场所，为什么还要在邻里之间做这种事情呢？只有乡下人才喜欢在邻居中找对象。"[147]儒家道德、"面子"问题、邻里关系的疏远（尤其是在比较富裕的居民区）、城市生活的多样性，这些都限制了桃色事件和一些与性有关的过失在里弄居民间的蔓延。上海的房东往往贴出"无眷莫问"（即你若是还未成家，那房子就不会租给你）的租赁广告。这并不仅仅是对有家庭者的一种偏爱，更意味着假如一个人有了家庭就不太可能在居住区内制造麻烦（包括通奸）。[148]

在一些更为拥挤的住宅区，石库门房子被许多房客分租，邻里间的亲密行为更有可能发生。民国时期上海最可怕的一桩凶杀案：一位30岁的家庭主妇用一把菜刀杀死了她的丈夫，然后将尸体分为六块，装入了一只手提箱中。这意味着通奸在那些住宅区也许并不少见，只是未被发现或未被记录在案而已。谋杀案发生的地点是一处普通的二层楼石库门房子：新闸路酱园弄85号。[149]1945年3月20日清晨6点左右，二房东王学阳（音），一位算命的瞎子，和他的妻子一起被亭子间里发出的"救命声"惊醒。王以为是他的学徒触电了，问道："出什么事儿了？"住在二楼后卧室的周春兰在她的房间里回答说："大块头讲梦话呢！""大块头"是她的丈夫詹云影，一位当铺的小职员。这一解释并没有什么可疑之处，于是王家夫妇继续入睡。到了早晨8点，王太太起床下楼来到后客堂（那里是王接待顾客做生意的地方），发现天花板（即后卧室的地板）上有血滴下来，一桩凶杀案就这样被发现了。

案件在上海引起了轰动，后来被证实是虐妻的结果。自1936年结婚起整整九年的时间，詹云影一直严重地虐待着周春兰。据说到了最后，当凶杀发生之际，她已经精神失常了。但周春兰与住在前卧室的"贺麻子"之间有着不正当的关系，这也是促使凶杀案发生的催化剂。说是前后两间卧室，事实上是在同一间屋子里——仅用木板分隔了一下——贺麻子目睹了周几年来所经受的苦难。婚后才两个月的时间，詹就在外面有暧昧的事情，他一直与不同的"向导女"（一种半职业性的妓女）外出，还随心所欲地殴打妻子，并禁止她外出工作（周曾在卷烟厂上班），认为她如果在外面有一份工作的话就会去"偷男人"。詹沉溺于赌博，往来于不同的夜总会，很少在家，也不给家里留下必要的生活费用。在绝望中，饥饿的周常常向对她表示同情的贺麻子借钱。但她又无法偿还借款，因而感到内疚。她与贺麻子第一次发生性关系是在贺失去工作独自在家之际——春节期间他的妻子回了乡下的娘家。事情的发生一方面出于两人的寂寞,一方面是周对贺的报恩。尽管贺没有卷入凶杀案,但他与周的这种关系,也许不知不觉潜移默化地使周更加不满于一直虐待她的丈夫。[150] 显然,像这样一件暧昧的事情,若不是因为凶杀案的发生,便会了无痕迹。

里弄中的争吵:为琐事而起的口角

一种完全不同的邻里关系——邻居之间的吵架——较之于暧昧事件更为公开。有时言语上的争执会升级到肢体上的对抗,但这样的争执往往被邻居和旁观者劝解开,很少会上升为暴力事件。里弄内所有的争吵几乎都是由琐事而起。例如,两个一起玩的小伙伴打了一架,母亲们相互谴责对方的小孩,结果就引起了争吵;如果父亲或家庭其他的成年人也加入到争吵的队伍,会使事件进一步恶化。或者,张家在屋外所晾的衣服或床单阻挡了照进李家窗户的阳光,而李未同张商量就移开了晾衣竹竿,一场争吵紧接着就发生了。在拥挤的住宅区,往往有3—5户人家住在一栋石库门房子里,那么邻里之间的争吵更有可能发生。诸如来自后屋的噪声、楼上天花板漏水这类恼人的事情,或者关于使用公用部位的争执(例如在通道或楼梯处堆积各类杂物、在屋顶晾衣服等)也常常会引起争吵。[151] 邻里之间的争吵有时会造成一些肢体上的侵犯,如推推搡搡,但一般不会发展为严重的斗殴,也很少诉诸法院。通常当事件发生到双方都将大失颜面难以调和之际,一位或几位邻居就会站出来打圆场,说什么大家住在一起"抬头不见低头见""没必要成为仇人"诸如此类的话。有时,"礼让"这一儒家思想会成为和解的基础。这样的和解并不能完全解决问题,但在大部分事件中能够减缓对峙双方的紧张状态。

包天笑,一位以其对20世纪早期上海普通市民生活的细微观察而广为人知的作家,在他的小说中描写了里弄住宅区一次很典型的争吵。[152]白相人张大魁与裁缝店的店主陆荣宝,是同一处石库门住宅区的邻居。一天,陆的徒弟在弄堂里吹熨斗上的灰,风将灰烬吹进了张的家中,那时张家正在吃饭。[153]一场争吵随即而起。张知道这灰从何而来,便破口大骂道:"哪一家短命裁缝店吹熨斗,也不张张他的狗眼睛,把灰吹到人家屋子里来了。"

像这样的责备是不可能得到对方的道歉的。裁缝店店主反驳道:"就是我徒弟吹熨斗不小心,你也可以好好儿的说。为什么开出口来就骂人?我们是在弄堂里吹灰,没有到你屋子里吹灰,风吹进来,我们可不能做风的主。照你这个样子,只好住居在独家村里去。"后来幸亏邻居们出来劝解,这场争吵才没有变成斗殴。[154]

但是张、陆两家的矛盾又表现在了其他的事情上。当时有这样一个广为流传的习俗,即把中药渣滓倒在路上让行人践踏,越多的人踏了药渣,病人的病情就越容易好转。这是一种迷信(但开处方的医生经常会让人这么做)这一行为在公共租界是被上海工部局所禁止的,原因是其不干净、不卫生。人们为了免于处罚,已不在马路上倾倒药渣了,而居住区狭窄的弄堂,尤其是弄堂口,却成了迷信的居民倾倒的最佳地点。[155]一次,张的老婆生病了,将药渣倒在了陆的店铺门口,因为裁缝店门口总要比普通住宅前的小巷的人流量大。陆的妻子认为这些药渣是不吉利的,十分气愤,拿起扫帚将药渣扫回到了张家的门前——争吵再一次爆发。[156]

在拥挤的住宅区,弄堂常常是做各种日常家务活的场所——生煤炉、倒马桶、洗衣服和晾衣服、拣菜、为被单或席子拍灰等。居民有时也在弄堂里做一些木工、油漆或修修补补的手工活。在因个别家庭需要而使用弄堂的公共场地与侵犯其他居民利益这两者之间并没有明显的界限。在绝大多数场合,临时使用弄堂做些家务活实际上是惯例,即使造成了其他居民的不便也常常能够得到容忍。但这种容忍可以理解为邻居友善的表现,也可以被当作弄堂居民的特权,两者之间并没有一定的界限。人们只是以常识而非规则行事,当常识行不通时,如同张、陆两家之间的那种争吵就会发生。在上海,如此拥挤的居住条件,再加上社区规则的缺乏,邻里之间的争吵没能发展成为严重的社会问题倒是相当不容易的。一般认为邻里之间的争吵和斗殴属于不光彩的"低层次"行为,绝大多数居民会尽量避免在公共场所吵架,争吵常常与家庭主妇、女佣联系在一起,她们整天长时间地待在家里,难免会与邻居们发生冲突。鲁迅曾描写了一位名叫阿金的妇女,弄堂对面人家的女佣——从鲁迅的窗户可以看见她的房间。阿金是典型的爱惹是生非的女人,喜欢在弄堂里大声讲话,在邻居中传播谣言,挑拨是非:

(在弄堂里)此后是照常的嚷嚷;而且扰动又廓张了开去,阿金和马路对面一家烟纸店里的老女人开始奋斗了,还有男人相帮。她的声音原是响亮的,这回就更加响亮。我觉得一定可以使二十间门面以外的人们听见。不一会,就聚集了一大批人。论战的将近结束的时候当然要提到"偷汉"之类,那老女人的话我没有听清楚,阿金的答复是:"你这老×没有人要!我可有人要呀!"

这恐怕是实情,看客似乎大抵对她表同情,"没有人要"的老×战败了。这时踱来了一位洋巡捕,反背着两手,看了一会,就来把看客们赶开。[158]

在文章末尾,鲁迅这样写道:"愿阿金也不能算是中国女性的标本。"鲁迅把此文收在他的《且介亭杂文》中,并讽刺了国民党政府对于这篇散文所做的删节审查,认为《阿金》一文并无深意,"这真是不过一篇漫谈"[158]。阿金这个人物确实也是鲁迅笔下不大为人所知的角色,但这个不重要的人物却引起了毛泽东的注意。毛一直是鲁迅的忠实读者。他的私人医生回忆起1967年的夏天,那时正是文化大革命的高潮期,毛仍在读鲁迅的著作——他躺靠在特制的、巨大的木床上读着书,床上的一半地方摊满书籍,"一天我们住在武汉梅园招待所,毛正在读《鲁迅全集》,突然他抬起头开始讲鲁迅笔下那位令人讨厌的女性,一个名叫阿金的女佣。她的许多男朋友总是吵吵闹闹的,招惹是非,打架斗殴。阿金自己也是一个喜欢给别人制造麻烦的女人。'叶群是阿金式的人物,'毛评论说,将话题转到了林彪的妻子,'江青也差不多'。"这是一段有趣的描写。两位共产主义的革命女性,在嫁给了林与毛之后成为"新中国"最有权力的女人,在毛的眼中却与一个在"旧社会"上海弄堂里惹是生非的女佣在本质上相差无几。当然,就像鲁迅所希望的,这一相似之处并不能解释为阿金就代表了中国女性。然而,鲁迅以其格外敏锐的目光和嘲讽的笔调所描绘的上海弄堂里的那些惹是生非者,却在中国社会的各个阶层中都能找到他们的同类。

第六章　石库门外

一处有围墙、有大门的住宅区自然给居民们以私密、安全和舒适的感觉。尽管这几乎无法形成社区的观念，但居民们的确是把里弄的大门作为划定他们日常生活的一条分界线。第五章所描述的是弄堂里的生活。但这弄堂里的生活必然会延伸到弄堂外。每天的生活将大多数居民带出弄堂，来到外面的街道上，那里是步行者的天地。人们很容易将一天的大部分时间花费在浏览林荫道两旁数不尽的饭店、裁缝店、露天菜场、公共浴室和其他各种提供每日生活所需和各类服务的商业机构上。对于上海人而言，与日常生活最息息相关的是在步行可至的街区内，那些微小却又充满生机的商业和活动，而不是以外滩和南京路为代表的那种令人目眩的生活。

客堂间里的商贸

里弄住宅区，如图28所示，总有一排沿街的房子（或者，在某些情况下，有好几排沿街的房子）。不像弄堂里的其他住房都有一个进入客堂间必须要穿过的庭院，沿街的房子一般是没有庭院的。换句话说，这些房子的客堂间可以直接通向马路（图29）。于是，这样的客堂间常常被用来做生意，而不再作为住房，它们中的大部分成了小商店。

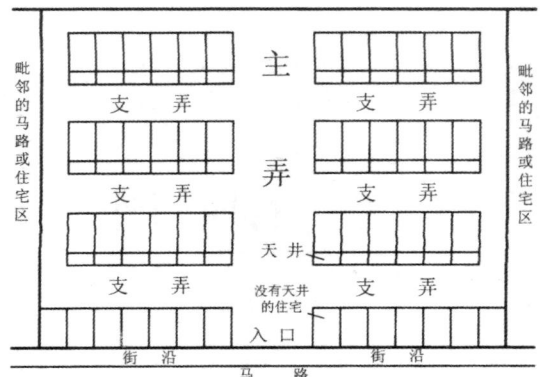

图28 尽管里弄住宅区在面积和类型上变化很大,但它们的基本布局是一致的。这张图展示了上海里弄住宅区的布局。这一典型的石库门住宅区的主弄大约有17英尺宽,支弄大约有10英尺宽。新式里弄住宅区往往有一条更宽的弄堂。某些里弄住宅区有好几处入口,因此支弄也可以直接与马路相通。

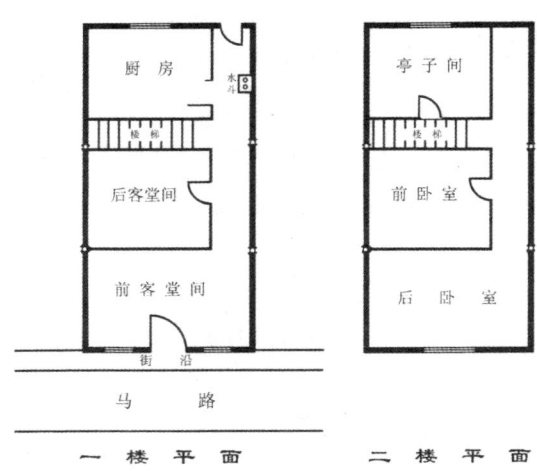

图29 除了那种被称为"东洋房子"的低价住宅之外,实际上所有的里弄房子都带有一个大约100平方英尺由水泥铺就的庭院(图28)。然而,沿马路的前排房子通常是没有庭院的。这样,如图所示,前排房子的客堂间就直接面向了人行道。一旦需要,这种设计很适宜住户将客堂间改成商店。

在里弄住宅区开设一家店铺通常要采取以下几个步骤：一个男人（大部分店主都是男的）设法积攒或借上一笔钱，租下沿马路的前排房子；接着他全家搬入二楼，将客堂间改作一家小的商店。当上海的人口构成主要是外来移民之时，这样的安排显然是最经济的：在这里同时解决了居住和就业的问题。[1]

里弄房子租金的变化是根据住房的质量和所处地理位置而定的。沿马路的前排房子有着适宜开店的优势，但租金只比位于里弄内的房子略微贵那么一点点（约20%—30%）。[2] 租金上的细微差别是由于前排房子不太安全。临街的房子没有庭院，马路上噪声和灰尘又很大，而且很容易成为盗贼的目标。在某种程度上，这些店铺的店主为了赚钱谋生，只能忍受这种比较缺乏安全感的生活。然而，在上海居无客厅并非很大的缺憾。直到现在，把客堂间真正当作"客厅"使用仍是一种奢侈。[3]

这些店铺从各方面来看都是很小的商店：里弄房子中一间正常的客堂间面积约为215—320平米英尺（20—30平方米），有时也会将两间相邻的客堂间并在一起形成一家较大的商铺。[4] 这样的小店当然也面向所有的顾客，但它们开在居民区，因此绝大多数顾客是附近的居民。实际上，许多顾客的住处与商店仅一墙之隔。

这些普通的小商店出售谷物、煤炭、棉布、杂货、热水、调味品、点心、水果、酒、肉和蔬菜以及其他一些商品。另外有一些店铺则提供诸如裁缝、理发、日用品修理、货币兑换等服务。这里也有洗衣店、茶馆、公共浴室等。总而言之，里弄街区商店所出售的商品以及所提供的服务都是与日常生活息息相关的，而且人们在住所的附近就可以购买。[5]

例如，开设在静安寺路（现南京西路）与福煦路（现延安中路）之间赫德路（现常德路）上的小商店，就包括牙科诊所、铁匠铺、老酒店等各种小型的商业机构。[6] 这一典型的里弄住宅区有着好几条里弄，每条都与马路相通，实际上居民采购日用必需品不用走几步路，甚至不需要过马路。[7] 一句中国的谚语概括了这些小商店的重要性，60 年前一名新闻记者曾用它来形容过一家街区商店："不可一日无此君。"[8]

米店

大米，当然是中国南方最主要的食物。尽管近代上海人来自各个地区，但对每个人来说，大米几乎就是他们的主食。根据一项调查显示，1933 年（当时上海的人口为 3 313 782）只有 92 126 人以小麦为主食，他们原先来自中国北方和东北地区。换句话说，大米是 97% 的上海人的主食。据估计，上海一个成年男子每年要消耗 2.74 担（453 磅）大米，而一个成年女子每年要消耗 2.01 担（332 磅）。20 世纪 30 年代的上海每年大约需要 10 亿磅（600 万担）的大米以维持全市人民的生活。[9]

尽管所有大批量的大米交易规模都很大，但米店一般却很小。上海有两种大米贸易机构：米行与米店（或者米号）。米行是批发机构，但它们也有附属于自己的零售店。这些米行常常专门销售一些特定的商品。例如，一些米店专门经销某些省份（例如江西）或国外（例如泰国）的大米，而另一些店专门销售小麦、豆类、杂粮或其他的商品。由于他们的规模与资金数额，这些米行通常被视作上海大米贸易的领军者。

然而，对于上海普通居民而言，作为零售商的米店才是人们通常买米的场所（图 30）。1930 年上海米号业同业公会一共拥有 1 544 家成员，那时上海的人口大约为 3 100 000 人。[10] 这样，平均一家米店要为大约 2 000 名居民服务。由于一些米店不是同业公会的成员，所以实际人数应该要少一些。[11]

若按类别分，上海的米店只有 5% 属于"大店"，而大部分是附属于米行的零售店。"中等店铺"的资本只有大店的 1/20，数量占 30%。绝大多数米店（即 65% 的米店）属于小生意，平均资本只要 200 元。在 20

表8 20世纪40年代赫德路街区小店一览表

静安寺路赫德路口
109弄入口
布店
毛巾店
肉店
酱园
铁匠铺
** 老酒店
** 大饼店
老虎灶
大饼店
81弄入口
中药店
** 米号
* 白铁铺
* 肉店
63弄入口
** 南货店
* 理发店
毛巾店
55弄入口
* 牙科诊所
水果摊
** 煤球店
** 烟纸店
43弄入口
* 裁缝店
* 寿器店
* 汽水店
* 棉布店
33弄入口
* 藤器店
* 烟纸店
** 酱园
15弄入口
福煦路赫德路口

（资料来源：作者1989年3月的实地调查，并为I-9, I-10, I-11, I-12, I-13, I-15, I-16 和 I-17 等资料提供者所证实。）

注：住宅和其他并不用作商业用途的建筑未包括在内。里弄号码是如今马路上所标示的号码。一颗星表示该店一直开到20世纪60年代，两颗星表示一直开到80年代。两交叉路口之间的这段马路大约长273码（250米）。以上所列出的商店都开在赫德路的西侧。东侧被安南路一分为二（当时是一处露天菜场），形成了一处T形交叉路口。40年代晚期，在赫德路东侧安南路以北，有一家饭店、一家瓷碗店、一家煤球店、一家南货店、一家棉衣铺、一家烟纸店、一家箍桶店和一家米号。安南路以南是英商电车公司。该公司创建于1908年，经营着全市大部分的电车线路。

世纪 30 年代，一位无特殊技能的工厂工人的平均工资是每月 20 元，而某些行业（例如丝织业）的熟练工每月工资超过 50 元也是很平常的事。[12] 因而，200 元的资本仅仅相当于一个工厂工人几个月的工资。

图 30　1937—1938 年一家普通的米号，店里的伙计正在称米。屋子的一角已用作贮藏库，整包整包的大米一直堆到了天花板。这家店铺与（黄包车）车夫同业公会有合同关系。请注意，这些排队者手中都持有票据：他们是隶属于车夫同业公会的因病不能工作的车夫（或是他们的家属），暂时可以从同业公会那里领取免费的大米。（图片来源：上海市车夫同业公会编《1938 年年度报告》）

这样的米店由于资金的匮乏和有限的空间而限制了仓库（位于"客堂间"的后半部分）的存货量。正常的存货量应确保 5—10 天可卖，很少有超过半个月的。[13] 不合理的存货量容易导致粮食发霉，尤其是在上海五六月的雨季。从批发商那里到自家店铺的运输费用由店主支付，数额因运输的距离和方式——船、卡车或人力车——而各不相同。从批发商那里运来的大米也许还不能直接出售，先得筛除混在里面的沙粒、小石子和碎米。既然大米是每日的必需品，尽管有种种困难，人们还是很乐意从事这一买卖，尤其是在上海人口增长迅猛的20世纪30年代早期更是如此。[14]

煤球店

上海是最早使用煤气的城市之一。1865年上海建起了第一家煤气工厂。自1882年起，煤气已渐渐作为家庭取暖之用。1926年起，新式里弄房子和西式公寓的烹饪和取暖用上了煤气。[15] 但煤气的供应从来没有普及到大部分上海人的家中。截至1949年，只有2.1%的上海家庭使用煤气灶。[16] 对于大多数人而言，能用上煤气的大概都是城市的精英阶层，煤气是与奢华的生活方式联系在一起的。

直到30年代初，木柴还是大多数家庭的主要燃料。棉花梗、稻草、芦苇秆、豆梗等都是工人阶级家庭炉灶中的燃料，一如住在乡下一样。这些燃料可以从木柴行里买到，或者直接从街边的小贩处购买。[17] 从30年代中期起，大多数家庭开始以煤作为炉中的燃料。煤炉通常由洋铁皮制成，为正方形或圆形，大约18英寸高，10英寸见方（如果它是正方形的）或1英尺的直径（如果它是圆形的），中间为筒状的炉身，在铁皮与炉膛之间充塞着煤渣，并装有把手。数十年来，这样的煤炉是普通上海人家做饭取暖的唯一能源，大约是98%的上海居民的生活必需品。至少到1983年，还有大约51%的上海家庭仍把煤炉当作他们做饭和取暖的唯一用具。[18] 据1990年的一份报告说，104万只煤炉正被上海居民使用着，[19] 这是与上海这一中国最重要的通商口岸的现代化形象相矛盾的一个实例。

由于煤炉无处不在，煤球店也遍布于城市的各个角落。这些店铺最初是柴炭店，当煤成了最常用的燃料后，就转为卖煤了，尤其是蛋状的煤球。从此，它们有了一个新的名字——"煤球店"。但煤球店同时也卖木炭、柴爿和其他燃料,诸如煤油。甚至在煤球已取代木柴成了主要燃料后,柴爿仍是日常必需品,大多数家庭每晚睡觉前会将煤炉熄灭,第二天早晨醒来的第一件事就是用废纸和木柴来生炉子。[20]

几乎所有的煤球店老板都住在店铺的二楼,以便能整天照料生意。家中的男主人通常是店主和管理者。或许他会雇上一两个伙计,一般是亲戚或同乡。一旦需要,他的妻子和已成年的孩子常常会充当帮手。例如,赫德路上一家煤球店的店主就曾长期(1936—1953)雇用他的侄子做柜台上的营业员(兼记账员),他的大儿子作为店员也做了9年时间(1938—1947)。1947年,他又在别处开了一家煤球店。于是,他的大儿子就到新店去做事,他的儿媳妇也成了新店的营业员兼记账员。[21]

烟纸店

大众所熟知的烟纸店实际上出售各种商品。其名字描述的是所出售的两样主要的商品:香烟和草纸。通常,这类店铺一大早开门之际,第一位顾客是隔壁弄堂里的"小皮匠",他买了三张草纸(花了一文钱)和两支香烟(也花了一文钱),转身直奔公共厕所而去。类似这样的小生意构成了店铺整个上午大部分的商业交易活动。商店名只不过是象征性的:"烟"除了香烟外,还包括雪茄、烟叶和烟丝以及烟嘴、烟斗、烟斗架、烟盒、烟灰缸、火柴等有关的物品;"纸"除了草纸外,还包括信纸、信封、牛皮纸、墙纸、装裱纸等。[22]

刘祥豫从1942年起就经营着这样一家小商店,那时他继承了他父亲开设于赫德路上的理发店。不久他就把理发店改成了烟纸店。像米店和煤球店一样,烟纸店也是家庭性经营的生意,但在规模上更小些,并不比一间客堂间大。通常,就像刘的那家店铺(表8,43弄入口处的烟纸店),烟纸店仅仅开在客堂间面向马路的前半部分,后半部分仍为家庭生活居住所用。在一些情况下，整家店铺仅有一个窗口，根本没有供顾客进去选购商品的空间。在这样的商店里，所有的交易只能在设于窗沿的柜台上进行。这些商店的店主雇不起家庭成员以外的帮手，从而赢得了这样一个名称——"夫妻老婆店"，[23] 这与美国的 The Mom & Pop Stores（妈妈爸爸店）有点类似。

　　无论这类生意是多么小，烟纸店在上海人中还是很受欢迎的。据估计，在 20 世纪 30 年代早期，上海至少有 1 500 家这样的店铺，几乎"每一个弄堂口都有这样一家烟纸店"[24]。这大概是民国时期上海发展最迅速的贸易机构。1937 年，上海有 3 400 家烟纸店和烟纸批发商，到 1943 年 4 月，这一数目达到了 8 495 家，到 1949 年 5 月又增加到了 8 600 家。[25] 它们所出售的各类商品是每家每户都必需的小物件：除了烟、纸和已提到过的火柴外，它们还出售瓶装的啤酒（但没有其他含酒精的饮料）、针、线、肥皂、香（宗教仪式所用）、蜡烛、蚊香、清凉油、信封、铅笔、橡皮擦、大头针、剪刀、电池、发卡、绳子、鞋带、牙膏、糖果、糕点、饼干、蜜饯、乒乓球和球拍、玩具、扑克牌、风筝、日历和年画（图 31）。实际上，这一目录还可以增加两三倍，因为在某些情况下每一类商品都有好几个品种可供选择。这些货物整整齐齐地排列在窗口和靠墙的拥挤的货架上。另外，店里还提供兑换货币、邮政寄信（仅仅是出售邮票并设置一只邮筒）以及公用电话等服务。[26]

裁缝店

　　在中国，对日常生活本质的习惯性描述包含在一个由四种生活基本需要组成的序列中，它们简单明了、排列有序："衣食住行"。乍看之下，这四种的排序似乎有问题："衣"怎能排在"食"的前头？因为吃饭对生活来说更为要紧，这是一个常识。显然，这种排序并不是随意的。[27] 另一

图31 在这家设置在弄堂转角的街区小商店的货架上,一位上海市民正在寻找需要购买的东西。这家商店像其他烟纸店一样,出售杀臭虫药(见左边的海报)、各类中成药,以及治疗头痛、腹泻、中暑等小毛病的药膏(注意右上方木柱上贴的广告)。这家店铺也出售各种日用品、五金工具、玩具(注意柜台橱窗里的洋娃娃)及小摆设。烟纸店通常还提供兑换货币的服务,例如银圆兑换小的银角子或铜板。有些烟纸店还代收政府的印花税。这类小商店颇具地方特色而使人饶有兴趣,尤其在上海的外国人心目中是这样。这一画面被用在一张20世纪早期的明信片上,并配有这样的英文说明:Chinese Hardware Store,参见 Hans-R. Fluck、Barbara Böke-Fluck、朱建华等:《上海历史明信片》,第129页。(图片来源:上海图书馆)

个中国词语"衣食父母",指的是生计的来源,例如某人的顾客、赞助人或者雇主,该词与"衣食住行"的排序相同。在广义上,它反映了中国文化对儒家"礼"(适当的行为和文明礼貌)的观念的强调。在四种基本需求中,衣是唯一把人和动物区别开来的决定性因素。从这一角度来看,这样的排序是无懈可击的。怪不得在中国对一个人最严厉的谴责是称其为"衣冠禽兽"。[28]

在上海,衣着的重要性与势利尤为相关。城市中的一句流行语揭示了社会的这一倾向:"只认衣衫不认人"。[29]鲁迅对这种社会习气有过尖锐的批评:"在上海生活,穿时髦衣服的比土气的便宜。如果一身旧衣服,公共汽车的车掌会不照你的话停车,公园看守会格外认真的检查入门券,大宅子或大客寓的门丁会不许你走正门。所以,有些人宁可居斗室,喂臭虫,一条洋服裤子却每晚必须压在枕头下,使两面裤腿上的折痕天天有棱角。"[30]人们形容这些爱好虚荣的人为:"洋装瘪三,自己烧饭。"[31]

近代上海在很多方面引领着20世纪的中国,服饰的流行式样就是一个明显的例子。"大本营"和"权威"这类词常常用于描述上海对全国服装的影响。20世纪中国的服装有两种主要类型:女性穿的旗袍(即满族长袍)和男性穿的中山装(在西方以"毛服"著称),二者都诞生于民国初期的上海。旗袍就像它的名称所示,起源于满族妇女的服装。从20世纪20年代早期开始,它逐渐传入汉族妇女中,到1926年成了流行全国的服饰,也许是北伐(1926—1928)推动了它的流行。但那时的旗袍已大大地不同于最初的满族服饰。上海在这一服饰的变革中起了最主要的作用。现代旗袍是高领,右边的纽扣齐胸高,腰围紧束,裙长至膝盖以下并两边开衩,袖口式样各种各样(从长袖、中袖、短袖一直到无袖)。变化很多,明显地不同于穿起来并不方便的满族服装。[32]中山装是以孙逸仙(1866—1925,在中国则以"孙中山"的名字而广为人知)的名字命名的,它是以孙带至南京路上"荣昌祥呢绒西服号"(创办于1903年)的日本士官服为基础改制而成的。孙和店主王才运(1880—1933)合作把士官服改制成男式平民服装。王才运不仅是一位技术娴熟的裁缝,同时还是一位精明的商人。一些设计是孙的主意并有一定的政治含义。上衣四个口袋的袋盖形状像中国的笔架,[33]象征着知识分子(他们通常被称为"笔杆子")在革命中的重要性。上衣前襟自上而下有五粒纽扣,象征着孙中山政治理论中的"五权"(立法、行政、司法、考试、监察)学说,这一学说是对西方三权分立的一种修正。[34]1925年孙中山去世后不久,中山装就在上海尤其是学生中间流行开来,之后风靡全国。更为重要的是,1949年中国革命胜利以后,旗袍因与"旧社会"的联系而逐渐销声匿迹,中山装却在稍稍作了一些适度改变后,大为流行。实际上,它已成为中华人民共和国成立以后大约40年里标准的中国男装。

有两个明显的例子恰好可以说明上海是如何引领全国时尚潮流的。这座城市为其他地方提供了可以效仿的固定模式。除了像旗袍、中山装等服装方面的主要革新外,新式样(或者说时髦)经常包括一些技术上虽小却非常有效的变化,比方说,在袖口添上一粒纽扣,给裙子开个衩,双层卷边,把裙子裁短,用花边来点缀裙子,开低领,等等。这种在衣服各处进行的小而精致的改进花费很小(有时还能降低成本),却能给人带来耳目一新的感觉,或者使衣服穿起来更舒适。衣料的质地不必是最好的,但式样、设计和颜色搭配必须保证穿着者在外表上显得得体、整洁。帽子、鞋子、围巾、手套及其他衣服的附件也是设计者和店主之间进行竞争的一部分。因此,"穿在上海"成为赞誉之辞。[35]对穿着简单的内地人而言,这些看似小巧但成效很大的革新却进一步加深了他们对上海或上海人的成见,即上海人是精明的、世故的。在所有有助于说明上海是"东方的巴黎"的事物中,时尚和服装可能是最与之相关的。[36]

但是,时尚和服装来自何方?显然,上海不乏精美的时装店。南京路上的名店,像培罗蒙西服公司(创办于1934年)、鸿翔(创办于1914年)和朋街(由一德国籍犹太人于1935年创办)女子服装店,都享誉全国——仅店名就意味着质量和精美。这些店名在1949年革命胜利后遭到忽视,最终在"文化大革命"期间(1966—1976)被废弃,但这并没有阻碍它们在20世纪80年代经济改革中期通过众所周知的"恢复名牌商店"的活动而重见天日。实际上,在20世纪90年代上海商业区新树立的霓虹灯丛林中,这些老店镀金的商店招牌意味着在当今的赚钱狂潮中,人们渴望利用昔日的荣耀。这些老店的荣耀包括了从1935年孙中山夫人题字的赞誉，到1946年作为特别礼物送给英女王伊丽莎白二世结婚庆典的绣花长袍。形形色色的名人都是这些商店的忠实顾客。[37] 这肯定有助于上海作为中国时尚之都的声誉，而一定程度上，这些商店设计的款式即使不能决定全上海服装的流行式样，至少对其有影响。

对于大多数人而言，这些店名虽然熟悉，但也仅仅是名字而已，离他们的日常生活颇为遥远。在衣着方面，同大多数上海人日常生活相关的不是南京路上的时装店，而是他们所居住的里弄拐角处的小裁缝店。这些小店通常由有经验的裁缝师傅经营，他雇上一两个帮手或带着几个徒弟。像烟纸店一样，一些裁缝店也是"夫妻老婆店"；也就是说，除了自己的老婆以外没有其他帮手——尽管缝纫被认为是女人的工作，裁缝却主要是男人的职业。人们熟知的"苏广"裁缝店就专精于中式服装的制作。这个名字让人想起一种传统看法，即认为苏州和广州（或者广东）的服装式样是时髦的。在19世纪晚期，专门制作西装（主要是男人的衣服和女人的外套）的裁缝被同行称作"番帮师傅"。到了民国时期，由于宁波移民占据了这一行业，这样的裁缝就成了人们所熟知的"宁波裁缝"（红帮裁缝）。[38] 1946年1月成立的裁缝协会声称有3 050名成员，分布于420家专营西装的裁缝店里。协会的成员不包括裁缝店的店主，虽然他们自己通常也是裁缝。如果把店主（假定一家店铺有一位店主）也算进去的话，那么平均每家店有8—9名裁缝。中式苏广裁缝店通常要比西式裁缝店小。大多数店铺只有一位裁缝师傅，1—2名帮手或学徒。据估计，当时上海大约有40 000名苏广裁缝，在大约2 000家苏广裁缝店里工作，或者经营着自己的裁缝店。这一行业大约为200 000人（包括裁缝师傅和他们的家庭成员）提供了生计。[39]

苏广裁缝店是很多人经常去订做衣服的地方。除了偶尔从服装店买一件已经做好的西式外套或是向红帮裁缝订做一件衣服外，不会做衣服的妇女经常会把订单送到苏广裁缝店里。旗袍要从商店或是服装店里购买,但是买成衣比买布到裁缝店里订做要昂贵得多。关于男式服装,在民国时期基本上有两种类型:中式长袍和西服——二者都是标准的男式外套,适合于所有的场合。但是,中式长袍的价格只有西服的40%。不用说,里弄裁缝店大多数属于苏广裁缝店。[40]

为订做衣服,顾客通常要亲自到裁缝店里去,裁缝店一般离家仅一步之遥。偶尔,裁缝会走街串巷征求订户,这一习俗是从晚清沿袭而来的。在20世纪20年代早期之前,裁缝店很少会设在居民区里。就像在第五章里讲述的小贩一样,裁缝会一个街区接着一个街区挨家挨户地招揽生意。有时就在顾客家里完成剪裁,但更常见的是裁缝把尺寸、布料带回家,在家里做活。当订单送上时,顾客要提供布料,有时还包括提供纽扣和线。当衣服式样决定以后,裁缝当场量尺寸。一般来说,顾客要提供旧衣服作为裁制或改动的样品。几天后裁缝会把做好的衣服送来。因此,裁缝总是带着一个棉布包,里面放有订单(也包括顾客的布料、纽扣等)和做好的衣服。于是,这些裁缝又被称为"拎包师傅"。[41]

随着民国时期上海人口的增长和城市的繁荣,这些拎包师傅逐渐在居民区定居下来,数以千计的裁缝店在这座城市里开张营业。这些小裁缝店不仅仅与人们的穿衣要求密切相关,而且还是许多享有声望的成衣店的"孵化器"。举例来说,鸿翔是上海第一家成衣店,也是最好的成衣店之一,由金鸿翔和金仪翔兄弟俩于1914年创办(以哥哥的名字命名),兄弟俩起初都做过拎包师傅。而"王荣泰"是靠近浙江路和天津路拐角处忆鑫里的一处小裁缝店,归王才运的父亲所有。王才运在这家店里学到了父亲制作西装的手艺。后来王自己开了一家店——荣昌祥,这是20世纪初上海最好的西装店,也是设计出第一套中山装的成衣店。[42]

尽管在上海裁缝店到处都是,但对于大多数人来说,向裁缝店订做衣服,哪怕是坐落在小巷里的小店,也是非常昂贵的。在成衣店买已做好的衣服更贵,在裁缝店里订做衣服相对要便宜一些,自己做衣服花费就更少了。据一项解放前上海的普通人怎样获得衣服的民意调查显示，在受调查的 436 人中，超过一半的人（257 人）说他们主要是在布店里买衣料，然后自己（或是家庭的其他成员）在家里缝制。不到 1/4 的人（104 人）是在裁缝店里订做衣服，而有 46 人（约 10%）说他们穿的衣服大多是从乡下的家里带来的。[43]

在穿衣方面的这种节俭与上海"时尚之都"的形象是矛盾的，很明显它们反映的才是人们的真实生活。对于上海的一个普通家庭来说，省下每一分钱都是重要的。他们考虑问题简单而又实用：已经做好的衣服最贵，因为卖主在布料和手工坊两方面获利；在裁缝店订做衣服，由于自己提供布料，就可以省下裁缝从布料中赚取的利润；自家做衣服可以省去上述两方面的利润。如果棉布是从乡下的家里带来的，那么还可以省去到布店买布料的花费。[44] 这种"自给自足"不仅是所谓的小农思想的延续，在都市环境中，更多体现的是应付城市生活开销的一种方式。

在家里做衣服的另一个好处是不必担心裁缝的欺诈行为。裁缝通常被看作是劳动人民，总是俯身于缝纫桌（也许简单到只是在一副可折叠的木架上放置一块大木板）前，沉浸于单调的剪裁、缝纫工作中。据说肺结核是裁缝的职业病。在很多裁缝店里，人们总能看到墙上挂着的由书法家（他或许是一位对该店满意的顾客）书写的对联："不忍天下受寒，但愿人人穿暖。"多么善良的裁缝啊！但是，另一方面，人们认为没有不在布料上做手脚的裁缝。也就是说，裁缝会故意高估布料，保留剩布。举个例子，裁缝叫顾客买 7 尺（1 尺相当于 1 英尺多一点，即 1/3 米）布做裙子，而实际上只需要 5 尺半。裁缝的目的是侵吞多余的布料。正像一句流行语所说的："裁缝不偷布，三天一条裤。"它暗示着裁缝经常用从顾客那里侵吞来的剩布做新衣服。[45]

在家里做衣服这一常见的现象，表明上海有几十万业余裁缝。除了西式男装和外套被认为是复杂的服装而必须由专业裁缝做以外，上海人敢于自己裁布做衣,最终制成了他们穿起来颇为得意的各式衣服。这些业余裁缝大多为妇女。在实际生活中,裁剪在上海妇女中太寻常了,以至于来自社会各个阶层的大部分妇女都懂得做衣服的方法。做衣服的能力受到重视不仅仅是出于现实的理由(为了省钱),更因为它被视作妇女技能的一种展示。当媒人在撮合一桩婚姻(更确切地说,是促使一对男女开始约会)时,她会说这样的话:"她很会做衣服。"一位家庭主妇能够为家庭里的每个成员做衣服,并能做从衬衫、裙子、裤子到正式场合穿的旗袍等各式服装,这在上海是屡见不鲜的。做衣服不怎么熟练的妇女可能会一本正经地说:"我对做衣服一窍不通。"但不要把她的话当真,因为大多数妇女至少会做内裤。[46] 在鲁迅家里,他儿子的衣服大多是由鲁迅的夫人许广平缝制的,尽管许本人是位知识分子,按照社会的一般看法,这种类型的妇女是不擅长做"针线活"的。[47]

妇女中更常见、更普及的技能是编织绒线,而男人对此完全是外行。织绒线与其说是"工作",还不如被看作是消磨闲暇时光的一种方式。以下是上海的日常情景:下午时分,一位妇女站在巷子里,一边与邻居闲聊,一边不停地织着绒线;或者,在苏州评弹艺场,一位坐在藤椅上的中年妇女,被令人心碎的爱情故事(这是评弹常有的主题)感动得热泪盈眶,而她的双手却不停地织着绒线,偶尔还拿手帕擦一下眼泪。[48]

上海的服装时尚尤其是女性服装时尚在不断地变化。举例来说,1926年旗袍开始风行,从这年起到20世纪40年代,旗袍几乎年年都在变。如果把1926—1941年每年的"年度流行旗袍"排列起来,裙摆的长度会构成一条完美的起伏的曲线。[49] 一方面是所谓的中产阶级的两难选择:大众对服装的敏感和势利,使得人们在公众场合出现时必须小心翼翼而又非常自觉地注意自己的穿着打扮,但是一般上海家庭却支付不起为跟上时尚而不断地从成衣或裁缝店买衣服的费用。另一方面,业余裁缝的"大众裁剪"又刺激起席卷整个城市的时尚潮流。从这个意义说,家庭自做衣服的好处不仅仅是经济层面的。业余裁缝乐于逛各种各样的布店，耐心地比较各种令人眼花缭乱的布匹的颜色、图案、质地和价格，经常是在深思熟虑之后，才选定与脑子里想做的衣服正好适合的那块布料。同时，售货员正像他们被培训时所要求的那样，经常会在顾客所需布料的数量方面提一些有益的建议，这样能使剪下的零头废料降到最低。回家后，业余裁缝可能会查阅画报或时尚杂志，甚至她（大多数业余裁缝是妇女）会回忆曾看过的好莱坞影片来想象西式的服装。接着，她在餐桌上摊开布，小心而谨慎地运用着粉笔和剪刀。[50] 因而"时尚之都"的服装革新不仅仅归功于城市里一些著名时装店里的专业设计师，还应当归功于坐落在偏僻小弄堂里的众多小店里的裁缝和上海普通家庭里成千上万的业余裁缝。

普罗餐馆

对大部分的家庭而言，做衣服并不是每天都要做的事，饭却是天天都要吃的。不论是在主要商业区还是在居民区，饭店都要比裁缝店多得多。与大多数人密切相关的不是烹饪有特色的名饭店，而是那些小饭店。大饭店出于招待和隆重的目的，不仅要提供美味佳肴，还要营造幽雅的环境（例如漂亮的桌椅和房间），而小饭店的功能简单而原始：让人填饱肚子。由于它的大众性，这些装饰简单的饭店有着一个有趣的名字：普罗馆（大众餐馆）。"Puluo"是洋泾浜英语单词（是"proletarian"的简单发音），不仅仅是指"无产阶级的"，更多用来指那些常见的普通的事物。它的反义词是另一个洋泾浜英语单词"布尔乔亚"（Bourgeois），隐含"高贵和西方"之意。[51]

人们很容易通过其门前的招牌认出普罗餐馆。大饭店或名饭店通常有一个以"楼"（有时用"酒楼"）字结尾的精致而措辞得当的名字，在店正面的金字招牌上骄傲而突出地展现出来。而普罗餐馆名字简单，显示方式也简单明了：店前悬挂一块木板，上书一个大大的"饭"字。这个字有三个作用：一是店的招牌，二是广告，三是指明店里主要供应的食物品种。大多数顾客走进这类饭店就是为了搭着肉、蔬菜和豆制品吃上一两碗米饭。这类饭店的价格是他们能承受得起的：每碗米饭6个铜板（对于一个成年男子而言，两碗足够了），以每块7个铜板的价格要上两块大排骨，外加不额外收钱的"鸡毛菜"打底。菜底也可以随意改换为线粉、豆腐、粉皮、豆腐衣、豆芽菜、鸡血等。总的费用是28个铜板，其中包括2个铜板的小费。如果只点蔬菜，一顿饭的花费还不到20个铜板。普罗餐馆的一位常客这样写道："如其你袋里只有二十个铜板，而你的肚皮又非常的饿，那你只管大胆的走进这种'普罗馆'去，在你坐定了之后，你可以叫堂倌去拿一盆豆芽菜或清煮毛豆，或其他的素菜来，那你一样的可以把二碗满满的白饭送下肚去，使你的肚皮一样可以饱饱的而有半天不会饥饿，因为那种素菜每盆只要六十文的代价。"贪吃的顾客可以再点一些别的菜，如炒鱼、咸肉、鳗鲤等，在普罗餐馆里一顿饭的花费从来不会超过二角小洋（大约为46个铜板）。[52]

　　在一个花费不贵的饭馆里，你如果对别的饭食情有独钟，也可以有很多种选择。有三类普罗餐馆，各自专营独具特色的饭食：粥、面条或"菜饭"。顾客可以走进一家粥店，在那儿一碗用米、肉、海鲜、蔬菜、各种调味品混合而成的粥仅售4个铜板。两碗下去之后走出粥店，你的肚子肯定饱了。那里也有配菜，如4个铜板一盘的五香豆腐干或者5个铜板一盘的油汆花生。普罗餐馆是上海唯一一种全天候24小时开放的饮食店。有时一些无家可归的人可以利用它。午夜过后（或更可靠一些，是在两点以后），顾客在吃过饭后被允许占用一个座位在桌边打个盹。但是，这种权利只给常客。第一次来的"客人"在付给服务员小费后也可以得到他的帮助。而一旦与服务员混熟，就不必每次都征得他的同意，而可以自由地在饭店里过夜了。

在面馆，一碗人们所熟知的"阳春面"，16个铜板一碗，加上麻油、酱油、葱、鸡蛋皮、虾皮等佐料，一个人吃足够了。在专营菜饭的饭馆里花费要多一些，因为它提供的饭菜是混合的：一碗饭菜（饭是用花生油和各种蔬菜的碎片蒸出来的）、两块小排骨（顾客也可以换成炖肉、鸭肝、鸡腿、炖蛋等其中的任何一种而不必另外付钱），再加上一碗汤，总共是二角小洋。而且，是要多一些饭配小一点的肉，还是少一些饭配大一点的肉，在这方面顾客是灵活机动的。有经验的顾客懂得怎样使用"轻饭重浇"或是"重饭轻浇"这四个字来告诉服务员他想要的菜饭。[53]

饭馆里不供应酒，但允许顾客自带。如果想到附近的酒店买酒而需要器皿的话，饭馆可以提供小的金属容器。上海有数千家小酒店，出售各种酒：从瓶装的啤酒到烹调用的料酒，从低度的果酒到烧酒（有点像威士忌）。即便不是门对门，每家饭馆附近总有小酒店。[54]这些酒店把各种各样的酒放在大坛子里零售，最少可以购买一两（50克），但顾客必须自带容器。若是顾客不想自己跑腿，也可以叫饭馆的伙计代买。[55]

我们前面已经提到，"普罗"一词指的是常见的、大众化的和普遍的事物，并不单指"无产阶级的"。就像一本《上海指南》所指出的那样，这些饭馆是"普通人用餐的地方"。[56]尽管与麦当劳并不完全相同，但这些遍布于整个城市的小饭店就是中国式的麦当劳。在里弄居民区，普罗餐馆坐落在临街的住宅中。一些就开在弄堂里，因而食物的香味会弥漫于整条弄堂，邻近的居民甚至能够听到饭馆厨房里炒菜的声音。在杨树浦和闸北工人阶级的居住区，人们会发现一些开设在沿街道或弄堂的棚户内的饭馆。在这里一顿饭的花费极低：4个铜板一碗米饭，8个铜板一碗豆腐汤，5个铜板一碟辣酱肉炒豆腐干。即使是在南京路地区，在城市最现代化的百货商店后面，也能找到普罗餐馆。一些餐馆位于二层楼的石库门房子里，被称为"半普罗餐馆"：一楼是"大众"部，是为工人或"短衫"阶层（即那些不穿正规长袍的人，相当于英文里的蓝领）服务的；二楼是"雅座"，吃一顿要花掉5—10元钱。[57]

无论普罗餐馆位于何处，对大部分人来说都是消费得起的。比方说，在20世纪30年代早期（上述所有的价格都是当时的价格）在一家普罗餐馆体面地吃上一顿，包括小费在内是28个铜板，而那时上海一个半熟练工一天大约能挣0.7银元（相当于210个铜板，当时银元与铜币的最低汇率是：1银元=300铜元），那么在这样的餐馆里的花费大约相当于工人日工资的13%。[58]换言之，即使一个工人一日三餐都在餐馆里吃，花费也低于该工人每天收入的40%。当然，这并不意味着工人就能顿顿在餐馆里吃饭，因为他（或她）可能要养家糊口。即使是很少去餐馆吃饭的上海工人阶级家庭，通常也要把收入的53%—56%花费在伙食上。与之相比，在餐馆里吃饭的花费并不算高。[59]在这方面，"普罗"一词与现实情况是一致的。任何衣着"短衫"之人都可以常去普罗餐馆美餐一顿。

除了"短衫"帮以外，普罗餐馆还有形形色色的常客。白领、作家、学生、教师、小业主和其他阶层的人士，与黄包车夫、苦力们并排坐在一起。1926年，一名外国公司的办公室职员每天工作6个小时，每月可挣20块银元，这显然是一份非常令人满意的职业。这个职员说他每天的早餐是一碗阳春面，花掉他10个铜板，很明显他是在普罗餐馆里吃的。[60]另一位自称属于"下层中产阶级"的拿薪水的男士详细解释说，他在普罗餐馆一次的花费是30个铜板，一客饭菜包括米饭、蔬菜炒肉、豆腐汤，外加一瓶60度的烈酒，就着油炸花生或大豆。像这样的一顿饭，他一个月要在普罗餐馆里吃上好几次。[61]

老虎灶和大饼店

由于大多数里弄房子没有热水设备，上海的家庭就用水壶烧开水或者去专门的熟水店——上海人称之为"老虎灶"的地方买热水。老虎灶分布于上海居民区众多的普通店铺之中,不仅供应熟水,还兼营茶馆和澡堂业,同时紧邻小吃店,有时还挨着酒店,所以经常是居民社交的中心。

老虎灶是临着马路或里弄的小店。里面有很大的灶头(即所谓的老虎灶),一星期七天,全天候24小时供应热水。老虎灶可能是上海唯一的一年到头不关门的店铺。居民区家家户户都是它的顾客,尤其是在上海寒冷彻骨的冬季,老虎灶更是人们常去的地方,夜晚那里还常常排着长队。

由于热水供应不断,靠近老虎灶处放几张桌子、几条板凳,一个简易的茶馆很容易地就建立起来了。晚上把桌凳往角落里一堆,再放上几只木澡盆,挂上一张棉布帘子,茶馆很快就变成了一处简陋而便利的澡堂。[62]

老虎灶遍布整个上海,民国时期日益受到欢迎。1912年,全市有159家老虎灶,1928年是1 123家,1936年超过2 000多家。[63] 这些店在里弄居民区尤为常见。城市里的洋房一般都有热水设备,所以老虎灶在这些居民区不怎么常见。在棚户区,居住的草棚都是匆匆搭建而成的,简陋到难以建造老虎灶。[64]

这些店铺的茶馆业务值得进一步讨论。茶馆一直被认为与中国传统的城市生活相关。尽管茶馆的重要性视地理位置和社会团体(或者阶级)而定,但它无疑是中国文化最显著的特征之一。[65] 举例来说,在江南,一个有几千户居民的中等城镇拥有近百家茶馆是十分平常的事。[66] 在上海,人们却一直认为由于各类有名的饭店、酒楼、酒吧、小吃店的出现,使得茶馆渐渐地衰落了。1933年的《上海指南》用14页的篇幅列出了上海的主要饭店,但茶馆部分仅仅占据5行的空间,这些茶馆多数位于上海的旧城厢和商业区。据编者说:"茶馆在上海不甚发达。"[67]

但是茶馆在上海真的逐渐消失了吗?是不是上海已彻底地现代化或"西化",以至于这一供人们休闲消遣和社会联系的传统商业形式被抛弃了呢？老虎灶的情形说明事实并不是这样的。茶馆不仅继续存在，而且一定程度上还获得特别的复兴。的确，从20世纪40年代起，上海各种类型的茶馆数量有所增加，正如一份报告所指出的那样，这些茶馆包括"老虎灶茶馆，只有一两张桌子，在小街上，茶客是附近的劳动人民"。[68]直到20世纪60年代，在上海狭窄的街道和弄堂里，人们仍不难找到老虎灶和茶馆合而为一的店铺。[69]

老虎灶受到欢迎的另一个原因是它们总是靠近通常被称为"大饼店"的小吃店。这些店服务时间长，通常是从凌晨4点到半夜，有些是全天候24小时营业，主要经营早餐，包括大饼、油条、馒头、油炸饼、粢饭、面条、馄饨、豆浆。在上海这些都是普通的早餐食品（图32）。[70]像别

图32 像这样的大饼店在上海普通居民区的每一条街道都能见到，居民区的每家每户几乎都是它的顾客。图中间的男人正照看着桶状的煤炉上的大饼。两位顾客，一位穿着体面的中等阶层的长衫，另一位戴着礼帽穿着工人阶层的短衫，二人边与烤大饼的聊天，边等着取刚出炉的大饼。烤大饼的后边，厨师正在为一位女顾客盛热气腾腾的面条或馄饨。图正前方手里夹着根香烟的男人可能也是一位正在等候的顾客。（图片来源：R. Barz, Shanghai: *Sketches of Present-Day Shanghai*）

的居民区店铺一样，每一个大饼店起初都是一间客堂间，至多就是两间连在一起的客堂间。尽管顾客可以坐在桌边进餐，但是大多数顾客还是觉得把食品带回仅几步之遥的家里吃更舒服些。

每天早上6—8点是大饼店最忙的时候。急匆匆准备去上班的人们常常排着长队，等候轮到自己购买早餐。主妇们赶来为家里人买大饼、油条和豆浆这三样最大众化的早餐食品。早晨这段时间大饼店可能是上海最拥挤的店铺。过了这个时间段一直到下午，生意相对清淡些。但从下午3点起，随着午后点心的供应，生意又红火起来。[71]

尽管大饼店一年到头都很忙，但是老虎灶却有生意清淡的时候。不过老虎灶的生意似乎总是与顾客的需求相一致。宋阿令（音），来自宁波，经营老虎灶已40年，他解释说：在夏天，热水需求比较小，老虎灶就忙于澡堂生意。在这段时间，店铺的一部分变为洗澡间。在宋的老虎灶后面是一个小房间，并排仅能放下6个木澡盆。但宋说这对顾客来说已经够好的了，吸引顾客的是低廉的价格和店铺提供的便利。顾客洗一次澡只需付6个铜板，而正规的公共浴室最低也要15个铜板。[72]与低廉的价格相比，老虎灶所提供的便利可能更吸引顾客，因为所有的顾客都是距此几步之遥的居民。事实上，大多数顾客都住在一条街上，他们没有必要穿街过巷去正规的公共浴室。夏天，当夜幕降临的时候，老虎灶前就会点起用透明的油纸做成的灯笼，上面用毛笔写着四个大字："清水盆汤"，远远就能望见。[73]吃过饭，手里拿着肥皂和毛巾，一个男人（这类澡堂是专为男人开的）溜达着到了老虎灶，在那里放松地洗个澡。洗完澡，他或许会坐在店里喝杯茶，与别的顾客闲聊，或者到对门店里吃碗馄饨。

像老虎灶或正规的浴室这类公共洗浴设施是居民区一个持久的特征。在嘉禾里，宋的老虎灶后面仅几码远的地方是一处一年四季为居民提供服务的标准的公共浴室，1933年开始营业。[74]这是一座二层的房子，底层的浴室属于"经济实惠"型，而楼上的浴室则是"奢侈豪华"型。每一层分为两间。一间房间备有床和躺椅，是供顾客换衣服和休息用的。洗澡前后，顾客可以懒洋洋地躺在床上或躺椅上，喝茶、读报、聊天，或者干脆什么也不做。衣服和私人物件挂在小偷怎么也够不到的天花板上的横杆上。浴室的服务人员用一根长长的竹竿取挂衣物，这需要一定的技巧。另一间就是浴室本身了，主要设施就是用瓷砖砌就的浴池，看起来极像一个浅水池（大约25英尺长，12英尺宽，3英尺深），嵌在地里，几乎占据了整个房间，只在墙的四周留下一圈狭窄的通道。墙上安装了几个水槽。大浴池是用来泡澡的，洗浴者应当在水槽边而不是在浴池里用肥皂擦洗身体并冲洗干净。

  显然，这样的浴室比老虎灶需要投入更多的资金，因此它们在数量上不算太多，但也很常见。[75] 公共浴室包括老虎灶，往往是中国城市的特征。既提供茶水又有按摩服务的大型公共浴室，不晚于13世纪就已遍布于诸如杭州这样的江南城市。[76] 这类浴室繁荣兴旺了好几个世纪，在上海的外国租界里得到了复兴。罗伯特·福钧（Robert Fortune）描述了1844年位于上海老厢靠近其住处的一家浴室。这家浴室几乎在每个方面都与一个世纪后嘉禾里的那家浴室相类似："外面两间屋是用于脱衣服和穿衣服的，第一间也是最大的一间浴室，是供穷人阶层用的；第二间供那些认为自己应受到更大的尊重，想私自享用浴室的人……尽头是入口，有一扇小门，大约有30英尺长20英尺宽；除了在四周留有一条狭窄的通道外，水池占据了整个房间的空间。水有1英尺到18英寸深，浴池的四边嵌着大理石片，洗浴者从这里进入池子，并坐在池子边上搓洗。"福钧接着又描述了当浴室里满是人时蒸气腾腾的情景："下午和晚上，浴室里挤满了洗澡的人，一进入浴室，给人留下的第一印象就令人难以忍受；在门口，热蒸气扑面而来，眼睛和耳朵里全是，全身每一个毛孔都在出汗；它使得浴室几乎暗了下来，在微弱的灯光下，黄皮肤留长辫的中国男人在水中嬉闹，这一幕对于一个英国人来说真是滑稽可笑。"[77]

这一情景在当时的欧洲人看来是滑稽的，但对于福钧眼中所见的人而言却是又正常又舒适的。福钧本人也意识到：中国的浴室"在促进本地人的健康和舒适方面是极其重要的"。到19世纪晚期为止，以"盆汤"著称的公共浴室已经成为上海外国租界一个固定的特征。[78]

福钧之后的一个世纪，在一位中国作家对上海公共浴室的描写中记录下了几乎与福钧所见完全一样的情景，不过这位作家的笔调是欢快的："当你推开浴室的大门，迎面便是一片氤氲，全是温柔的水蒸汽。尤其在冬天，你一进门准有温暖如春之感。……你且随遇而安地找一位置躺下来……先是一卷滚烫的手巾递到。同时送来请示过你愿喝的茶。不用你费吹灰之力，就代你宽衣解带，回到自然。"作家接着描写了以下洗澡时的活动的乐趣：与一起洗澡的人聊天、看报、吃点心，沉溺于"擦身""按摩背""修脚"这类任何公共浴室都习见的价格十分合理的各类服务。[79]这些服务中的一些是身体治疗，例如"修脚"，在洗完澡后，服务员拿着一把小刀来修脚趾甲、老茧和鸡眼。不是在医院、诊所，而是在澡堂，数以千计的脚疾（例如有鸡眼、疣、甲癣和真菌）患者得以治愈。[80]一句古老的中国民谚幽默地揭示了日常生活中茶馆和浴室的乐趣："早上水泡皮，晚上皮泡水。"[81]老虎灶附带的服务——供应茶水和提供浴室——轻而易举地满足了人们的这两种需求。[82]如果福钧有幸活到民国时期的话，他能亲见数不清的老虎灶和浴室，与他在一个世纪前在上海县城里记录下的情景完全相似，也许唯一的不同是中国人的"辫子"不见了。

小菜场

大饼店和老虎灶结合在一起，经常坐落在靠近露天菜场的地方，露天菜场在上海话中以"小菜场"著称。这里的形容词"小"描绘的是所售物品的类型，不是市场的大小。"小菜"一词起源于苏州话，实际上包括相对于主食米饭而言所有的菜肴——肉、蛋、鱼、豆制品和蔬菜。这个词的意思还有：这些菜是"家常菜"，不同于"餐馆里的菜肴"。最后，当这个苏州方言里的词被吸收进上海话后（上海话里的很多词语都起源于苏州话），就有了一个新的意思。"小"这个字反映了近代上海的"崇洋"心理："小菜"意思是日常家里所做的中国菜，不同于被称为"大菜"或"大餐"的西菜。在上海人的眼里，西菜是与雅致精美的东西联系在一起的，中国菜则与日常生活联系在一起。因此，后者只能是"小菜"。[83] 无论如何，像米店、煤店、小菜场（下面开始用"菜场"一词），都是日常生活中不可或缺的一部分。而且，由于天天去菜场买新鲜菜的习惯（做每顿饭都出去买新鲜菜也非少见），菜场成了一些家庭成员每天至少要光顾一次的地方。

上海菜场的历史是与上海饮食的变化相平行的，这一点可在普通家庭餐桌上的饭菜中体现出来：从相对简单的以米饭和蔬菜为主的每天的饭食到多种多样的饭菜。尽管早在近代之前上海就是一个繁荣的县城，但普通人的日常饮食并不富足。张春华是一位上海的民俗资料收集者，他于道光年间（1821—1850）观察到，"吾邑滨海，故俭俗也"。这暗示了这样一个事实：海边的土地并不是肥沃的农田，人们在花钱方面必须小心谨慎。类似的观察在地方志里也有记录。[84] 对多数人来说，荤菜并不是每天都有的。普通家庭大约每个月吃四次鱼肉：通常是在阴历的初二、初八、十六和二十三。这几个日子被称为"当荤"。其他日子，蔬菜和豆制品是主要的下饭菜肴。[85] 中国菜系起源于具体的地区，像众所周知的粤菜、川菜等，而简单的、以蔬菜为主的上海菜与著名的菜系相比显得微不足道。

尽管近代上海在迅速崛起，但在烹调方面并没有像其他领域那样享有盛誉。在中华民族灿烂辉煌的烹饪传统中，上海菜的烹调方法被认为是非主流，甚至是不入流的。然而，近代上海的繁荣和其人口来自全国各地这一事实，就意味着中国所有的主要的烹调流派都传入了上海。事实上，多样性已成为上海菜的显著特征,这一情形很像当代的美国:尽管麦当劳快餐(如果我们把它看作是美国烹调风格的代表的话)不可能被评为世界上最好的饭菜,但在美国各主要城市,人们可以随时在餐馆品尝到各种风格的应有尽有的美味佳肴。就菜肴而言,20 世纪上海最有意义的变化当然不是饭馆里的美味,而是摆在普通人家餐桌上的饭菜。普通人家菜肴最明显的变化之一是荤菜(这个词指的是各种肉、鱼、蛋、海鲜等,与之相对的是素菜)成为主菜。到 20 世纪初期,一般家庭奉行的标准是"无荤不吃饭",而蔬菜成了配菜。[86] 民国时期上海的菜肴,无论是饭店里供应的还是家里做的,或许都是国内最丰富多彩的。[87] 用各种方法(煎、炒、蒸、炖、烤等)烹饪的各类肉、鱼和海鲜是日常的膳食。一顿饭若是只有蔬菜、豆制品或腌制品,会被认为是膳食欠佳。举例来说,所谓的上海苦力的伙食,尚包括"豆芽、咸鱼和洋白菜等家常菜"[88]。人力车夫的膳食是典型的苦力伙食,可除了米饭、面条、大饼和粽子以外,还包括各种青菜、土豆、豆腐干、豆腐、咸鱼和鲜鱼,但一般人认为这些伙食是"极其低廉和粗劣"[89]的。上海的一首民歌借着一位被宠坏了的小孩的嘀咕,来显示上海人是如何讲究饮食的:

> 当肚皮饿格时候,
> 我们马上拿起筷,
> 奔向厨房间,
> 看看有点啥小菜?
> 又是青菜炒豆腐,
> 叫我那能来下饭? [90]

当蔬菜和豆制品还是饭桌上的主菜的时候,人们从送货上门的商贩那里购买大米和蔬菜,这些商贩大多数是附近的村民。出售肉、鸡、鸭、蛋、鱼和豆制品的商店都在上海县城及其附近的南市。那时外国租界里也没有正规的菜场。

英国人托马斯·汉璧礼（Thomas Hanbury,1832—1907）投资上海的房地产赚了一笔钱。他还促成了上海与伦敦的第一次电报业务。汉璧礼看到若给商贩配置帐篷和摊位，让他们在固定的场所卖菜肯定有利可图；如果这个固定场所靠近他的地产，那他的地产一定会因为附近有个菜场的缘故而增值。[91]在向法租界公董局呈递的申请中，汉璧礼和他的合伙人建议每年向这个菜场征500两白银的税，10年以后公董局就可以免费拥有这个菜场，公董局批准了这一申请。1864年，一些帐篷沿着宁兴街搭建起来。宁兴街建于1863年，是法租界洋泾浜南岸一条狭窄的街道，汉璧礼和他的合伙人在那儿拥有一些地产。公董局在租界里张贴告示，宣布从1865年1月1日起，所有的菜贩必须到中央菜场（宁兴街菜场的名称）里去卖菜。但是，告示无人理睬，菜场没能维持多久，因为当时人们的饮食十分简单，人们已习惯于商贩送菜上门的传统方式。在公董局方面，它也不愿把所有的商贩都赶进"中央菜场"从而形成垄断。1865年4月，在开张经营了3个月之后，宁兴街菜场就关闭了。[92]

但是，宁兴街菜场却留下了一份"遗产"。这条街由于汉璧礼在此开办菜场而获得了一定的名声。数年之后，沿着宁兴街陆续开办了一些肉店、禽蛋店。到了20世纪30年代，在这条1 720英尺（525米）长的街道上已有了数十家店铺和1000多个菜摊，可分成25个大类（蔬菜、水果、肉等）的700多种不同的食品在这里出售。那时，几乎没有人知道这条街的正式名字；相反，多数人称它为"菜市街"（现宁海东路）。这一名称至今仍为当地居民所使用，真可称得上是名副其实。[93]

更为重要的是，宁兴街是第一个天天开放的菜场，在那里居民们可以买到"小菜"。事实上，在宁兴街菜场开张后的几年内，类似的菜场就在公共租界和法租界其他地方建立起来：1871年，一家菜场在八仙桥开张；第二年，又一家菜场在靠近南京路的五福弄开张；1879年，南京路上开了一家菜场，紧接着1884年又开了一家。五福弄菜场是由当地的一个商人杨志静（音）发起创建的，他出钱搭建了一些帐篷，给那些经常聚集在五福弄做生意的商贩使用。后来，上海工部局担负起市场管理的职责，每月向每个摊位征收2—3元的税。公共租界里的菜场以这样的方式由租界当局管理着。[94] 1930年上海华界当局公布了有关菜场的法规，这表明菜场已经成为城市体系内正规化的标准设施。[95]

上海大多数的菜场并不像最初的宁兴街菜场，是由汉璧礼及其合伙人精心设计而"建"起来的，却更像后来的宁兴街菜场，是自然"长"起来的。如同中国城镇里传统的菜场一样，上海的菜场经常是从某一点开始，通常是在路边，小贩们经常在那里摆摊。渐渐地，铺面摊位在其周围开设起来，于是一处露天菜场就出现了。[96] 自然，这种菜场总是靠近人口稠密的地方，在很多情况下恰好位于普通居民区的中间。[97] 直到20世纪，一些设在多层建筑物里的菜场都是由私人企业主（很多是英国人）与市政当局发起的。大多数建筑物是在1937年战争爆发之前的20年里建造起来的，是与城市人口日益稠密的状况相适应的（尤其是在外国租界里，见图33）。然而，它们一般就建造在菜贩的聚集处。例如，三层楼高的三角地菜场，是上海最大的菜场（据1986年的一次测量，它的面积为78 500平方英尺［7 300平方米］），建于1916年，地点就在1891年露天菜场第一次出现的地方。[98] 西摩路菜场，以卖西式食品（尤其是牛肉、熏肉、外国火腿、黄油、奶酪）而出名，它建于1929年，为居住在静安寺路（南京西路）西端人数不断增长的富有居民提供伙食。水果和鲜花在别的菜场并不常见，在西摩路菜场却可以找到，这是为了满足"上只角"居民区居民的需要。[99] 其他主要的菜场，像太平桥菜场（建于1917年，又被称作西门菜场）、提篮桥菜场（建于1934年），还有八仙桥菜场（建于1871年），都位于城市人口最密集的地区。[100] 上海的外侨也在菜场买菜，一些菜场与特定的外侨居住区联系在一起。例如，北部菜场（建于1939年）有200多个由日本商贩经营的菜摊，是为虹口的日本人聚居区服务的。20世纪40年代初期，上海有两万多犹太难民，一些犹太人靠贩卖罐头食品和面包谋生，而提篮桥菜场就靠近虹口的上海主要的犹太人聚居区。[101]

图33 一处室内菜场，这是上海工部局于1930年建造的一幢四层楼的建筑，位于福州路和浙江路拐角处，面积将近25 000平方英尺，花费了73 000两白银。（图片来源：上海市档案馆）

然而，设在固定建筑物里的菜场属于"精华"。到1937年8月，上海共有49家主要的菜场，其中大部分是露天菜场；1937年以后新建的菜场都是露天的，直到1949年以后仍是如此。[102]一家典型的露天菜场往往占据着马路的一部分（两个十字路口之间的路段），早晨机动车禁行，因为这段时间是菜场最繁忙的时候。大多数菜场位于靠近居民区的后街上，这里机动车很少。由竹片搭建而成的棚屋占据了马路两边的人行道，供菜贩摆摊使用。这样，顾客只能在行车道而不是在人行道上行走。上海的大多数马路是用水泥和沥青铺成的,而典型的菜场路面却是用拳头般大小的不规则的石头铺成的。据说这种路面有其优点:因为菜场里的道路总是湿的,粗糙的路面可以防止打滑、减缓车速和减少维修的需要。[103]

　　前面已经提到,尽管上海传统的烹饪不被看作中国最好的烹饪之一,但近代上海是一个移民城市,一般家庭中的烹饪,就像有人所说,是"一个真正的熔炉"[104]。能够满足不同的口味是对家庭主妇的基本要求。"旧时,'石库门'里的媳妇是难当的。"一位作家这样回忆道,"上海本是个'移民'的聚居地,居民来自五湖四海,几代通婚之后,往往一家几口,籍贯就好几个。公公是苏北人,婆婆是宁波人,媳妇的娘是广东人,而爹却是四川人——这是一个很平常的家庭,但她照样安排得很好,公婆都比较满意,她自己也吃得很乐胃,而丈夫、小叔子、小姑对这个'新娘子''新嫂嫂'也赞不绝口。"[105]她的秘密就在于所谓的"海派家常菜",即普通上海家庭日常所做的菜肴。上海家常菜可分为三大类:第一类是地方特色菜,像绍兴的"霉干菜炖肉",宁波的"蒸鳗鱼""肉糜炖鳗鲞""咸菜煮毛豆",苏北的"油炸肉丸"(以"狮子头"著称)、广东的"蚝油牛肉",四川的"回锅肉""麻婆豆腐",杭州的"西湖醋鱼""东坡肉"(以著名文学家苏东坡[1037—1101]的名字命名)"西湖莼菜汤",上海的"八宝辣酱"(八宝,指的是肉、豆腐干、花生、竹笋等等)"肉丝豆腐羹"等等。第二类是模仿菜馆里的菜肴所做的家常菜。中国的各大菜系都有类似于特价午餐(Lunch special)这样的菜肴,不需要复杂的制作程序和特别设备(如特大号的炉子或锅),因此也能够在家里烧制。这些菜大多数是炒菜。事实上,用旺火爆炒是上海人最喜欢的烹调方法。[106]因而,用热炒方式烹饪的肉丝、鱼片、鸡块、虾、鳗鱼、豌豆、干香菇、竹笋以及其他许多美味的菜肴,使得家里的餐桌大为增色。一些餐馆里做的菜,像"腰果豌豆炒虾仁""洋葱炒肉""糖醋小排""三鲜汤"等也被称作"家常菜"。最后一类家常菜不是来自已有的烹任方法,而是家庭厨师的创造发明。她(他)尽可能地使用厨房里现有的原料,偶尔也模仿一下西菜的做法,例如,把柠檬放在蒸鱼上,把黄油加在牛肉汤里,用香菜装饰盆菜等。有一种汤在夏天尤其受欢迎,它是用白菜、番茄、土豆、胡萝卜加上牛肉熬成的,被称为"罗宋汤"("罗宋"是上海方言里对英语单词"Russian"即俄罗斯的"走调"的发音)。[107]

像这些都是上海大多数家庭日常餐桌上的菜肴。一日三餐吃得不错或者至少要吃得丰盛,是上海大多数居民包括工人阶级家庭的共同之处。一份对上海工人阶级家庭生活的调查,记录下了305户工人家庭一年的日常花销,日期是1929年的4月到1930年的3月。调查显示这些家庭中所消费的各类食物包括:22种谷类或谷类制品,12种豆制品(不包括大豆本身),66种蔬菜,55种肉、鱼和蛋类,20种水果和干果,14种调味品,这些还只是常见的食物;不太常见的食物被划入"其他"类里,尚未计算在内。[108]总的来说,上海的工人要比其他城市的工人更有营养。通过1940—1942年对北京、上海和重庆工人营养状况的比较研究发现,这三个城市存在巨大的差别。例如,上海工人的营养有13.2%来自肉、鱼和蛋,而北京的工人仅有3.2%的营养来自这些食物;上海工人的营养有22.7%来自混杂的食物(除了谷物、蔬菜、肉之外的食物),北京工人仅为7.7%。重庆工人家庭平均花在食物上的钱仅是上海工人家庭花费的45.7%。[109]

地方菜场使得"上海家常菜"的种类丰富成为可能。或者说,每天都要吃新鲜的菜使得离家不远就要有菜场成为居家的必要条件。1940年一份中国医学联合会的特别报告披露:在上海消费的526种普通食物中,大约有一半能在菜场上买到。[110]上海最大的菜场之一——八仙桥菜场,最初被称作"华洋菜场",就是因为它所出售的食物种类繁多,吸引了众多的中国人和西方人。自1929年菜场所在的建筑被改造以来,这里一直以"副食品大世界"著称——这不仅仅是因为这家菜场位于著名的"大世界"娱乐中心西南不远的地方,更因为它为人们购买食品提供了多样化的选择。据统计,这个菜场共有2 700多种不同的食品。[111]虽然一般的菜场在食品的多样性上根本无法与其匹敌,"副食品大世界"所有的做菜所需的各种配料在一般菜场也能买到。

民国时期,尽管商贩仍旧走街串巷兜售商品(主要是大米和新鲜的蔬菜),但对大多数上海居民来说,从商贩那里买菜已退居其次成为一种补充。每天清晨,某位家庭成员或者佣人提着篮子去附近的菜场购买一日三餐要吃的"小菜"。当人们在弄堂里相遇,他们会彼此打招呼说:"小菜买好了吗?"这句话的意义和功能有点像中国人习惯性的问候:"你吃了吗?"[112]

街区购物

上海各种各样的街区小商店、小店铺和菜场使得人们在单个街区购物成为可能。尽管上海人把南京路看作市中心,但很少有人觉得有常去那里的必要,理由很简单,他们不必穿越多条马路就能买到日常生活中的大部分必需品。他们的日常购物中心,一定程度也是社交和消遣娱乐中心,位于街道的拐角,即老虎灶和大饼店所在的地方。某种意义上,用施坚雅的话来说,这些商店是上海人的"标准市镇",而南京路则是"省会"。的确,上海的街区商店与施坚雅在他的标准市镇模式中所描述的商店有一定的相似之处:

> 尽管标准市镇的大多数商人可能是流动的,但标准市镇一般都会有一些最小型的固定设施。除了在社交方面十分重要的茶馆、酒店和餐馆外,典型的标准市镇必定有一个或一个以上的油店(卖的是油灯的燃料)、香烛店(卖的是宗教用品),至少还要包括一些由其他人提供的织布机、针线、扫帚、肥皂、烟草和火柴等物品。标准市镇通常还有一定数量的手艺人,例

如铁匠、木工、棺木匠和扎彩艺人等。[113]

如果说"标准市镇"充分满足了中国农民的需要,那么也可以说小的街区商店和菜场满足了上海普通民众的需要。对坐落在上海4个不同区域的7个街区的调查发现:平均起来算,82%的居民是在街区商店购买大部分物品。甚至是在南京路和霞飞路这两处商业中心之间的宝裕里,离这两条马路步行仅仅10—15分钟路程的一条弄堂,也只有5%的居民在南京路和霞飞路购买大部分的物品。[114]就像在第四章讨论过的石库门房子一样,宝裕里本身也是一处小的商业中心,从而形成这样的购物模式。宝裕里长410英尺(125米),宽15英尺(4.6米),主弄的两边开设了无数的商号,包括烟纸店、大饼店、裁缝店、火腿店、煤球店、五金店、洋货店、饭馆和布店。另外,宝裕里内还有一家小酒店、一家袜厂、一家诊所和一所小学。[115]

从20世纪初以来,上海提供给顾客的是全国最好的和品种最丰富的商品(包括外国奢侈品)。即使在今天,从首都到偏僻的乡镇,在大街上还经常可以看到写有"上海制造"和"上海式样"字句的商业标志,这反映了上海商品在中国消费者心目中的威望。但对于普通上海人来说,街区商店已足以满足他们大部分的需求了,他们很少去别的地方购买时髦的商品。尽管上海大部分地方交通都很便利,但很多年来只去过一两次南京路和外滩对于上海人而言是再平常不过的事情了。一位受调查者告诉我,在过去的50年里她只去过南京路三次:初次到上海时是去观光游览,另一次是为儿子买结婚戒指,再一次是国庆节(10月1日)看焰火。[116]当问到为什么不经常去南京路时,一群在上海生活了一辈子的居民告诉我:"在那儿我们没有什么可买的。""为什么不去那儿逛逛商店呢?"对于这个问题,他们的回答是:"我们很少有时间逛马路看橱窗。"[117]

然而,"逛马路"却是大众喜爱的消磨时间的方式。作为市中心的南京路和具有欧陆风情的霞飞路，是上海两个最著名的"逛马路"的地点。这两条马路大约各有 1 英里长，7—8 英尺宽（包括人行道）。[118]20 世纪 30 年代初，上海有 300 万居民，到 40 年代末则达到 500 万。即使大多数居民只是偶尔在此购物或逛街，这里也总是充满了拥挤的人群，更不用提每天数以千计的旅游者和参观者了。在他们的旅游路线上，这两条马路是必须参观的地方。

但是，如果想要得到比邻里商店所能提供的更多的商品选择，或者想在"逛马路"上花掉一个小时左右的时间，那么可以去地区性的购物中心。这样的场所通常在繁闹的十字路口，距离每一个居民区步行 10—15 分钟的路程。用当今的行政管理词语来说，它们被称作"区级商业中心"，在上海共有 25 个，平均每个中心拥有 70 家商店，总量约占上海零售商店的 10%。[119]在上海的商业层次中，这些中心可能类似于施坚雅"标准市镇"模式中的"中间市镇"，介于"标准市镇"（即街区商店所在的街区）和"省会"之间。这些商业场所大多数是从 19 世纪晚期发展起来的，大都有一个有趣的故事。

静安寺，它的创建可以追溯到 247 年，即三国时期。从 1216 年起，它开始位于现在的地点，但是现在的建筑却是 19 世纪晚期重建的。不知从何时起，寺前一口天然的水井（可能是一眼泉水）日夜不停地汩汩冒水。当地居民会把它称作"涌泉"或"海眼"，认为这口井因与太平洋相通而永远不会干涸。1862 年为防止太平军进攻上海，英美租界当局修建了从南京路到静安寺长达两英里的军事通道。后来这条路被上海工部局正式命名为"涌泉路"（即静安寺路），再后来成了上海西区一条风景优美的街道。1880 年和 1894 年静安寺两度重建和扩充。1874 年，涌泉被大理石栏杆围起，一块写有"天下第六泉"的石碑为之增添了光彩。从 1881—1961 年，每年农历四月初八前后都要举行几天的庙会来庆祝佛祖释迦牟尼的生日。庙会期间，静安寺附近的街道上满是帐篷和货摊。

据报道,在一些年内每次庙会都能吸引 20 多万人。[120]

徐家汇,即徐氏家族世代所居的村庄,是明朝礼部尚书兼东阁大学士(其地位相当于现在的总理)徐光启(教名保罗,1562—1633)的故乡。由于徐光启皈依了天主教,后来耶稣会士又出现在了这个地区,徐家汇才慢慢出了名。1847 年,也就是上海开埠后的第四个年头,徐家汇建起了天主教堂,此时这里还完全属于乡村,坐落于三条河流的汇合之处。清咸丰年间(1851—1861)这儿唯一的商店是徐氏后裔徐景兴(音)开设的米店,那是建在横跨河流的东升桥东塊的三间茅草屋。19 世纪晚期,随着上海人口的迅速增长,这一地区的人口也逐渐增多。到了 1914 年,当法租界正式把它的边界延伸到徐家汇东边的时候,这一地区已经成为相当繁忙的商业区了。但是,它的特色还是与教堂相关联。1910 年,一座哥特式的天主教堂在徐光启墓北不远处建立了起来。从那时起,这座天主教堂就成了徐家汇地区重要的标志性建筑。其他教堂和由教会办的学校、图书馆、博物馆、出版社、慈善机构以及天文台也在这一地区发展起来,这使徐家汇成了即使不是全中国也是上海最重要的天主教中心。[121]

曹家渡,位于上海旧县城大约 2.5 英里远的地方。一块显示年份为 1762 年的石碑表明,当地曾有一户曹姓人家(其祖先于 16 世纪晚期从安徽迁移来此)在此处经营着一个渡口,帮当地农民渡越苏州河,曹家渡由此得名。19 世纪末这里仍旧是乡村,一些西方人士开始在此建造别墅,享受田园风光。1892 年,曹家渡设镇。三年后,这里出现了一家缫丝厂。接着,棉纺厂、面粉厂、皮革厂、灯泡厂和其他许多工厂相继创办。进行农产品交易的批发商号也纷纷落户于此,他们主要是看中这里地处苏州河畔的有利位置。苏州河通往江南尤其是上海西面太湖流域土地肥沃的鱼米之乡。到了 20 世纪 20 年代早期,曹家渡已成为上海主要的工业区之一,几条"越界筑路"把这一地区公共租界的西部联系在了一起。因此,曹家渡地区与市区已连为一体。曹家渡的中心，位于六条马路的交汇处，以"五角场"而著称。除了工业和商业外，这一地区也是中国各地移民的聚居地，其中包括来自无锡（江苏省）、湖北、宁波（浙江省）、苏北（江苏省的北部）等地的移民，而包括日本、英国、意大利等国的外侨也选择此处为定居之所。享有盛誉的圣约翰大学和著名的兆丰公园（现中山公园）离曹家渡仅几步之遥。[122]

北站，名字源于上海一处主要的火车站。北站于1909年建成，沪宁和淞沪铁路在此交汇。北站位于公共租界的北边，由于地理位置优越，它的周边地区成了闸北的中心。尽管曾遭到日军1932年和1937年两次大轰炸，北站却劫后幸存，70多年来一直是上海的陆上大门，直到1987年在它的西边建造起一个新的火车站为止。民国时期，北站及其附近地区被认为是华界政府治理下上海最发达的地区。[123]

提篮桥，是上海东北方向虹口地区最繁忙的商业区。这一地区作为市镇至少可以追溯到清嘉庆年间（1796—1820）。据说这一地区曾风景如画，是典型的江南市镇：一座33英尺（10米）长、6.5英尺（2米）宽的木桥，建在流入长江口的下海浦上。四周稻田纵横，河网密织。[124]这附近有座以河流的名字命名的古庙——"下海庙"，吸引了众多香客前来进香。逢集的日子，农民、商贩、香客和其他各色人等更是聚集在提篮桥周边的道路街巷。提篮桥南面外国租界的出现，使得这一地区比以往更为繁忙，因为对东北郊区的居民来说，这座桥是进入市区唯一的水上通道。靠近桥的东端原有家竹器店，以制作精良的提篮而闻名，这座桥和这个地区由此而得名。[125]

老西门，是上海旧县城的六座城门之一。上海的城墙是1553年为抵御倭寇而建的。每座门都有一个优美的名字，刻写在城门上方的石头里。但是这些名字对于普通老百姓也许过于雅致了，人们更喜欢根据其所处的方位来称呼它们。老西门的正式名称是"仪凤门"，由于它在上海县城的西边,人们就直接称它为"西门"。1906 年,为了提高车流量改善交通状况,在城墙的西段又新建起了一座城门,于是人们开始称仪凤门为"老西门"。老西门毗邻外国租界,从而渐渐形成了一处繁忙的商业区。它紧靠法租界,1912—1914 年,当城墙和所有的城门被拆除后,这一地区与法租界连成一片。但是,"老西门"这个名字仍保留至今。[126]

某种意义上,小的街区商店和这些地区商业中心使得上海成为一个步行者的城市。无论是情绪低落还是精神饱满,无论是在阳光明媚的春天的早晨,还是在凉风习习的夏日夜晚,人们都可以走出弄堂的大门,到附近的街上去散步。路上,他或她碰到熟人点个头,见到邻居打个招呼,或是遇到朋友问候一声,没多久就走到了附近的商业中心。上海的街道似乎从不会令散步者厌倦。王映霞(1907—2000)与郁达夫结婚的初期,两人常常在上海西区散步。1928 年,这对年轻的夫妇在赫德路上的嘉禾里租了一间房子,这是静安寺路南部的一处住宅区。半个多世纪过去后,王映霞怀旧般地回想起当时的情景:"我们常在霞飞路的洋槐或洋梧桐下的人行道上散步,向西走去。行不多时,徐家汇天主教堂的双尖塔顶就可以望得见了,倘若我们的脚力还可以胜任的话,那么就会折向龙华。龙华寺的龙华塔,是我们经常去的,这样的一段相当长的路程,是当年我和郁达夫经常去散步的地方。来回一次之后,我们并不感觉到怎样疲劳,可是这一晚的睡眠,必然很甜很香。"[127] 在另一场合,王说:"郁达夫喜欢步行,当时我年轻不懂事,对他百依百顺,也跟着他一起走路。这样,我们在上海走了五六年。现在我年逾八旬,尚能步行,不拄拐杖,这不能不记上郁达夫一功。"[128] 在上海,散步以寻求乐趣和放松身心是很平常的,尤其是在上海西区,那里的街道路面宽阔,绿树成荫。宋庆龄(孙中山夫人)也曾回忆说,在孙中山的晚年,她和孙喜欢在愚园路(在静安寺路的西北)上散步。[129]

但是,在离家不远的商店里购买日用必需品同日常生活的关系更为密切。对大多数家庭而言,这并不是一周一次的任务,而是天天要做的事情。陈月华是电车司机的妻子,有四个孩子(三个女儿和一个儿子),她的日常购物活动就说明了街区商店和小菜场在上海人日常生活中的重要性。从 1939 年以来的半个多世纪里,陈的一家一直住在赫德路正明里(邻近嘉禾里,郁达夫和王映霞在 20 世纪 20 年代后期曾住在那里)。赫德路那一段是普通的里弄住宅区,沿街的前几排房子开了许多小店(表 8)。下面的叙述主要是由陈月华提供的,并被其他人提供的资料所证实,它们一起构成了一幅可以说是过去几十年来上海家庭日常购物的图景。

陈月华是早晨家里第一个起床的人。穿好衣服、刷完牙,她就急匆匆地穿过街道赶往菜场去买新鲜的蔬菜、鱼和肉。这家菜场位于赫德路和哈同路(现铜仁路)之间的一条小马路安南路(现安义路,安南是"越南"的旧名)上,距离她的家只有 1—2 分钟的步行路程。整条马路大约 865 英尺(264 米)长、65 英尺(20 米)宽,早晨交通管制,人行道上满是摊位。[130] 尽管菜场全天候开放(从早上 6 点到晚上 7 点),但通常只有在上午卖菜。很多居民喜欢一大清早就去菜场,因为那时的食品最新鲜、种类最丰富。[131] 王映霞回忆说,她通常都是从嘉禾里穿过马路到安南路菜场买菜的。就像她所说的,郁达夫"最讲究的是吃",喜欢"每天每顿的菜肴,必须调换花样"。郁达夫认为街对面的菜场不够好,因此王映霞经常沿着静安寺路走到西摩路菜场。那里的食品种类非常丰富,但大约要走 15 分钟的时间。[132]

话题还是回到陈月华。陈从菜场回到家(通常是早上 6 点半到 7 点),马上开始生煤球炉。生火需要三个步骤:首先在炉子的底格燃着一张报纸或是其他废纸,然后把木柴放在火上,当所有的木材都点燃后再放上煤球。这一整天里差不多每个小时都要往炉子里添煤球,为的是不让炉火熄灭。她有时注意到木柴或煤球快用完了,就要在煤球店早上 7 点半开门后去购买。

尽管大多数家庭不必天天去煤球店,但它仍是上海人经常光顾的地方。煤球体积大,需要占用一定的空间,而上海居住条件拥挤,因此大多数家庭只储存够烧一个星期的煤球。为了让煤球炉整日不熄,如果像大多数家庭那样,从早上 6 点烧到晚上 9 点,那么一个月就需要大约 276 磅(125 公斤)重的煤球。需要指出的是,早上煤球炉生火需要木柴,这些木柴也要到煤球店购买。下午,大多数家庭并不需要让炉火烧得很旺,但也不能让火熄灭,因为还要用于准备晚饭。他们用煤灰浆(煤灰同水混合在一起)暂时封住火头。湿的煤灰浆封在炉子的顶部,这样炉子下面的煤就会燃烧得很慢。一旦把煤灰拿走,炉火会重新旺起来。有些家庭就用这种方法让炉火整夜不熄,这样第二天早晨他们就不必再生炉子了。因此,煤灰是人们需要从煤球店购买的另一样东西。

煤球店总是靠近没有煤气供应的里弄居民区。煤球很重,如果没有运载工具的话很难运回家。煤球店常常会为顾客准备竹扁担和竹筐,以方便他们把煤球挑回家。在上海街巷里弄,经常可以见到男人们用扁担挑着两筐煤球(每筐煤球 55 磅,即 25 公斤)从煤球店回家。这也许是上海人唯一需要使用扁担的场合,扁担至今仍是中国农村最常用的挑物工具。为了方便顾客,一些煤球店还免费为顾客提供四轮手推车,但是煤球店一般只负担得起备有一辆手推车的费用,因此还是扁担的使用率更为频繁。[133] 扁担这一乡村工具并没有在近代上海完全消失,这再次证明在上海这一西化的城市中传统的韧性。

生好炉子,陈月华紧接着就要去大饼店买豆浆、油条和别的早餐。对于上海大多数家庭来说,早餐十分简单,往往只有泡饭(在沸水里加热隔夜的剩饭而做成稀饭)。对于大多数上海人来说,这是最经济、最方便的早餐。就着酱菜、豆腐乳、肉松、咸蛋、皮蛋吃完泡饭,人们便有精神去上班了。1991 年一项关于上海人早餐习惯的调查显示,泡饭仍是最受欢迎的早餐,有 66% 的受调查者说就着酱菜吃泡饭就是他们日常的早餐。[134]

但是泡饭不顶饿，不到中午人又感到饿了。因此，像大饼、油条或豆浆这些从大饼店购买的食品经常作为早餐的补充和下午的点心。不用说，从大饼店买现成的饭食比自己做泡饭开销要大得多。上海大多数家庭（不单单是那些住在弄堂里的）的成员早餐吃泡饭，而把从大饼店买来的点心省给上班者或年长者吃。例如，据76岁的吴天明（音）说，他母亲长寿（采访之际她已经是104岁高龄）的原因之一，就是几十年来他们夫妻早餐吃泡饭，而让母亲吃从大饼店买来的点心。[135] 显然，这个例子体现了传统的孝心，同时也显示了大饼店在上海人日常生活中的作用。事实上，大饼店里的四种典型食品——大饼、油条、粢饭、豆浆，通常被称作"四大金刚"。这些食品（加上泡饭）不仅是上海人早餐的来源，同时也是人们生活中不可或缺的一部分。一位在美国生活了二十来年的"老上海"曾对朋友感叹说，这些食品是他在国外最想念的东西。他的朋友是位历史学家，对这种怀旧之情进行了评论："在这个朋友的脑海里，大饼、油条和泡饭这类东西成了他对上海的观念的一部分。"[136]

这是对西方在上海的影响的一个反讽。上海以著名的西餐馆尤其是俄式烘焙传统而著称：这座城市一直是"上个世纪面包、糕点、馅饼、糖果和其他西式点心在中国各地流传的中心"。[137] 但是，西方的这一影响主要局限于南京路和霞飞路（现淮海路），上海的大多数西餐馆坐落在那里，但并没有进入上海普通人的日常生活。对于后者，泡饭、酱菜或者从大饼店买来的点心才是上海人桌上的早餐。

为了让全家吃上热饭，陈月华通常一天要做两次饭（午饭和晚饭），一般是米饭、三菜或四菜一汤。但是，对于那些白天没人在家做饭的家庭，午饭往往是煮面条或馄饨。面条、馄饨皮、饺子皮和面包都是从米店里买来的，都是新鲜的，也就是说必须现买现做。如果隔了夜，就不适宜再吃了。于是，很多居民需要天天光顾米店。

对于日常烹调而言，最重要的商店莫过于酱酒店或糟坊。[138] 这些商店出售各种各样的食用油、酱油、盐、醋、葡萄酒、白酒、豆腐乳、酱菜和其他调味品。仅酱菜和豆腐乳就有十数种之多，即使是烹饪油也有好几种，包括花生油、豆油、菜籽油、椰子油、芝麻油和猪油。在20世纪40年代，普通的酱酒店一般由2—3个人经营，2 000多家酱酒店"芝麻一样洒遍全市"。[139] 陈经常光顾酱酒店。豆腐乳、咸菜、酱菜是拌着平淡乏味的泡饭吃的，而烹饪油、盐和其他调味品则是上海家家户户天天都要用的。

上海的家庭购买这些日用必需品的量一般不会很大，相反，他们情愿常去商店以保证食品的新鲜，他们认为从店里买来的食品总比在家里放上好几天要新鲜得多。一些烧菜用的调味品，像辣椒酱和豆瓣酱容易变质。无论什么食品，只要一两天内吃不完，就会被倒掉。[140] 给这一习惯提供方便，或者说助长了这一习惯的缘由，就是因为商店离得很近，人们很容易地就能在附近的商店里买到刚刚上架的货物。某种意义上，经常购物和购买新鲜食品是当时中国城市居民特有的奢侈。住在农村的人们通常离主要的商业区或集镇很远，所以就享受不到这一奢侈，现代的西方人也是如此（他们的"新鲜"食品的来源主要依靠家里的电冰箱）。据陈月华说，当她在煤球炉上炒菜时，也常常会叫她的孩子去酱酒店买一分钱的辣椒酱或二分钱的醋来做调味。

对于那些不上班的人来说，下午早些时候是安静的休息时间。不像在早晨要急匆匆地购买供一天食用的新鲜食品，下午做事要从容一些。或者去附近的商业中心买点东西，或者干脆散散步。陈经常会去静安寺附近转转，在那里她可以买到在街区商店所没有的东西。如果不打算购物的话，她会走进静安寺去烧一炷香以求得神佛的保佑，尽管她认为自己并不是一个非常信仰宗教的人。对于她来说，去寺庙仅仅是一种社会习俗而已。不管怎么说，来这里步行只不过5分钟的路程。在空闲的下午，家庭主妇们偶尔也会聚在一起搓搓麻将，而勤劳的主妇则抓紧这时光缝缝补补或裁剪衣服。算命先生（大多为盲人）认为这是一天中招徕顾客的最佳时机，因此他们在里弄里来回转悠，弹着三弦，好让人们知道他们的存在。[141]

天黑后大多数的街区商店都关门打烊了。为了满足居民和过路人的需要，烟纸店通常要到晚上9点甚至更晚才关门，尤其是在夏天。对陈月华来说，烟纸店是她一天任何时候都有可能光顾的地方：早晨去买生炉子用的火柴，下午去买做针线活用到的针，或是晚上洗东西的时候去买一块肥皂。烟纸店也是她那位有烟瘾的丈夫经常光顾的地方。烟纸店更是孩子们喜爱的地方，孩子们常常在那里得到他们的第一个玩具，花掉他们口袋里的钱。孩子们是烟纸店里购买糖果和零食的重要常客。有些零食的品种也只有烟纸店才有，差不多是专为孩子们准备的。果脯类零食中诸如橄榄、山楂、盐津枣和萝卜干，都是孩子们喜欢的零食。在弄堂里，常常可以看见孩子们一边玩耍一边细细咀嚼着从烟纸店买来的果脯。很有可能就是在这样的店铺中，孩子们有了他或她一生中第一次与商业有关的经历（知道了钱的价值）。

晚上在居民区里，老虎灶和大饼店发出耀眼的灯光，是上海营业时间最长的店铺。从下午晚些时候直到深夜，通常是老虎灶最忙的时候，这段时间每个家庭都需要热水，尤其是在冬天。陈说她一般在煤球炉上烧饮用（例如泡茶）的开水，但是洗衣服和洗澡的用水她常常去老虎灶购买。煤球炉不可能烧足够多的开水以满足家里每一个成员的需要。黄昏时分，人们手里提着热水瓶和水壶，在住家和老虎灶之间狭窄的弄堂里急匆匆地走着。到老虎灶那里去买开水也许是家庭日常购物活动中的最后一项，除非有人忍不住夜深时跑去大饼店买碗馄饨或者面条什么的当宵夜。午夜过后，当大饼店和老虎灶里的灯光熄灭后，居民区的日常购物活动就结束了，街道最终安静了下来。[142]

政治干预

就内部而言,家庭经营的商号在管理工作,例如安排轮班和分配报酬上不会遇到麻烦,劳资纠纷极少。就外部而言,街区商店在各个方面和不同程度上受到同业公会、政府和地方恶势力的干预。但是,外部干预从不会强大到从根本上影响到小商号的性质。而店主对外部力量的回应,却有助于我们了解传统范围内国家与社会的互动关系。

同业公会

有两个街区商店公会的历史可以追溯到19世纪。上海米业公所即嘉谷堂成立于1867年,19世纪70年代中期在上海县衙登记,成为官方认可的大米零售店的同业公会。从清朝到民国时期,公所的性质没有变化,仍属于在其会员中进行一些协调工作的组织松散的商业协会。从1867年到20世纪30年代,公所的办公地点只是上海老城厢狭窄的里弄内的一处旧建筑。米业公所,或者说嘉谷堂,开始成为供奉神农氏的神殿和敬奉去世的米店老板的地方。这些活动的资金由富有的米店老板提供。后来,每月收取的会费成为维持神殿及平时的办公费用。公所章程中的一些规定被称为"善举",其中包括提供医疗服务、抚恤丧失亲人的家庭、救济贫困的会员等。但是资金的匮乏使得善举在很大程度上也只是一纸空文。[143]

熟水业公会被称为"存仁堂",创立于清咸丰年间,光绪年间(1875—1908)向上海县衙登记,民国时期仍旧存在。这个公会似乎很有成效。存仁堂成立之初更像是某种立法组织。它制定的行业规章涵盖了经营范围、价格调控、容器的标准、每月的"捐赠"(会费)等等内容,更为重要的是关于开设新店的规定。根据最后一项规定,在距离现有的熟水店48丈(17码)以内的地方不允许开设新店。[144]从晚清开始直到民国初期,这些规章条例一直没有变。1919年,202名会员聚在一起签署了"新"

的规章,它的 14 项条款基本上是旧规章,即不成文的行规的翻版。根据 1919 年的规章,"行单"必须由公会主席签章后才能生效,公会主席的地位得到上海县政府当局的承认,因为公会是在官方登记过的组织。[145]

很多商店直到民国时期才成立同业公会。烟纸店直到 1925 年 6 月才成立同业公会,1930 年 5 月重新改组。[146] 大饼店也曾有过一个存在时间很短的同业公会,即成立于 1936 年的馒首大饼油条同业公会。[147] 在一些行业,向街区小店提供货源的批发商也有一个同业公会,但这个公会组织不包括零售店。例如,酱园,即制造和卖调味品的商店,有一个同业公会,成立于 1895 年。但是零售店,如酱酒店,并不是它的会员。[148]

酱园公会并不拒绝零售店成为它的会员,但吸引力不足。1920 年,这个公会声称只有 48 家商店是它的会员,这还不到上海酱园的 1/3。[149] 店主们对同业公会的冷淡态度是很普遍的。上海米业公所是少数在小商店中站稳脚跟的同业公会之一,可直至 20 世纪 20 年代,它的会员还不到上海米店总数的一半。1928 年,仍有三成多的米店未加入同业公会。[150]1936 年馒首大饼油条同业公会成立之际,这一行业的大多数店铺明确表示他们不愿加入这一组织。[151]

小商店的老板往往喜欢独自做生意,不愿外人干预。1926 年毛泽东描述了所谓的中国小资产阶级的状况,小商人是小资产阶级的主要组成部分,"这种人胆子小,他们怕官"[152]。然而,我们可以发现,政府对这些小买卖的影响其实很小,很多店主把同业公会看作是试图对他们进行控制的官。例如,在熟水店这一行业,同业公会有权签发营业执照并对开设新店做出限制,这就使得同业公会在行业管理这一层面上扮演了类似于官的角色。同其他同业公会一样,熟水业公会的另一个重要功能(如果不是权利的话)是规定零售价格,这自然是店主们最为关心的事。[153] 大多数大饼店店主拒绝加入同业公会的原因,就是他们认为新成立的公会之目的在于提高价格,这一点他们不能够接受。[154] 尽管同业公会在缓和竞争、保护行业方面受到店主们的欢迎，但是很多人还是感到同业公会对行业的操纵多于保护。[155]一位不愿意加入同业公会的煤球店老板认为，同业公会保护的是大商店，而他的店铺"比货摊只大那么一点点"，他不需要任何组织的帮助也能把生意做好。就像他所说的，在生意上他更喜欢"各人自扫门前雪，莫管他人瓦上霜"[156]。

政府

柯伟林（William Kirby）认为，20世纪政府对私营经济活动的干预越来越多。[157]安克强（Christian Henriot）最近的研究也表明，南京国民政府时期，政府控制社会各个部分的努力要比通常认为的有成效得多。[158]尽管政府对街区商店也有一些干预，但总体来说，这种干预并不重要。上海街区商店是上海商业系统中最低的一个层次，它的下边就只有街头小贩了。这是政府干预软弱无力的主要原因。就像那位煤球店老板所指出的那样，许多街区商店只比货摊大那么一点点。与管理这些微不足道的小店相比，华界和租界当局有更要紧的事情等待处理。控制大型企业（这是柯伟林研究公司法的目标）是国家经济中的重要事情，而"给娱乐业发执照"（Licensing Leisure），就像魏斐德和贺萧所揭示的，是控制社会罪恶（包括妓女）的一个重要手段。在政府的眼里，街区商店并不具有特别的重要性。[159]

另外，即便政府当局想向社会渗透势力，它的政治权力也很难进入到上海商业的最底层。当时的情形是上海被不同的行政机关分而治之，没有高度发达和统一的法律体系。甚至市政府定期向店主征收营业税都很困难。有时（例如在1932年）向店主所征的税仅是预期的1/6。[160]即便是南京路上的大商店，拒绝纳税的现象也很普遍，而小的街区商店常常不在纳税的范围之内。很多情况下，当局甚至都不知道一些店铺的存在。

正如一位大饼店老板所说的那样："你只要有间临街的屋子,再设法进一些货,然后开家店铺。一切就万事大吉了。"[161]

只要看一看可以说是上海最重要的街区小店——米店,我们就能很好地理解政府干预的局限性。中国有句谚语"民以食为天",这里的"食"主要是指粮食,更明确地讲在上海指的是"米"。[162] 大米的重要性应该使得米店很容易受到政府的干预。但是,政府通常只是在投机猖獗之际才设立一个委员会来试图控制大米的价格,甚至这类应急措施也经常是一纸空文。为了实现其目的,政府常常"被迫依赖于商人的信誉和租界当局低调的干预"。[163]

由于政府对米业市场干预的软弱无力,因此在 1942 年一份官方文件的一则注释中说,中国政府在粮食市场上一直实行的是自由放任的政策。[164] 在所谓的孤岛时期(1938—1941),大米严重匮乏,投机十分猖獗,然而解决危机的努力不是来自官方,却来自由虞洽卿和其他地方要人发起的一个商业组织——上海平粜委员会。[165] 一直到太平洋战争爆发,日军占领了整座城市之后,小型米店才受到战时局势的严重影响。日军实行米粮定量供应制度,于 1942 年发布了一道命令,要求通过合并来减少米店的数量。在公共租界,米店数量从 700 多家减少到 250 家,法租界内则减少到 150 家,只有官方指定的米店才可以按平价卖米。[166] 这是民国时期唯一一次政府对米店的大规模干预。不过,这种干预是战时由占领军强制实施的。

但是,国民党政府却试图把同业公会置于它的控制之下。这方面最明显的举措是在南京国民政府统治十年的初期做出的。1929 年 8 月 17 日,国民党政府公布了《工商同业公会法》。1930 年,实业部公布了《工商同业公会法施行细则》17 条。《工商同业公会法》及其实施细则旨在统一同业公会的名称和规范申请、登记程序,要求所有的会馆、公所一律登记为同业公会,事先没有得到官方批准不得成立新的同业公会。[167] 这些规定适用于所有的行当,它促使一些新的同业公会在烟纸店、大饼店、五金店和百货店这样的小行业中相继出现。[168]

控制同业公会是为了形成一个以调解行业争议为目的的,更为系统化的组织网络,而不是让政府直接卷入这一行业。像这样的调控方案是有其长期被接受的传统的。正如白吉尔所指出的,中国政府感到有必要依靠社会中介来把它的计划付诸实施,"当这样的中介不存在时,政府就要把它们创造出来"。[169]但依靠同业公会等中介,说明政府在权力渗透方面并没有选择的余地。举例来说,政府在20世纪30年代在征税方面没有成效,原因就在于政府依赖上海市商会,市商会则通过其下属的同业公会来征税。但是,只有一半的商店加入了同业公会。当店主拒绝填写税收申请表时,政府也无计可施。[170]

在熟水店这一行业,除非得到同业公会的同意,否则只能在距离老店48丈以外的地方开设新店,围绕这一问题的争议最终改由1928年成立的上海市社会局来签发营业执照。1928—1930年间,大约有1/3要求开设老虎灶的申请被社会局拒绝,理由是这些申请人并不具备达到安全要求的设施。[171]但很多老虎灶根本无视这一规定,无须执照也照样开张营业了。[172]在租界地区,尽管老虎灶对人们的日常生活和健康十分重要,但这些店铺大部分还是逃过了租界当局的注意。正如一位作者所抱怨的:"当局对餐馆之类的卫生很注意,但与之形成鲜明对比的是,却一点也不肯下气力去管理污秽不堪的老虎灶,这真是租界里的一桩怪事!"[173]

对政府规定的漠视在烟纸店中间也很普遍。例如,烟纸店违反官方的汇率,即旧的银圆和1935年币制改革后发行的法币之间的汇率,在兑换业务中擅自在官方汇率中扣除1%,而把差额据为己有。[174]

理论上,老虎灶除了卖开水不允许有其他的经营。而事实上,它们往往还经营着另外三种生意。1947年,政府发布法令正式批准老虎灶可以经营茶馆业。这只不过是政府承认了既成的事实而已,因为老虎灶兼营茶馆业已经有几十年的历史了。但是,法令中并没有提到老虎灶可以经营公共浴室,可就像我们所看到的那样,老虎灶经营这一业务正如经营茶馆业一样十分常见。[175]

老虎灶所提供的第三种服务是所谓的"夜茶",实际上就是提供住宿,有点像我们前面提到的普罗餐馆,只不过是属于熟水店正式的经营范围。深夜,当一天的热水销售结束后,另一种服务即茶水供应开始了,要一直持续到第二天早晨6点。那些享受这一服务的顾客其真正目的并不是喝茶,而是找个过夜的地方。这一服务的费用很低,1916年是2个铜板,20年后也不过10—12个铜板。一位亲历者这样写道:"泡夜茶的人们,等到没处去歇宿的时候,就会跑到这里来,进门照例是得现惠茶资。夜茶是诸亲友好'概不赊欠'的,等茶钱付讫,堂倌自会送上一壶热腾腾的茶来,那时任便你或坐在桌上看报,瞌铳,谈天,或是摊张新闻报纸,在楼面地板上睡觉,都是金吾不禁,只要你一到清晨六点钟,拔脚就跑好咧。"[176]除了一只夜壶外,店里不提供其他住宿设施。然而,在上海这个"寸金之地",泡"夜茶"还很受那些住不起更好过夜场所的人们的欢迎。[177]

地方恶势力

尽管小商店经常可以无视空洞的政府规章制度,但它却不容易对付来自另一方的干预,即地方恶势力的干扰,如偷盗、敲诈勒索、蓄意破坏等。这一方的骚扰经常是琐碎的,时不时就会发生,令人十分头疼,而麻烦的制造者也许就在现场,是不容忽视的。上文曾提到过的烟纸店老板刘祥豫,就是民国时期上海的帮会头子之一吴世宝的徒孙。由于这个原因,在"文化大革命"时期他被戴上"坏分子"的帽子而受到批斗,但是,刘解释说,建立起这种关系仅仅是为了保护他的小店免受骚扰而已。[178]

刘的说法被1936年的一份报道证实:在全国上下抵制日货的时期,

许多上海的烟纸店却被迫出售从日本偷运来的杂货。一位记者嘲笑说:"烟纸店的老板都是不懂什么道理的,而且是胆小如鼠的人。"在受到流氓拳打脚踢的恐吓与其他种种骚扰之际,"哪一个敢说一句'不是',只有马马虎虎接受了"。[179] 老虎灶,尤其是那些从事"夜茶"服务的,特别容易遭到这样的骚扰。这样的店有很多是有些黑社会背景的人开的。[180]

正如布赖恩·马丁(Brian Martin)所揭示的,上海的帮会及其头目与国民党和租界当局有着复杂的关系。[181] 小商店遇到的骚扰并不是来自像黄金荣、杜月笙这样的帮会大亨,而是来自更底层的地方无赖,他们卑下的社会地位与这些店主大致相当。这就是刘祥豫只是吴世宝的徒孙,而不是其徒弟的原因所在。帮会大亨对从这些小店那里攫几个小钱并不感兴趣。一位小店老板回忆说,她的邻居是一名帮会中的小流氓,由于他帮忙打扫里弄,她要定期付给他"清洁"费。她说其实她并不需要这样的"服务",但她不在乎出点小钱让自己的店铺免受骚扰。[182]

类似的动机还可以在征收"乞丐税"的活动中看到。上海的乞丐很清楚自己应该在哪里乞讨而不会侵犯到别人的"地盘"。很多乞丐的收入来自商店定期交纳的钱款。一年两次(春季和秋季),乞丐们会到店里去收"乞丐税"。一旦"税"款付讫,乞丐就会给商店一份由两张彩纸组成的"收据",店主会把它贴在店里最显眼的地方。一张是菱形的绿纸,上面写着一个很大的"看"字;另一张是长方形的红纸,上面写着:"一应兄弟不准滋扰!"贴有这份"收据"的商店可以免除乞丐再一次的乞讨和索要。"乞丐税"从几元到20元不等,视商店的大小而定。大多数店主认为一年两次花上几元钱来摆脱乞丐的纠缠是值得的。甚至有人每年付给乞丐80元钱,作为交换,乞丐负责在晚上为他们守夜。[183] 店主不得不依靠自己的才智而不是靠法律或行政体系(如警察),来维持他们商业经营活动所必需的最起码的社会秩序,这再次说明了政府干预在街区生活方面的软弱无力。

结论

在近代上海，城市化、现代化和西化三者盘根错节。上海居民主要是乡村移民，因此，20世纪初期，上海由一个小城镇迅速地成长为世界著名的大都市之一，这就不可避免地包含了它的居民强劲的城市化进程。作为中国新思想和变革最主要的起源地，上海本身就是现代化的产物。最后，由于它是中国最主要的通商口岸，与西方有着千丝万缕的联系，因此，上海的城市化和现代化又包含了一定程度上的西化。

然而，在考察上海人的日常生活时，我们不断地感受到过去及传统的持久性，常常让我们回忆起本土的事物。尽管在城市的每一处确实都能找到西方的影响，但是在一些司空见惯的日常生活方面，西方的影响似乎杳无踪迹。中国共产党执政后给予上海特殊的关注：这座城市处于过去与西方的交汇点上，二者都将要被革命肃清。但是，30年的清理运动并没有完全根除传统。相反，在所谓的与旧世界断裂了数十年后，过去的事物继续以其非凡的韧性而存在着。

尽管这些更宽广的范畴——城市化、现代化和西化——是纠结在一起的，但我们还是应当谨慎一些，不要把三者等同起来。现在一个公认的事实是：晚清中国活跃的商品化（因而导致一定程度上的城市化）表明，近代中国的社会变革有其自身的本土根源，并非外国影响的问题。可能还要补充一句：对任何国家而言，其现代化的标准都是相对的，它们都有各自的历史背景，并不总是需要以外国作为参照。因而，强调中国传统的持久性，也就是要纠正在这一问题上的一些看法，即倾向于对通商口岸城市尤其是上海，过分强调其"现代化"和"西化"的一面。但这不应当解释为要去强调另一面，即有点陈腐的"传统"与"现代"、"中国"与"西方"的二分法。

恰恰相反，上海日常生活的情形表明：中国老百姓在适应能力和综合能力方面是多么老练通达。就像我们已看到的，作为上海大多数人日常生活中的一种基本建筑式样，里弄房子本身就包孕、结合了中西两种建筑风格。或者，我们再举一个例子，如中山装，这一适合各种场合穿的标准男装，是中国的长衫与西服相结合的一种服装。上海的菜场也是一个实例：一种西方的创造被改造利用，使之浸润着中国特色。以上所举，用一个中国成语来描述就是"中西合璧"。这样的例子不胜枚举，在中国的日常生活中随处可见。

许多年来，中国共产党一直将封建主义（在早期革命理论的术语中，它是"传统"的同义词）和帝国主义（"西方"的同义词）视为革命的主要对象。[1]老百姓，尽管其生活受到了由意识形态指导的革命的极大影响，很大程度上还是把意识形态看作一门空炮。[2]是不是我们对近代中国历史的研究方法，至少在某些时候和某种程度上，也是一门承继而来的空炮？如果我们做更深一层的思考，我们会发现甚至像"妥协""融合"这些概念也有挥之不去的弱点，这种弱点就是倾向于用二分法来观察世界。是不是生活在中国社会的人们也用这种方法来看待他们自己的生活和生活方式？抑或这种二分法更多的只是学术界的习惯做法？

对于老百姓来说，在他们的思维方式中占支配地位的是实用主义，这种实用主义包括吸引人的并能使他们的生活变得更美好（或者说，在一些情况下使得他们能活着）的任何东西。这并不是说他们目光短浅，缺乏想象力，或者说对意识形态漠不关心。相反，它表明老百姓在面对近代中国发生巨变时的行为方式要比人们通常认为的更理智，更具多样性，更具实质性。中国社会各阶层的人们引用这样一句民间谚语来为他们的实用主义辩护："人往高处走，水往低处流。"[3] 20世纪前50年，成千上万的人涌向上海，他们往往"更高"处走，这样做的部分原因是为了能在这个前途未卜、灾难深重的年代生存下去。上海日常生活的故事，讲述的正是小老百姓们如何运用自身的创造性来经历近代中国的风云巨变。

在这个过程中，如果说意识形态不是无关紧要的话，那么至少它对于日常生活来说是太奢侈了。人们固守一些旧的生活方式，不是出于保存"传统"的严肃考虑，更少考虑到爱国主义，仅仅是因为旧的生活方式使他觉得舒适，或者说这样做在经济上有利可图。而且，只要有实际需要，人们都会毫不犹豫地抛弃旧的而采用新的生活方式。或者说，更为常见的是，人们乐于采用或吸收凡是他们感到对他们有益的东西，为的是创造出多种多样的生活方式，这种情形用两分法是不容易表达的。作家、艺术家丰子恺（1898—1975）曾经带着钦佩的心情观察过他自认为是中国农民的一大发明：用中国筷子吃西餐。这有一个优点：那就是让一个人在享用异国风味的菜肴时免去了使用刀叉的烦恼，因为许多中国人觉得刀叉用起来很笨拙；同时，西式进餐方式可以避免进餐者直接共享菜肴。丰子恺（也包括其他一些人）认为共享式的中餐很"不卫生"。[4] 可能还有经济上的原因：西式餐具往往比筷子贵得多，通常不容易得到。那么为何不使用更让人感到舒适，又唾手可得，价格上又不那么贵的东西呢？像这样的例子可能是琐屑的，但肯定不是没有意义的，因为日常生活中的"琐事"往往能揭示出比较复杂或深奥的理论无法揭示的简单明了的真理。

过去

　　就像城市中被摩天大楼遮蔽的无数里弄房子那样，在城市精英投射出的令人晕眩的光影映照下，普通百姓的生活显得模糊不清。然而，正是这些为数众多而又地位微贱的"小市民"编织着城市经纬中最丰富多彩的部分。20世纪早期，"变"是上海日常生活中最明显的但又是可预见的部分——归根结底，上海从一个相对不起眼的小县城发展为中国第一大城市，本身就是"变"的有力体现。但是，上海作为现代中国西化橱窗这一形象经常遮掩住了"小市民"日常生活中传统的持续性。尽管西方的事物差不多成为上海人日常生活的一部分（虽然并非每一个人每天都能用到它们），上海人还是乐于保持和改进了很多旧的习俗和生活方式。尽管西方的影响在城市的繁华大道上显而易见，且被中国的上层社会渲染夸大，但在遍布城市的狭隘里弄里，传统仍然盛行。而且，变化往往与传统的持续性共存、结合和纠缠在一起。如果说中西文化在上海这个交汇之地谁都不占优势，那么这不是因为两种文化对峙而导致的僵局，而是因为两者都显示了非凡的韧性。对很多人来说，这个城市的魅力正是来自这种文化的融合。

　　为了推导出这一点，我选择不做纯粹概念上的阐述，因为那样很容易滑进抽象而空洞的清谈。相反，可以这样说，我倾向于让实际的事例来说话。下面考察的一些事物包括上海日常生活中两种表面自相矛盾的现象，即当西方的阳历被官方采纳作为全民族的日历之时，为什么大众还会庆祝传统节日？当上海已经成为一个机动化的城市的时候，为什么一些"过时的"运输工具像轿子、独轮手推车还在继续使用？传统在中国人日常生活中所表现出来的生命力，应当被看作是一种象征——人们在应付急剧变化的世界时所体现出来的机动灵活乃至轻快自如的本性。

节日和阴历

辛亥革命结束了存在两千多年的帝制,中华民国临时政府取消了中国传统历法,采用了西方的格里历作为中国的国历。[5]辛亥革命后不久的几年里传统历法被称为"废历",以表明与过去的决裂。但是渐渐地,这一条款消失了,取而代之的是将之称为"旧历""农历""阴历"或者"夏历"(此名起源于中国历史上的第一个王朝)。名称上的变化有它们的理由,正像司马富(Richard J. Smith)所指出的那样:"无论是软弱的北京政府还是省里的地方官员,都无法颁布法令来根除历史悠久的传统。"[6]事实上,中国传统历法在革命后并没有被废除,依旧在日常生活的各个方面使用。例如,在农村,中国传统历法上的二十四节气仍作为与一年中的大事最相关的衡量基准。在城市中,旧的历法也远远没有消失。

在上海,人们普遍相信这样一些说法,如惊蛰(第三个节气)前的雷暴天气预示着这是一个凶年,立秋(第十三个节气)之后多吃西瓜会引发伤寒,冬至(第二十二个节气)之后进补是最有效的,诸如此类的说法在20世纪仍然顽强地保留着。出于同样的原因,中国人生活中最重要的三大节日——新年(也就是众所周知的春节)、龙舟节(端午或端阳节)和中秋节——是中国传统历法上最重要的日子。[7]与三大节日相关的一些习俗仍没有变,如除夕前清还债务,利用三大节的时机来解雇或聘用新职工,这在零售业中尤为明显。[8]没有变的还有人们估算年龄的方式。尽管在官方的文件中,如户口本,人们的年龄是根据阳历来计算的,但实际上我在上海采访的所有人都是根据阴历来计算他们的年龄及庆祝他们的生日的。[9]

作为中国人生活中不可缺少的一部分的旧历是如何延续下去的,一个最明显的例子就是新年。这一中国传统中最重要的日子,仍然根据传统历法而不是"国历"来庆祝。辛亥革命后不久,为普及西历,上海华界当局命令将即将到来的新年庆典放在新年的第一天,即西历1912年1月1日(中国传统新年是那年的2月18日)。但是,那天却没有任何自发的庆祝活动。为了弥补这一令人失望的场面,当局又动员商人组织和军队在1月15日来庆祝"元宵节"(这是传统新年庆祝活动中的最后一件大事),以代替阴历年第一个月的第15日。当晚,灯笼照亮了城市,引来一定规模的人群,但官方发起的这一活动似乎并没有吸引大众。那晚,街上的人们缺乏热情,无精打采。人们发现,吸引人群的不是庆祝的气氛,而是好奇心:人们出来观望的是士兵而不是灯笼。[10]

  1912年后,当局做出让步,新年仍然安排在阴历年的第一天庆祝。实际上,在整个民国时期,新年前后的庆祝方式与数个世纪以来的庆祝方式是一模一样的:像过去一样,在阴历十二月二十三日这一天送灶神,在除夕这天祭祖(这一仪式要持续到大年初一的早晨),(佛教和道教)在大年初一这天祭神,正月初五这天接财神,正月十五是元宵节。所有这些活动,作为民族传统的一部分,在上海得到大众广泛的庆祝。即便是在抗日战争期间,当上海被战火包围的时候,人们仍旧谨慎而仔细地按照传统习惯来庆祝旧历新年。[11]

  中国旧历上一些小的节日和特殊时节也继续成为上海日常生活中的一部分。除了十一月,阴历中的每个月都有一些节日,大多数节日是民间信仰或宗教(尤其是佛教、道教)传说中的神仙的生日。[12] 阴历十一月没有节日,这或许是为一年中最忙的节日——新年积蓄精力。这些小的节日也决不会被等闲视之。在那些节日里,即使是外国人,就算目光不是特别敏锐,也能"透过中国人屋子的前窗,看到正屋的小桌子上摆放着部分神像,是主神的塑像,或者是香炉,桌子上铺有绣花布,放有点燃的蜡烛和一碟碟供菜"[13]。

  有时节日的庆祝活动会扩展到公共场所。例如,阴历七月三十依据传统是地藏王菩萨的生日。晚上，人们在人行道和小巷里点燃香烛和蜡烛以敬地。通常是把香烛嵌在路边石头缝里和阴沟盖的缝隙中。在商店的霓虹灯广告和路灯明亮的光影下，摇曳的香烛平添了一份魅力。这一情景是在不经意中出现的，却营造出了一个对照强烈的传统与现代共存的微观世界。[14]事实上，像这样残留下来的小节日比新年的庆祝更有力地说明了传统的韧性。如果考虑到新年对历法（任何历法）的重要性和新年庆祝在中国文化中尤为显著的地位，我们就会完全明白为什么人们需要用已经习惯了的时间和方式继续庆祝旧历新年。但是，与过去的联系肯定要比这更深。

中元节（阴历七月十五）进一步说明了这点。这一节日以"鬼节"或"鬼的生日"著称，据说饥饿的鬼魂会在阴历七月出现，为了确保世界的和平与繁荣，鬼理应受到尊重。这一古老的节日尽管不如新年、清明、龙舟节、中秋节来得重要，但还是很受欢迎并被认真对待。由于围绕这一节日的活动要持续两三个星期，社会各个阶层的人都参与其中，因此，上海秋天的到来，用一位市民的话来说就是："伴随着城市中日益幽灵般的喧嚣，无论人们走到哪里，都能感受到一种幽灵般的气息。"在街道的拐角处、小弄的入口处，随处可见的写着"阎罗天子""抬头见喜"或"天下太平"的招贴纸。这些招贴纸挂在各种各样的布条上、鞋形的金锭或银锭上以及彩纸扎成的家具和房屋上。傍晚，台阶上彩色的灯笼围成圈，丝带在弄堂口飘浮。在里弄的入口处，和尚、道士念经唱歌敲击着乐器，制造出各种各样奇怪的声音。这一活动就是著名的"太平公醮""盂兰盆会"，目的在于补偿饿鬼，让它们的灵魂从地狱和炼狱中解放出来，让和平能够降临地球。[15]伴随着这些活动的是喧闹和兴奋，作为节日的共性，中元节也充满了商业活动。在描述1933年的中元节时，一位作家讥讽道：

在三五成群的人群中，有"烟纸店老板""老虎灶店主""麻将店老四""大饼摊小三"和其他人。这些人买了黄表纸做成小册子挨家挨户恳求签名和捐款。劝募到一二百元后，他们接着在人和鬼之间做一场隆重的游戏。托鬼王的福，这些劝募者从捐款中得到一笔额外的收入，在上海，这就是所谓的"借鬼的光"。

"盂兰盆会"和"太平公醮"不仅在下层社会流行，而且也受到富裕家庭的欢迎，店主和旧式绅士都很害怕被饿鬼纠缠。为了防止在他们这一代断了香火，他们都乐意在中元节花数百元雇请和尚道士举行场面很大的道场，尽管在平时他们小气得连一个铜子都不愿施舍给穷人。

所以，在秋天，上海充满鬼的气息，在每一条街道都能看到人们对鬼魂的膜拜和颂扬。[16]

连这样一个比较小的旧历节日也有众多的颇有些疯狂的参与者。与此相比，在国历上只有两个主要的节日尚受到大众的青睐：圣诞节和元旦。但是，这两个节日没有一个受到人们真正热情的庆祝，一旦西历被正式采用，1月1日就成为官场一个主要的节日。市政府在元旦放假三天。对于政府官员来说，在节日期间进行团拜已成为一种有关社会礼节的事务。[17]但是，团拜进行得相当马虎，仅仅是一种形式。公众普遍对阳历年不感兴趣，部分原因可能是为农历新年积攒精力和金钱（通常一个多月后就是农历新年了）。

公众对圣诞节抱有的热情也不高。大多数人认为圣诞节是外国人、中国基督徒和西化的中国家庭的节日。最后一类人主要由所谓的高等华人组成。城市的很多地方尤其在租界里，百货商店里陈列着圣诞树、长筒袜和彩灯，唱诗班在教堂里歌唱，圣诞老人是行人熟悉的景象，所有这一切似乎都在证明这座城市是一座真正的西方化的飞地。但是，在上海，圣诞节被称作"外国冬至"，冬至指的是中国历法中的第22个节气，通常是在 12 月 22 日这一天。圣诞节的这一俗名揭示了大众仍然把西方节日看作是外来的东西，也显示了上海人的"诠释能力"[18]。

轿子和独轮车

像在其他中国城市那样，轿子是 19 世纪中叶以前上海的主要交通工具。轿子能够很容易地通过狭窄、弯曲的街道和有城墙的城市里的小巷。1897 年，一位外国游客这样描绘上海县城："房子由外观柔和的蓝灰色砖砌成，街道大约只有 8 英尺宽，铺着石板，林立的货摊使得街道非常狭窄。甚至独轮车这唯一的交通工具在许多地方也无法前行。确实，一位官员乘坐镀金的轿子能在街上匆匆而过，轿夫抬着轿子，一路小跑，但他有一定的路线，随从们用一般民众无法做到的方法为他开道。"[19]

20 世纪初期，一位中国市民详细地记录下自己观察到的与之非常相似的情景：

> 上海的（老城厢的）街道大多数非常狭窄。例如，三牌楼路是城市知名的主干道，但仅仅有一下街两边的居民把竹竿（晾衣服用的）搭在街两侧的屋檐上，我们就可以想像街道是多么狭窄。这条街一个固定不变的特点是：各种各样的东西，从女人的内裤、婴儿的尿布到裹脚布，都挂在竹竿上，在街道上空飘扬。更糟糕的是，一些懒婆娘没先拧干就把湿漉漉的衣服挂上去，所以水就像下雨一样滴在街上。经常是，路人"有幸"被这"鲜奶油"（水）打湿后破口大骂（主人），主人回骂，于是，一场无休止的吵架开始了。这时如果响起打锣声，意味着地方官要打此经过，衙门的差役会跑到前头清道，吆喝道："拿走洗的衣服！"急匆匆的就像开火打仗一般。接着人们跑过去把竹竿收回家，慌忙捡起掉在地上的衣服。动作若是不麻利就

会当众受到斥责,这样,一场闹剧才宣告结束。[20]

不仅是官员,就是那些富有的家庭通常也有私人轿子和轿夫。例如,一个事业有成的内科医生通常有三个私人轿夫。出诊的时候,两个轿夫抬轿,第三个负责清道或是晚上提着灯笼在前面照路。如若需要,则与另两个轿夫轮班抬轿。[21]

尽管大多数人没有轿子,也很少有人享有让随从为其开道的特权,但是,好几个世纪以来,轿子却可以为大众租用。上海县城内开设了许多轿行,在这里人们可以租得轿子。这种服务一直延续到上海被辟为通商口岸以后。事实上,由于上海对外开放而带来的商业繁荣,使得轿子的需求量很大,出租以供大众使用的轿子必须登记(这样就可以抽税)。清同治年间(1862—1874),轿子在租界里被广泛使用。工部局每季度向每顶轿子征2元税(大约相当于70磅米的价格)。[22]用于婚丧喜庆而特别装饰的轿子也有出借,通常不是在轿行,而是在专营"红"(婚礼)"白"(葬礼)事务的商店里租用(图34和图35)。

19世纪晚期引进黄包车和20世纪初期引进有轨电车和出租车后,轿子的使用率迅速下降。1905年,当黄包车和其他交通工具已非常多的时候,仍有733顶轿子在公共租界登记在案。到1911年,这一数字下降到199顶。当上海已成为一个机动化的城市后,婚礼上使用轿子的风俗依然保留着。即使是在20世纪30年代,很多家庭仍然认为新娘出嫁坐轿子是必不可少的。在上海话中,"乘花轿"已成了(女人)结婚的同义词。婚礼上花20个银元租一顶花轿大约相当于当时工人一个月的平均工资,乘出租车结婚只需花费4—5个银元。[23]

图 34 传统的花轿在 1949 年前的上海仍然很常见。这里，八个身穿印有"囍"（婚姻的象征）字样衣衫的男人，正抬着一顶经过精心装饰的花轿穿越租界的马路。（图片来源：R. Barz, *Shanghai: Sketches of Present-Day Shanghai*）

图 35 西式婚礼有时会引起上海人的憧憬，而城市中的葬礼几乎完全是中式的。图中这一有钱人的送葬队伍很有特色：以一条巨龙作为装饰物，送葬者穿着传统的亚麻布衣服，送葬队伍经过布满西式餐馆和基督教堂的租界马路——这表明了上海中西混杂的生活方式。（图片来源：R. Barz, *Shanghai: Sketches of Present-Day Shanghai*）

另一种在现代社会继续存在的旧式运输工具是独轮车。轿子只能用来载客，而且是相当雅致的；独轮车却是一种具有多种用途的交通工具，纯粹是实用性的。独轮车在很多方面特别适合于城市，即便是在汽车被引进以后，它仍继续发挥着作用。19世纪中期以前，上海货物的运输主要靠船运。一份19世纪中期手绘的地图上，蜘蛛网般的水路密布于上海。[24]而在16世纪早期，上海城厢只有5条路，两个世纪过后，这里成了县城的所在地。[25]1814年，据地方志记载，上海县城内共有66条街，大多数是狭窄的小巷，仅有6.5英尺（2米）宽。[26]很显然，这些路仅仅是作为居民的通道，并不用于交通运输。但是，当19世纪晚期上海的贸易量激增的时候，连这些狭窄的小巷也要派上用场，作为水上运输的补充了。19世纪60年代后大约半个世纪里，独轮车逐渐被广泛使用。

独轮车有好几个优点：像轿子一样，它容易穿越城内狭窄、弯曲的街道和小巷。租界里的马路比较宽阔，像独轮车这种小而灵巧的交通工具，似乎无论交通多么拥挤都能向前赶路。独轮车只需一个人操作，可以安全地承载600磅的货物。按照1887年工部局颁布的一项规定，独轮车限载600磅，而实际上它的载重量经常超过这一数字。尽管独轮车是运输货物的工具，其实它也可以用来搭载乘客，在现实中后一种功能比前一种功能持续的时间更长些。到了20世纪30年代，独轮车的货运功能很大程度上已被其他类型的交通工具替代，但它们仍然很普遍地被用于搭载乘客。

到了民国时期，独轮车仍然是上海街头常见的景象。独轮车在租界开始使用后，其作为载客工具的普及性也增强了。在上海老城厢，独轮车被看成是劳动人民（佣工）的运输工具。但是在租界，独轮车逐渐地变成了一种普遍的公共交通工具。乘客包括那些受过教育的阶层和商人（士商），反映了对这一便利的交通运输方式的一种实用主义的态度。[27]独轮车可以搭载8名乘客。乘客经常坐在车上互相聊天或与推车者聊天。

看起来，独轮车为男女乘客比较亲近地坐在一起提供了罕有的机会，在或多或少强调男女有别的社会里，这是不同寻常的气象。因此，有人揭发这种乘坐方式"有伤风化"，租界当局勒令独轮车业缩小规模，而且只准一边坐一名乘客。[28]

但是，当雪弗来和奥斯汀汽车已成为上海街头常景的时候，独轮车依然作为一种便捷易得的公共交通工具在使用。[29]看起来，缩减独轮车规模的命令并没有被严格执行。因为据观察，在20世纪三四十年代晚期，"经常见到一长排独轮'出租车'，各载着八个体态丰满的工厂女工——两边各坐四个——早晚上下班，这真是使人愉快的生意"[30]。这种原始的交通工具被戏称为"第四等级"车辆，相关的是汽车（第一等级）、黄包车（第二等级）、有轨电车（第三等级）。本书第六章提到的作家郁达夫的妻子王映霞，对在30年代初期的生活有过这样的回忆：

> 每当轻寒薄暖的季节，我和郁达夫时常出去散步。在当年的极司斐尔路（现名万航渡路）和愚园路上，时常会碰上回到曹家渡去的独轮车在兜揽生意，郁达夫老爱和我乘这一种"第四阶级"的小车子。开始坐上去的时候，我有些怕难为情，又怕摔跤，等上车坐定后，我们就分坐在两旁，我的左手拉住他的右手，一路上和在后面推车的人天高皇帝远地聊上几句，的确是别有风味；有时在路上碰见我们的坐小汽车的朋友，当他们从车窗里伸出手来向我们打招呼时，我们亦就略微点一下头，颇有我行我素的自得其乐。[31]

如果我们要观看一些街景的话：成排的里弄房子，无数的各式街坊小店，各类不知名的服务店，熙熙攘攘的露天菜场，数不清的点心摊，沿街叫卖的小贩，发出吱吱声的独轮车，抬着花轿送亲的队伍，庙会上聚集的人群，传统节日的拥挤与喧闹，交通繁忙的苏州河桥上小孩用双手帮着推人力车上坡,如此等等,简而言之,看一下在上海这个高度密集的城市里川流不息的人群和建筑群,人们就会震惊于这个通商口岸与中国传统城市非常类似。例如在宋朝名画《清明上河图》的精致描绘的那样,凝视这幅画,追忆近代上海的生活,你会有一种强烈的感觉,就像12世纪的开封城市生活重现于20世纪的上海。漫步于近代上海的街头,你可能还会产生这样一种印象:上海的弄堂宛若"城市里的村庄",居民就像"城市里的村民"。[32]

图36 民国时期的上海,独轮车这种古老的运输工具还继续在为公众服务。这里,6个工厂里的工人坐着可搭载8名乘客的手推车回家。女工是这种运输工具的典型主顾。(图片来源:上海博物馆)

西方

日常生活中累积下来的风俗习惯可能是变革所要攻克的最后堡垒。一位上海市民可以参与政治或社会生活的新领域,同时可能继续保持着他(她)日常生活中的旧习惯。一个人可能是现代社团的活跃分子、共产主义知识分子或是常去教堂的基督徒,同时又有可能是街坊小店的忠实顾客,喜欢坐在老虎灶旁与邻居聊天,或是在大饼店里津津有味地咀嚼着一张大饼。事实上,上海工人阶级居住区里的熟水店经常是劳资纠纷期间为组织罢工进行社交集会的理想场所。[33] 一个女工可能加入了基督教女青年会(YWCA),但她的家庭日常生活(例如具有代表性的工作——早晨生煤炉)并没有什么变化。[34] 人们日常生活中传统生活方式的继续与生活中其他方面的变化并不矛盾(至少不是立竿见影地产生矛盾)。

显然日常生活中传统的顽强,部分是由于人们缺乏现代设施的结果。例如,电冰箱或是煤气供应的普及,可能会明显地改变人们的购物习惯,使得街坊小店落后过时。但是,让传统得以持续的动力在本质上不是物质的而是文化的。因此,中国的制度不应当以"源自西方的城市化模式"为标准来衡量,并由此被判断为是落后的或劣等的。[35] 事实上,有理由认为,在一个工业化的社会里,人们因失去了"田园牧歌"式的街坊生活而对此怀念不已。这就是为什么,就像巴斯特(Bestor)告诉我们的,东京的公共浴室(桑拿)"仍旧被人们频频光顾,作为当地居民的社交中心,连那些家里能洗澡的人也情愿去公共浴室感受那种同气相求的气氛"。洗完澡后,顾客经常停下"回家的行程,去购物,去同朋友聊天,或去餐馆吃碗面条"[36]。这也是为什么人类学家 E. N. 安德森(E.N.Anderson)会担心,在未来新的富足的世界里,中国美食"可能发生的最糟糕的事情"是"街头饭摊和简陋小饭馆"里提供的种类繁多的传统大众化小吃的消失。[37]

压倒多数的证据表明:在很多重要的方面,上海是强大而又充满活力的传统主义潮流的中心,此种传统主义可理解为中国本土事物的连续性或韧久性。尽管如此,无论是在中国人还是在外国人的头脑里,上海作为通商口岸的形象却是挥之不去的。实际上,上海一直被持各种政治信仰的中国人刻板地看作是外国侵华的"桥头堡"。在西方,这座城市经常被描绘成游离于中国之外的孤岛。即便是严谨的学术著作,也把这座城市简单地称之为"另一个中国""在中国但不属于中国""中国本土上的一座外国城市",等等。[38]

对"真实"的中国而言,上海是外来事物。与这一城市形象相一致的是近代上海人一直被固定化地看作或多或少与他们的同胞有点不同的另一类人。如同大多数对一特定城市的人(比如纽约人)的一般性看法那样,"上海人"的形象是广为人知的,却很少有人能够清楚明确地予以表达。而且,像对所有的群体一样,对"上海人"概括性的描述将冒着对这个群体形成刻板成见的危险,并可能导致对概念的曲解或把复杂问题简单化。在对此有所警惕的前提下,让我们更仔细地看一下"上海人"这个概念。这一概念有点特别,但却是20世纪中国社会史中的一个重要课题。

一方面,上海人的分类标准是含糊的、不明确的。上海人既不是由出生地,也不是由语言决定的——尽管这两个因素在中国对于确定个人的地方身份是极为重要的(可能在世界其他地方也一样)。如前所述,大多数上海人不是出生在上海,他们用各式各样的口音说着上海地方方言。另一方面,"上海人"这一概念又是独特的、明确的,没有人会弄错它的意思。直到今天,很多上海人认为在上海的大街上、商店里或是公共汽车站,仅根据一个人的举止和外貌就能够很容易识别出他(她)是不是上海人。这种说法显然有些夸张,却也有一定的合理性。基于同样的理由,一个上海人——即使他离开上海多年并住在远离上海几千里的地方,仍很容易地被识别出来,或此人仍自认为是上海人。[39]

像这种社会现象——我们可以称之为"人格化的上海身份"——有巨大的潜力可挖,可以由此引出的意义远大于上海本身的研究。为了把上海身份认同与中国研究中的其他重要主题联系起来,这一研究需要召集历史学家、社会学家、人类学家甚至是心理学家从事跨学科研究。对本书而言,我们的目的是看一看在形成这一有趣的、富于想象力的,然而又是实实在在的身份认同过程中,西方起到了怎样的作用。在探索西方的作用时,上海身份的一个基本方面也必然得到了阐述。

为了试图回答"谁是上海人"这个问题,并在学术背景中阐明"上海人"这一概念,历史学家熊月之写道:有资格成为上海人的一条标准是"见多识广,仰着头看高楼看半晌,围着外国人看半天,对着橱窗面露讶异之色,大抵不是上海人"[40]。在那篇脍炙人口的散文《上海人》中,作家余秋雨指出上海人共性的形成必须追溯历史:"老一代人力车夫都会说几句英语,但即使低微如他们,也敢于在'五卅'的风潮中与外国人一争高低。上海的里弄里一直有不少外国侨民住着,长年的邻居,关系也就调节得十分自然。上海商店的营业员不会把一个外国顾客太当作一回事,他们常常还会估量外国顾客的经济实力,帮他出点购物的主意。"[41]在1943年写就的题为《到底是上海人》的散文中,作家张爱玲,这位被誉为"最能触摸到老上海感觉的作家",指出上海人在社会上用一种精细和非凡的平衡感来为人处世。[42]这就是说,这种平衡感之一是上海人并不迷信"完美的典范",包括西方在内的典范。关于"完美"这一概念,就像张爱玲描写的那样,上海人会对她叱道:"回到童话里去!"完美只能在《白雪公主》与《玻璃鞋》(灰姑娘)的童话里找到她的地盘。[43]

这种成熟也反映在上海人对外国人,更确切地说是对西方人的态度中。上海以其是20世纪中国许多重大的反帝国主义运动的温床而著称,颇具讽刺意味的是,它同时又因"崇洋"倾向而受到谴责,这种"崇洋"倾向很大程度上来自它的中国第一大通商口岸的地位。两种形象在一定程度上会让人产生误解。上海人对待西方人的态度要比这两种形象所传达的更冷静、更平和、更练达。居住在这样一个由不请自来的外国强权统治下的安定繁荣的城市里,而这种安定繁荣常常处于一种两难的境遇之中。这种两难就是一边要抚平受伤的民族自豪感,一边又对西方欣赏崇拜,就是在这种情况下,上海人以某种方法成功地找到了一个舒适而又平衡的支撑点。可以这样说，道教"顺其自然"的哲学观，糅合了一点幽默感，刻画出了上海人的特性。

事实上，全盛期的民国上海，从 1925 年五卅运动到 1945 年战争的结束，几乎没有爆发过特别重大的针对西方人的排外抗争事件。这可能与许多因素有关，包括在这 20 年里日益加剧的日本侵华危机，这一情况首先使反日成了中国民族主义的主体运动。但是，与西方人几十年的共同居住和彼此间的高度熟悉肯定起了一定的作用。"居住在这一世界性城市里的中国人和西方人达成了完美的和谐关系"这种说法是天真的，但至少这些不同种族、不同文化背景的人是互相熟悉的，每天又能见面，他们在不断地适应环境，彼此逐渐和平共处。

通常，出生于中国的上海人用一种幽默的态度来处理与出生于外国的"上海人"的关系。[44]一些用扭曲的聊以自嘲的消遣方式而产生的地方方言就说明了这一现象。在外国公司或家庭工作的中国佣人通常被他们的老板呼为"boy"，上海人把这一带有贬损意思的称呼改写成了一个滑稽的名字：1309（因为在一些人眼里，英文"boy"看上去像手写的 1309 这个数字）。被外国人踢了一下（许多中国黄包车夫被外国巡捕用靴子踢过）被称为"吃外国火腿"。"洋盘"一词的意思是"愚蠢"，它起源于上海股票市场的一种术语。[45]"拉三"起源于"Lassie"（少女）一词，指的是散漫的、轻佻的女孩。"咸水妹"是英文"handsome maid"（漂亮的女孩）的英译，指的是专接外国顾客的中国妓女。因为"咸水"暗示着海洋，海洋暗示着外国人，这个词是一个双关语。"伽门"是起源于"German"（德国）一词的上海方言里的形容词，意思是"冷漠的、不愿意的"，这反映了德国人在上海中国人心目中保守和不易激动的印象。当西方人被视为高人一等之时，上海市民却称在上海社会地位低下的苏北人为"法国人"（韩起澜曾对苏北人做过研究）。[46]

像以上这些方言数量众多，但反映的仅是对待西方的社会态度中的极少部分。张爱玲曾经说过：由于古老的政治和社会争议，上海人采取了一种由"疲劳而起的放任。那种满脸油汗的笑，是标准中国幽默的特征"[47]。这一点是众所周知的，且根深蒂固于人的思想，但在政治事件中几乎看不到，也很少在有关上海这个城市的文学作品中得到反映。

无论如何，在盲目排外与诌媚崇洋两者之间的平衡，揭示了上海人在某种程度上的老于世故。对于内地居民来说，即使到了民国时期，对国外的一些事物仍是敬畏或愤慨的，就是这种老于世故使得上海人与他们不同。因此有两个因素使上海人与内地居民之间产生了距离：除了居住乡村小镇的人们通常怀有的对大都市的妒忌和厌恶外，还有在对待西方事物的经验方面，上海人处处显得与众不同。换句话来说，"上海人"有着双重含义：它不仅仅是城市居民，而且是在一定程度上西化了的城市居民。在上海，"外地人"一词（指来自其他省份而并不指他的出生地）含有乡下人的意思，完全不管这个"乡下人"是否有可能来自另一个大城市。[48] 历史学家陈旭麓（1918—1988）描述了一个与上海都市魔力相关的通俗的见解："这愚蠢的人到了上海不久，可以变为聪明；最忠厚的人到了上海不久，可以变为狡猾；最古怪的人到了上海不久，可以变为漂亮；拖着鼻涕的小姑娘，不多时可以变为卷发美人；单眼睑和扁鼻子的女士，几天之后可以变为仪态大方的太太。"[49] 这儿的"单眼睑扁鼻子"被视为长得不漂亮的标志，这也反映出社会普遍赞同西方人双眼皮高鼻梁的审美取向；"卷发"也有着同样的含义。由于上海的西方"成分"，都市的优越变成了"上海的优越"。

我们会碰到明显的矛盾现象：若上海人像其他中国人一样在各方面保持了传统的生活方式，为什么上海的城市形象及其居民与中国其他地区的人如此不一样？如果在其他中国人的眼里，近代上海人在一定程度上被印上了"西方"的痕迹，那么这种烙印的本质又是什么呢？

为了阐述这个问题，就如我前文指出的，需要做广泛的研究。然而，从我们对普通百姓的日常生活所知，我们至少已经可以获得部分答案：这座城市强大的商业特性，以及这种商业特性中含有的压倒性的西方"成分"，对"上海人在根本上是与众不同的"这一观念的形成起了很大的作用。近代上海人已被定型为这样一种形象：精明、足智多谋、会算计、头脑灵活、适应性强、随机应变（随时准备妥协，如非必要又寸步不让）。所有的这些特性都与商业有关。

可以认为，上海是近代中国商业文化的一个范例，商业成了这个社会的主要动力。依据这个城市来命名这样一种文化似乎是合理的，因此海派（上海学派或上海类型）与严谨的、传统的、正统的京派（北京学派或北京类型）是大不一样的。[50] 海派，尽管它的最初意思是指一种书画流派，是一种广义的商业文化的组成部分，就像鲁迅指出的："'京派'是官的帮闲"，而"'海派'则是商的帮忙而已"。[51]

商业及与商业相关的社会现象当然不是由西方人带来的。晚清中国的商业化，特别是在长江下游三角洲地区的商业化，先于西方的到来。这一问题学术界已做了很好的研究并被有力地证明了，但在晚清中国的资本主义萌芽显然与近代上海的活力极不相称。在近代上海，商业渗透于各阶层之中，普遍深入社会的每一个角落，对城市的命运极为重要。在近代史上，西方列强在城市发展中所扮演的角色，很自然地给这种商业文化打上了西方烙印。"海"这个字并不仅仅是"上海"的缩写，也表达了它字面上的意思——"海洋"——这是一种譬喻的说法：上海的文化就像海洋一样无边无际，兼容并蓄。[52]

上海的街市图景可以被看作是城市商业文化的一种强大的表现。传统中国的大城市，包括常被视为商业首都的开封城，都是围绕着政治和国家建筑（如皇宫或官衙）或宗教建筑而建。[53] 上海成了中国历史上第一个以巍峨的商业性建筑作为其主要标志的大城市。巍然耸立于外滩和商业中心南京路上的多层办公建筑，长久以来一直被视作上海的象征，就像曼哈顿的建筑是纽约的象征一样。南京路和外滩——作为一个外国人施展其经济力量、享受特权的地方和现代西方文化影响发源地——是西方商业入侵中国的一个特别有力的象征。

在众多的远离外滩的石库门房子里，普通百姓日常生活的故事揭示了商业化的深入渗透。就是在这儿，在普通百姓的生活里，我们可以找到上海强大的商业文化的部分根源。上海——尤其是这些沿着南京路造在城市中心的房子，是近代中国第一个真正的房地产市场的发源地。在许多里弄地区，房客也成了商人：他们将房子转租给他人。因此上海的商业化文明并不局限于租界里"商贾云集"的大企业，[54]它也能在因谋生的需要而出现的小买卖中找到，比如所谓的二房东现象就是很好的例子。这种常见的二房东、三房客现象，是人们在城市谋生或寻求成功的一种手段。[55]

这同样也是上海这片充满机遇的土地的展示。成百上千的贫穷的乡村移民并不都是靠乞讨、拉黄包车或是其他繁重的劳动得以谋生的。许多人仅仅靠出租他们的部分住房谋生，甚至发点小财。那些承受不起或是不愿意支付顶费的人们就可以在这片"寸金地"租到大小不等的各类房子，从而去寻求他们的"上海梦"了。这些洋溢着商业气息的生活安排，注定会影响上海人思维方式的形成。这样一种思维方式通过上海里弄中商业和居住两者的和平共存更趋于"商品化"了。成千上万的石库门居民就在眼面前做着小生意。这些商业机构——商店、作坊、工厂、银行、当铺、烟馆、妓院、茶馆、浴室、小客栈、学校、办公室、寺庙等——都位于弄堂里面，一家挨着一家。此外，形形色色沿街兜售的小贩出现于上海，他们不仅通过这种方式谋生，同时也为成千上万的居民服务。商业对上海人的影响是这样地紧实妥帖，确确实实，无所不在。

对于一个长久以来轻视商业的民族来说，这种影响是一种堕落。王韬（1828—1897）于1849年来到上海，在一家英国人经营的报社里做了

12年的翻译。1861年，他在日记中写道："沪虽氛浊之场，而实为利薮所以。"[56] 王韬是当时极少的具有改革思想的知识分子之一，被看作是近代中国引介西方文明的先驱者，然而在私下里，他也没有高度评价上海及其商业。因此我们可以想象，在顽固派眼里，对上海及其商业文化的看法会是多么不屑。尽管近代上海城市的繁荣是基于商业基础上的，商业还是作为社会恶化的原因而继续受到批判。"在上海，人们只关心金银的价值，而不知雅致和粗俗的渊源。""社会风气是如此的糟糕，人人都注重利益，对个人的名誉却看得很轻。商业和市场是大众追求利润的心愿得以实现的地方。"像上面的这种评价，经常能在当地的报纸和其他出版物里见到，在百姓日常聊天时也常常听说。[57] 按传统的儒家标准来看，城市的商业文化就是一种堕落，也是城市居民的堕落。

具有讽刺意味的是，激进人士与保守分子站在了一起，共同谴责商业是腐蚀的、堕落的。中国共产党的创建者之一陈独秀，也是一位对上海很苛刻的批评家，他对上海的攻击与保守的儒家阵营如出一辙。陈在五四运动期间（在那时他毫无疑问是一个领袖级的人物）主张"打倒孔家店"，提倡"赛先生"和"德先生"。陈对上海如此断言："所以什么觉悟、爱国、利群、共和、解放、强国、卫生、改造、自由、新思潮、新文化等一切新流行的名词，一到上海便仅仅做了香烟公司、药房、书贾、彩票行底利器。呜呼！上海社会！"在他的心目中，上海"到处都是算盘声，铜钱臭"。[58]

共产主义者

陈独秀后来被与他共同奋斗的共产党人开除出党，但他们在谴责上海商业文化方面仍是坚定的"同志"。用白吉尔的话来说，中国的共产主义者把上海看作是在西方刺激下发展模式的一部分，"上海已经成为西方的象征"[59]。共产党人把上海的商业化与西方联系起来无疑是正确的，但不管是有意还是无意,他们显然低估了在此过程中中国人的创造性。西方的革新与影响提供了动力,而后来的发展与变革几乎完全是中国式的。

无疑,1949年的革命给这座城市和它的居民生活带来的变化是前所未有的;套用中国共产党人描述这场革命最喜欢用的一个成语,这是"天翻地覆"的变化。[60] 然而,日常生活中根植于传统的许多习俗相比于革命的摧枯拉朽要持久得多。本研究并不是要把焦点延伸到革命以后,这里所引用的几个与本课题相关的例子是为了说明:就日常生活而言,解放带来的变化并不像人们以前所认为的那样彻底。

在居民区,共产党人在建立居民管理组织的过程中不得不考虑实际存在的居住模式和房屋结构。大多数情况下,居民管理组织,即居民委员会负责管理几个毗邻的里弄。每个居委会以其所管辖的某一条主要里弄的名字命名。例如,成立于1954年的正明里居民委员会,在其管辖范围内有三条里弄,从北向南依次是:嘉禾里、正明里、福德坊。有时一条里弄单独成立一个居委会,有时遇到规模较大的里弄,像建业里,即使单独成立一个居民委员会也还不便于工作,于是再分成几个居委会。无论如何,居委会的管理必须根据房屋的类型仔细划分;换言之,他们延续了解放前的模式。[61]

应当注意的是,上海市内有一些小的分区,在那里棚户、石库门和新式里弄房子紧挨在一起,它们本应划进一个居民委员会,但这种情况很少见。作为城市居民管理组织三级系统中的最高一级,街道所属范围内可以包括各种类型的居民区(或住宅),但它通常根据居民区的类型分别建立居民委员会以划分相邻的不同街区。例如,华山路街道管理着半打以上的居民委员会(确切数字随着数年来区域边界的改变而变化),其居民区类型是多种多样的;正明里居委会代表的完全是石库门住宅;老街居委会所管辖的地区大多是棚户;其他几个居委会,住宅类型要么是新式里弄房子,要么是西式洋房。根据以上分析可知,城市居民委员会的规模没有固定的范围,即使是"一般"规模的居委会,也有 100 — 600 户不等的规模。[62]

不用说,居民区和住宅类型是以居民的社会和经济地位为基础的。然而,革命宣称其目标在于消灭社会阶级,而实际上却对维持现状很敏感。但是,这种在建立街区管理组织中的敏感表明共产党人了解地方形势并明智地与之妥协,接受现状有助于迅速、全面、有效、顺利地于 20 世纪 50 年代早期在上海建立街区管理组织。居民委员会是这一体制的基本职能单位,它以旧的社区为基础,无疑减轻了居民因被迫接受新体制而带来的心理影响,增强了共产党统治的有效性。

如果回头打量一下街区的商业,我们可以再一次感受到变革和持续的证据。1949 年后,街头小贩在数量上急剧减少,但并没有完全消灭。即使在"文化大革命"时期,菜场仍在原来的地点继续营业,并且在日常生活中变得更加重要。解放后并没有多少新的菜场出现,这就意味着人们还是像以前一样去相同的菜场买菜。六七十年代"副食品"经常短缺,这使得清早的菜场变成了"战场",人们排着长队争购各类食品。直到最近的改革才使食品的供应趋于多样化——主要是允许农民进城贩卖——菜场实际上是新鲜蔬菜、肉和鱼的唯一供应地。此外,街区商店经历了一些变化,但仍保持着在当地居民生活中的重要地位。地区商店继续在相同的地方卖着相同的商品,为相同的顾客服务。而且,商店的经营方式在一定程度上仍和解放前一样。

但是大多数家庭经营的小商业没能逃过 1956 年的社会主义改造运动,这场运动的目标在于把城市私有企业收归国家和集体所有。米店和煤球店都被集体化。商店店主被划入"民族资产阶级"。资产较少且不雇店员(更确切地说,是不雇家庭成员以外的职员)的店主则划入"小业主"之列。米店被粮油公司接管,煤球店被煤炭石油公司接管,两者都受上海市政府第二商业局管辖。[63]

公有化给这些商店带来了一些明显的变化。原来的店名是商店老板精心挑选以祝愿生意兴隆的优雅名字，而现在的店名则崭新却相当乏味，往往由一个数字和它们所属的区域组成，如"静安区第六粮店"，或"南市区第七煤球店"。很多商店的名字带有一个形容词以表明所有制的形式，例如"国营""合作"或者"公私合营"等。[64] 一些商店仍保留着原来的名字，直到1966年"文化大革命"开始，当时所有的旧店名都被批判为所谓的"四旧"（旧习俗、旧习惯、旧文化、旧思想）。店名最初是一些革命化的词语，例如"东方红""永红""兴无""为民"等，后来则被所属区域加数字所取代。[65]

但是与之相比，在地方居民的眼里，所有权的变化仅仅意味着商店店名的更换，或是柜台后面出现了几张新面孔（例如，新的店员）。商店仍旧位于老地方，仍旧于同样的时间营业，仍旧为老顾客所光顾。以前的店主（现在是公司的雇员）和他们的家庭仍住在店铺的二楼。其中有些原店主被分配到了其他店铺而不是在自家楼下的店里工作，这是为了避免产生不必要的猜疑或者说是为了避嫌。另外，也有许多店员被允许在他们原先所在的店里继续工作。赫德路（现常德路）上一家煤球店的老板就在他以前所开的店里工作，直至1964年他年满81岁而退休。他从未变更住所，商店所在的房子就是他的家。[66]

从顾客的角度来看，商店主要的变化不是所有权的改变，而是从1955年9月开始由国家强制推行的全国范围的粮油定量供应。街区里的合法居民以每家为单位从粮管所领到一个购粮证。每三个月可以凭证领取粮、油及其他商品的定量供应票。购买油和除了大米以外的粮食，必须提供现金和相应的供应票。大米受到更为严格的控制，要买到米，除了现金、供应票，还必须出示购粮证。出纳员要把所购的数量记录在购粮证上。而且，顾客只能在街区内指定的粮店购买。[67]

定量供应对于上海市民而言，并不是什么新鲜事物。在全面抗战时期，尤其是1941年太平洋战争爆发后,大米在上海极度短缺,因此定量供应制度在日本占领军当局的管理下被强制执行。[68]上海市民把1955年的强制推行定量供应看作是另一波对重要商品的限制。这是他们能够应付的事情,就像他们应对解放以来其他日趋严密的控制一样。[69]无论如何,人们的购物行为中存在很大的惯性。大多数居民还是坚持去他们解放前就经常光顾的米店买米。[70]

由于米店不可或缺,解放后国家对它们的干预是首位的。那些所售商品并不那么重要的商店,其变化是微乎其微的。烟纸店就是一个很明显的例子。这些给当地居民提供了很多方便的小店,大致上没有为1956年全国范围的社会主义改造运动所波及。这些小店继续由店主按解放前的方式经营,它们是1956年后中国城市中为数不多的私人商店之一。甚至经历了"文化大革命",烟纸店也没有倒闭,那时狂热分子企图抹掉所有民营企业的痕迹。张春桥,"四人帮"的一员,是当时上海的中共领导人,宣称要"割资本主义尾巴"。[71]在城市内,这一运动主要就是针对50年代中期社会主义改造运动后幸存的由家庭经营的小商店。不过,上海的烟纸店还是幸运地逃过了这一浩劫。[72]

有几个因素有助于说明它们的持久性。首先,这些商店所提供的便利,若非家庭经营很难得以维持。由于商店也是店主的家,家中任何的成年人都能帮忙打理,因此商店能够每天营业很长时间,通常从早上6点到晚上10点。事实上,他们只在春节这一天休息。即使是晚上打烊之后,如果有需要,居民们只要敲敲商店的后门,就能买到他们想要的东西。小店一经集体化,那么凭数量有限的职工所安排的工作班次,要维持原来长时间服务的传统,是非常困难的,甚至是不可能的。

而且,集体化意味着这些商店的主人成了国家(或合作社)的雇员,那么国家(或合作社)就要为他们提供福利(主要是稳定的工资,负责医疗和退休金)。可是这些小商店所赚的利润并不大,如果不增加雇主

（即国家）的财政负担,是无法建立起这样一个体系的。所以至少在技术层面上不会刺激政府去"吞并"它们,而为店主提供"铁饭碗"。因而,在解放后的数十年里,几乎所有的商店都被加以"改造",烟纸店仍然像在旧社会一样照常营业。正如一位烟纸店老板刘祥豫所言:"国家不要我们。"[73]

但是,经济上的考量必须要服从意识形态上的需要,这在中华人民共和国历史上并不少见。政府从来就没有打算让这些小买卖作为私营企业永远存在下去。政府不仅通过批发环节控制了它们所售商品的进货渠道,而且从"文化大革命"开始,政府明显采取了"让它们自生自灭"的政策。事实上,在整个60—70年代,上海所有的烟纸店都由上了岁数的人经营着。如果政府不加干涉,当店主年迈去世,家庭成员或其他相关者可以继承这一买卖。但是,1968年一项新规定发布:禁止给私营商店签发新的执照。激进的上海市政府采用了一种自由放任的策略,期望在老的一代去世后,这些商店能自然而然地"自生自灭"。[74]

但是这个过程比他们所期望的要长。自20世纪70年代后期开始,中国的发展使传统主义的连续性渐渐增强而不是削弱了。定量供应,这一对小商店影响最大的革命政策,如今在邓小平发起的改革中得以废除。1986年以来,全国范围的粮食消费量在逐年减少。[75]在上海,根据权威部门的统计,平均每月的粮食配给量是每人14.4公斤。但是1992年销售的实际粮食数量只有每人8公斤。[76]自1955年8月定量供应制度建立以来,这在上海还是第一次。可见在这一制度被正式废除之前,人们已"放弃"它了。

上海市政府宣布,从1993年4月起废除所有的粮油专卖。[77]这意味着以前对日常生活而言必不可少的粮店和酱油店,将不再重要了。另一"重要的"商店——煤球店的重要性早已削弱了,因为管道煤气已广泛使用(1978年30.7%的上海家庭用了管道煤气,1987年这个数字达到了

53.6%）。[78]

上海只是 20 世纪 90 年代早期废除定量供应制度的为数众多的城市中的一个。据中国官方的通讯社统计，至 1993 年 5 月，中国 32 个省、市、自治区中有 27 个，或者说有 1 800 多个城镇废除了粮油定量供应制度。只有宁夏、西藏、海南等地仍维持着。[79] 定量供应的废除使得粮店和酱油店在一定程度上恢复了解放前的经营模式。只要改革继续进行，那么这些商店私人所有权的复苏不仅是可能的，而且是可以预见的。

另一些不怎么"重要"的商店已重新出现，套用一个中国成语，就好似"雨后春笋"般不断地涌现。1987 年底，上海所有的 76 743 家商店中有 50 582 家是私营的。人事部门登记的商店总数是 60 700 家，这意味着它们都是些非常小的企业——几乎都由一个人经营，是典型的上海街道小店。[80] 很多小企业（10 639）登记为"饭店"或"饮食店"，这是大饼店和大众化饭店的正式名称，就像小的"服务店"（19 439）却主要卖衣服一样。[81]

烟纸店也得到复兴，刘祥豫的烟纸店经营了有半个世纪。如今他能够在商店的橱窗摆满他想卖的商品，而不用担心被称作"资本主义尾巴"了。但是 1991 年他已 71 岁，机遇似乎来得太晚了些，他幽默地对一位祝贺他生意兴隆的顾客说："搞活！搞活！当我快死的时候，他们开始说搞活！"当然，对于社会形势他感到高兴，他对另一位称他为"老板"（老板，对店主的旧式称呼）的顾客感叹道："邓小平好！"[82]

也许，在刘这样的店主看来，私营商店的复兴应归功于北京的高层领导，尤其是邓小平。但是，从历史的角度看，传统既没有被革命革掉也没有被帝国主义改变。一旦条件许可，传统就很容易重新恢复。难怪在 90 年代，上海进行的狂热的经济改革和热火朝天的建设很快就改变了这座城市和它的面貌。很多老上海倾向于把上海正在发生的事情看作是传统的恢复，他们甚至有这样的感叹："旧社会又回来了""一切与旧社会没什么不同""忘记过去的60年——90年代与30年代接轨了"。[83]

所有从事中国研究的学者都注意到,在近代中国历史的进程中存在着两股力量,即西方列强入侵和共产主义革命。上海已经成为向世界展示这两种力量的窗口。作为中国最主要的通商口岸,上海一直是中国面向外部世界的窗口,同样它也被比喻为列强侵略中国的"桥头堡"。1949年后,共产党人明确宣布要肃清上海殖民地的罪恶,将之改造为社会主义的城市。[84]于是上海接受了一次彻底的共产主义洗礼,并且在共和国的历次政治运动中首当其冲。在这样的环境下,传统尚能连绵不绝且无所不在,确实令人印象深刻。

传统一直是顽强的,因为它既不根植于中国的上层建筑,也不根植于西方所传入的外来文化,而是根植于人们的日常生活中。一首描述古原野草的诗句可用来比喻传统主义的强劲生命力:"野火烧不尽,春风吹又生。"[85]当执政党最终认识到了上海的重要性,宣布上海是中国现代化建设的"龙头"时,他们意识到过去几十年来所谴责和否定的是一种生机勃勃、包容一切的文化。[86]我们曾不屈不挠地讨伐革命前的旧事物,而现在党的现代化蓝图将在很大程度上带来充满活力的中国传统主义的复兴。

附录 1

一项对上海居民背景的调查

1989年10月—1990年1月间,由上海社会科学院社会学研究所配合,在社会学家、社会学研究所所长卢汉龙的协助下,我调查了上海四个地区的七处居民区。其中五处位于老式里弄,另两处位于里弄房子与平房的混合区域。调查的目的在于摸清上海居民的来源和外来移民在解放前所经历的社会与经济变迁。

为了保证调查能真实反映1949年前上海的历史,被调查的居民必须符合两个条件:他们必须生于1930年以前(也就是说他们在被调查时至少已59岁),并且他们必须在1948年前就居住于上海。我提出后一个条件是想把解放后的移民排除在外,他们与革命前迁来的移民有着明显的不同。在7个居民区中,共有438个居民符合条件。当时被调查者的平均年龄是69.2岁。

调查以事先准备好的统一的问卷对居民个人进行。每项调查平均耗时45分钟。以下是该调查的相关细节:

1. 调查点和被调查的人数

闸北,包括永安里、长兴里和同发里。这些居民区位于闸北区的天目路和山西北路上。107人接受了调查（35.5%男性，64.5%女性）。

市中心，包括宝裕里，位于黄浦区北京东路上。101人接受了调查（48.5%男性，51.5%女性）。

沪西，即上海市区西部，调查了王家弄，位于镇宁路、江苏路上，横跨静安、长宁两区。150人接受调查（47.3%男性，52.7%女性）。

南市，调查了大华里、曹家街（即曹家桥街），位于南市区静修路和复兴东路上。80人接受了调查（41.3%男性，58.7%女性）。

注：各个里弄名称均为解放前的名称，在调查时这些名称仍在被使用。街道、行政区的名称则采用了现行的官方名称。

2. 被调查人员的基本特征

被调查人员总计：438人

依性别分：191名男性（43.6%），247名女性（56.4%）

依出生地分：

（1）上海出生：41人（9.4%）

　　第二代移民：33人

　　第三代移民：7人

　　第四代移民：1人

（2）第一代移民397人（90.6%）来自13个省及北京市

迁移到上海的时间（上海出生者，按他们的家庭迁到上海的时间）：

　　1920年以前：106人（24.2%）

　　30年代：143人（32.6%）

　　40年代：189人（43.2%）

迁移至上海时的年龄：

　　平均18.21岁

　　最年长的44岁

　　最年幼的不到1岁

3. 被调查者迁移至上海前的故乡的类型

故乡类型	人数	百分比
乡村	219	50.0
镇	92	21.0
地区中心	67	15.3
中等城市 [a]	48	11.0
大城市	12	2.7

a "中等城市"指人口在20—50万之间的城市，"大城市"指人口在50万—100万之间的城市，但此处也包括人口超过100万的北京和上海两个城市。

4. 迁居上海的原因

原因	人数	百分比
求学	9	2.1
寻求就业机会 [a]	222	50.7
躲避抗日战争	17	3.9
躲避解放战争	10	2.3
躲避匪徒	3	0.7
躲避自然灾害	11	2.5
躲避家庭纠纷	2	0.5
到城市寻找更好的生活	35	8.0
其他（如家庭团聚）	129	29.3

a 在"寻求就业机会"一项中，63.2%是男性，36.8%是女性。

5. 移民时的婚姻状况

婚姻状况	人数	百分比
已婚 [a]	145	33.1
已订婚	54	12.3
未婚	223	50.9
离异	2	0.5
寡妇	5	1.1
不明（拒绝回答）	9	2.1

a 在已婚人员中，有16人将配偶留在家乡，21人在家乡有孩子。

6. 迁移时准备居住的时间

尽管只有44人在故乡没有直系亲属，在被调查者中占10%，但大多数迁移者均准备在上海长期居住。

准备居住的时间	人数	百分比
永久定居	114	26.1
长期居住	245	56.1
短期居住	14	3.2
在家乡与上海两地轮流居住	11	2.5
未定	53	12.1

7. 在上海找到第一份工作的途径（分性别）

途径	男性（%）	女性（%）	合计（%）
亲戚介绍	82（43.6）	39（19.2）	121（30.9）
朋友介绍	72（38.3）	82（40.4）	154（39.4）
被任命	6（3.2）	9（4.4）	15（3.8）
求职申请	2（1.1）	6（3.0）	8（2.1）
自主创业	11（5.9）	11（5.4）	22（5.6）
其他 a	15（8）	56（27.6）	71（18.2）

注：百分比计算时仅包括了已被雇用的，另有47人失业未计算在内。
a "其他"项包括了在1949年后找到首份工作的女性。

8. 居民受教育的程度

	男性（%）	女性（%）	合计（%）
文盲	9（4.7）	105（42.5）	114（26.0）
半文盲	14（7.3）	36（14.6）	50（11.4）
小学（1—4年级）	36（18.9）	46（18.6）	82（18.7）
小学（5—6年级）	56（29.3）	31（12.6）	87（19.9）
初中毕业	53（27.8）	21（8.5）	74（16.9）
高中毕业	17（8.9）	6（2.4）	23（5.3）
大学毕业	6（3.1）	2（0.8）	8（1.8）
总计	191（100）	247（100）	438（100）

9. 迁居上海前后从事的职业

职业／商业	迁居上海前（%）	迁居上海后（%）
被雇用	204（46.6）*	331（75.3）*
务农	115（56.4）	2（0.6）
采矿与木工	1（0.5）	5（1.5）
制造业	22（10.8）	153（46.3）
建筑业	1（0.5）	1（0.3）
运输与邮政服务	5（2.5）	24（7.2）
商业与餐饮	28（13.7）	79（23.9）
公共事务	8（3.9）	24（7.3）
医务（医院）	1（0.5）	4（1.2）
教育	7（3.4）	11（3.3）
金融	5（2.4）	10（3.0）
组织	3（1.5）	4（1.2）
其他	8（3.9）	14（4.2）
总计	204（100）	331（100）
未被雇用	234（53.4）*	108（24.7）*
家庭妇女	84（35.9）	83（76.9）
流浪者	40（17.9）	17（15.7）
年幼不能工作者	110（47.0）	8（7.4）
总计	234（100）	108（100）

＊相对于全部被调查者的百分比。

10. 迁居上海前后从职业变迁中看到的社会角色的变异

职业	迁居上海前（%）	迁居上海后（%）	现在（1989—1990）（%）
农民	62.1	2.9	0.3
工人	23.1	57.2	59.3
技术工人	4.9	17.9	17.8
店员	3.3	11.8	6.7
职员	1.2	3.8	4.3
行政人员	2.1	2.6	5.9
专业人士	2.9	3.2	5.1

(续表)

职业	迁居上海前（%）	迁居上海后（%）	现在（1989-1990）（%）
高级行政人员 [a]	0	0.3	0.3
高级专业人士 [b]	0.4	0.3	0.3
总计	100	100	100

[a] 在中国大陆，"高级行政人员"指那些处长及以上的那些人士。[b] "高级专业人士"是指那些被正式授予副教授及以上专业技术职称的人士。

11. 新移民们到达上海后居住的房屋类型

房屋类型	人数（人）	百分比（%）
棚屋或平房	153	34.9
老式里弄房屋	258	58.9
新式里弄房屋	2	0.5
西式公寓	2	0.5
西式独立洋房	0	
其他	23	5.2

12. 回家乡的频率

频率	人数（人）	百分比（%）
从未回去	122	31
回去过一两次	155	39.3
常回去，但少于每年一次	88	22.3
每年回去	29	7.4

注：以上数据（总计394人）未将那些在家乡没有亲属的计算在内。回到家乡的原因分别为：229人回乡探望亲属，24人回去参加婚礼、葬礼以及其他村社或家族活动，24人回乡过春节，另有16人为其他原因。

13. 衣服的来源

方式	人数（人）	百分比（%）
购布料在家自制	257	58.9
购布料请裁缝制衣	104	23.8
购置成衣	80	18.2
从故乡携带	46	10.6
购置二手衣物	16	3.7

注：以上购置衣服的方式不仅仅是被调查者本人，而是包含了他整个家庭。每人可选择一个以上的方式，因此上表中"人数"项总和超过了438（被调查者人数）。

14. 购物行为

地区	人数	街坊小店（%）	地区商业中心（%）	南京路和霞飞路（%）
闸北	107	98（91.6）	4（3.7）	5（4.7）
南市	79	27（34.2）	46（58.2）	6（7.6）
市中心	97	88（90.7）	4（4.1）	5（5.2）
沪西	150	142（94.7）	5（3.3）	3（2.0）
总计	433	355（82.0）	59（13.6）	19（4.4）

注：各个地区的"地区商业中心"如下：闸北的北站、南市的老西门、市中心的法界大马路（现金陵东路）、沪西的静安寺。参见第六章关于地区商业中心的细节讨论。

15. 口音保留情况

口音程度	迁移时的平均年龄	在上海居住的时间	第一代（397人）	第二代（33人）	第三代及以后（8人）
A	19.43	51.09	5.3%	6.1%	—
B	18.92	51.40	32.7%	12.1%	—
C	18.31	51.91	50.1%	18.2%	25%
D	15.38	61.33	11.9%	63.6%	75%

注："口音程度"A指说原住地方言，B指说上海方言但带很重的口音，C指说上海方言稍带口音，D指说纯正的上海方言。

附录 2

被采访者情况列表

序号[a]	性别	出生之年	籍贯	是否出生于上海	迁来上海之年	职业[b]	采访地点和日期
I-1	男	1929	启东（江苏）	否	1946	工厂工人	上海 1989年3月16日
I-2	男	1930	上海	是	—	摆渡工	上海 1989年3月16日
I-3	女	1934	太仓（江苏）	否	1939	工厂工人	上海 1989年3月18日
I-4	女	1922	松江（江苏）	否	1938	商贩	上海 1989年3月18日
I-5	女	1941	镇江（江苏）	是	—	初中教师	上海 1989年3月19日
I-6	男	1919	泗阳（江苏）	否	1937	人力车夫	上海 1989年3月19日 1993年7月14日
I-7	男	1923	徐州（江苏）	否	1932	铁路搬运工	上海 1989年3月19日
I-8	男	1915	高邮（江苏）	否	1930	人力车夫	上海 1989年3月19日

（续表）

序号[a]	性别	出生之年	籍贯	是否出生于上海	迁来上海之年	职业[b]	采访地点和日期
I-9	男	1915	扬州（江苏）	否	1938	店主	上海 1989年3月20日
I-10	女	1920	余姚（浙江）	否	1929	店主	上海 1989年3月20日 1989年3月26日
I-11	女	1918	萧山（浙江）	否	1935	家庭主妇	上海 1989年3月20日 1989年3月25日
I-12	男	1926	绍兴（浙江）	否	1938	店主	上海 1989年3月20日
I-13	女	1922	南汇（江苏）	是	—	店铺合伙人	上海 1989年3月22日
I-14	男	1949	宁波（浙江）	是	—	店员	上海 1989年3月20日 1989年3月23日
I-15	男	1920	江都（江苏）	否	1934	店主	上海 1989年3月23日 1989年3月27日 1993年8月17日 1993年8月21日
I-16	女	1918	黄冈（湖北）	否	1942	店主	上海 1989年3月26日
I-17	女	1908	绍兴（浙江）	否	1940	女佣	上海 1989年3月26日
I-18	女	1950	余姚（浙江）	是	—	学校教师	洛杉矶 1991年5月17日 1991年5月18日
I-19	男	1932	常州（江苏）	否	1947	店员	洛杉矶 1991年6月29日 1991年6月30日

(续表)

序号[a]	性别	出生之年	籍贯	是否出生于上海	迁来上海之年	职业[b]	采访地点和日期
I-20	女	1929	苏州（江苏）	否	1942	学校教师	纽约 1992年8月3日
I-21	男	1917	宁波（浙江）	是	—	小批发商	上海 1993年7月14日 1995年8月11日
I-22	男	1911	中山（广东）	否	1933	商人	上海 1993年7月14日 1995年8月3日
I-23	女	1919	番禺（广东）	否	1935	办公室文员	香港 1994年6月2日
I-24	男	1921	番禺（广东）	否	1928	医生	香港 1994年6月2日
I-25	男	1905	上海	是	—	教师	上海 1993年7月15日 1993年7月16日 1995年7月29日 1995年8月2日
I-26	女	1913	常熟（江苏）	否	1938	护士	上海 1993年8月6日 1993年8月17日
I-27	男	1924	淮南（安徽）	否	1936	公共汽车司机	上海 1989年3月24日 1995年8月10日
I-28	男	1918	湖州（浙江）	否	1940	工厂办公室文员	上海 1995年8月7日 1996年8月13日
I-29	男	1916	余姚（浙江）	否	1929	会计师	上海 1995年8月7日 1996年8月13日
I-30	男	1912	上虞（浙江）	是	—	商人	上海 1996年8月11日

（续表）

序号[a]	性别	出生之年	籍贯	是否出生于上海	迁来上海之年	职业[b]	采访地点和日期
I-31	男	1917	上虞（浙江）	是	—	商人	上海 1996年8月11日
I-32	男	1917	太仓（江苏）	否	1933	商人	上海 1996年8月11日
I-33	男	1917	川沙（江苏）	否	1925	商人	上海 1996年8月11日
I-34	女	1919	中山（广东）	否	1939	学校教师	上海 1996年8月12日
I-35	男	1922	番禺（广东）	否	1940	摄影师	上海 1996年8月12日
I-36	女	1911	金华（浙江）	否	1934	办公室文员	上海 1996年8月18日
I-37	女	1927	宁波（浙江）	是	—	护士	上海 1996年8月19日
I-38	女	1923	启东（江苏）	否	1930	家庭主妇	上海 1996年8月19日
I-39	男	1915	铜陵（安徽）	否	1938	小贩	上海 1996年8月20日
I-40	男	1927	江阴（江苏）	否	1940	小贩	上海 1996年8月20日
I-41	男	1925	湖州（浙江）	否	1936	算命先生	上海 1996年8月21日

a 在此被采访者以"I-1"等序号表示。除了一小部分受访者不担心身份泄露的场合以外，接受采访时。受访者均知晓他们的名字会被保密。

b 以被采访者在1949年前从事时间最长的职业为准。

注释

导论

[1] 关于开埠前上海本土的发展，参阅 Linda Johnson, *Shanghai*；关于在上海的西方人，参阅 Nicholas Clifford, *Spoilt Children*；关于地方巡回监督官，即上海道台，参阅 Leung Yuen-sang, *Shanghai Taotai*；关于会审公廨，参阅 Thomas Stephens, *Order and Discipline*；关于传统的商会组织，参阅 Joseph Fewsmith, *Party*；关于中国和西方的现代企业家，参阅 Marie-Claire Bergère, *Golden Age* 和 Sherman Cocharan, *Big Business*；关于资本家阶级和国民党政府，参阅 Parks Coble Jr., *Shanghai Capitalists* 和 Christian Henriot, *Shanghai, 1927—1937*；关于公共卫生，参阅 Kerrie MacPherson, *Wilderness*；关于高等教育，参阅 Wen-hsin Yeh, *Alienated Academy*, Ming K. Chan 和 Arif Dirlik, *Schools*；关于警察，查阅 Frederic Wakeman, *Policing Shanghai* and *Shanghai Badlands*；关于地下社会，参阅 Brian Martin, *Shanghai Green Gang* 和 Pan Ling, *Old Shanghai*；关于罢工和工人情形，参阅 Elizabeth Perry, *Shanghai on Strike* 和 Emily Honig, *Sisters*；关于学生运动，参阅 Jeffrey Wasserstrom, *Student Protests*；关于同乡会，参阅 Bryna Goodman, *Native Place*；关于以籍贯为基础的社会偏见，参阅 Emily Honig, *Creating Chinese Ethnicity*；关于知识分子的生活，参阅 Poshek Fu, *Passivity*；关于妓女世界，参阅 Gail Hershatter, *Dangerous Pleasure*。

[2] 关于作为计划的结果出现的新县的历史，参阅 Vermeer: *New Country Histories*。上海市通志馆编写了很多开创性的作品（包括期刊、小册子和年刊）仍是研究上海史学者的基本参考读物。他们的编写工作由于1937年全面抗日战争爆发而中断。

1945年8月后，这一群体在上海文献委员会的名义下重新工作，继续编纂和出版上海年鉴和地名辞典。这一组织最终在国民政府统治末期被解散。

[3] 最值得注意的是：唐振常和沈恒春的《上海史》，这是部单卷本的上海通史，时间跨度从古代至1949年；张仲礼的《近代上海城市研究》，研究从19世纪晚期到1949年上海的经济、政治—社会和文化等方面。别的重要的关于上海市的出版物，包括刘惠吾主编的两卷本的《上海近代史》（上海：华东师范大学1985、1987年版），两卷本的论文选《上海史研究》（上海：学林出版社1984年、1988年版），成系列的《上海研究论丛》，目前已经由上海社会科学院出版社出版了9辑，一套名为"上海地方史资料选辑"的怀旧系列，其中6本已出版。上海文史资料编辑委员会以文史资料选辑的形式，出版了一系列针对特定主题的研究，包括上海流氓帮会、房地产、金融、教育等。上海文史馆编辑出版了一本有关旧上海的社会罪恶（烟、赌、娼）的书。一些稀见历史资料已经出版，由上海人民出版社出版的多冠以"上海史料丛刊"的题头，由上海古籍出版社出版的则冠以"上海滩与上海人"的题头。

[4] 例如，很多由美国和中国机构共同发起的在美、中两国举行的近代上海史学术讨论会。1988年9月在上海社会科学院举行了一次上海史国际学术会议，会议论文用中文（《上海研究论丛》第3、4辑，英文标题是 *Shanghai: Gateway to the world*）和英文（*Shanghai Sojourners*, Edited by Wakeman and Yeh）两种文字出版。1993年8月，两个关于上海史和经济发展的国际会议在上海举行，名称分别为"从开埠到向世界开放：最近150年的上海，1843—1993"和"城市进步、商业发展和中国的现代化"。从1992—1995年，上海社会科学院与加州大学伯克利分校、康奈尔大学就20世纪的上海共同开展了数项计划。由卢斯基金会发起，在1992年、1994年和1995年的夏天在康奈尔大学举行了3个有关上海的商业和文化史的国际会议。一册1995年会议的论文集即将由康奈尔大学出版社出版。

[5] Mote, "Transformation", 102–103; Skinner, "Introduction", 258–261.

[6] Weber, *City*, 81–82.

[7] Skinner, "Introduction", 265–267; Mote, "Transformation", 114–118.

[8] Elvin, "Chinese Cities", 87.

[9] 司马迁：《史记》（卷二十五，鲁书），第1243页。

[10] 顾炎武：《日知录》，第20页。

[11] Strand, *Rickshaw Beijing*, 29.

[12] 王映霞：《王映霞自传》，第201页；《社会日报》，1936年8月8日。关于乞丐的详细描述，可参见 Lu, "Becoming Urban"。

[13] 蒋思壹、吴元淑：《上海七百个乞丐的社会调查》，第191页；Siao, *Mao Tse-tung and I Were Beggars*, 77。

[14] 沈寂等：《中国秘密社会》，第188页。

[15] Isaacs, *Five Years of Kuomintang Reaction*, 62–63; Wakeman, *Policing Shanghai*, 84.

[16] Mote，"Transformation"，102.

[17] 参见胡祖德：《沪谚》，第52页。

[18] 胡祖德：《沪谚外编》，第18页；钱乃荣：《上海方言俚语》，第115页。

[19] 鲁迅：《鲁迅日记》，第108页。

[20] 这一小说分35期连载于《申报》1931年10月30日—12月3日。总结和评论见 Link, *Mandarin Ducks and Butterflies*, 225–227。

[21] 茅盾：《子夜》，第14—24页。

[22] 郁达夫：《郁达夫文集》第4卷，第27页。

[23] 同上，第9卷，第2—185页。

[24] 郁达夫：《春风沉醉的晚上》。

[25] Link, *Mandarin Ducks and Butterflies*, 227.

[26] Wakeman and Yeh, *Shanghai Sojourners*, 12.

[27] 这些术语的定义参见 Reynolds, *China, 1898–1912*, 207 n.2。

[28] 王韬：《瀛壖杂志》，第7—11页；陈独秀：《独秀文存》，第587—996页。

[29] 采访记录 I-11, 1989年3月25日，I-12（采访记录是以字母序号编排的，见附录2）。

[30] 到1980年，上海占中国国有工业产值的1/8，每年贡献了国民生产总值的1/6；中央政府收入的1/3是来自上海征收的税收。参阅《解放日报》，1980年10月3日。

[31] 1947年，这支解放军部队建立于山东莱阳。官方所发布的有关这支部队的信息，可参见解放军文艺出版社《南京路上好八连》一书。

[32] 这出话剧有几个稍微不同的版本并被改编成同名电影。1963年，所有的中共高层领导包括毛泽东都亲自观看了该剧。他们观看演出被广为宣传，这说明整个国家在官方层面是支持该剧和该剧推崇的道德教诲的。沈西蒙等：《霓虹灯下的哨兵》；

南京师范学院中文系：《"霓虹灯下的哨兵"专集》。

[33] 转引自 Rozman, *Modernization of China*, 3。

[34] 常见的名字叫 Long Bar，有 110 英尺长，一般被认为是世界上最长的吧台。参阅 Wright, *Twentieth Century Impressions*, 338；Barber, *Fall of Shanghai*, 第 124 页后的插图。

[35] 20 世纪 80 年代晚期，上海仍有 800 000—1 000 000 只煤球炉和马桶在使用。详见第五、第六章。

[36] 详见第六章。

[37] 附录 1，"衣服的来源"；I-4，I-23。

[38] I-9，I-21。步行上班在工人中很是常见的，有时单程就要花上两个小时。参见 Honig, *Sisters*, 137。

[39] 关于对上海式精明的探讨，尤其是作为知情人对上海人和香港人（或者说上海人和广东人）如何做生意的比较，可以参阅朱子家：《黄浦江的浊浪》，第 70—72 页。

[40] 法国人 Georges Claude 在 1907 年发明了霓虹灯。1910 年，Claude 在巴黎的巴黎大皇宫演示了他的第一个霓虹指示牌。霓虹很快被照明工业采用并用于商业。到 20 世纪 20 年代末，霓虹灯已经被广泛用于道路交通有色指示灯和商业广告。在上海，"霓虹灯"（"neon light" 的半音译）一词泛指城市里所有的灯（即商业用途的灯，包括荧光灯和电灯）。参阅 Claude, "Neon Tube Lighting"；"Broadway's Colors"（*New York Times*, January 23, 1929）；Miller and Fink, *Neon Signs*, 1-5。也可参阅唐振常：《近代上海繁华录》，第 170 页。

[41] 参见 Paul Cohen, *Discovering History in China*。

[42] 实例见 Bernhardt, *Rents, Taxes, and Peasant Resistance*。

[43] 参见 Murphey, *Shanghai, Key to Modern China*。

[44] 已经出版的数本上海史著作强调了中国社会和制度习惯的连续性。Linda Johnson 的关于上海从市镇到早期通商口岸的研究著作，强调的是明清时期上海商业的繁荣和上海在开埠最初的 15 年里中国制度的持久性。这一结论是与对晚清长江下游地区经济社会史的更广泛研究相一致的。魏斐德对南京国民政府时期（1927—1937）上海警察的研究是"关于联系和连续性的"；它寻求各种政治进程从晚清新政改革到 1989 年的国家安全北京委员会之间的联系（*Policing Shanghai*, xvii）。在对上海华商银行日常生活的研究中，叶文心（Wen-hsin Yeh）展示了儒家的价值是怎样继续影响着似乎

是无可争议的西式制度中的管理模式的;叶认为民国上海银行内共同发起的公社制社会结构类似于中华人民共和国成立以后中国城市采用的单位制度("Corporate Space, Communal Time")。

[45] Huang,"Paradigmatic Crisis",335.

[46] 详见第五章。

[47] 关于中华人民共和国的街道管理组织,可参见 Schurmann,*Ideology*,371—380;Whyte and Parish,*Urban Life in Contemporary China*,22—25,283—290。

[48] 参阅 Habermas,*Structural Transformation*。关于运用 Habermas 的概念来分析近代中国史的讨论,参阅 Rowe,"Public Sphere"。这个问题在 *Modern China* 组织的座谈会上得到进一步的争论(*Modern China*,19,第 2,April 1993)。在香港,《中国社会科学季刊》(1993 年 8 月 15 日出版)发表了一组中西方学者对"市民社会与中国"看法的文章。中国最重要的历史类期刊《历史研究》也以一期(1996 年第 1 期)的篇幅专门讨论了这个问题。

[49] Rowe,*Hankow*,61—62,136;Strand,*Rickshaw Beijing*,167—168,290—291。

[50] Bestor,*Neighborhood Tokyo*,66—77.

[51] Lee,Introduction,15—16.

第一章 到上海去

[1] Huxley,*Jesting Pilate*,271.

[2] 指的这一区域以南京路为中心,东至外滩,西至西藏路,北至苏州河南岸,南至洋泾浜(后改建成爱多亚路)。

[3] "浦东"意为"黄浦江以东(地区)"。20 世纪 90 年代,这片郊外之地最终引起中国决策层的关注而成为上海发展最为迅速的开发区。1996 年,浦东新区成为有 148 万人口,522 平方公里的经济特区。就像 80 年代的深圳,浦东开发被视为 90 年代中国重大经济发展和社会转型的一个象征。关于浦东概况,见王洪泉等:《浦东今古大观》。

[4] 然而,近期的一些文章中仍持有一种观点,认为在西方文化传入之前,上海完全未被开发。例如,西格雷夫的《宋家王朝》就如此描述上海:"在 19 世纪初宋家尚

未登上历史舞台时,这个中国的老城厢只是黄浦江边一个泥泞的小渔村。"

[5] "道"为清代省以下的最高行政机构。上海道是清时九十二道之一。有关清政府的道衙机构,见 Leung Yuen-sang, *The Shanghai Taotai*, chapter 2。

[6] 邹依仁:《旧上海人口变迁的研究》,第 91 页。

[7] 统计数值的依据为胡焕庸:《中国人口·上海分册》,第 53 页,表 2-11。

[8] Fairbank, *Trade*, 357–361; 黄苇:《上海开埠初期对外贸易研究》,第 75—78 页。

[9] Morse, *International Relations*, 1: 356–358; 黄苇:《上海开埠初期对外贸易研究》,第 177—178 页,表 25—26。

[10] 这是对通商口岸对中国只有负面作用的僵化观点的更正。近来中国学者在论证通商口岸的作用时,引用了恩格斯的暴力和"恶"势力也起过革命作用的观点,以及马克思分析英国在印度的殖民统治对于印度社会革命所起的作用时所说,英国充当了"历史的不自觉的工具"。见唐振常、沈恒春:《上海史》,第 156—157 页;张仲礼:《近代上海城市研究》,第 32—33 页。

[11] 下述文字为一美国作者写于共产主义革命后不久的现代上海,反映了前一种心态:"这些固执的西方掠夺者,执意留居长江三角洲——在他们建设大都市的所有地区,上海是最出色的。这些西方征服者并未像另一些征服者那样被中国感化。他们冷眼旁观,拒斥东方的影响,直至他们势力衰微,才连同其潜存的政治和文化的印痕撤离了他们的城市。"Finch, *Shanghai and Beyond*, 3; 关于后一种,见 Wakeman, *Policing Shanghai*, 34。

[12] Johnson, *Shanghai*, 2; Goodman, *Native Place, City, and Nation*, 48–50; Lu, "Arrested Development"。

[13] 邹依仁:《旧上海人口变迁的研究》,第 38—41 页;胡焕庸:《中国人口·上海分册》,第 49 页。有时这会导致上海人口皆为移民的感觉。1900 年 8 月 10 日《申报》中一文曾称"在沪之人,多系客居,并无上著"。

[14] 数值依据为邹依仁:《旧上海人口变迁的研究》表 1,表 46。

[15] 上海通社:《上海研究资料》上册,第 113 页;徐公肃、邱瑾璋:《上海公共租界制度》,第 19—20 页,第 68 页。有关英文原版 1845 年的《上海土地章程》,见 1852 年 1 月 17 日《北华捷报》。

[16] Maybon and Fredet, *Histoire*, chapter 2。

[17] Morse, *International Relations*, 2: 349–350; 马士(Morse)曾任职于中国海关,

居沪多年,中国近代史方面著述颇丰。

[18] Fortune,*Tea-Districts*,2:2.

[19] Imperial Maritime Customs,*Treaties*,1:200.

[20] 关于耆英与道光皇帝间对此事的文书往来,见《筹办夷务始末》道光部分,卷六十七、卷六十九、卷七十。关于中英文本的差异,见 Imperial Maritime Customs,*Treaties*,198—207。

[21] 清政府此举的意图,见卢汉超:《〈上海土地章程〉研究》。

[22] *Chinese and Japanese Repository* 2,no. 18(January 1865):32.

[23] Lang,*Shanghai*,*Considered Socially*,22.

[24] *Chinese and Japanese Repository* 2,no. 15(October 1864):79—88.

[25] Lang,*Shanghai*,*Considered Socially*,24;《文汇报》:《上海:1843—1896》,第3页。

[26] 邹依仁:《旧上海人口变迁的研究》,第90—91页;Lanning and Couling,*History of Shanghai*,1:292。

[27] 罗伯特·福钧离沪三年后,于1848年9月再度来到上海,黄浦江上众多船只令他惊讶,而更为惊讶的是眼前的外滩:"的确,我已听闻英美人筑就了许多楼房,而我上次离沪时,只有一两座楼房正在兴建;但作为一个新城镇,中国式的茅屋、棉田和坟地占据的面积还太大。"Fortune,*Tea-Districts*,2:1—2.

[28] 蒯世勋:《上海公共租界史稿》,第318页。

[29] Lang,*Shanghai*,*Considered Socially*,35.

[30] Dyce,*Model Settelment*,111—112.

[31] Fortune,*Three Years' Wanderings*,114.

[32] 按阴历,这天是八月初五,孔子的生日。

[33] 关于暴动的第一手资料,见一居沪英人所著 *Twelve Years in China*,187—219。有关起义的全面资料,见上海社会科学院历史研究所:《上海小刀会起义史料汇编》。有关比较深入研究小刀会历史的著作,见郭豫明:《上海小刀会起义史》。

[34] 这些房屋是里弄、花园洋房的雏形。详述见第四章。

[35] 尽管租金或买价没有确切的记载,但造房出租可获30%—40%的利润。见朱剑城:《旧上海房地产业的兴起》,第11页。

[36] De Jesus,*Historical Shanghai*,100;蒯世勋:《上海公共租界史稿》,第349页。

[37] De Jesus, *Historical Shanghai*, 98.

[38] Alcock, *Capital of the Tycoon*, 37—38. 一份资料表明这个商人是埃德温·史密斯（Edwin Smith）；见沈辰宪：《上海早期的几个外国房地产商》，第 131 页。

[39] Alcock, *Capital of the Tycoon*, 38.

[40] 同上。

[41] Feetham, *Report*, 1：54—62；徐公肃、丘瑾璋：《上海公共租界制度》，第 43—67 页。关于民国时期的《上海土地章程》英译全文，见 Feetham, *Report*, 1：68—83, Appendix 4。

[42] Feetham, *Report*, 1：57—59.

[43] 同上，1：50，Appendix 2.

[44] De Jesus, *Historical Shanghai*, 98—99. 又见 Pott, *Short History of Shanghai*, 39。

[45] 邹依仁：《旧上海人口变迁的研究》，第 3—4 页，第 90—91 页。

[46] 清末，这些县归属六个府（州），它们是江苏省的苏州、松江、太仓和浙江省的杭州、嘉兴、湖州。

[47] 《筹办夷务始末》道光部分，卷二十九；《筹办夷务始末》咸丰部分，卷七。

[48] 林语堂：《吾国与吾民》，第 18 页。

[49] 例如，见《弘治上海志》卷一，第 4—5 页；上海博物馆：《上海碑刻资料选辑》，第 38—39 页；上海人民出版社：《清代日记会钞》；《同治上海县志》卷二，第 1 页。

[50] 吴贵芳：《古代上海述略》，第 81—89 页；王韬：《瀛壖杂志》，第 9—10 页。

[51] 颐安主人：《沪江商业市景词》卷四，第 21 页。

[52] Forbes, *Five Years in China*, 13—14.

[53] 余秋雨：《文明的碎片》，第 201 页。

[54] Sergent, *Shanghai*, 3.

[55] 罗志如：《统计表中之上海》，第 22 页；邹依仁：《旧上海人口变迁的研究》，第 146—147 页。

[56] I-21，1995 年 8 月 11 日。

[57] Barber, *Fall of Shanghai*, 13.

[58] Gascoyne-Cecil and Cecil, *Changing China*, 104—105.

[59] Abend, *Treaty Ports*, 155.

[60] Power, *My Twenty-five Years*, 58.

[61] 屠诗聘：《上海春秋》下册，第88—89页。

[62] 在1900—1939年间，公共租界内的锡克族巡捕人数从296人上升到1 842；见 Wei, *Shanghai*, 105.

[63] Ross, *Escape to Shanghai*, xi; Heppner, *Shanghai Refuge*, 48. 又见潘光：《犹太人在上海》。

[64] 据1928年10月驻上海日本领事馆的一项调查表明，当时有总数为2 178以上的日本女性在上海谋生，其中628人（29%）为妓女。见《工商半月刊》卷二，第8号（1930年4月），第23—25页。

[65] 春申君（音）：《怎样维持上海的繁荣》。

[66]《字林西报》，1937年8月12日。

[67] 有关共产党接管后外国人的经历的报道，见 Barber, *Fall of Shanghai*；有关上海外国人的最后一瞥，见塔塔（Tata）、麦克拉克伦（Mclachlan）的非同寻常的影集《上海：1949》。

[68] 罗志如：《统计表中之上海》，第22页；《上海市年鉴》1936年；徐润：《徐愚斋自叙年谱》，第295—297页；邹依仁：《旧上海人口变迁的研究》表1、表22、表50。

[69] 这取决于所选择的统计范围。据对上海最详尽的人口统计，1852年城市人口数为544 413（包括上海郊县）；约100年以后的1949年3月，确切的城市人口数为5 455 007（邹依仁：《旧上海人口变迁的研究》，第90—91页）。据福钧记载，1843年上海人口约270 000（*Three Years' Wanderings*, 104）。因此，就这城市本身而言，从1843—1949年，人口增长了20倍。

[70] 华界的上海籍贯人口较之非上海籍贯人口，比例略高于公共租界，因为华界包括郊区，那里居住的大多是本地人。法租界无统计资料。但在1947—1949年对前法租界所属的三个区域（嵩山、卢家湾、常熟）的调查中发现，这里非本地籍贯人口高达总人口的90%。见邹依仁：《旧上海人口变迁的研究》，第112—113页，表20、表21。

[71]《上海市年鉴》1947年C篇，第15页；上海市人民政府：《一九四九年》，第14—15页；胡焕庸：《中国人口》，第49页。

[72] 依据为公共租界1930年、1935年的统计数值；见罗志如：《统计表中之上海》，

表 43；《上海市年鉴》1935 年 G 篇，第 23—24 页；邹依仁：《旧上海人口变迁的研究》，表 22。

[73] 上海市人民政府：《一九四九年》，第 20—21 页；邹依仁：《旧上海人口变迁的研究》，表 24。

[74] 上海市地方协会：《上海市统计》，第 4 页，表 5；罗志如：《统计表中之上海》，第 27 页，表 41、表 43。

[75]《社会月刊》卷 1，第 4 号（1929 年 4 月），第 3—5 页。

[76] 见附录 1，"被调查者迁移至上海前的故乡的类型"。

[77] 方宏凯、黄炎培：《川沙县志》序文和卷五（工业）序。如今川沙是上海市管辖下的十个县之一。

[78] Chesneaux, *Chinese Labor Movement*, 48.

[79] 这些上海的机械制造业（machine-building enterprises）的工人是中国最早的产业工人之一。因为这些工人早在 19 世纪 50 年代就受雇于外国船厂（兰宁、库林：《上海史》上册，第 384—391 页），中国共产党的官方历史视他们为中国最早的无产者。但这一观点仍有争议，因为中国无产阶级的出现早于 19 世纪末才形成气候的中国资产阶级。一项对上海机械制造业的调查表明这个行业的工人主要来自广东省、宁波（浙江省）、上海郊县。上海的机械制造业最早的产业工人是来自广东的技术工人。他们就是裴宜理所指的"南中国的技工"（*Shanghai on Strike*, 32）。自从 19 世纪中叶上海成为中国重要的通商口岸，这些船厂的主要业务就转为修理商船了，于是，熟练技术工人，诸如铜匠等尤为看好。大部分熟练技工来自广东香山（今中山）县。19 世纪 60 年代早期，虹口（上海东北部）是上海的船厂、码头的聚集地，这里的工人都被说成是广东人（《上海新报》，1862 年 10 月 6 日）。19 世纪 70 年代末，来自宁波以及本地郊区的工人逐渐超过了广东工人（上海市工商行政管理局等：《上海民族机器工业》上册，第 50—70 页；上海机器业工人运动史编写组：《上海机器业工人运动史》，第 36—37 页）。

[80] 上海市工商行政管理局等：《上海民族机器工业》上册，第 52、第 55—56 页。

[81] 同上，上册，第 55—56 页。

[82] 同上，上海机器业工人运动史编写组：《上海机器业工人运动史》，第 35—40 页。

[83] 官方统计表明，1928—1930 年，上海产业工人中 42% 从事棉纺业，纱厂、

织布厂、染厂工人占32%。也就是说,上海的产业工人中纺织业占3/4(杨西孟:《上海工人生活程度》,第7页)。这是上海纺织业工人数量最高的时期。即便是1937—1945年战争的破坏以及1949年共产党政府的接管之后,据1951年4月的统计,上海纺织业工人仍有205 000人,大约占上海产业工人总数750 000人的30%(上海纺织工人运动史编写组:《上海纺织工人运动史》,第39页;解放日报社:《上海解放一年》,第74—75页)。

[84] 李次山:《上海劳动状况》,第8—9页。

[85] 比如,在浦西工作而家居浦东的工人,下班后仍回浦东乡下,每日摆渡上下班。见李次山:《上海劳动状况》,第8页。

[86] 同上,第8—9页。

[87] Lamson, "Effect", 1062.

[88] 李次山:《上海劳动状况》,第3页。

[89] 江南造船厂:《江南造船厂史》,第22—24页;上海社会科学院经济研究所:《江南造船厂厂史》,第86—87页。

[90] 黄苇、夏林根:《近代上海地区方志经济史料选辑》,第336页。

[91] 同上,第339页;上海社会科学院经济研究所:《刘鸿生企业史料》下册,第295页。

[92] 王钟、胡人凤:《法华乡志》卷二"风俗"。

[93] 黄苇、夏林根:《近代上海地区方志经济史料选辑》,第336页。

[94] 据1930年10月30日《新闻报》载上海公共事业局(Shanghai Public Bureau)报告,当时上海"佣工"数为49 190人。1950年1月官方统计市内的"家庭佣工"数为94 203人(邹依仁:《旧上海人口变迁的研究》,第111页)。

[95] 胡祖德:《沪谚》,第52页。

[96] Edkins, *Grammar of Colloquial Chinese*, 181;胡祖德:《沪谚》,第46页。

[97] Powell, *My Twenty-five Years in China*, 7.

[98] 杨浩、叶览:《旧上海风云人物》,第324页。

[99] 张爱玲:《张爱玲文集》第4卷,第20页。

[100] 中国科学院上海经济研究所:《南洋兄弟烟草公司史料》,第308页。

[101]《社会月刊》卷1,第5号(1929年4月),第6页。

[102] 上海社会科学院历史研究所:《"八一三"抗战史料选编》,第395—416页。

[103] 20世纪50年代初，中共接管上海不久，许多产业因劳工频繁的抗议而陷于停顿。轮次送工人返乡成了平息劳资矛盾的主要方法之一（解放日报社：《上海解放一年》，第62页）。确实，1949年以后在控制该市人口问题上，工人和其他一些劳动者往往是当局的主要目标。1955—1956年、1958—1962年，两次"动员返乡"大运动中，大量工人返回故乡或者去内迁的工厂。据公安局的户口数据，单在1955这一年，就有847 293人迁出上海，其中779 138人是上海长住居民。见上海市公安局户政处：《上海市人口资料汇编》，第12页；胡焕庸：《中国人口》，第78—80页。

[104] 详述见第二章。

[105] Lamson, "Effect", 1062.

[106] 这些团体的全表见张仲礼：《近代上海城市研究》，第512—513、第518—522页。

[107] 上海研究中心：《上海700年》，第195页。

[108] 杨浩、叶览：《旧上海风云人物》，第202—209页。

[109] 然而，这一习俗却遭到湖南媒体的批评。报上指责穆雇用家乡的女工是为了趁机获取廉价劳动力。关于这种招募手段的讨论持续了一年多，甚至引起了陈独秀的注意，他将这项讨论移发在他的激进杂志《新青年》上，以引发全国各界对劳工问题的关注。见《新青年》卷7，第6号（1920年5月），第1—2页。

[110] 上海社会科学院经济研究所：《刘鸿生企业史料》下册，第316—318页。

[111] 恒丰印染厂厂史编写组：《染厂今昔——上海恒丰印染厂史话》，第3页。

[112] 上海市粮食局：《中国近代面粉工业史》，第191—193页，第199页。

[113] 实例见陈伯熙：《老上海》以及海上名人传编辑组：《海上名人传》。

[114] 熊月之：《杂谈"上海人"》。

[115] 关于符号规则见Edkins, *Vocabulary*, iv—vi；关于上海话语调以及语调与方言的关系，见Edkins, *Grammar of Colloquial Chinese*, 13—46。

[116] McIntosh, *Useful Phrases*.

[117] 许宝华、汤珍珠：《上海市区方言志》，第3—4页；钱乃荣：《上海方言俚语》，第73页。

[118] 然而，因为惯常对苏北人的偏见，称人"小江北"会被认为有歧视意。

[119] 1990年，曾对438名居住上海40年以上的市民做了调查，这项调查表明，第一代移民有一半以上所说的沪语掺杂着乡音，32.7%有很浓重的乡音，5%干脆说家

乡话。甚至移民的第三代中仍有 1/4 的人受父辈或祖辈的影响，所说的上海话中带有乡音。见附录 1："口音保留情况"。

[120] 刘美君（音）：《上海男子生活之二——海上新式寓公》。

[121] 杨培明：《康有为在上海的寓所》；上海市长宁区人民政府：《长宁区地名志》，第 146 页；陈礼正、袁恩桢：《新亚的历程》，第 1—2 页。

[122] 如今的地址是淮海中路 1517 号。这一居所被上海市政府列为"市级文物保护单位"。见上海市徐汇区房产管理局：《上海徐汇住宅》，第 12 页。

[123] 上海市徐汇区人民政府：《上海市徐汇区地名志》，第 345 页。

[124] 下表为部分政界要人以及他们在上海的住所：

姓名	地址
孙中山（1866—1925）	卢湾区，香山路 7 号
蒋介石（1888—1975）	徐汇区，东平路 9 号
宋子文（1894—1971）	徐汇区，岳阳路 45 号
宋庆龄（1893—1981）	徐汇区，桃江路 45 号
蒋纬国（1916—1997）	徐汇区，淮海中路 1843 号
蔡元培（1868—1940）	静安区，华山路 303 弄 16 号
孙 科（1891—1973）	长宁区，延安西路 1262 号

这些豪宅的照片可见上海市徐汇区房产管理局：《上海徐汇住宅》。

[125] 见章开沅为乐正《近代上海人社会心态》一书所作的序言。

[126] 1878 年普通买办的月薪是白银 40 两，1932 年高级买办的月薪达 500—800 两。见 Hao, *Comprador*, 89–94；吴培初：《旧上海外商银行买办》，第 110 页。

[127] 聂宝璋：《中国买办资产阶级》，第 161—164 页。

[128] 比方席家，就是著名的买办世家。太平天国革命时期，席品方举家由东山（苏州附近）迁居上海。席进了上海的工商界，并娶富商沈二园之妹为妻。沈家也是东山人，来上海经商早于席家。席的四个儿子皆就职于外国银行，20 世纪初，四人已是相当成功的买办。民国时期，席的孙辈、重孙辈、亲家以及其他一些亲戚皆为上海的买办。A. Wright, *Twentieth Century Impressions*, 540；吴培初：《旧上海外商银行买办》，第 96—109 页。

[129] 正式命名是在辛亥革命后。

[130] 黄逸峰等：《旧中国民族资产阶级》，第 289—291 页。

[131] Coble, *Shanghai Capitalists*, 24；张仲礼：《近代上海城市研究》，第 721 页。

[132] 中国人民银行上海市分行：《上海钱庄史料》，第 770—771 页。

[133] 王季深：《上海之房地产业》，第 52—61 页。上海的资产阶级中浙江（更确切地说，是宁波）帮的影响引起广泛关注。实例见 Jones, "Ningbo Pang"; Rankin, *Elite Activism*, 88–89, 176–183; Schoppa, *Chinese Elites and Political Change*, 169.

[134] Coble, *Shanghai Capitalists*, 27.

[135] 杜恂诚：《民族资本主义与旧中国政府（1840—1937）》，第 253—254 页。据 1929 年上海市社会局官方调查，上海工厂总数约 2 326 家。见 *Wages and Hours of Labor of Greater Shanghai*（1929），引自 D. K. Lieu, *Growth*, 62.

[136] Bergère, *Golden Age*, 6.

[137] 数据引自 Xu, *State*, 45–46, 57–63。

[138] 越界路段是指工部局和公董局在租界定范围之外所修筑的路。自从 19 世纪 60 年代早期，租界当局就以抵御太平军进入上海为由开始修筑"军路"。当时华界、租界双方已有纠纷。可是，在太平天国革命之后，越界筑路仍持续了 10 年之久，主要区域为租界的西部和东北部。公共租界扩张部分于 1899 年，法租界扩张部分于 1914 年，均作为既成事实而被中国当局认可，然而，在 1899 年、1914 年的正式认可之后，筑路与建屋仍然持续着。南京国民政府时期，这些新的越界工程被默认为合法的状态，成了国人要求夺回主权的一个激发点。上海的大多精美的宅邸和环境幽雅的宅区，都集中在这些越界路段上，这些区域多在沪西和虹口的东北部。见徐公肃、邱瑾璋：《上海公共租界制度》第 3、4 章；卢汉超：《〈上海土地章程〉研究》；Wakeman, *Policing Shanghai*, 65–72。

[139] 俞剑华：《中国绘画史》下册，第 196—197 页。

[140]《申报》，1925 年 2 月 28 日，第 7 版；徐珂：《清稗类钞》卷三十七，第 66—67 页。

[141] 例见 Link, *Mandarin Ducks and Butterflies*, 54–78。

[142] 唐振常、沈恒春：《上海史》，第 504—505 页。

[143] 例，1939 年全市 245 家大书店有 92 家就在这条街上。上海研究中心：《上海 700 年》，第 334—337 页；朱联葆：《近现代上海出版业印象记》，第 2 节，第 6—7 页。

[144] 胡适：《四十自述》，第 144—145 页。

[145] Link, *Mandarin ducks and Butterflies*, 154.

[146] 茅盾：《我走过的道路》上册，第 151 页；王映霞《王映霞自传》，第 96 页。

[147] 唐海：《中国劳动问题》，第 177—178 页。

[148] Cowley, *Exile's Return*, 55–56.

[149] Link, *Mandarin Ducks and Butterflies*, 5–7.

[150] Yeh, "Progressive Journalism and Shanghai's Petty Urbanites"; Wakeman and Yeh, *Shanghai Sojourners*, 12.

[151] Friedrichs, "Capitalism".

[152] 据 1995 年 7 月 22 日上海社会科学院研讨会中社会学家和历史学家的论述。

[153] 我在第四至第六章论述平民的日常生活时，将深入研究石库门阶层的详情。

[154] 朱邦兴等：《上海产业和上海职工》，第 699 页。

[155] 据中日全面战争前夕 1936—1937 年的数据，上海约有 270 000 职员。见上海市总工会：《抗日战争时期上海工人运动史》，第 62 页。

[156] 邹依仁：《旧上海人口变迁的研究》，第 26—37 页，表 1、表 15、表 16。

[157] 关于对上海这一方面的研究，见 Honig, *Sisters and Strangers*；又见 Perry, *Shanghai on Strike*。

[158] 约 51%，或者说，在 759 154 市民数中占了 388 420 人。数据出自上海市社会局，《上海市工人生活程度》，表 25。

[159] 同上，第 139 页。

[160] 详情见第三章。

[161] 上海市工商行政管理局等：《上海民族机器工业》下册，第 810—811 页；朱邦兴等：《上海产业与上海职工》，第 241—242 页。

[162] 详情见第二、三章。

[163] 唐海：《中国劳动问题》，第 89 页；朱邦兴等：《上海产业与上海职工》，第 647 页，第 673 页；蒋思壹、吴元淑：《上海的乞丐》。

[164] 李次山：《上海劳动状况》；罗志如：《统计表中之上海》，第 72 页；邹依仁：《旧上海人口变迁的研究》，第 104 页；上海社会科学院历史研究所：《五四运动在上海史料选辑》，第 11 页，表 8。

[165] 详情见第三章。这部分人中约有一半根本没有工作。革命后的政府称上海的无业市民为"消费人口"，与之相对的是"在业人口"。上海市军管会领导饶漱石在 1949 年 8 月上海市政府的一次官方报告中称，本市还存在 300 万无业人口（解放日报社：《上海解放一年》，第 7 页）。统计数据还表明，1950 年 1 月，在业人口占上海总人

口的 41.46%（邹依仁：《旧上海人口变迁的研究》，第 104 页），这意味着上海市民一半以上（主要是儿童、家庭妇女和老人）是消费人口。

第二章 人力车世界

[1] 英人所著的哈尔滨通史，见 Clausen and Thogersen, *Making of a Chinese City*，特别是第 23—52 页中俄罗斯对这一城市的影响的相关内容。

[2] 胡适：《胡适文存》第 3 册，第 24—25 页。胡适有理由苛责人力车。一起与人力车相关的事件戏剧性地改变了他的一生（因此也影响到新文化运动）。1910 年春，当时 19 岁的胡适居于虹口区海宁路的南林里，在一所工部局资助的小学教国文。因为年轻，又结交了一班他所称的"浪漫朋友"，胡适一时放任自己，酗酒、赌博，还常常逛妓院。一天夜晚，在妓院与朋友一番狂饮后，胡适醉倒了，他跟跟跄跄独自出门，雇了辆人力车回家，上了车便睡着了。此时夜深，又下着雨，车夫乘机抢劫了这醉酒的乘客，并把他扔在大街上，自己拉车跑了。胡适醒来，一副醉态在海宁路上走着，巡捕过来交涉，他便与巡捕扭打起来，最终被送进捕房关了一夜。翌日早晨被罚 5 元释放。那天，看着镜中自己浮肿的脸，胡适心里万分懊悔，不仅为被劫一事，也为近来的放浪。20 年以后他回忆道："我没有掉一滴眼泪，但是我已经过了一次精神上的大转机。"后他决定求学美国，开始新的生活。见胡适：《四十自述》第五章。

[3] Hauser, *Shanghai: City for Sale*, 134.

[4] 随着上海人口的增长，人力车和车夫数量也在增加。1920 年，该市有公共人力车 35 000 辆，私人包车 12 000 辆；到了 20 年代中期，数字分别增加到约 50 000 辆和 15 000 辆；到了 30 年代末，单是公共人力车数就达约 100 000 辆。见李次山：《上海劳动状况》，第 72—74 页；唐海：《中国劳动问题》，第 89 页；蔡斌咸：《从农村破产所激出来的人力车夫问题》，第 37 页；《上海市年鉴》1935 年 K 篇，第 71 页；朱邦兴等：《上海产业与上海职工》，第 673 页。

[5] 人力车发明于 1869 年，通常认为是日本的首创，尽管其发明人并不一定是日本人。通常将泉洋右视为发明者。此人于 1869 年在东京日本桥脚下附近开设了一家人力车作坊（Waley, *Tokyo*, 167–168；《上海生活》第 2 卷，第 2 号 [1938 年 7 月]，第 13 页）。然而，另有作家写道："此车的发明源于一位居于横滨的美国传教士对童车的改装。1869 年，这位传教士为了携病弱的妻子同行，将童车改装成手拉车，也就是以

后日本人称为 jin-rick-sha 的人力车的原型。"（Krasno，*Strangers Always*，112）一位日本史学家 Seidensticker 用折中的方法概括了这些争议："尽管人力车的源头不完全清楚，但大体认为是日本，具体说是在东京。最能被普遍接受的说法是，推出三个原创人作为发明者，并以 1869 年作为人力车诞生之年。"（*Low City*，*High City*，42）

[6] 上海市公用事业管理局：《上海公用事业》，第 248—249 页；上海市出租汽车公司党史编写组：《上海出租汽车人力车工人运动史》，第 73—74 页；Krasno，*Strangers Always*，111—112。

[7]《申报》，1873 年 8 月 18 日。

[8] 上海市出租汽车公司党史编写组：《上海出租汽车人力车工人运动史》，第 73—74 页。

[9] Fang Fu-an, "Rickshaws in China", 796."人力车"这一正式的中文名称已明确了此物的含义。

[10] 上海市交通运输局：《上海公路运输史》，第 31 页；马学新等：《上海文化源流辞典》，第 591 页，第 594 页；朱邦兴等：《上海产业与上海职工》，第 673—674 页。

[11] *Chinese Economic Monthly*（May 1925）：35，摘自 Fang Fu-an, "Rickshaws in China", 798；上海市出租汽车公司党史编写组：《上海出租汽车人力车工人运动史》，第 74 页。

[12] 郑逸梅：《上海旧话》，第 17—18 页；屠诗聘：《上海春秋》中册，第 34 页。

[13] 在 20 世纪 20 年代和 30 年代，出租车乘客不论路程远近，一般给司机小费一或二角。见上海市文史研究馆：《海上春秋》，第 50 页。

[14] *China Weekly Review*（April 7, 1934）:214.

[15] Pal, *Shanghai Saga*, 171.

[16] 根据 1889 年 6 月间，在黄浦江、苏州河交汇处的韦尔斯桥上一次为时三天的调查，人力车数量远远超过其他类型的交通工具：见 Wei, *Shanghai: Crucible of Modern China*, 98；*Old Shanghai*, 57；杨嘉祐、何明云：《塔桥古今谈》，第 108 页。韦尔斯桥是外滩、南京路一带由虹口、杨树浦的主要通道，此桥重建于 1909 年，也以公园桥而闻名（今称外摆渡桥）。这里是调查该市交通状况的最佳位置。

交通工具类型	交通工具数量
单轮手推车	2 759
马车	1 633
人力车	20 958
货车	22
轿子	27
马	38

[17] 上海市交通运输局：《上海公路运输史》，第 32 页。

[18] 见表 4。20 世纪 30 年代上海人口约为 3 500 000 人。也见上海市公用事业管理局：《上海公用事业》，第 250 页。

[19] 被人们租用的人力车也称"包车"。

[20] 上海市交通运输局：《上海公路运输史》，第 32 页。

[21] Chinese Economic Monthly（May 1925）: 35，摘自 Fang Fu-an, "Rickshaws in China", 798；上海市出租汽车公司党史编写组：《上海出租汽车人力车工人运动史》，第 74 页。

[22] Darwent, Shanghai, 99.

[23] Krasno, Strangers Always, 110–111.

[24] Wu and Wakeman, Bitter Winds, 1–2；张碧梧：《朱公馆的包车夫》。

[25] Krasno, Strangers Always, 110–111；Wu and Wakeman, Bitter Winds, 2–3.

[26] 19 世纪末汇兑率是 1 元（银圆）等于 1 000—1 200 文（铜钱），兑换的具体数取决于铜币的质量。

[27] 上海市出租汽车公司党史编写组：《上海出租汽车人力车工人运动史》，第 74 页，第 79 页。滑稽的是，这个将人力车引进上海的法国人米拉并未因这项生意而发达。经营此业两年以后，他破产了，然后去了海参崴。见屠诗聘：《上海春秋》中册，第 34 页。

[28] 上海市出租汽车公司党史编写组：《上海出租汽车人力车工人运动史》，第 74 页。

[29] 上海市公用事业管理局：《上海公用事业》，第 252 页；Hauser, Shanghai: City for Sale, 135.

[30] 朱邦兴等：《上海产业与上海职工》，第 674 页。

[31] T. Wright, "Shanghai Imperialists", table 1.

[32] Johnstone, *Shanghai Problem*, 192；人力车调查委员会：《人力车调查委员会之报告》，第 59—60 页。又参见 Krasno, *Strangers Always*, 110，报道称"仅 144 人就掌握着上海发行总数为 68 000 张的人力车牌照"。

[33] 人力车调查委员会：《人力车调查委员会之报告》，第 60—67 页；郭崇阶：《上海市的人力车问题》，第 23 页。这 750 元包括租车费。

[34] 人力车调查委员会：《人力车调查委员会之报告》，第 60—63 页。

[35] 郭崇阶：《上海市的人力车问题》，第 25—26 页。

[36] 20 世纪 30 年代中期，人力车买卖成了媒体经常性的头版和热门话题，工部局和华界政府试图对人力车业进行改革，详情见 T. Wright, "Shanghai Imperialists"。

[37] 人力车夫家庭人口数 2—8 人不等，85% 以上家庭人口为 3—6 人。见蔡斌咸：《从农村破产所挤出来的人力车夫问题》，第 36—37 页。

[38] 20 世纪 30 年代末，人力车夫数增长到约 100 000，比 30 年代中期增加了 20 000。大多数新的来沪者是不带家庭的单身。私家包车的车夫不在这数据之列。据估计，20 年代上海的私家车夫约 15 000 人。见李次山：《上海劳动状况》，第 74 页；朱邦兴等：《上海产业与上海职工》，第 674 页。

[39] Fang Fu-an, "Rickshaws in China", 801—802; Strand, *Rickshaw Beijing*, 29.

[40] 朱邦兴等：《上海产业与上海职工》，第 674 页；蔡斌咸：《从农村破产所挤出来的人力车夫问题》；上海市社会局：《上海市人力车夫生活状况调查报告书》。

[41] 蔡斌咸：《从农村破产所挤出来的人力车夫问题》，第 35—36 页。在南京对 1 350 个人力车夫所做的调查表明，其中 1 128 人（83.55%）原先是农民。对中国人力车夫做最保守的估计，至少 70% 是农民出身（同上）。

[42] 雷景敦：《上海杨树浦人力车夫调查》，第 18—19 页。

[43] 郭崇阶：《上海市的人力车问题》。

[44] 朱邦兴等：《上海产业与上海职工》，第 674 页。

[45] 席为（音）：《上海社会的剖析》。

[46] 同上。

[47] *The Chinese Labor Year Book*（北平，1928 年），取自 Fang Fu-an, "Rickshaws in China", 797；朱邦兴等：《上海产业与上海职工》，第 675 页。

[48]《上海市年鉴》1935 年 K 篇，第 71 页。

[49] Fang Fu-an, "Rickshaws in China", 800. 20 年代轮班时间稍有不同：夜班从

下午两点到次晨6点（16小时），日班从清晨6点到下午两点（8小时）。因为夜班时间是日班的一倍，所以常常由两个车夫分担。见李次山：《上海劳动状况》，第72页。

[50] 朱邦兴等：《上海产业与上海职工》，第674页。

[51] 同上，第675页。

[52] 人力车调查委员会：《人力车调查委员会之报告》，第66页；上海市社会局：《上海市人力车夫生活状况调查报告书》；《社会半月刊》卷1，第3号（1934年），第39—41页。

[53] 上海市政府社会局，《上海市工人生活程度》，第3页，第86页；上海市社会局《上海的工资统计》，第15页，第34—35页。

[54] Strand, *Rickshaw Beijing*, 29.

[55] 雷景敦：《上海杨树浦人力车夫调查》，第33—34页；上海市社会局：《上海市人力车夫生活状况调查报告书》；《社会半月刊》卷1，第3号（1934年），第38页。

[56] Hershatter, *Workers of Tianjin*, 66.

[57] 上海社会科学院经济研究所：《刘鸿生企业史料》上册，第219页；上海市总工会：《抗日战争时期上海工人运动史》，第45页。

[58] I-6，1993年7月14日。然而，也有不幸的时候，例如，因违反交通规则被罚款，巡捕滥用权力没收人力车牌照，也是常有的事。

[59] 雷景敦：《上海杨树浦人力车夫调查》，第62页。

[60] 同上，第21—22页。

[61] 邹依仁：《旧上海人口变迁的研究》，第50页，表26、表27、表28。

[62] 上海港史话编写组：《上海港史话》，第292—293页；陈港：《上海港码头的变迁》，第38页。

[63] 可能有几层意思：（1）车夫买不起超过一顶帽子容量的米，（2）可能除了帽子没有其他盛米的容器，（3）兼有这两层意思。第二句，同解。

[64] 上海市出租汽车公司党史编写组：《上海出租汽车人力车工人运动史》，第84页。

[65] 朱邦兴等：《上海产业与上海职工》，第676页。

[66] 雷景敦：《上海杨树浦人力车夫调查》，第55页。

[67] 上海市社会局：《上海市人力车夫生活状况调查报告书》；《社会半月刊》卷1，第3号（1934年），第41页。

[68] 朱懋澄：《调查上海工人住屋暨社会情形记略》，第3页。

[69]《社会日报》，1936年8月18日。

[70] 有关纺织业雇用女工的情况，见 Honig, *Sisters and Strangers*，chaps.3—5；徐新吾：《中国近代缫丝工业史》第8章。

[71] Gamble, *How Chinese Families Live*，37，317.

[72]《国货月报》卷一，第6号（1924年9月），第4期。

[73] 上海市出租汽车公司党史编写组：《上海出租汽车人力车工人运动史》，第82页。

[74] Perry, *Shanghai on Strike*，228.

[75] Gamewell, *The Gateway to China*，99.

[76] 上海市出租汽车公司党史编写组：《上海出租汽车人力车工人运动史》，第82页。

[77] 雷景敦：《上海杨树浦人力车夫调查》，第34、第55页。

[78] Wright, "Shanghai Imperialists"，92.

[79] 黄宗智在谈到这些人时说，他们"驻足于城市与乡村之间，农业生产与工业劳作之间，农村的小买卖与都市的小生意之间"。Huang, *Peasant Family*，334.

[80] Pal, *Shanghai Saga*，167.

[81]《上海滩黑幕》第四册，第172页；Gamewell, *The Gateway to China*，93.

[82] Gamewell, *Gateway to China*，93.

[83]《上海市年鉴》1937年O篇，第37页。这个数字并不低于平均寿命。1951年上海人的预期寿命，男子为42.0岁，女子为45.6岁（平均为43.8岁）。见胡焕庸：《中国人口》，第133—134页。邹依仁：《旧上海人口变迁的研究》，第64页中所述稍有不同，1951年上海人平均预期寿命是44.6岁。依据1935年南京人的预期寿命（男性为38.50岁，女性为38.22岁），胡估计民国时期上海人预期寿命可能低于1951年的数据，约40岁。

[84] 上海人力车互助会：《统计报告》中的"保险年龄"和"死伤原因"。

[85] 上海棚户区的详情见第三章。

[86] 朱邦兴等：《上海产业与社会职工》，第676页。

[87] 郭崇阶：《上海市的人力车问题》，第27页。

[88] Johnstone, *Shanghai Problem*，191–199；朱邦兴等：《上海产业与上海职工》，

第 673—674 页。

[89] 蔡斌咸：《从农村破产所挤出来的人力车夫问题》。

[90] 最具信息量的报告所依据的是以下几项调查：雷景敦：《上海杨树浦人力车夫调查》；人力车调查委员会：《人力车调查委员会之报告》；上海市社会局：《上海市人力车夫生活状况调查报告书》；朱邦兴等：《上海产业与上海职工》。

[91] 例如，20 世纪 30 年代中期，人力车夫的最直接的第一手资料被披露，人力车诈骗事件和车夫的生活成了当时该市的头条新闻。1939 年，深入调查车夫生活是上海地区中共地下活动的一部分。见朱邦兴等：《上海产业与上海职工》1984 年版导言。

[92] 这一假设是 1989 年春我在上海采访了两位前人力车夫后产生的。其中一位采访对象的亲戚潘平联（音），一个从苏北高邮来上海走亲戚的 61 岁的农民，得知我对人力车夫生活感兴趣，他评论说："我认为上海人的名声被败坏了——拉车算什么大生意？它还要低三下四地服侍人。但就拉车这活本身说，和回农村种田比起来，不算什么重活。"

[93] 雷景敦：《上海杨树浦人力车夫调查》，第 48—49 页。

[94] 同上，第 55—56 页。

[95] Krasno, *Strangers Always*, 110.

[96]《上海滩黑幕》第四册，第 172 页。

[97] 同上，第 175 页；李次山：《上海劳动状况》，第 73—74 页；席为（音）：《上海社会的剖析》，第 70 页。

[98] 李次山：《上海劳动状况》，第 74 页。

[99] 追溯到 20 世纪初，当时上海地区有大量的"中国雉"，也称"环颈雉"，一种人们素喜捕猎的野鸟。每到 10—12 月，上海的猎人就会将猎鸟列入日程。市场上有时售有幼小的野雉，人称"山东鸡"。见 Dyce, *Model Settlement*, 112–118.

[100] 席为（音）：《上海社会的剖析》，第 70—71 页；《上海滩黑幕》第四册，第 174—175 页。

[101]《上海滩黑幕》第四册，第 174 页。

[102]《上海市年鉴》1936 年 M 篇，第 22—24 页；《上海市年鉴》1937 年 M 篇，第 12 页，U 篇，第 83 页；席为（音）：《上海社会的剖析》，第 71 页。

[103]《上海滩黑幕》第四册，第 174—175 页。

[104] 席为（音）：《上海社会的剖析》，第 70—71 页。

[105] 王德林:《顾竹轩在闸北发迹和开设天蟾舞台》,第357页;顾叔平:《我利用顾竹轩的掩护进行革命活动》,第360页;上海市公用事业管理局:《上海公用事业》,第252页。

[106] 上海市出租汽车公司党史编写组:《上海出租汽车人力车工人运动史》,第74—75页;上海市公用事业管理局:《上海公用事业》第250页;郑逸梅:《上海旧话》,第18页。

[107] 于伶:《于伶剧作选》,第18页;上海华联商厦党委:《上海永安公司职工运动史》,第10页;罗苏文:《石库门:寻常人家》,第67页。

[108] 雷景敦:《上海杨树浦人力车夫调查》,第13页,第44页。

[109] 上海市社会局:《上海市人力车夫生活状况调查报告书》;《社会半月刊》卷1,第1号(1934年),第107页。

[110] 中国手册编辑委员会:《中国手册》1950年,第639页。

[111] 雷景敦:《上海杨树浦人力车夫调查》,第51—52页。

[112] 诸如此类的故事,最戏剧性的结局就是主人公成为一名状元,幸得皇上召见。关于此类故事的英译版,见 Birch, *Stories from a Ming Collection*,尤其是第19—36页,第103—115页。

[113] 大多数人力车夫的家乡是苏北,生活状态始终是挣扎在生死线上,在这种环境中受教育是一种遥不可及的奢望。见 Honig, *Creating Chinese Ethnicity*, 20—22。

[114] 上海市社会局:《上海市人力车夫生活状况调查报告书》;《社会半月刊》卷1,第1号(1934年),第107页。

[115] 社会学家奥斯卡·刘易斯(Oscar Lewis)提出了"贫困文化"的概念,这一词初次使用是在他著作的标题上(1959年)。以后,Lewis 在另一些文论中不断修正这一概念(1965年,1968年),进而发展成一种颇有争议的理论。

[116] 碧翁:《上海人力车夫》;Pal, *Shanghai Saga*, 170。

[117] 会费含在租金内。24小时的车租所增的5分充作会费。见《北华捷报》,1934年6月27日;朱邦兴等:《上海产业与上海职工》,第680页;Johnstone, *Shanghai Problem*, 194。

[118] 上海人力车夫互助协会:《年度报告》,第4—5页。

[119] 同上,第15页。

[120] 同上,第4—5页,第15页。

[121] 朱邦兴等：《上海产业与上海职工》，第 678 页。

[122] 陈达：《我国抗日战争时期市政工人生活》，第 676—677 页；Perry, *Shanghai on Strike*, 232. 这种对教育的敬意，在车夫居住的上海棚户区也能感受到。约在 1925 年，五位社会学爱好者探访了上海西北角的一个棚户区，着重留意那里的教育问题。他们参观了三个学校，皆为民办，在教室里，他们看到了学习兴趣高涨、生机勃勃的场景。一所使用北平教育部发行正规课本的小学，有 30 多个学生，"个个活泼机灵"。探访者还注意到其中一所学校实行的是道尔顿体系，该体系是马萨诸塞道尔顿的帕克·赫斯特（Helen Huss Parkhurst, 1887—1973）几年前（1920）才创建的。参观时学生们正与老师讨论着儒家教义，既为自我修养，也为学以致用。一位参观者感叹说："如果将这些学校与上海的那些商品化的学校相比，可以说，前者体现出某种真正的教育精神。"王敦庆（音）：《游江北殖民地记》，第 17 页。关于道尔顿体系见 Parkhurst, *Education on the Dalton Plan*; Dewey, *Dalton Laboratory Plan*; Lynch, *Rise*。

[123] 席为（音）：《上海社会的剖析》；上海市出租汽车公司党史编写组：《上海出租汽车人力车工人运动史》，第 83 页。"牛马走"一词并不像字面上使人联想的"像牛马一样行走"那样带有羞辱意味，而是信件格式中惯用的谦词，相当于维多利亚时代英国信件中"您的仆人"。例如，《汉书》中司马迁写给任少卿的著名书信中就使用过该词。

[124] 上海市社会局：《上海市人力车夫生活状况调查报告书》；《社会半月刊》卷 1，第 1 号（1934 年），第 105—106 页。

[125] 雷景敦：《上海杨树浦人力车夫调查》，第 17 页。

[126] 同上，第 49 页。

[127] 同上，第 50—51 页。

[128] 因此有中国民谚"人生七十古来稀"。这句民谚出自唐代著名诗人杜甫（712—770）《曲江二首》一诗。见《常用谚语词典》，第 34 页。

[129] 上海市公用事业管理局：《上海公用事业》，第 284 页。

[130]《上海市年鉴》1936 年 O 篇，第 50—51 页。

[131] Yuan, *Sidelights on Shanghai*, 122–124.

[132] 朱邦兴等：《上海产业与上海职工》，第 680 页。1935 年 2 月 2 日，这一规范在中国各地施行。《上海市年鉴》1936 年 O 篇，第 50—51 页。

[133] Yuan, *Sidelights on Shanghai*, 125.

[134] Thorbecke, *Shanghai*, 36; Krasno, *Strangers Always*, 111; Pal, *Shanghai Saga*, 167.

[135] Gamewell, *The Gateway to China*, 98—99.

[136] 上海市文史研究馆：《海上春秋》，第50—51页。

[137]《东方日报》，1939年12月2日；朱邦兴等：《上海产业与上海职工》，第683页。

[138] 人力车在上海的街道上穿梭奔波了82年：从1874年第一辆人力车出现，至1956年最后一辆人力车被送进上海博物馆。

[139] 上海市出租汽车公司党史编写组：《上海出租汽车人力车工人运动史》，第75—76页。

[140] 朱邦兴等：《上海产业与上海职工》，第652—653页；振华：《上海的码头小工》，第21页；陈港：《上海港码头的变迁》，第27页。

[141] Pal 接着说道："以上所述毫无臆想猜测的成分，因为事实就那么明摆着，人人每日都能在街头看到。长长一溜独轮'公交'车，生意兴旺，每天一早一晚接送着纺织厂的女孩。一车两侧，一侧4人，每车满满坐着8人。"这是常见的街景。这一"常景"保留于历史照片中，如 R. Barz, *Shanghai*: *Sketches of Present-Day Shanghai*；唐振常：《近代上海繁华录》，第249页；Wei, *Old Shanghai*, 图版3。

[142] I-6，1993年7月14日。这看法与注释92条中潘的看法相同。

[143] Hauser, *Shanghai*: *City for Sale*, 136.

[144] Pal, *Shanghai Saga*, 170—171.

[145] 以下是 Basler 对自己研究方法的说明："跑步有两种类型：（1）相对较慢的是每分钟200步，每两步跨度为210厘米（7英尺）。这步态与快步走差不多，脚底完全着地的时间非常短促，前一脚刚着地，后一脚已起步了。（2）第二种类型，可能速度更快些，这意味着只有脚趾和前脚掌着地，但这种跑步类型持续时间不可能长久。人力车夫拉车跑动中，脚底有一明显可见碾压动作的（照片上也能看到），是第一种跑步类型的特征，跨步幅度也与前述相吻合。为了证明这一点，我去一交通繁忙的大街划出了一段距离，然后在离这条街不远的窗前，数了车夫在这段距离所跑的步数。这方法有一好处，即被观察者毫不觉察有人在看他，因而步幅仍是被雇拉车时的常态。不像研究室里的实验，所有的动作都是在毫无压力的情况下进行的，总显不出正常的力度。"引自 Fang Fu-an, "Rickshaws in China", 806—808.

[146] 尤其是"文化大革命"期间，这类话语在中国报纸上几乎每日可见。

[147]《人力三轮车行业沿革》，引自上海市出租汽车公司党史编写组：《上海出租汽车人力车工人运动史》，第83页。

[148] Wright, "Shanghai Imperialists", 92.

[149] 上海第一条有轨电车线路开通始于1908年，公共汽车线路客运业始于1922年。见上海市公用事业管理局：《上海公用事业》，第334页、第349页。

[150] 罗志如：《统计表中之上海》，第15页。

[151] I-6, 1989年3月19日；I-22, 1993年7月14日。

[152] 碧翁：《上海人力车夫》。

[153] "大照会、小照会"的俗称，有时被指责为对中国人的羞辱，因为它暗示外国（英国）当局比中国强大。见王定九：《上海门径》"行的门径"部，第18—19页；萧剑青：《上海常识》，第58页；佚名：《上海史》，第55页。

[154] 李次山：《上海劳动状况》，第72页；上海市出租汽车公司党史编写组：《上海出租汽车人力车工人运动史》，第75页。

[155] 上海市交通运输局：《上海公路运输史》，第34页；佚名：《上海史》，第56—57页。

[156] 上海市社会局：《上海市人力车夫生活状况调查报告书》；《社会半月刊》卷1，第1号（1934年），第103页。

[157] 朱邦兴等：《上海产业与上海职工》，第677页。陈达（1892—1975）——中国社会学的开拓者——根据自己40年代在上海的实地调查陈述道，大多数人力车夫都有闲暇时去茶室的习惯。见陈达：《我国抗日战争时期市政工人生活》，第676页。

[158] 详情见第五章。

[159] 文汇报社：Shanghai by Night and Day, 86–87。

[160]《上海滩黑幕》第四册，第173页。

[161] 安纳金是"Hennequin"的中文发音。此路筑于1902年，初名泰山路。1906年，以法租界公董局副总董Hennequin之名作为路名。1946年再度改名，称东台路。东台是苏北的一个县。于是，该路名与"江北大世界"的历史有了某种关联。见上海市卢湾区人民政府：《上海市卢湾区地名志》，第173页。

[162] 上海租界（尤其是法租界）的街道，以及越界筑路，通常以西方人名命名，这些路的中文路名为：Rue Soeur Allegre，即爱来格路（今桃源路），Rue de Peres 即东

自来火街（今永寿路），Rue de Saigon 即西自来火街（今广西南路）。宁波路（今淮海东路）路名得之于著名的"四明公所"，这一宁波同乡会的墓地修筑于此地。见上海市黄浦区人民政府：《上海市黄浦区地名志》，第 371 页，第 383 页；上海市卢湾区人民政府：《上海市卢湾区地名志》，第 190 页；马学新等：《上海文化源流辞典》，第 216 页；郑祖安：《上海地名小志》，第 121 页，第 123 页。

[163]《社会日报》，1936 年 2 月 20 日，1936 年 3 月 14 日。

[164]《社会日报》，1934 年 12 月 12 日。

[165] Thorbecke, *Shanghai*, 36.

[166] Krasno, *Strangers Always*, 109–110.

[167] Honig, *Creating Chinese Ethnicity*, 59–60.

[168] 徐国桢：《上海生活》，第 21 页，第 63—64 页；王定九：《上海门径》"行的门径"部，第 19 页；I-22, 1993 年 7 月 14 日。

[169]《上海滩黑幕》第四册，第 178—179 页，第 261—262 页。

[170] 王定九：《上海门径》"行的门径"部，第 20—22 页。又见萧剑青：《上海常识》，第 59—60 页；徐国桢：《上海生活》，第 64 页；佚名：《上海史》，第 56 页。

[171] 佚名：《上海史》，第 56 页。

[172] 华界外滩地处公共租界外滩以南、老城厢外的黄浦江畔。这是一片闹市，各种商店和集市从老城厢的东面一直延伸到黄浦江。本地人通常称其为"十六铺"，附近一大码头也以此命名。参见文汇报社：*Shanghai by Night and Day*。

[173] 芦焚：《上海手札》，第 28—29 页。3 元车费是过高了。因为当时出租小汽车市内营运，无论远近，只需 1 元，而人力车一般只是出租车费的一半。见倪锡英：《上海》，第 43 页，第 142—143 页。

[174] 碧翁：《上海人力车夫》，第 60 页。

[175] Pal, *Shanghai Saga*, 168–169.

[176] 同上，第 169 页。

[177] 碧翁：《上海人力车夫》，第 60—61 页；Pal, *Shanghai saga*, 169。

[178] Gamewell, *Gateway to China*, 95; Darwent, *Shanghai*, xiv; Pal, *Shanghai Saga*, 168.

[179] Darwent, *Shanghai*, xiv.

[180] Pal, *Shanghai Saga*, 168.

[181] 碧翁:《上海人力车夫》,第 64 页.

[182] Pal, *Shanghai Saga*, 169–170.

[183] 朱邦兴等:《上海产业与上海职工》,第 675 页。

[184]《申报》,1874 年 12 月 31 日。

[185] 上海市出租汽车公司党史编写组:《上海出租汽车人力车工人运动史》,第 86 页;Perry, *Shanghai on Strike*, 227n。

[186]《文汇报》,1946 年 10 月 1 日,1946 年 10 月 18 日。那个西班牙水手经中国法庭审判被判处徒刑一年三个月,而美国水手由美国军事法庭判决无罪释放。见上海市出租汽车公司党史编写组:《上海出租汽车人力车工人运动史》,第 109—110 页;唐海:《臧大咬子传》,第 50 页。

[187] 上海租界于 1943 年正式结束,但西方人仍继续享受着诸多特权,直至 1949 年 5 月共产党接管。臧生于 1903 年,13 岁来上海开始拉车,见《文汇报》1946 年 10 月 4 日。有关臧的一生,见唐海:《臧大咬子传》。

[188] 碧翁:《上海人力车夫》,第 60 页。英译引自 Honig, *Creating Chinese Ethnicities*, 60,引文稍有变更。

[189] 同上。

[190] I-21,1995 年 8 月 11 日;I-22,1995 年 8 月 3 日。

[191] Krasno, *Strangers Always*, 109.

第三章 逃离棚户区

[1] G. E. Miller, *Shanghai, the Paradise of Adventurers*. 本书鼎鼎大名,并有多种译本。

[2] Barber, *Fall of Shanghai*, 17.

[3] Honig, *Sisters and Strangers*, 23.

[4] 上海市南市区志编纂委员会:《上海市南市区志》,第 891—914 页。

[5] 上海这些建筑的文化价值,在不同程度上已被当今的中国政府认可,并被定级保护。1991 年,已有 6 处列为全国重点文化保护单位,52 处列为市级文物保护单位,82 处列入区(县)级文物保护单位。上海都市建筑曾一度遭受过大规模破坏,而这些定级的建筑也许没有因此罹难。王绍周:《上海近代城市建筑》,第 23 页;张包镐、范能船:《上海旅游文化》,第 347 页。

[6] "洋房"一词习惯上可称任何西方式的建筑,包括办公楼,但通常主要是指独幢住宅。

[7] 石库门详述可见第四章。

[8] 直到最近,这些区域仍被上海人视为乡气的落后地带。20 世纪 80 年代末,尽管住房窘境成为上海一系列社会问题之最,一首民谣仍唱道:"宁要浦西一间房,不要浦东一套房。"

[9] 见 "Report of the Housing Committee, 1936–1937";上海市社会局:《上海市工人生活程度》,第 135—140 页;屠诗聘:《上海春秋》下册,第 3—7 页;王绍周:《上海近代城市建筑》,第 73—196 页;陈从周、章明:《上海近代建筑史稿》,第 160—170 页。

[10] I-32。

[11] 关于 20 世纪美洲城市内的贫民窟,见 Wilson, *Truly Disadvantaged*;Ward, *Pocerty*。从贫民窟的分布讲,比起美洲城市墨西哥城,上海倒更像亚洲城市加尔各答。最近,有关研究城市贫民的领域已经修正了一个概念,即发展中国家的城市贫民多居城郊。例如墨西哥,农村来的新移民更愿意在城内租房居住。城市周边的"贫民窟"主要住户是低收入家庭,并且是所住房屋的产权所有者。换句话说,这些城市周边的居民相对城内那些租价低廉的房舍,条件反倒好些。多岛模式更多地是指这类贫民窟。见 Gillbert and Varley, *Landlord and Tenant*, 98–99;Sernau, *Economies of Exclusion*, 99–100。

[12] 张家琦(音)、班志雯(音):《上海市棚户区概况调查报告》,第 235 页。

[13] 梦忆(音):《上海的一角》。当然,经济状况常常是新移民是否被社会接纳的决定性因素。说到 19 世纪的汉口,罗威廉(William Rowe)注意到当地人视商人为合乎常情的旅居者,而视游民(其中多数为棚户居民)为不受欢迎的外来人。见 Rowe, *Hankow: Conflict and Community*, 298–299。

[14] 关于"无家的"定义讨论详况,见 Peroff, "Who Are the Homeless?"。

[15] 也就是,上海工部局巡捕房(the International Settlement Shanghai Municipal Police)、法公董局巡捕房(the French Concession Police)、警备区军警(the Nationalist Garrison Command's Military Police)、华界特别市公安局(the Chinese Special Municipality's Public Safety Bureau)。见 Wakeman, "Policing Modern Shanghai"。

[16]《新闻报》,1932 年 1 月 26 日。这里"街头乞丐"一词,指的是在上海没有

固定住所的人。据估计当年上海专事乞讨者约有20 000人。

[17] Peroff, "Who Are the Homeless?", 34.

[18] Charles Hoch, "Brief History".

[19] 直到90年代初，中国人仍将得到都市工作称为"上调"，视去农村工作为"下放"。中国"农村的陷落"（rural send-downs）使上海成了特殊的聚集点。见White, *Policies of Chaos*.

[20] 一般来说，这些人在农村老家尚存的住房尽管简陋，但仍比上海的棚屋更好些。关于中国农村的房屋，见 Knapp, *China's Traditional Rural Architecture*, 108–121; *China's Vernacular Architecture* 以及 *Chinese House*, 5–49。

[21] 1955年以后，共产党政府实行极为严格的户口制度，从而抑制了农村人口流入该市。尽管这一制度使上海的棚户区逐渐消失，但上海的诱惑力并未减弱。半个世纪后的今天，中国农民再度大规模涌入上海以寻求更好的生活。90年代初，上海流动人口超过了100万，就像50年前他们的前辈一样，许多流民都无法留居市内或近郊。见上海市统计局：《上海流动人口》，第39—57页；*World Journal*，1992年4月29日。关于户口制度，还见 Tiejun Chen and Mark Selden, "Origins and Social Consequences"; Harry Xiaoying wu, "Rural to Urban Migration".

[22]《申报》，1872年9月24日。江南造船厂：《江南造船厂史》，第27—30页。

[23] 上海社会科学院经济研究所：《上海棚户区的变迁》，第3页。

[24] 张仲礼：《近代上海城市研究》，第53—59页，第712—752页。

[25] 诚士：《药水弄的故事》，第2—3页。

[26] 朱邦兴等：《上海产业与上海职工》，第91页；上海社会科学院经济研究所：《上海棚户区的变迁》，第9页。

[27] 上海社会科学院经济研究所：《上海棚户区的变迁》，第11页。

[28] I-7，前蕃瓜弄居民。

[29] "棚户"一词也指棚屋的居住者，尽管这些人更通常被称为"棚户居民"。在上海，"棚户"是对那类陋屋的官方用词。关于上海房屋类型的分类，见上海市统计局：《上海统计年鉴》1988年，第438页，第441页。

[30] I-1，前药水弄居民。

[31] 张家琦（音）、班志雯（音）：《上海市棚户区概况调查报告》，第237页。

[32] 上海社会科学院经济研究所：《上海棚户区的变迁》，第12页。

[33] Lamson, "Problem", 147–148.

[34] 上海社会科学院经济研究所:《上海棚户区的变迁》,第 10—11 页。

[35] 屠诗聘:《上海春秋》下册,第 6 页。

[36] I-6,一药水弄的前居民。

[37] 取自三年一次的人口普查,上海人口情况为:1927 年,2 641 220 人;1930 年,3 144 805 人;1933 年,3 404 435 人;1936 年,3 814 315 人。邹依仁:《旧上海人口变迁的研究》,第 90 页。

[38] 上海社会科学院经济研究所:《上海棚户区的变迁》,第 13 页。

[39]《时报》,1914 年 9 月 19 日;蒯世勋:《上海公共租界史稿》,第 488—489 页。

[40] 郑祖安:《近代闸北的兴衰》,第 418 页。

[41] 陈公博:《炮火下的上海》,第 170—187 页。

[42] Lamson, "Problem", 147.

[43] 朱懋澄:《调查上海工人住屋暨社会情形记略》,第 8 页。

[44] 上海市社会局:《上海工人生活程度》,第 138 页。1936 年的另一项报告指出,搭一棚屋所需的土地面积租金平均每年 10 元,较差的地区地租为 5—6 元,见《社会日报》,1936 年 7 月 7 日。

[45] 同上。也见朱邦兴等:《上海产业与上海职工》,第 91 页。

[46] 朱懋澄:《调查上海工人住屋暨社会情形记略》,第 7—8 页。

[47] 上海社会科学院经济研究所:《上海棚户区的变迁》,第 23—28 页。

[48] Lieu, *Growth*, 172.

[49] 本书编写组:《肇嘉浜的变迁》,第 3 页。

[50] 上海社会科学院经济研究所:《上海棚户区的变迁》,第 17 页。

[51] 同上,第 16—18 页。

[52] 见 Lu, "Creating Urban Outcasts", 图 1-10。

[53] 上海社会科学院经济研究所:《上海棚户区的变迁》,第 75—80 页。I-1;I-5;I-6,1989 年 3 月 19 日。

[54] 屠诗聘:《上海春秋》下册,第 6 页。

[55] 陈港:《上海港码头的变迁》,第 39—41 页。

[56] 朱懋澄:《调查上海工人住屋暨社会情形记略》,第 7 页。

[57] 张家琦(音)、班志雯(音):《上海市棚户区概况调查报告》,第 236 页。

也见屠诗聘：《上海春秋》下册，第6—7页。

[58] 见 Lu, "Creating Urban Outcasts"，第567页的地图。

[59] 薛永理：《旧上海棚户区的形成》。下表为50年代早期上海棚户的数据（取自《上海棚户区的变迁》，第7页）：

每一片贫民区户数	贫民区数
2000 户以上	4
1 001—2 000 户	39
501—1 000 户	36
301—500 户	150
200—300 户	93

[60] 同上。1949年3月，共产党政权接管该市前两个月，上海人口为5 455 007人。见邹依仁：《旧上海人口变迁的研究》，第91页。

[61] Bandyopadhyay, "Inheritors".

[62] 周而复：《上海的早晨》，第28页。

[63] Honig, *Sisters and Strangers*, 79—93.

[64] I-4。

[65] 董平（音）：《贫民窟访问记》。

[66] 见1936年官方的统计，当时上海工厂工人有226 718人，其中136 655（60%）是女工，27 091（12%）是童工。大多数童工是12—14岁，也有不少12岁以下的，最小的只有六七岁。冯若谷（音）：《上海童工女工之生活概况》。

[67] 诚士：《药水弄的故事》。

[68] 上海社会科学院经济研究所：《上海棚户区的变迁》，第5页。

[69] Honig, "Invisible Inequalities", *Creating Chinese Ethnicity*, 52.

[70] I-5，药水弄的居民，1941—1983年。

[71]《社会日报》，1936年7月17日。

[72] 一般上海人口统计中指明籍贯都用省份。上海档案馆藏有从1912—1959年约1 500卷上海的同乡会文档。然而会员比省份更详尽（比如区、县）的原籍资料却十分缺乏。但无论他们原籍何属，这些同乡会是不会接纳棚户住民的。同乡会中，中上层社会占优势，有关棚户住民的问题不在他们的议事日程之内。这是棚户住民处于"被排斥者"状况的又一例证。关于上海的同乡会，见 Goodman, *Native Place, City, and Nation*.

[73] 朱邦兴等：《上海产业与上海职工》，第90—91页。

[74] 上海社会科学院经济研究所:《上海棚户区的变迁》,第 9—10 页。

[75] 这一调查结果发表在杨西孟《上海工人生活程度的一个研究》一书中。

[76] 这一调查结果发表在上海市社会局《上海市工人生活程度》一书中。

[77] 平房在浦东以及其他郊县很常见。尽管其构建形式与一楼一底的二层房相似,也是砖墙瓦顶,但建筑结构明显粗劣,经不起加层的重量。杨西孟:《上海工人生活程度的一个研究》,第 71—72 页。

[78] 1930—1934 年对上海工人的工作时间和收入的一项官方调查表明,在 16 个产业中,棉纺厂工人工作时间最长,其收入排在第 15 位。见上海市社会局:*Wage Rates in Shanghai*,第 60 页。

[79] 上海市社会局:《上海市工人生活程度》,第 60 页。

[80] Lamson, "Problem", 148.

[81] 张镜予:《社会调查:沈家行实况》,第 59—61 页;Lamson, "Effect"。

[82] 罗志如:《统计表中之上海》,第 86 页。

[83] 上海市社会局:《上海市工人生活程度》,第 14 页。

[84]《上海市年鉴》1947 年 C 篇,第 17—19 页;上海社会科学院研究经济研究所:《上海棚户区的变迁》,第 64—65 页.

[85] 同上,第 65 页。

[86] 同上,第 15 页。

[87] 同上,第 9—10 页。

[88] 同上,第 64—66 页。

[89] 董平(音):《贫民窟访问记》。

[90] 上海特别市社会局:《上海之工业》。

[91] 上海社会科学院经济研究所:《荣家企业史料》第 1 册,第 337 页。

[92] 见 Honig, *Sisters and Strangers*,详情尤见第五章。

[93] 上海特别市社会局:《上海之工业》;表 13。

[94] 许维雍、黄汉民:《荣家企业发展史》,第 276 页。

[95] 上海市纺织工业局等:《永安纺织印染公司》,第 232 页。

[96] 上海社会科学院经济研究所:《荣家企业史料》第 2 册,第 314 页。

[97] 恒丰印染厂厂史编写组:《染厂今昔——上海恒丰印染厂史话》,第 5 页,第 7—8 页。

[98] Chinese Econmic Journal 8, no.2：106–112; 上海市粮食局：《中国近代面粉工业史》，第 314 页；朱邦兴等：《上海产业与上海职工》，第 622 页。

[99] 上海市粮食局：《中国近代面粉工业史》，第 331 页。

[100] 上海社会科学院经济研究所：《荣家企业史料》第 1 册，第 125 页。

[101]《社会日报》，1936 年 7 月 17 日。

[102] 同上，第 8 版。

[103] 三轮车于 1942 年引进上海，部分原因是战争时期汽油短缺。1945 年以后，三轮车逐渐取代人力车而成为当时上海市区最主要的交通工具之一。二战后，人们越来越觉得人力车"不人道、不科学"，于是政府计划逐步淘汰，代之以三轮车。尽管 1956 年以前人力车并未被正式废止，但许多人力车夫已转为三轮车夫。屠诗聘：《上海春秋》中册，第 34 页；上海社会科学院经济研究所：《上海棚户区的变迁》，第 67 页。

[104] 上海市人民政府办公厅：《上海市政府工作情况统计图》，第 28 页。

[105] 蒋思壹、吴元淑：《上海七百个乞丐的社会调查》，第 26—33 页。

[106] Darwent, Shanghai, 84; Shanghai Municipal Council Report for the year 1932 and Budget for the Year 1933, 211; Peters, Shanghai Policeman, 241.

[107] 张家琦、班志雯：《上海市棚户区概况调查报告》，第 235 页。

[108] 关于这些标语的景状，见潘（音）：《上海》，第 56 页；唐振常：《近代上海繁华录》，第 75 页，第 234 页。

[109] 上海市社会局：《上海工人生活程度》，第 104 页；杨西孟：《上海工人生活程度》，第 35 页。

[110] "Report of the Housing Committee", 101.

[111] 上海市文史研究馆：《海上春秋》，第 48—49 页；王映霞：《王映霞自传》，第 70 页；上海市静安区人民政府：《上海市静安地名志》，第 214 页。

第四章 小市民之家

[1] 这种普遍对里弄视而不见的状况，在学术论文的选题上也有所反映。显然，对这类房屋在上海发展中所具的重要性，以及在城市居民日常生活中所含的意义，学术界研究得很少。然而最近，中国学术研究正逐步弥补这一疏漏，例如罗苏文和张济顺的论文。这些论文将石库门作为正式的历史研究课题，并将此与更广阔的上海都市文

明的背景联系起来（见罗苏文：《石库门：寻常人家》；张济顺：《论上海里弄》）。尽管这些论文仍不入历史学的主流部分，但毕竟是中国 40 多年来社会史研究中这一疏漏被留意的新动向。然而，这些论文既没有引发出普遍的研究，也没有使石库门民居建筑成为令人关注的焦点。在英语世界里，Jeffrey W. Cody 的研究已涉及相关课题，见上海国际研讨会中其论文《新上海的房地产》，《上海社会科学院院刊》1993 年第 8 期，第 17—19 页。

[2] 蒯世勋：《上海公共租界史稿》，第 347 页；郭豫明：《上海小刀会起义史》，第 249 页。

[3] Lang, *Shanghai, Considered Socially*, 27；蒯世勋：《上海公共租界史稿》，第 359 页。

[4] 邹依仁：《旧上海人口变迁的研究》，第 3—4 页，第 90—91 页。

[5] De Jesus, *Historical Shanghai*, 98–99.

[6] 朱剑城：《旧上海房地产的兴起》，第 11 页；王绍周：《上海近代城市建筑》，第 75 页；蒯世勋：《上海公共租界史稿》，第 347 页。

[7] Spencer, "House of the Chinese", Knapp, *Chinese House*, 5–25.

[8] 胡建华：《宋代城市房地产管理简论》，第 29—30 页。

[9] 朱剑城：《旧上海房地产的兴起》，第 10 页。

[10] Alcock, *Capital of the Tycoon*, 37.

[11] 葛元煦：《沪游杂记》，第 14 页。

[12] 沈伯经、陈怀圃：《上海市指南》，第 13 页。

[13] 张仲礼、陈曾年：《沙逊集团在旧中国》，第 34—35 页。

[14] 沈辰宪：《南京路房地产的历史》。

[15] 朱剑城：《旧上海房地产业的兴起》，第 15 页。

[16] 同上，第 14 页。

[17] 下表罗列了出身于洋行买办的上海房地产大业主（见朱剑城：《旧上海的华籍房地产大业主》）：

程瑾轩	沙逊洋行买办
周莲棠	沙逊洋行买办
贝润生	公平洋行买办
虞洽卿	荷兰银行买办
祝大椿	怡和洋行买办
陈炳谦	祥茂洋行买办
应子云	通和洋行买办
魏廷荣	法国银行买办
朱子尧	东方汇理银行买办

[18] 为便于叙述，我把"南京路一带"这早期租界地称为"英租界"。它以南京路为中心，东至外滩，西至西藏路，北至苏州河南岸，南至洋泾浜（后改造成爱多亚路）。这一现代上海的中心，其界定是由当时的上海道台麟桂与英国领事阿礼国于1849年9月划定的。

[19] 沈辰宪：《南京路房地产的历史》《上海早期的几个外国房地产商》。

[20] 上海市统计局：《上海统计年鉴》，第438页。

[21] 同上，第438页；本书编辑部：《上海住宅（1949—1990）》，第147页。

[22] "里弄"和"弄堂"，其实含义相同，只是用法上稍有不同。"里弄"一词在正式或非正式场合都能使用，而"弄堂"更接近俚语。例如，1949年后的上海，以里弄为基本单位的基层街道组织被称为"里弄居民委员会"，而不是"弄堂居委会"。

[23] 上海市社会局：《上海工人生活程度》，第136页。在宁波，大门的框架是由大理石或当地的红石制成的。后来为了节省费用，常常以砖代石，但"石库门"一词仍被普遍使用，这名称并未被认作名不符实，因为上海方言中，石头、水泥、砖皆称为"石"。

[24] 罗苏文：《石库门：寻常人家》，第18页。

[25]《申报》，1872年9月27日。

[26] Bird, *Yangtze Valley and Beyond*, 15, 19。

[27] 例如，龙、凤是皇帝、皇后的象征，而普通人婚礼中的吉庆语中仍带有龙、凤的字眼（I-10，1989年3月26日；I-22，1995年8月3日）。

[28] 张济顺：《论上海里弄》。

[29] 例如，Wagner所写的"上海的两层楼的'里'或里弄房子就是这种房屋类型的基本构成单位"（*Labor Legislation in China*, 50）。

[30] 石颂九：《上海市路名大全》，第 401—673 页。

[31] 郑祖安：《上海地名小志》，第 73—74 页。

[32] 石颂九：《上海市路名大全》，第 540—541 页。

[33] 同上，第 401—673 页，市区里弄村坊旧名今址对照一章。

[34] 这与当年曾居上海的名人留有的通信相符合，包括毛泽东。一封日期为 1920 年的信中，毛告知朋友他的住址是上海"哈同路，民厚南里，29 号"（此信由一大会址纪念馆收藏）。20 世纪 50 年代，所有的住址都标以路名。

[35] Blaser, *Courtyard House in China*, 5–14；Knapp, *Chinese House*, 11–13.

[36] 上海之最编委会：《上海之最》，第 133 页。

[37] 高潮：《上海里弄住宅沿革》，第 225—226 页；贾敉：《上海弄堂面面观》，第 286—287 页。

[38] 王绍周：《上海近代城市建筑》，第 81 页。

[39] 陈从周、章明：《上海近代建筑史稿》，第 163 页。

[40] 王绍周、陈志敏：《里弄建筑》，第 59—60 页；陈从周、章明：《上海近代建筑史稿》，第 163 页。

[41] 王绍周：《上海近代城市建筑》，第 77 页；陈从周、章明：《上海近代建筑史稿》，第 160—165 页。

[42] 上海市房产管理局：《上海里弄民居》，第 26 页。

[43] 王绍周：《上海近代城市建筑》，第 81—83 页。关于这些"新式里弄"的 20 例详细介绍，见上海市房产管理局：《上海里弄民居》，第 97—145 页。

[44] 张仲礼：《近代上海城市研究》，第 53—59、第 712—752 页。

[45] Lanning and Couling, *The History of Shanghai*, 2：26.

[46] 王绍周、陈志敏：《里弄建筑》，第 6—8 页。

[47] 罗苏文：《石库门：寻常人家》，第 17 页。

[48] 在 1865—1933 年这不到 70 年的时间里，公共租界的地价上涨了近 26 倍，从每亩 1 318 两（银）涨到每亩 33 877 两（6 亩＝1 英亩）。见张仲礼、陈曾年：《沙逊集团在旧中国》，第 35—36 页。

[49] 罗苏文：《石库门：寻常人家》，第 21 页。

[50] 上海静安区人民政府：《上海市静安区地名志》，第 93 页；罗苏文：《石库门：寻常人家》，第 21 页。这条里弄现今仍人口稠密，位于静安区新闸路 566 弄西端。

[51] 上海市房地产管理局:《上海里弄民居》,第 26 页。I-28,1995 年 8 月 7 日。

[52] "Report of the Housing Committee",99.

[53] 建业里的现址是建国西路 440、456、496 弄。以下所述来自作者 1993 年 7 月进行的研究。有关建业里更多的资料,见上海市徐汇区人民政府:《上海市徐汇区地名志》,第 32 页,第 191 页;上海市房地产管理局:《上海里弄民居》,第 84—85 页。

[54] 以上描述的楼层图是最初的设计。实际上为了增辟更多的房间以接纳更多的房客,建业里所有的房屋都已经过不同程度的改建。后文将有相关的论述。

[55] 参见余山:《二房东与顶费押租》。

[56] 同上。

[57] "Report of the Housing Committee, 1936–1937", 99–100;我在括号里所补充的词是有关房客、房间的本地术语。

[58] 张仲礼、陈曾年:《沙逊集团在旧中国》,第 45 页。

[59] "Report of the Housing Committee, 1936–1937", 98.

[60] 沈渭滨、姜鸣:《阿拉上海人》,第 29 页。

[61] 曹懋唐、伍伦:《上海影坛话旧》,第 206—209 页。

[62] 陈炎林:《上海地产大全》,第 337 页。

[63] Kotenev, *Shanghai:Its Mired Court*, 468.

[64] 包天笑:《钏影楼回忆录》,第 315—316 页。

[65] 贾攽:《上海弄堂面面观》,第 102 页;夏林根:《旧上海三百六十行》,第 166 页。

[66] 上海市粮食局等:《中国近代面粉工业史》,第 323—324 页。

[67] 徐润:《徐愚斋自叙年谱》,第 234 页。

[68] 尽管南京的地理位置是长江以南,但南京人习惯上被称作"半苏北"人。其原因可能是南京话完全不同于大多江南方言(比如苏州话),而更接近苏北话。

[69] Hoing, *Creating Chinese Ethnicity*, 44–45.

[70] I-21,1993 年 7 月 14 日;I-25,1993 年 7 月 16 日;I-26,1993 年 8 月 6 日。

[71] 邹依仁:《旧上海人口变迁的研究》,第 90 页。

[72] 上海市黄浦区人民政府:《上海市黄浦区地名志》,第 211—223 页。

[73] 刘凤生:《不可思议的上海衣食住》。

[74] 王慰祖:《上海市房租之研究》;余山:《二房东与顶费押租》;罗苏文:《石

库门：寻常人家》，第 30—31 页。

[75] 华子：《二房东之心计》；余山：《二房东与顶费押租》；杜黎：《"白蚂蚁"与二房东》。

[76] 1930 年 1 月，官方改称"永租契"，但"道契"一词一直沿用到 1949 年。见张孝伯：《上海道契考》，第 98—100 页。

[77] 叶叔眉：《上海租界的房地产买卖制度》。

[78] 金玄：《上海房地产产权凭证剖析》，第 34 页；叶叔眉：《上海租界的房地产买卖制度》，第 180 页。

[79] 杜黎：《"白蚂蚁"与二房东》，第 276 页。

[80] 王慰祖：《上海市房租之研究》，50392。

[81] 叶叔眉：《上海租界的房地产买卖制度》，第 180 页。

[82] 陈炎林：《上海地产大全》，第 327—329 页。

[83] 上海机器业工人运动史编写组：《上海机器业工人运动史》，第 56—57 页。

[84] 上海社会科学院经济研究所：《上海永安公司的产生、发展和改造》，第 190—191 页。

[85] 苏子：《上海"人"》，第 17 页。

[86] 华子：《二房东之心计》。

[87] 《申报》，1948 年 3 月 8 日。

[88] 王慰祖：《上海市房租之研究》，50391。

[89] I-10，1989 年 3 月 20 日；1993 年 7 月 14 日。

[90] 中华人民共和国时期有关上海的划分成分和政治运动的情况，可见 White, *Policies of Chaos*, 10–15, 全文中多处提及。

[91] 夏衍：《上海屋檐下》，第 88 页。

[92] 同上，碧翁：《〈上海屋檐下〉检讨》。

[93] 20 世纪 40 年代末，上海人均居住面积约 4 平方米。直到 1990 年，这一面积仍是上海分配住房的最低界限。家庭居住面积低于这个数字的归为"困难户"。见上海市住房制度改革领导小组办公室：《上海住房制度改革》，第 75—76 页。

[94] 湘雨：《阁楼十景》。

[95] 杨西孟：《上海工人生活程度的一个研究》，第 71—73 页；上海市社会局：《上海工人生活程度》，第 54—56 页；朱邦兴等：《上海产业与上海职工》全文各处。

[96] 朱邦兴等：《上海产业与上海职工》。

[97] 多九公：《上海亭子间解剖图》。

[98] 斯英：《亭子间的生活》。

[99] 王观泉：《怀念萧红》，第 63 页。

[100] 章清：《亭子间：一群文化人和他们的事业》，第 5 页。

[101] 鲁迅给这三个集子题名为《且介亭杂文》《且介亭杂文二集》《且介亭杂文末编》。"且介亭"一名是有寓意的。"且"字为"租"字的一半，"介"为"界"字的一半，二字隐喻"租界"。"亭"意为"室"，因此，"且介亭"巧妙地暗示了"半租界内一室"。鲁迅取此书名是因他家住在虹口区大陆新村 9 号（从 1933 年 4 月直至 1936 年 10 月去世），地处公共租界与华界交界处，正是第一章提及的越界筑路区域，主权所有含糊不清，因此被称作"半租界"。这三个集子收于《鲁迅全集》第 6 卷。

[102] 摘自章清：《亭子间：一群文化人和他们的事业》，第 3 页。

[103] 详见第六章。

[104]《社会日报》，1934 年 10 月 1 日。

[105] I-20，I-25，1995 年 7 月 29 日。也见贾攸：《上海弄堂面面观》。

[106] 沈德滋等：《回忆大同大学》，第 138 页。

[107] 欧元怀：《大夏大学校史纪要》，第 143—144 页，第 152 页。

[108] 茅盾：《我走过的道路》第 3 卷，第 196 页。

[109] 这里所说的"书局"主要是指印刷厂所附的门市部。

[110] 上海市黄浦区志编纂委员会：《黄浦区志》，第 1245 页。

[111] 今址是四川北路 1881 弄。书店名"内山"是"Uchiyama"的汉字的中文发音。

[112] 郁达夫：《郁达夫文集》第 4 卷，第 221 页。

[113] 1929 年，书店迁至施高塔路（今山阴路）11 号，直至 1949 年。估计鲁迅住所与该店非常近，在他生命最后数年里，曾去内山书店 500 次以上，购书千余册。他与内山的友谊很深，不仅频繁光顾书店（常在下午），会见客人往往也约在书店，并将店址作为自己的通信地址。1930 年 3 月 9 日—4 月 19 日，鲁迅因参加中国自由大同盟被当局秘密通缉，曾离家避居书店楼上达一月之久。该书店因鲁迅的声望而于 1980 年 8 月 26 日被列为市级文物保护单位。1981 年 9 月 28 日，鲁迅诞辰百年之际，书店旧址举行勒石纪念仪式（店址今为人民银行一分所）。见 Uchiyama, "Rōjin sense"；鲁迅：《鲁迅全集》第 5 卷，第 166—182 页；上海市虹口区人民政府：《上海市虹口区

地名志》，第 368—369 页。

[114] 朱联葆：《近现代上海出版业印象记》，第 2 页，全文各处。

[115] 杨浩、叶览：《旧上海风云人物》，第 111—112 页。《繁华报》发表了许多小说以及其他文学作品，其中包括 20 世纪的中国名作，如李伯元的《官场现形记》、吴趼人的《糊涂世界》、刘鹗的《老残游记》等。

[116] 朱联葆：《近现代上海出版业印象记》，第 339 页。

[117]《良友》100 期（1934 年 12 月）。

[118] *Shanghai Municipal Police File*，D-627.

[119] 吴贵芳：《近代上海革命遗迹概述》，第 18—19 页；顾延培：《上海书店旧址》；上海市长宁区人民政府：《上海市长宁区地名志》，第 125 页，第 170 页。

[120] 张擎：《中国共产党第一次全国代表大会会址和代表宿舍》；上海市卢湾区人民政府：《上海市卢湾区地名志》，第 215—216 页；吴贵芳：《上海风物志》，第 113—117 页。

[121] 同上。

[122] 上海沿革编写组：《上海的革命遗迹》，第 7 页；上海市静安区人民政府：《上海市静安区地名志》，第 195 页；郑超麟：《怀旧集》，第 94—95 页。

[123] 虞京海：《〈新青年〉编辑部旧址》；吴贵芳：《近代上海革命遗迹概述》，第 11—12 页。

[124] 王美娣：《中国最早的青年团中央机关旧址》；上海市卢湾区人民政府：《上海市卢湾区地名志》，第 146 页。

[125] 上海市黄浦区人民政府：《上海市黄浦区地名志》，第 221 页。富润里今址是贵州路 270 号。

[126] 同上，第 250 页。八仙坊今址是宁海西路 109 号。

[127] 清远里今址是北京东路 288 号。如意里今址是河南中路 575 号。

[128] 上海市黄浦区人民政府：《上海市黄浦区地名志》，第 207 页，第 210 页。

[129] 同上，第 204—205 页。兴仁里今址是宁波路 120 号。

[130] 章红：《十里洋场：被出卖的上海滩》，第 55 页。

[131] Hershatter, "Regulating Sex in Shanghai", 146.

[132] 薛理勇：《明清时期的上海娼妓》，第 154—155 页。

[133] 会乐里今址是福州路 726 号。

[134] 关于上海妓院繁盛状的资料,见 Hershatter,"Hierarchy";汤伟康:《十里洋场的娼妓》;薛理勇:《明清时期的上海娼妓》;平襟亚:《旧上海的娼妓》;谢吾义:《民初上海娼妓一瞥》;Henriot,"From a Throne"。

[135] 上海市黄浦区人民政府:《上海市黄浦区地名志》,第 277 页。

[136] 根据户口登记记录,1948 年底,会乐里有 151 家妓院,其中妓院老板 200 人,妓女 587 人,妓佣 374 人。1949 年 1 月的一项调查显示,这条里弄有 171 家妓院,约是当时上海妓院的 1/5。见杨洁曾、贺宛男:《上海娼妓改造史话》,第 213—221 页。

[137] 上海市黄浦区人民政府:《上海市黄浦区地名志》,第 231 页。贤德里今址是西藏中路 539 号。

[138] 同上,第 266 页。

[139] 因南京路被称作"大马路",所以这条街译成"法大马路",今为金陵东路。上海市黄浦区人民政府:《上海市黄浦区地名志》,第 267 页。升平里今址是金陵东路 396 号。

[140] 贾攸:《上海弄堂面面观》。

[141] 赵玉明:《中国现代广播简史》,第 219—222 页。

[142] 这条里弄也称"吉安里",建于 1929 年,有 17 幢二层石库门楼房,今址是茂名北路 111–121 弄。上海沿革编写组:《上海的革命遗迹》;上海市静安区人民政府:《上海市静安区地名志》,第 148 页。

[143] 上海沿革编写组:《上海的革命遗迹》,第 10 页;上海市虹口区人民政府:《上海市虹口区地名志》,第 311 页。李于 1949 年 5 月中共接管上海前夕被国民党杀害。他为秘密电台献身而成了全国闻名的英雄。他的事迹被改编成电影《永不消逝的电波》,极受欢迎。

[144]《上海词典》,第 504 页。

[145] 游有维:《上海近代佛教简史》,第 136—137 页,第 171 页。

第五章 石库门后

[1] I-15,1993 年 8 月 17 日。

[2] 田原:《三百六十行图说》,第 162 页。

[3] 即使上海这类大城市也与农村一样,直至 20 世纪 80 年代这一风俗依然盛行。

I-15，1989 年 3 月 27 日；I-18，1991 年 5 月 17 日。

[4] 在浙江余姚，一只标准的马桶大约两英尺高，直径一尺多一点。I-17，1991 年 5 月 17 日。

[5] 在许多江南地区的村庄里，马桶通常只供妇女和儿童使用。男人一般去村里的积肥点解决问题。一位资料提供者暗示，与乡下一样，在上海，如果附近有公共厕所却仍在家里使用马桶的男人会被视为娘娘腔。I-11，1989 年 3 月 20 日。

[6] 城市管理当局为了将粪车与其他车辆区别开来，对其颜色做了特别的规定。参见上海特别市政府秘书处：《上海特别市市政法规汇编》，第 20 页。

[7] 养家禽（其中最常见的是鸡）在上海是很普遍的事，尤其是里弄居民，往往会利用前天井、屋顶、厨房、过道、门厅等空间来放置鸡笼或鸡棚。养鸡并不仅仅是消遣，更是为了改善家庭的伙食。据说，家养的鸡要比市场上买的鸡味道鲜美。

[8] 上海通志馆：《上海市重要法令会刊初编》，第 34 页。如果错过了早晨收粪的时间，有些居民偶尔会把粪便倒入下水道，这是被禁止的。这一举动也是不明智的，因为下水管道很容易被堵住。

[9] I-26，1993 年 8 月 6 日。

[10] 定九：《上海之晨杂奏曲》。

[11] Heppner, *Shanghai Refuge*, 85.

[12] 1986 年，上海市区 60% 以上的家庭还住在没有卫生设施的房间里，大约拥有 800 000 只马桶。这一数字后来虽然有所下降，但直到 90 年代初，仍有不少于 600 000 只的马桶在使用。见杨东平：《城市季风：北京和上海的文化精神》，第 320 页。

[13] I-24，1989 年 3 月 23 日。

[14] 朱梦华：《旧上海的四个废品大王》，第 162 页。

[15] 薛畊莘：《我接触过的上海帮会人物》，第 105 页。虽然这是 1949 年以前的标价，但从中无法判断其精准的时间。20 世纪 40 年代中国的货币制度是极其混乱的，两角钱大概相当于一块银元（1935 年被法币所取代）20% 的价值。

[16]《社会日报》，1936 年 10 月 15 日。

[17] 薛畊莘：《我接触过的上海帮会人物》，第 105 页。

[18] Pan, *Shanghai*, 100.

[19] 薛畊莘：《我接触过的上海帮会人物》，第 105—106 页；朱梦华：《旧上海的四个废品大王》，第 162—163 页。

[20]《上海生活》第 1 卷，第 1 号（1939 年 3 月），第 2 页。这是一句双关语，因为在上海以及其他许多城市，人们开玩笑地将粪便称为"黄金"。

[21] 收粪工的目的并不仅仅是尽可能地保持双手的清洁，也许更重要的是为了防止弄脏马桶的提柄。

[22] 为了节省时间，收粪工往往会将粪便倒入路边的下水道。对于粪霸来说，这不仅是污染环境的问题，他更关心的是金钱方面的损失，因此他雇人私下里巡视。一旦被抓获，收粪工会被罚款或解雇。《社会日报》，1936 年 10 月 15 日。

[23] 定九：《上海之晨杂奏曲》，第 11 页。马桶很容易让人联想起上海弄堂生活的情景，因此一位作家将上海弄堂生活称为"马桶文明"。见穆木天：《弄堂——上海地方素描之二》。

[24] 嘉定过去隶属于江苏省。在 1990 年建造的沪嘉高速公路通车前，很难（甚至是不可能的）于一天之内跑个来回。

[25] I-17。

[26] 杨东平：《城市季风——北京和上海的文化精神》，第 320 页。这是一段关于 80 年代晚期环境的描写。实际上在民国时期的情况也是如此。

[27] I-21，1993 年 7 月 14 日。

[28] Malone, *New China*, pt.1, p.16; *Nusheng* 1, no. 15:6.

[29] 这五种香料是花椒、大茴香、桂皮、丁香和茴香。

[30] 鲁迅于 1927 年 10 月来到上海。他在上海最后一处住所——如今也是鲁迅纪念馆的一部分——是山阴路大陆新村 9 号。参见杨嘉佑：《上海风物古今谈》，第 265 页。

[31] 鲁迅：《鲁迅全集》第 6 卷，第 308—309 页。

[32] Hahn, *China to Me*, 9.

[33] 详见本书第六章。

[34] Sergeant, *Shanghai*, 图 34 的标题.

[35] Tieh, "Street Music of Old Shanghai".

[36] 定九：《上海初夏街头》，第 27 页。

[37] I-22，1995 年 8 月 3 日。

[38] Tieh, "More Street Music". 叫卖白果的另一种不同的吆喝。见许宝华、汤珍珠：《上海市区方言志》，第 515 页。

[39] Tieh, "Street Music of Old Shanghai".

[40] 同上。

[41] 韦慧:《旧上海街头的露天职业》。

[42] 定九:《上海初夏街头》,第 27 页。

[43] *Shanghai Municipal Council Report for the Year 1931 and Budget for the Year 1932*,130.

[44] Tieh, "Street Music of Old Shanghai".

[45] "Dizzy sighted" 指老花眼。

[46] 江礼旸:《海派饮食》,第 118 页。

[47]《上海生活》第 1 卷,第 5 号(1937 年 7 月),第 38—39 页;江礼旸:《海派饮食》,第 118—119 页。"热昏"源自宁波方言。

[48] Wang, *Shanghai Boy,* chapter 2. Wang 未发表的回忆录是有关他 20 岁之前在上海的生活的精彩描述。

[49] 韦慧:《旧上海街头的露天职业》,第 295 页。

[50] Tieh, "Street Music of Old Shanghai";田原:《三百六十行图说》,第 89—90 页。

[51] Wang, *Shanghai Boy*, chapter 4. 与之相类似的叫卖歌谣,可参见许宝华、汤珍珠:《上海市区方言志》,第 515—516 页。

[52] 徐大风:《弄堂特写》。

[53] 郑逸梅:《艺海一勺》,第 69—72 页。

[54] 卢大方:《上海滩忆旧》,第 43—44 页。

[55]《社会日报》,1936 年 11 月 8 日。

[56] I-38。

[57] 夏林根:《旧上海三百六十行》,第 2 页。

[58] 鲁迅:《鲁迅全集》第 6 卷,第 309 页;韦慧:《旧上海街头的露天职业》;田原:《三百六十行图说》,第 95 页,第 219 页。

[59] 徐大风:《弄堂特写》,第 9 页。

[60] 郑逸梅:《艺海一勺》,第 136 页。

[61] 例如"三毛",这一张乐平漫画作品《三毛流浪记》中的著名人物,就是一位报童。见《张乐平漫画》,第 42—44 页,第 54—55 页。亦见中共上海市委宣传部:《上海民歌选》,报童之歌。

[62] Heppner, *Shanghai Refuge*, 54.

[63] I-21，1995 年 8 月 11 日；I-27，1995 年 8 月 10 日。

[64] I-39。亦见 Tata and Mclachlan, *Shanghai 1949*，P106 的照片；Barz, *Shanghai*; *Sketches of Present-Day Shanghai*, 43；唐振常：《上海繁华录》，第 270 页；上海文化出版社：《上海掌故》，第 74 页。

[65] 田原：《三百六十行图说》，第 155—156 页。

[66] 邹依仁：《旧上海人口变迁的研究》，第 47—50 页。

[67] I-29，1996 年 8 月 13 日。按上海人的说法，"男做女工，越做越穷"。见胡祖德：《沪谚》，第 11 页。

[68] 田原：《三百六十行图说》，第 156 页。

[69] I-30、I-33、I-34；田原：《三百六十行图说》，第 49 页，第 55 页，第 203—204 页，第 211 页。

[70] 上海市工商行政管理局、上海橡胶工业公司:《上海民族橡胶工业》,第 6—7 页。

[71] I-33。

[72] I-21，1993 年 7 月 14 日；I-25，1993 年 7 月 15 日。

[73] 鸦片给予人的那种暂时刺激，使人觉得它是兴奋剂，而不是镇静剂。

[74]《社会日报》，1936 年 5 月 11 日。

[75] 夏林根：《旧上海三百六十行》，第 103 页；《社会日报》，1936 年 5 月 11 日。

[76]《社会日报》，1936 年 5 月 11 日。

[77] 萧乾，《社会百相》，第 47—48 页。

[78] 包天笑：《上海春秋》第 2 册，第 507 页。

[79] 韦慧：《旧上海街头的露天职业》，上海市师范教研室：《上海乡土文化史》，第 159 页。

[80] I-30、I-31、I-33。在 Tieh 的 "More Street Music" 中有类似的吆喝："调旧货！有啥旧东西卖伐？碎瓶子和其他碎东西有伐？"

[81]《同治上海县志》卷七。

[82] Ch'u, *Local Government*, 150–154; Hsiao, *Rural China*, 82–85; Kuhn, *Rebellion*, 61–62, 100; Naquin and Rawski, *Chinese Society*, 16–17。Ch'u 和 Hsiao 指出，保甲制度的作用被夸张了。总的来说，保甲制度在清代并没有达到预期效果。Naquin 和 Rawski 也认为："保甲是否起到了应有的作用还不清楚。"

[83] 闻钧天：《中国保甲制度》第 23、24 章。

[84] 魏斐德坚持认为南京时期国民党在上海建立现代化警察力量的努力，主要是为了使上海成为显示中国人有能力管理一个现代化大都市的展示橱窗。参见 Wakeman, *Policing Shanghai*, 14—15, 288—289。

[85]《上海市年鉴》1936 年，F 篇第 110 页。Feethan, *Report*, vol.1, pt.2, pp.249—250，包含了计划的细节。

[86] 陈炎林：《上海地产大全》，第 61—63 页。

[87] 参见上海市档案馆卷宗 Q107。

[88] 上海市档案馆：《日伪上海市政府》，第 35 页，第 229 页，第 254 页。

[89] 同上，第 255 页。

[90] 同上，第 229 页，第 257 页；谷斯范：《上海风物画》，第 11 页。

[91] 上海市档案馆：《日伪上海市政府》，第 161-162 页。

[92] 同上，第 604—606 页，第 609—611 页；陶菊隐：《孤岛见闻》，第 180 页。

[93] 上海市档案馆卷宗 R33，第 74 卷，第 8 页；第 75 卷，第 96—97 页；第 221 卷，第 6—7 页；第 225 卷，第 19—21 页，第 35—36 页；第 226—230 卷。见屠诗聘：《上海春秋》第一册，第 87 页；陶菊隐：《孤岛见闻》，第 141—145 页。

[94] 上海市档案馆卷宗 R33，第 65 卷，第 26 页。

[95] 上海市档案馆：《上海解放》，第 55 页。

[96] 同上，第 10—12 页。

[97] 中共上海市委办公厅市区处:《城市街道办事处居民委员会工作手册》, 第 3 页。

[98] 在 1954 年 12 月 31 日，人民代表大会常务委员会第四次会议通过了关于街道办事处和居民委员会的两项法规。街道办事处被定义为城市区一级政府的派驻机构，每一个区必须设立（或者，在某些情况下，有些城市并不设区 [如小城市]，但人口超过了 100 000 人，也必须设立）。居民委员会被定义为在街道办事处指导下"大众的，自治的居民组织"（这些法规的英语全文翻译见 J. Cohen, *Criminal Process*）。到了 1955 年 8 月，129 个城市已经建立了街道办事处和 / 或居民委员会，换言之，80% 的城市已经根据 1954 年立法的要求，建立了街道组织，参见《光明日报》，1955 年 8 月 9 日，第 2 版。

[99] I-30，I-31，I-32，I-33。

[100] 桃花源是陶渊明（约 365—427）在散文《桃花源记》中描绘的乌托邦世界。它是中国版的"伊甸园"，但却是人间的天堂（即没有宗教的寓意）。关于陶的散文的

英语译本，可参见 Lynn H. Nelson and Patrick Peebles, *Classics of Eastern Thought*（New York: Harcourt Brace Jovanovich, 1991）, 124—125。

[101] 例如，可参见 "Shanghai Municipal Council Rules with Respect to New Chinese Buildings", *Shanghai Municipal Council Report for the Year 1916 and Budget for the Year 1917*, 56—62。公共租界和法租界关于住房与建筑的法规公布于1923年，参见陈炎林：《上海地产大全》附录，第718—926页。

[102] 徐国桢：《上海生活》，第22页。

[103] 上海社会科学院社会学研究所：《上海居民来源调查》，第18页。

[104] Whyte and Parish, *Urban Life in Contemporary China*, 17—21; White, *Policies of Chaos*, 88—90。

[105] I-34。

[106] Huang, *Peasant Economy*, 23.

[107] I-27, 1995年8月10日；茅盾：《我走过的道路》第2册，第1页。

[108] 在上海的俚语中，有所谓的"上只角""下只角"，分别指高级的和低级的住宅区域。俚语反映的多为社会偏见或是某种势力的话，而更胜于所谓的"角"的本身状况。见沈渭滨、姜鸣：《阿拉上海人》，第58—65页。

[109] 参见老子：《道德经》，第80页。

[110] I-38。

[111] 在东京町会，参见 *Neighborhood Tokyo*，尤其是第66—67页，第84—85页，第102—121页，第266—267页。

[112] 裕德里，照字面的意思就是"富裕而具有美德的小巷"。1919年，这一有着20幢住房的里弄住宅区建造于公共租界和法租界的边界上。今址为云南中路8弄、18弄和38弄。1989年，这里住有261户家庭，居民837人。见上海市黄浦区人民政府：《上海市黄浦区地名志》，第282页。

[113]《社会日报》，1929年11月12日、1929年11月14日、1929年11月16日、1929年12月12日、1929年12月30日。

[114] 王慰祖：《上海房租之研究》，50500—50501（或第174页）。

[115]《建筑专刊》第1期，1934年6月9日。

[116]《时报》，1943年1月23日；王季深：《上海之房地产业》，第6—7页。

[117] 王慰祖：《上海房租之研究》，50497。

[118] "Report of the Housing Committee, 1936—1937", appendix 5；《建筑专刊》第 1 期，1934 年 6 月 9 日。

[119] 定九：《上海市民生活的转变》，九君：《上海"小房子"沧桑》。

[120]《申报》，1933 年 12 月 29 日、1934 年 1 月 14 日、1934 年 1 月 17 日、1934 年 2 月 20 日、1934 年 6 月 27 日；《上海市年鉴》，1935 年 B 篇，第 16—18 页；《建筑专刊》第 1—6 期；《社会日报》，1934 年 7 月 21 日；《时事新报》，1934 年 10 月 19 日。

[121] 上海市静安区人民政府：《上海市静安区地名志》第 120—121 页。

[122] 有时候过街楼所在的房子要比普通住宅多出一间房间。在比较拥挤的居民区，这些楼层也出租给房客使用。事实上由于过街楼两边都有窗，通风和采光自然比一般的住宅要好，而且一条弄堂只有一间过街楼，因此过街楼及其附加的那间房间往往是供不应求的。1921 年 2 月，茅盾以比市价高 7 倍的"保证金"，租下了闸北宝川宝山路鸿兴坊内一栋"一上一下"带有过街楼的石库门房子。见茅盾：《我走过的道路》第 1 册，第 150—151 页。

[123] I-36，I-37。

[124] 沈渭滨、姜鸣：《阿拉上海人》，第 32—33 页。

[125] I-28，1995 年 8 月 7 日；I-29，1995 年 8 月 7 日；吴载阳（音）：《市郊结合地区居民生活尚有诸多不便》。

[126] 红豆巷的名字并不是真实的，而是作者的创造,得自唐代诗人王维（701—761）的一首古诗《相思》。在中国，红豆是思家的象征。

[127] 宋跃辉：《宽敞的天井很寂寞》。

[128] 景云里现在的地址是横浜路 63 弄。茅盾:《我走过的道路》第 3 册，第 2—3 页。

[129] 鲁迅：《鲁迅全集》第 6 卷，第 84 页。

[130]《社会日报》，1936 年 7 月 24 日。

[131] 茅盾：《我走过的道路》第 2 册，第 3 页。

[132]《社会日报》，1936 年 7 月 24 日。

[133] I-38。

[134] 新近从老式里弄搬入新公房的居民大多抱怨盗窃行为的猖獗。在新公房，入室偷盗的案件要比里弄住宅区多。见吴载阳（音）：《市郊结合地区居民生活尚有诸多不便》。

[135] 罗苏文：《石库门：寻常人家》，第158—171页。

[136] 湘雨：《阁楼十景》，第12页。

[137] 许窥豹：《我的上海生活》，第25页。

[138] 刘豁公：《上海竹枝词》，第55页。

[139] Heppner, *Shanghai Refuge*, 85.

[140] 王定九：《上海门径》，"恋爱的门径"部，第12—13页。

[141] I-38, I-39。

[142]《申报》，1936年8月9日。

[143]《上海滩黑幕》第二册，第212—213页。

[144] 林黛玉的名字取自中国古典名著《红楼梦》中的主角之一。据说，在1897年由《游戏报》（著名小说家李伯元主编）赞助的上海第一次妓女评选中，林被选为上海滩名妓"四大金刚"之首。参见平襟亚：《旧上海的娼妓》，第166—167页。

[145] 九君：《上海"小房子"沧桑》。

[146] I-29, 1995年8月7日；I-30；I-31；I-32。

[147] I-34, I-35。

[148] "无眷莫问"的限制主要适用于里弄房子，尤其是在首租中，而在租用公寓房子时并没有这样的限制。参见萧剑青：《上海常识》，第47页。

[149] 酱园弄今址是黄浦区新闸路432弄。谋杀案使得酱园弄在上海声名狼藉。那里的居民委员会（中华人民共和国的第二级居民区管理机构）以弄堂的名字命名。参见上海市黄浦区人民政府：《上海市黄浦区地名志》，第37页，第249页。

[150] 赵素芳：《酱园弄谋杀亲夫案》。1945年3月至5月，上海的主要报刊都刊登了关于案件的详细报道。《杂志》1945年6月和7月号相继发表了一组对周表示同情的文章。1945年9月14日，上海高等法院判决周死刑。周随后向南京最高法院提请申诉，1948年2月20日，改判入狱15年。直至20世纪90年代，周一直是位于江苏省北部的大丰劳改农场的职工。

[151] I-38, I-39。

[152] 魏绍昌：《鸳鸯蝴蝶派研究资料》第1册，第178—179、第535—536页。

[153] 人们在铁制容器中放置燃烧着的木炭以加热老式熨斗。

[154] 包天笑：《上海春秋》第2册，第695—696页。

[155] 同上，第2册，第696页；I-38。

[156] 同上，第 2 册，第 696 页。

[157] 鲁迅：《鲁迅全集》第 6 卷，第 99—200 页。

[158] 同上，第 6 卷，第 213 页。

第六章 石库门外

[1] I-10，1989 年 3 月 20 日；I-13；I-15，1989 年 3 月 20 日。

[2] I-13；I-19，1991 年 6 月 30 日。

[3] I-13，1991 年 5 月 17 日；I-20。

[4] I-13。

[5] I-11，1989 年 3 月 20 日；I-12，I-20。

[6] 关于上海新旧路名的情况，可参见石颂久：《上海路名大全》，第 353—392 页。

[7] I-11，I-13，I-17。

[8] 《社会日报》，1936 年 6 月 27 日。

[9] 上海市社会局：《上海之商业》，第 183 页。

[10] 邹依仁：《旧上海人口变迁的研究》，第 90 页。

[11] 《工商半月刊》第五期，第 9 号（1933 年 10 月 1 日），第 47—48 页。

[12] Bureau of Social Affairs，*Wage Rates in Shanghai*，60.

[13] 《工商半月刊》第五期，第 9 号（1933 年 10 月 1 日），第 47 页。

[14] 卢闻绍（音）：《本市米号业之概况》。

[15] 上海市公用事业管理局：《上海公用事业》，第 25—26、第 38—39 页。

[16] 上海市统计局：《1983 年上海统计年鉴》，第 320 页。

[17] 上海市社会局，《上海市工人生活程度》，第 71 页，第 155 页；萧剑青：《上海常识》，第 41 页。

[18] 上海市统计局：《1983 年上海统计年鉴》，第 320 页。

[19] 王赤风、邱怀友：《怎样淘汰上海 104 万只煤球炉？》。

[20] 韩起澜提到生炉子是上海棉纺织厂女工清晨所做的第一件事。实际上，这是上海所有没有煤气灶的家庭早晨的例行公事。*Sister and Strangers*，136；I-11，1989 年 3 月 20 日；I-12。

[21] 姚庆山、昂觉民：《上海米市调查》，第 3 页；I-12；I-13。

[22] 陈亮：《烟纸店》，第 14 页；I-15，1989 年 3 月 23 日。

[23] I-15，1989 年 3 月 27 日。

[24] 关于商店的门牌号码，参见上海信托股份有限公司：《上海风土杂记》，第 31 页。转引自《社会日报》，1936 年 8 月 15 日。

[25] 上海市黄浦区人民政府财政贸易办公室：《上海市黄浦区商业志》，第 472—473 页。这些数字包括了零售商店和批发商店，每一类别不再详细说明。这些企业绝大多数是零售商店。1949 年，商店数超过 8 600 家，其中约有 1 600 家是批发商店。

[26] I-15，1989 年 3 月 23 日；I-19，1991 年 6 月 29 日；《上海风土杂记》，第 31 页。

[27] 一本汉英词典（北京外国语学院编写，北京：商务印书馆，1979 年版）将"衣食住行"翻译为"food, clothing, shelter and transportation"。这或许是为了更符合英语的习惯。或者，翻译者对原来的排序感到困惑，认为食物才应该是生活中最重要的，因此改变了它们的次序。

[28] 参见《辞海》，第 1915 页。

[29] 另一种略为不同的说法是"只重衣衫不重人"。见徐国桢：《上海生活》，第 29 页；屠诗聘：《上海春秋》第 3 册，第 16 页；冷省吾：《最新上海指南》，第 145 页。

[30] 鲁迅：《鲁迅全集》第 4 卷，第 563 页。鲁迅自己就曾在南京路上最豪华的华懋饭店有过一次这样的经历。一次，鲁迅穿着平日里那套灰布长衫和胶鞋，去华懋饭店拜访一位住在 7 楼的英国朋友。当他走进大堂里的电梯，仆欧假装没有看见他。鲁迅等了许久，并不见有别的客人进来，于是要求将他"载到 7 楼"。仆欧上下打量了鲁迅几眼，大声喝道："出去！"于是鲁迅只好去爬楼梯。两个小时后，当拜访结束之际，那位朋友尊敬地陪鲁迅一起走入电梯。仆欧当即十分尴尬，马上很恭敬地为鲁迅服务了。后来，鲁迅把这个故事告诉他的朋友，看来与其说受到了冒犯，鲁迅更将此经历视为一件趣事。的确，按照那时这个城市的风气，比较可怪的是作家的乖僻，而非员工的势利。见 Uchiyama, "Rōjin sensei"（《鲁迅先生》）；沈渭滨、姜鸣：《阿拉上海人》，第 48 页。

[31] 沈渭滨、姜鸣：《阿拉上海人》，第 20 页。这里所说的"瘪三"是所有穷人的象征性说法，并不是指乞丐。"洋装"表示昂贵的正式的服装；"自己烧饭"暗示着这人并不富有，雇不起女佣，只好自己来做各种家务活。对上海人来说，这一说法显现了一幅穿着劣质西装的中年男子在肮脏的煤球炉前做饭的图像。

[32] 屠诗聘：《上海春秋》第 3 册，第 19—22 页；徐国桢：《上海生活》，第

33—36页。

[33] 这种笔架的轮廓像三座连在一起的小山。中间的"小山"最高,两边的略低些。笔(准确地说是毛笔)可以搁置在两山相连处的"山谷"上,而口袋盖的形状是倒置的笔架。

[34] 上海市黄浦区人民政府财政贸易办公室:《上海市黄浦区商业志》,第340—341页。

[35] 熊月之:《杂谈"上海人"》。

[36] 骆爽:《"剖析"上海人》,第92—95页。

[37] 上海市黄浦区人民政府财政贸易办公室:《上海市黄浦区商业志》,第346—353页;张包镐、范能船:《上海旅游文化》,第210—211页。

[38] "红帮"这个名字有时是误导,虽然照字面意思它是"红色的帮派",但在实际上它与帮派无关。"红"是上海方言中"奉"(宁波的简称,在中国许多城市都有自己的简称)的误读(将"奉"读成了"红")。参见骆爽:《剖析上海人》,第93页。也有一种说法,"红帮"的含义类似于"番帮",指专做西装的裁缝师傅。例如,在19世纪的上海,所有为外国船厂工作的木匠(尽管他们是当地人)都被称为"红帮"木匠(见上海市工商行政管理局、上海市第一机电工业局机器工业史料组:《上海民族机器工业》第1册,第59—61页)。"红",或许起源于中国传统的某种观念,在整个19世纪,欧洲人一直被称为"红毛鬼"。

[39] 屠诗聘:《上海春秋》第3册,第22—24页。

[40] 同上,第24页。

[41] 上海市黄浦区人民政府财政贸易办公室:《上海市黄浦区商业志》,第329页,第332页。

[42] 同上,第329—330页。

[43] 参见附录1,"衣服的来源"。

[44] I-38.

[45] 田原:《三百六十行图说》,第77—78页。

[46] 这一习惯对家用缝纫机的普及大有助益。在毛泽东时代,缝纫机属于"四大件"(指的是四样高级的轻工业产品:自行车、手表、收音机和缝纫机)之一,这些都是定量供应的。I-16、I-38;也可参见Spence, *Search for Modern China*, 733。

[47] 上海市文史研究馆:《海上春秋》,第42页。

[48] 鲍瞰埠：《十里洋场众生相》，第 60 页。

[49] 屠诗聘：《上海春秋》第 3 册，第 20—21 页。

[50] 沈渭滨、姜鸣：《阿拉上海人》，第 22 页。

[51] 《女声》第 1 卷，第 4 期，第 19 页。

[52] 《社会日报》，1934 年 9 月 18 日。

[53] 同上，1934 年 9 月 10 日；王定九：《上海门径》"吃的门径"部，第 31 页，第 33—35 页。

[54] 20 世纪 40 年代的上海，大约有 1 200 家小酒店，绝大多数是家庭经营的零售小生意。从 19 世纪晚期开始，酒发展为三种主要的类型，各有自己的同业公会：白酒（用中国的蜀黍属植物蒸馏酿造的酒）、汾酒（产自山西汾阳）、绍酒（产自浙江绍兴）。白酒也在酱油店、糟坊和酱园出售。参见上海市黄浦区人民政府财政贸易办公室：《上海市黄浦区商业志》，第 473—474 页。

[55] 王定九：《上海门径》"吃的门径"部，第 31 页。

[56] 同上，第 30 页。

[57] 《社会日报》，1934 年 9 月 12 日。

[58] 上海市社会局，《上海市工人生活程度》，第 3 页；Bureau of Social Affairs, *Wage Rates in Shanghai*，60，80；沈伯经、陈怀圃：《上海市指南》，第 302—307 页；蒋思壹、吴元淑：《上海的乞丐》，第 209 页。

[59] 以下是在两项调查的基础上所做的《1927—1930 年上海工人家庭开支百分表》：

	调查一 （1927 年 12 月—1928 年 10 月）	调查二 （1929 年 4 月—1930 年 3 月）
食品	56.0	53.2
服装	9.4	7.5
房租	6.4	8.3
燃料和照明	7.5	6.4
杂项	20.6	24.6

"调查一"没有说明在饭馆就餐费用的详细信息。在"调查二"中，4.8% 的食品开支是在饭馆就餐的花费，1.8% 是在饭馆里叫外卖的费用。参见上海市社会局：《上海市工人生活程度》，第 104 页，第 113—114 页；杨西孟：《上海工人生活程度的一个研究》，第 36 页。

[60]《上海生活》第 3 期，1926 年 12 月 15 日，第 35 页。

[61] 许窥豹：《我的上海生活》，《上海生活》第 2 期。

[62] I-14，1989 年 3 月 23 日。

[63] 盛俊才：《上海水炉业的变迁》。

[64] 详见第三章。

[65] 举例来说，施坚雅发现四川成都的农民喜欢在茶馆中闲谈，而黄宗智却发现华北平原普通的农民与茶馆没多大关系，参见 Skinner, "Marketing and Social Structure in Rural China" 以及 Huang, *Peasant Economy*, 220–222。

[66] 樊树志：《明清江南市镇探微》，第 279—283 页。

[67] 沈伯经、陈怀圃：《上海市指南》，第 137 页。

[68] 杨嘉祐：《上海风物古今谈》，第 237 页。

[69] I-14，1989 年 3 月 23 日；I-17。

[70] I-9；《社会日报》，1936 年 11 月 13 日。

[71] I-9，I-20。

[72] I-16；I-14，1989 年 3 月 20 日；汤伟康等：《上海轶事》，第 305 页。

[73] 夏林根：《旧上海三百六十行》，第 64—65 页。

[74] 上海市静安区人民政府：《上海市静安区地名志》，第 219 页。这家浴室只向男士开放，但向女士开放的公共浴室自 1912 年起就有了，见上海市黄浦区人民政府财政贸易办公室：《上海市黄浦区商业志》，第 670—671 页。

[75] 1937 年，在公共租界的中心地带（大致相当于今天的黄浦区）有 24 家大型的公共浴室。1946 年，增加到了 29 家，其中的 22 家浴室共拥有 3 189 个位子，超过 1 000 名服务人员。参见上海市黄埔区人民政府财政贸易办公室:《上海市黄浦区商业志》，第 671 页。

[76] Gernet, *Daily Life*, 124–125.

[77] Fortune, *Three Years' Wanderings*, 266.

[78] 葛元煦：《沪游杂记》，第 33 页。1876 年的浴资是：豪华间 70 文铜钱，经济间 35 文铜钱。福钧也在 19 世纪 40 年代早期的考察中记了当时的浴资：经济间 6 文铜钱，豪华间 18 文铜钱。对于如此低廉的价格，他不禁惊呼："100 文铜钱相当于我们的 4.5 个便士，因此洗一次最高级的热水澡也只不过花费 1/4 个便士！而另一种洗浴，一间私人包间，一杯热茶，一管旱烟，也不会超过 1 个便士！"Fortune, *Three*

Years' Wanderings, 266.

[79] 鲍瞰埠:《十里洋场众生相》,第 14—18 页。

[80] 夏林根:《旧上海三百六十行》,第 64—67 页。

[81] 上海市黄埔区人民政府财政贸易办公室:《上海市黄浦区商业志》,第 673 页。

[82] 通常老虎灶没有擦身、敲背、修脚等服务。

[83] 钱乃荣:《上海方言俚语》,第 212 页;佚名:《上海史》,第 69 页。

[84] 张春华:《沪城岁事衢歌》,第 23 页;《嘉庆松江府志》卷五,第 4 页;应宝时:《同治上海县志》卷一,第 12 页。

[85] 胡祥翰,《上海小志》,第 42 页。

[86] 同上。

[87] Read et al., *Shanghai Foods*, 7–35;江礼旸:《海派饮食》,第 72—73 页。

[88] Hahn, *China to Me*, 9.

[89] 上海市社会局:《上海人力车夫生活状况调查报告书》第 2 册,第 44—45 页;朱邦兴等:《上海产业与上海职工》,第 675—676 页。

[90] I-11, 1989 年 3 月 25 日;I-18, 1989 年 5 月 18 日。

[91] Hauser, *Shanghai: City for Sale*, 79.

[92] 静观:《旧闻拾零》,第 104—105 页;上海市黄浦区人民政府:《上海市黄浦区地名志》,第 141 页;吴申元:《上海最早的种种》,第 82—83 页。

[93] 上海市黄浦区人民政府:《上海市黄浦区地名志》,第 141 页,第 563 页。

[94] 上海市黄埔区人民政府财政贸易办公室:《上海市黄浦区商业志》,第 429 页;胡祥翰:《上海小志》,第 46 页;吴申元《上海最早的种种》,第 83—84 页。这些市场至今仍有部分还在营业。

[95] 上海市黄埔区人民政府财政贸易办公室:《上海市黄浦区商业志》,第 444—445 页。

[96] 例如,虹口一处中等规模的菜场五洲菜场,就建在许多食品商贩每天早晨的聚集处。1914 年,这里变成了一处固定的菜场,并建造了一层楼的混凝土建筑物。截至 20 世纪 40 年代晚期,这个菜场拥有 256 个食品摊位和各种类型的小店铺。这个菜场已成了繁忙的商业区的中心。参见上海市虹口区人民政府:《上海市虹口区地名志》,第 490 页。

[97] 例如,在建业里,建造者在住宅区内故意留下了一块空地(足够建造一排住房)

以供商贩们出售他们的货物。一处露天菜场渐渐地形成了，方便了当地的居民。参见上海市徐汇区人民政府：《上海市徐汇区地名志》，第191页。

[98] 上海市虹口区人民政府：《上海市虹口区地名志》，第478页。

[99] 上海市静安区人民政府：《上海市静安区地名志》，第338—339页。"上只角"指的是比较富裕的住宅区，相反工业阶级所居住的区域被称之为"下只角"。

[100] 上海市卢湾区人民政府：《上海市卢湾区地名志》，第69页，第259页；上海市虹口区人民政府：《上海市虹口区地名志》，第485页，上海市黄浦区人民政府：《上海市黄浦区地名志》，第570页。

[101] 上海市虹口区人民政府：《上海市虹口区地名志》，第482页，第485页。

[102] 吴申元：《上海最早的种种》，第84页；上海市黄埔区人民政府财政贸易办公室：《上海市黄浦区商业志》，第430页。

[103] I-22，1993年7月14日。

[104] Sinclair and Wong, *Cultural Shock!*, 182.

[105] 江礼旸，《海派饮食》，第96页。

[106] 一位受调查者在美国探望女儿之际说道，她很不喜欢待在那里，因为她的女儿已经很"美国化"了。为了保持清洁，她女儿不允许在家里炒菜，而这是她最喜欢的烹调方式。I-20。

[107] 江礼旸，《海派饮食》，第97—98页，第101页。

[108] 上海市社会局：《上海市工人生活程度》，第111—114页。

[109] 陈达：《我国抗日战争时期市政工人生活》，第320—326页。

[110] Bernard Read et al. *Shanghai Foods*, 87–101. 这份目录被一些受调查者（I-28，I-29，I-34，I-35，I-38）所确认。

[111] 上海市黄浦区人民政府：《上海市黄浦区地名志》，第570页；上海市卢湾区人民政府：《上海市卢湾区地名志》，第69页；江礼旸：《海派饮食》，第107页。

[112] 解放后，地方上的菜场在日常生活中变得更重要了。自从食品商贩在城市中几乎全部消失后，许多食品开始定量供应，菜场实际上成了所谓的副食品供应的唯一来源（几乎是除了主粮谷物之外的所有食品）。20世纪80年代，邓小平推行经济改革，开始建立自由市场来供应食品，并允许农民进城贩卖他们的产品，菜场充斥着拥挤的人群，各类食品摊位前总是排着长长的队伍。"小菜篮里看形势"，这句官方媒体和普通百姓常常引用的流行语恰恰反映了菜场的重要性。I-18，1991年5月17日；I-36；I-37；

I-38。

[113] Skinner, "*Marketing and Social Structure in Rural China*" pt.1, p.20.

[114] 见附录1, "调查点和被调查的人数" "购物行为"。

[115] 上海市黄浦区人民政府:《上海市黄浦区地名志》, 第270—271页。

[116] I-17。

[117] I-9; I-10, 1989年3月20日; I-11, 1989年3月20日; I-12; I-14, 1989年3月20日。

[118] 上海市黄埔区人民政府:《上海市黄浦区地名志》, 第397页; 上海市卢湾区人民政府:《上海市卢湾区地名志》, 第191页。

[119] 张包镐、范能船:《上海旅游文化》, 第197页。也可参见附录1, "购物行为"中在地区商业中心购物的居民的百分比。

[120] 上海市静安区人民政府:《上海市静安区地名志》, 第401—418页; 上海通社:《上海研究资料》, 第224—226页; 游有维:《上海玉佛禅寺、龙华古寺、静安古寺今昔谈》。

[121] 上海通社:《上海研究资料续集》, 第719—724页; 上海市徐汇区人民政府:《上海市徐汇区地名志》, 第95—96页。

[122] 刘麟生,《曹家渡调查记》; 上海市普陀区人民政府:《上海市普陀区地名志》, 第77—78页, 第234页; 上海市静安区人民政府:《上海市静安区地名志》, 第92页; 上海市长宁区人民政府:《上海市长宁区地名志》, 第70—71页。

[123]《申报》, 1914年1月19日; 郑祖安:《上海地名小志》, 第20—23页,《近代闸北的兴衰》; 马学新等:《上海文化源流辞典》, 第204页。

[124] "下海浦"是与"上海浦"相连的黄浦江的另一条支流。上海即得名于上海浦, 参见《同治上海县志》卷一, 第2页。

[125] 上海市虹口区人民政府:《上海市虹口区地名志》, 第141—142页; 王震:《下海庙和上海庙》。

[126] 林星垣:《上海的旧城垣》, 郑祖安:《上海旧县城》。

[127] 王映霞:《王映霞自传》, 第77—78页。

[128] 上海市文史研究馆:《海上春秋》, 第51页。

[129]《人民日报》, 1966年10月21日。

[130] 这条小路在共产主义者的历史中显得尤为重要。1920年, 毛泽东曾在民厚

南里 29 号住过一段时间，这是 1910—1912 年间在安南路建造的一处里弄住宅区（属于欧司·爱·哈同的产业）。该住宅现在是受保护的遗址。上海市静安区人民政府：《上海市静安区地名志》，第 243 页，第 214 页；《上海地方史资料》第 6 辑，第 37—39 页。

[131] 费西畴：《上海新指南》，第 133 页；上海市黄浦区人民政府财政贸易办公室：《上海市黄浦区商业志》，第 444—445 页。

[132] 上海市文史研究馆：《海上春秋》第 46—47 页。

[133] I-12。

[134] 袁建民、胡建玉（音）：《市民早餐状况令人担忧》。

[135] 沈善增：《平常心世道》。

[136] 熊月之：《杂谈"上海人"》。

[137] Anderson, *Food of China*, 196.

[138]《社会日报》，1936 年 11 月 3 日。

[139] 上海市总工会：《解放战争时期工人运动史》，第 246 页。

[140] 在普通百姓的家庭中，电冰箱的缺乏是养成这一习惯的原因之一。1989 年，一项对 3 000 家拥有电冰箱的家庭的调查显示了 20 世纪 80 年代较低的电冰箱拥有率：在这些家庭中，1985—1989 年间购买电冰箱的占 92.6%，1980—1984 年间购买的占 6.6%，只有 0.8% 的家庭使用电冰箱超过了 10 年的时间。参见吴载阳（音）：《市区居民电冰箱专题报告》，第 110 页。

[141] 徐大风：《弄堂特写》；I-41。

[142] I-9；I-12；I-14，1989 年 3 月 20 日。

[143] 上海博物馆：《上海碑刻资料选辑》，第 365—366 页；卢闻绍（音）：《本市米号业之概况》；姚庆山、昂觉民：《上海米市调查》，第 1—6 页。

[144] 盛俊才：《上海水炉业的变迁》。

[145] 盛俊才：《上海水炉业的变迁》。

[146] 方宪堂：《上海近代民族卷烟工业》，第 125 页；上海百贸公司、上海市工商行政管理局：《上海近代百货商业史》，第 28 页。

[147]《社会日报》，1936 年 11 月 13 日。

[148] 蒋慎吾：《清季上海地方自制与基尔特》，第 148 页；李次山：《上海劳动状况》，第 49 页；《社会日报》，1936 年 11 月 3 日。

[149] 李次山：《上海劳动状况》，第 49 页。之后，酱园被更大的厂家吞并。到

20世纪40年代晚期，上海还有30家酱园，1 200名职工（平均每家酱园拥有40名职工）。参见上海市总工会：《解放战争时期上海工人运动史》，第246页。

[150] 卢闻绍（音）：《本市米号业之概况》。

[151]《社会日报》，1936年3月13日。

[152] 毛泽东：《毛泽东选集》第1卷，第15页。

[153]《社会日报》，1936年3月19日。

[154] 同上，1936年11月13日。

[155] 盛俊才：《上海水炉业的变迁》。

[156] I-12。

[157] Kirby, "China Unincorporated".

[158] Henriot, *Shanghai, 1927–1937*, chapters 7–9.

[159] Kirby, "China Unincorporated"; Wakeman, "Licensing Leisure"; Hershatter, "Regulating Sex in Shanghai".

[160] Henriot, *Shanghai, 1927–1937*, 161–164.

[161] I-9。

[162] 上海民事调解协会：《上海民事调解协会报告》，第2页。

[163] Henriot, *Shanghai, 1927–1937*, 218.

[164] 上海市档案馆：《日伪上海市政府》，第568页。

[165] 上海民事调解协会：《上海民事调解协会报告（1939年12月—1941年6月）》，第2—4页；徐飘萍：《商界领袖虞洽卿》。

[166] 陶菊隐：《孤岛见闻》，第127—128页。

[167] 严谔声：《商人团体组织规程》；黄逸峰等：《旧中国民族资产阶级》，第368—369页。

[168] 上海五金机械公司、上海社会科学院经济研究所：《上海近代五金商业史》，第255页；上海百货公司、上海市工商行政管理局：《上海近代百货商业史》，第28、第278页。

[169] Bergère, *Golden Age*, 9.

[170] Henriot, *Shanghai, 1927–1937*, 163–164.

[171] 上海市政府秘书处：《中华民国十八年度上海市行政统计概要》，第81页。

[172] 盛俊才：《上海水炉业的变迁》。

[173] 佚名：《上海史》，第 86 页。

[174]《社会日报》，1936 年 6 月 21 日、1936 年 10 月 10 日。

[175]《社会月刊》第 2 卷，第 7、8 合期，1947 年 8 月 5 日，第 147—148 页。

[176]《社会日报》，1936 年 11 月 29 日。

[177]《上海滩黑幕》第 3 册，第 147 页；《社会日报》，1936 年 11 月 29 日。

[178] I-15，1989 年 3 月 27 日。

[179]《社会日报》，1936 年 8 月 15 日。

[180] 同上，1936 年 11 月 29 日。

[181] Martin, *Shanghai Green Gang*, 64–78, 113–134, 158–189.

[182] I-10，1989 年 3 月 26 日。

[183] 蒋思壹、吴元淑：《上海七百个乞丐的社会调查》，第 81—83 页；蒋思壹、吴元淑：《上海的乞丐》。

结论

[1] 革命的第三个对象是"官僚资本主义"，这三者有时被称为革命要推翻的所谓的"三座大山"。参阅毛泽东：《毛泽东选集》第 3 卷，第 271—274 页。

[2] 参阅 Kissinger, *White House Years*, 1062; "Philosopher and the Pragmatist"（*Newsweek*，1997 年 3 月 3 日）。

[3]"人往高处走，水往低处流"，见《中国俗语大词典》，第 712 页。

[4] 丰子恺：《丰子恺文集》第 6 卷，第 593 页。

[5] 在国历中，年代是根据它与 1911 年革命的距离而定的；也就是说，1912 年被定为"民国元年"，1913 年被定为"民国二年"，依次类推。日和月采用的是西历的计算方式。但是，在日历和出版物上，阳历和民国纪年常常同时使用（例如报纸、期刊和书的版权日期）。

[6] Smith, *Chinese Almanacs*, 41.

[7] 最初，"端午"是"月中第五日"的意思。起初是"五"字，后被同音异义字"午"所代替，可能是指仲夏一个阳光明媚的日子里正午时分明亮的太阳（端午通常在 6 月初结束）。参阅《辞海》，第 1789 页。

[8]《上海生活》第 3 卷，第 1 号，1939 年 1 月，第 4 页；上海市工商行政管理局、

上海市纺织品公司:《上海市棉布商业》,第467页;上海市粮食局等:《中国近代面粉工业史》,第331页。

[9] 自中华人民共和国成立以来,西历一直被称作"公历"。

[10] 汤伟康、杜黎:《沪城风俗记》,第36—39页。

[11] 关于1939年上海是怎样庆祝旧历新年的,可参阅《上海生活》第3卷,第2期,1939年2月,第3—7页。上海外国人社区则按照地方风俗放假4天。一位在上海的外国居民这样写道:"这是中国历法上最重要的一天。之前几个星期就开始准备,家里被彻底打扫干净,努力偿还所有没有还清的债务。晚上爆竹声声,连绵不断。最能引起我们兴趣的是迎接慈祥的灶神的仪式。"亦可参见汤伟康等:《沪城风俗记》,第42页所引之"竹枝词"。

[12] 汤伟康等:《沪城风俗记》,第54—58页。

[13] Carney, *Foreign Devils Had Light Eyes*, 120.

[14]《家》第9期,1946年10月,第9页;I-23。

[15] 盂兰盆(有时简写为"盂兰")是梵文字"Ullambana"的音译,从字面来翻译是"倒悬的"(例如受苦的人),或者干脆译为"拯救"。

[16]《上海周报》第2卷,第16期,1933年9月14日,第248—249页。

[17] 中国共产党继承了团拜这一制度。几十年来,新年团拜已成为官场的主要活动,并在新闻媒体上作宣传。从公布的参加团拜的官员名单可以预测最高领导层敏感的人事变动,例如,在邓小平晚年,每年一次的公开露面都有意安排在新年团拜之际。

[18]《上海生活》第2卷,第7期,1938年12月,第2页;第3卷,第1期,1939年1月,第2—5页。

[19] Bird, *Yangtze Valley and Beyond*, 25.

[20] 刘亚农:《上海民俗闲话》,第67页。

[21] 上海市交通运输局:《上海公路运输史》,第19页。

[22] 同上,第19—20页。

[23] 汤伟康、杜黎:《沪城风俗记》,第99页。

[24] Elvin, "Market Towns and Waterways".

[25]《弘治上海志》卷一:城池。

[26]《嘉庆上海县志》卷一:图说。

[27] 上海市交通运输局:《上海公路运输史》,第20—21页。

[28] 胡祥翰：《上海小志》，第 13 页。

[29] 仅在公共租界，1912 年就下发了 268 辆汽车执照。到 1927 年，执照数增加到 5 328 个；所有汽车都是外国制造的。在租界登记的独轮车从 1902 年的 6 135 辆减少到 1910 年的 5 804 辆。尽管如此，整个民国时期独轮车还是为数众多的。参阅上海市交通运输局：《上海公路运输史》，第 82—83 页，第 22—23 页。

[30] Pal，*Shanghai Saga*，167.

[31] 王映霞：《王映霞自传》，第 77 页；也可参阅上海市文史研究馆：《海上春秋》，第 50—51 页。

[32] Wolf，*Urban Village*；Gans，*Urban Villagers*.

[33] Perry，*Shanghai on Strike*，24；江南造船厂史编写组：《江南造船厂厂史》，第 35—36 页。

[34] Honig，*Sisters and Strangers*，136，217–224.

[35] Buck，*Urban Change in China*，12，210.

[36] Bester，*Neighborhood Tokyo*，39–40.

[37] Anderson，*Food of China*，253.

[38] 唐振常、沈恒春：《上海史》，第 7 页；Bergère，"'Other China'"；Murphey，*History of Asia*，346；Clifford，*Spoilt Children of Empire*，9。

[39] 参阅乐正：《近代上海人社会心态》，第 5 页；沈渭滨、姜鸣：《阿拉上海人》，第 10—14 页；骆爽：《"剖析"上海人》，第 100—101 页；杨东平：《城市季风：北京和上海的文化精神》，第 457—481 页。

[40] 熊月之：《杂谈"上海人"》。

[41] 余秋雨：《文明的碎片》，第 206 页。

[42] 转引自 Pan Ling，*In Search of Old Shanghai*，130。

[43] 张爱玲：《张爱玲文集》第 4 卷，第 19—20 页。

[44] 在许多居住于上海的外国人眼里，上海这个城市不仅仅是一个可逗留的地方，而且是一个可永久居住的家。大部分的中国上海人都是从其他地方迁移过来的，所以那些居住在上海的西方人也有一种出生于外国的"上海人"的感觉。

[45] 股票市场上的挂出报价单称为"开盘"，摘去报价单称为"收盘"，欺骗外来的顾客（胡乱开价）称为"暗盘"。参见上海市档案馆：《旧上海的证券交易》，第 49 页。

[46] 钱乃荣：《十里洋场话方言》；骆爽：《"剖析"上海人》，第 106—107 页。

[47] 张爱玲:《张爱玲文集》第 4 卷,第 20 页。

[48] 骆爽:《"剖析"上海人》,第 116 页。

[49]《解放日报》,1986 年 3 月 5 日。

[50] "海派"一词出现于 19 世纪晚期,最初是指上海的书画和京剧流派。后来,沿用至文学界并因 1933—1934 年以沈从文为代表的内地作家与上海作家之间的争论而出名。从 20 世纪 30 年代起,"京派"和"海派"泛指上海和内地(以北平为代表)之间文化上的差异。关于"京派"和"海派"历史背景的论述,可参见杨东平:《城市季风:北京和上海的文化精神》,第 69—117 页。

[51] 鲁迅:《鲁迅全集》第 6 卷,第 302 页。

[52] 徐珂:《清稗类钞》第 2 册(戏剧),第 23 页。

[53] 实例可参见 Steinhardt, *Chinese Imperial City Planning*; Xiong, "Sui Yangdi and the Building of Sui-Tang Luoyang"。

[54] 鲁迅:《鲁迅全集》第 6 卷,第 302 页。

[55] Lee, introduction.

[56] 王韬:《王韬日记》,第 116 页。

[57] 藜床卧读生:《绘图上海杂记》卷三,第 6 页;《申报》,1904 年 10 月 31 日。

[58] 陈独秀:《独秀文存》,第 589 页,595 页。

[59] Bergère, "'Other China'".

[60] 毛泽东曾在他写的诗《1949 年 4 月,人民解放军占领南京》中使用过这一成语,这句诗在"文化大革命"中经常被引用。中文原句和英文翻译参见 Barnstone, *Poems of Mao Tse-tung*, 76—77.

[61] 上海市静安区人民政府:《上海市静安区地名志》,第 22 页;上海市徐汇区人民政府:《上海市徐汇区地名志》,第 31 页。

[62] 上海市静安区人民政府:《上海市静安区地名志》,第 1—4、第 21—24 页;上海市徐汇区人民政府:《上海市徐汇区地名志》,第 31 页。类似的例子在全市都能找到,这些例子记载在 1988—1990 年出版的各个区的地名志内。

[63] 中华人民共和国城市工商业的管理机构遵循这一模式:市委员会或市政府监管下属的局,局监管下属的公司,公司监管下属的工厂和商店。自 1956 年以来,上海市一直有两个商业局。第一商业局监管大型的商业企业,比如主要的大商店,而第二商业局则监管较小规模的商店。

[64] 这里"公私合营"一词指的是 1956 年运动期间政府赎买私人企业的政策。政府首先接手了私人企业,并且承诺在 7 年赎买期内给企业主支付股息,这一计划在 1963 年延长 10 年,1966 年暂停。这些企业主再没有得到完全的补偿。参见上海社会科学院经济研究所:《上海资本主义工商业的社会主义改造》,第 220—256 页。

[65] I-18,1991 年 5 月 18 日;上海市黄浦区人民政府财政贸易办公室:《上海市黄浦区商业志》,第 733 页。

[66] I-12。

[67] I-13;I-14,1989 年 3 月 23 日;I-16;I-18,1991 年 5 月 17 日;I-19,1991 年 6 月 29 日。关于城市完全供应制度的详细描述(比上海稍有不同),可参阅 Whyte and Parish,*Urban Life in Contemporary China*,86—90。

[68] 上海市档案馆:《日伪上海市政府》,第 604—612 页;陶菊隐:《孤岛见闻》,第 179 页—190 页。

[69] I-13;I-16;《解放日报》,1955 年 8 月 28 日、1955 年 9 月 7 日。

[70] I-13;I-10,1989 年 3 月 26 日。

[71] "割资本主义尾巴"是"文化大革命"期间全国范围内的运动。它的主要目标是农村的"自留地"。在城市,小商店成为主要的目标。

[72] I-14,1989 年 3 月 23 日;I-15,1989 年 3 月 23 日。

[73] I-15,1993 年 8 月 21 日。工资和福利使店主被纳入了国家和集体的商业运作体系,参阅当代中国丛书编辑部:《当代中国》,尤其是第 66—70 页,第 338—349 页。

[74] I-15,1993 年 8 月 17 日;I-18,1991 年 5 月 18 日。

[75] *World Journal*,May 20,1993.

[76] Ibid,Dec. 5,1992;A19.

[77] Ibid,March 16,1993.

[78] 上海市统计局:《上海:改革、开发与发展》,第 118、第 137 页。

[79] *World Journal*,May 20,1993,A2.

[80] 这是引用的数字,指的是那些登记申领执照的人,不包括助手和帮手。在传统上,他们大多数是店主家庭里的成员。

[81] 上海市统计局:《上海:改革、开放与发展》,第 53 页。

[82] I-19,1991 年 6 月 30 日;I-20。刘 1992 年死于支气管扩张。他的遗孀现正经营着该店。"搞活"或"搞活经济"是 20 世纪 80 年代中国的流行口号,它表明以计划经

济为中心的时代已经终结，中国开始寻求新的方案使国家经济保持生机与活力。

[83] I-11、I-15、I-19、I-20。"接轨"这个词用以描绘这一形势。这个词第一次出现在 20 世纪 90 年代早期，意思是向国外先进的经济与技术体系看齐（例如，将中国的"轨"与发达国家的交接起来）。后来，它也意味着物价飞涨而使许多商品同国外一样昂贵。最后，尤其是对于老一代而言，"轨"与上海这个城市的过去"连接"了起来。

[84] 解放日报社：《上海解放一年》，第 3 页，第 5 页。

[85] "野火烧不尽，春风吹又生。"是唐朝诗人白居易的诗句。关于对这首诗的完整译文，参阅 Bynner and Kiang, *Jade Mountain*, 119。

[86] 在著名的 1992 年南方谈话中，邓小平对上海做了如下评论："上海在人才、技术和管理方面都有明显的优势，辐射面宽。回过头看，我的一个大失误就是搞四个经济特区时没有加上上海。要不然，现在长江三角洲，整个长江流域，乃至全国改革开放的局面，都会不一样。"邓小平：《邓小平文选》第 3 卷，第 376 页。

参考文献

鲍瞰埠:《十里洋场众生相》,北京:书目文献出版社,1993年。
包天笑:《上海春秋》二册,上海:上海古籍出版社,1991年。
包天笑:《钏影楼回忆录》,台北:文海出版社,1974年。
本书编写组:《肇嘉浜的变迁》,上海:上海人民出版社,1976年。
碧翁:《"上海屋檐下"检讨》,《上海生活》第4卷,第8期,1940年8月,第34—37页。
碧翁:《上海的人力车夫》,《上海生活》第4卷,第12期,1940年12月,第60—64页。
蔡斌咸:《从农村破产所挤出来的人力车夫问题》,《东方杂志》第32卷,第16期,1935年8月,第35—43页。
曹懋唐、伍伦:《上海影坛话旧》,上海:上海文艺出版社,1987年。
陈伯熙:《老上海》,上海:泰东书局,1919年。
陈从周、章明:《上海近代建筑史稿》,上海:三联书店,1988年。
陈达:《我国抗日战争时期市镇工人生活》,北京:中国劳动出版社,1993年。
陈独秀:《独秀文存》,安徽合肥:安徽人民出版社,1987年。
陈港:《上海港码头的变迁》,上海:上海人民出版社,1966年。
陈公溥:《炮火下的上海》,上海:中正出版社,1937年。
陈亮:《特种上海生活》,《上海生活》第4卷,第5期,1940年5月,第10—22页。
陈亮:《烟纸店》,《上海生活》第4卷,第7期,1940年7月,第14—15页。
陈礼正、袁恩桢:《新亚的历程:上海新亚制药厂的过去、现在和将来》,上海:上海社会科学院出版社,1990年。

陈炎林：《上海地产大全》，上海：上海地产研究所，1933年。

诚士：《药水弄的故事》，《旧上海的故事》，第1—10页，上海：上海人民出版社，1974年。

道光、咸丰朝《筹办夷务始末》，1930年，北京：中华书局，1979年重印。

春申君：《怎样维持上海的繁荣》，《上海周报》第1卷，第9期（1933年1月26日）。

《辞海》缩印本，上海：上海辞书出版社，1979年。

商务印书馆编译所：《上海指南》，上海：商务印书馆，1919年。

《大晚报》，上海。

当代中国丛书编辑部：《当代中国的职工工资福利和社会保险》，北京：中国社会科学出版社，1987年。

邓小平：《邓小平文选》第三卷，北京：人民出版社，1993年。

定九：《上海之晨杂奏曲》，《上海生活》第1卷，第4期，1937年6月，第11—13页。

定九：《上海市民生活的转变》，《上海生活》第2卷，第4期，1938年9月，第7—9页。

定九：《上海初夏街头》，《上海生活》第3卷，第6期，1939年6月，第27—29页。

《东方日报》，上海，1939年。

董平（音）：《贫民窟访问记》，《新生》第2卷，第21期，1936年5月，第431—432页。

杜黎：《"白蚂蚁"与二房东》，汤伟康、朱大路、杜黎主编《上海轶事》，第275—284页，上海：上海文艺出版社，1987年。

杜恂诚：《民族资本主义与旧中国政府（1840—1937）》，上海：上海社会科学院出版社，1991年。

多九公：《上海亭子间剖解图》，《上海生活》第2卷，第2期，1938年7月，第1—2页。

樊树志：《明清江南市镇探微》，上海：复旦大学出版社，1990年。

方鸿铠、黄炎培：《川沙县志》，上海：国光书局，1937年。

方宪堂：《上海近代民族卷烟工业》，上海：上海社会科学院出版社，1989年。

费西畴：《上海新指南》，上海：声声出版社，1939年。

冯若谷（音）：《上海童工女工之生活概况》，《劳工月刊》第5期，1936年，第11—12页。

丰子恺：《丰子恺文集》第7册，杭州：浙江文艺出版社、浙江教育出版社，1990年。

Hans-R. Fluck、Barbara Böke-Fluck、朱建华：《上海历史明信片》，上海：同济大学出版社，1993年。

高潮：《上海里弄住宅沿革》，中国人民政治协商会议上海市委员会文史资料委员会：《上海文史资料选辑》第64辑，1990年，第222—230页。

葛元煦：《沪游杂记》，1876年，上海：上海古籍出版社，1989年重印。

《工商半月刊》，上海。

顾叔平：《我利用顾竹轩的掩护进行革命活动》，中国人民政治协商会议上海市委员会文史资料委员会：《上海文史资料选辑》第54辑，1986年，第360—366页。

谷斯范：《上海风物画》，江西赣县：章贡书局，1944年。

顾延培：《上海书店旧址》，上海市文史馆：《上海地方史资料》第6辑，第49—50页。

顾炎武：《日知录》，上海：商务印书馆，万有文库，1940。

《光明日报》，北京。

郭崇阶：《上海市的人力车问题》，《社会半月刊》第1卷，第1期，1934年9月，第11—31页。

郭豫明：《上海小刀会起义史》，上海：中国大百科全书出版社，1993年。

《国货月报》，上海，1924年。

《海上名人传》编辑部：《海上名人传》，上海：文明书局，1930年。

贺长龄、魏源：《皇朝经世文编》，1827年，台北：世界书局，1964年重印。

恒丰印染厂厂史编写组：《染厂今昔——上海恒丰印染厂史话》，上海：上海人民出版社，1966年。

郭经、唐锦：《弘治上海志》，1504年，昆明：中华书局，1940年重印。

胡焕庸：《中国人口·上海分册》，北京：中国财政经济出版社，1987年。

胡建华：《宋代城市房地产管理简论》，《中国史研究》1989年，第4期，第24—31页。

胡朴安：《中华全国风俗志》，上海：广益书局，1923年。

胡适：《胡适文存》，台北：远东图书公司，1961年。

胡适：《四十自述》，沈云龙主编《近代中国史料丛刊续集》第952辑，台北：文海出版社。

胡祥翰：《上海小志》，1930年，上海：上海古籍出版社，1989年重印。

胡祖德：《沪谚》，1922年，上海：上海古籍出版社，1989年重印。

胡祖德：《沪谚外编》，1923年，上海：上海古籍出版社，1989年重印。

华子：《二房东之心计》，《上海生活》第3卷，第1期，1939年1月，第16—17页。

黄苇：《上海开埠初期对外贸易研究》，上海：上海人民出版社，1961年。

黄苇、夏林根：《近代上海地区方志经济史料选辑》，上海：上海人民出版社，1984年。

黄逸峰、姜铎、唐传泗、徐鼎新：《旧中国民族资产阶级》，南京：江苏古籍出版社，1990年。

纪康：《大革命以来上海工人阶级为争取统一团结而斗争中的某些情况》，上海：劳动出版社，1951年。

《家》，月刊，上海。

贾攸：《上海弄堂面面观》，《上海掌故》，第89—103页，上海：上海文化出版社，1982年。亦见汤伟康、朱大路、杜黎：《上海轶事》，第285—293页，上海：上海文化出版社，1987年。两者略有不同。

江礼旸：《海派饮食》，上海，上海画报出版社，1991年。

蒋慎吾：《清季上海地方自治与基尔特》，上海通社：《上海研究资料续集》，1939年，第143—158页，上海：上海书店，1984年重印。

蒋思壹、吴元淑：《上海的乞丐》，《天籁》第22卷，第2期，第191—213页。

蒋思壹、吴元淑：《上海七百个乞丐的社会调查》，稿本，上海：沪江大学，1933年。

《江南造船厂史》编写组：《江南造船厂史》，上海：上海人民出版社，1975年。

《建筑专刊》，上海。

王大同、李松林：《嘉庆上海县志》，1814年。

《解放日报》，上海。

解放日报社：《上海解放一年（1949—1950）》，上海：解放日报社，1950年。

解放军文艺：《南京路上好八连》，北京：解放军文艺出版社，1963年。

金玄：《上海房地产产权凭证剖析》，中国人民政治协商会议上海市委员会文史资料委员会：《上海文史资料选辑》第64辑，1990年，第31—38页。

静观：《旧闻拾零》，《上海掌故》，上海：上海文化出版社，1982年，第104—114页。

九君：《上海"小房子"沧桑》，《上海生活》第1卷，第4期，1937年6月，第15—16页。

蒯世勋：《上海公共租界史稿》，上海：上海人民出版社，1980年。

雷景敦：《上海杨树浦人力车夫调查》，稿本，上海：沪江大学，1930年。

冷省吾：《最新上海指南》，上海：上海文化研究社，1946年。

李次山：《上海劳动状况》，《新青年》第7卷，第6期（1920年5月），第56—83页。

李书磊：《都市的迁徙：现代小说与城市文化》，长春：时代文艺出版社，1993年。

《良友》，画报，上海，1926—1945年。

林星垣:《上海的旧城垣》,载于吴桂芳:《上海风物志》,上海:上海文化出版社,1985年,第29—33页。

凌岩、王振民、杨丽珍、周荣魁:《上海集镇》,1984年。

刘凤生:《不可思议的上海衣食住》,《生活》第2卷,第3期,1926年11月,第17页。

刘豁公:《上海竹枝词》,上海:雕龙出版部,1925年。

刘麟生:《曹家渡调查记》,载于《约翰年刊》,第3—10页,上海:圣约翰大学,1921年。

刘美君(音):《上海男子生活之二——海上新式公寓》,《女声》月刊第1卷,第15期,1932年,第4—5页。

刘亚农(音):《上海民俗闲话》,台北:中国民俗学会。

卢大方:《上海滩忆旧录》,台北:世界书局,1980年。

芦焚:《上海手札》,上海:文化生活出版社,1941年。

卢汉超:《上海土地章程研究》,谯枢铭:《上海史研究》,第100—145页,上海:学林出版社,1984年。

卢闻绍(音):《本市米号业之概况》,上海市粮食委员会:《上海米市问题》,上海:上海市社会局,1931年,第133—134页。

鲁迅:《鲁迅全集》,北京:人民文学出版社,1991年。

骆爽:《"剖析"上海人》,北京:中国社会出版社,1995年。

罗苏文:《石库门:寻常人家》,上海:上海人民出版社,1991年。

罗小未、伍江:《上海弄堂》,上海:上海人民美术出版社,1997年。

罗志如:《统计表中之上海》,南京:中央研究院,1932年。

马学新、曹君伟、薛理勇、胡小静:《上海文化源流辞典》,上海:上海社会科学院出版社,1992年。

茅盾:《我走过的道路》,香港:三联出版社,1981年。

毛泽东:《毛泽东选集》,北京:外文出版社,1965—1975年。

茅盾:《子夜》,1933年,北京:外文出版社,1957年重印。

梦忆(音):《上海的一角》,《人言周刊》第1卷,第6期,1934年3月24日,第123—124页。

穆木天:《弄堂——上海地方素描之二》,《良友》第10期,1935年10月,第27页。

南京师范学院中文系:《"霓虹灯下的哨兵"专集》,1979年。

倪锡英:《上海》,香港:中华书局,1938年。

聂宝璋：《中国买办资产阶级的发生》，北京：中国社会科学出版社，1979年。

《女声》，上海。

欧元怀：《大夏大学校史纪要》，中国人民政治协商会议上海市委员会文史资料委员会：《上海文史资料选辑》第59辑，1988年，第143—158页。

潘光：《犹太人在上海》，上海：上海画报出版社，1995年。

平襟亚：《旧上海的娼妓》，上海市文史馆：《旧上海的烟赌娼》，第159—171页，上海：百家出版社，1988年。

钱乃荣：《上海方言俚语》，上海：上海社会科学院出版社，1989年。

钱乃荣：《十里洋场话方言》，《档案与历史》，1989年，第4期，第69—72页。

谯枢铭、杨其民、王鹏程、郑祖安、卢汉超：《上海史研究》，上海：学林出版社，1984年。

《人民日报》，北京。

上海百货公司、上海市工商行政管理局：《上海近代百货商业史》，上海：上海社会科学院出版社，1988年。

上海博物馆：《上海碑刻资料选辑》，上海：上海人民出版社，1980年。

《上海辞典》，上海：复旦大学出版社，1989年。

上海纺织工人运动史编写组：《上海纺织工人运动史》，北京：中共党史出版社，1991年。

上海机器业工人运动史编写组：《上海机器业工人运动史》，北京：中共党史出版社，1991年。

上海民事调解协会：《上海民事调解协会报告 (1939年12月—1941年6月)》，上海，1941年。

上海人力车业同业公会：《上海工部局改革人力车纠纷真相》，上海：上海人力车业同业公会，1934年。

上海人民出版社：《清代日记汇抄》，上海：上海人民出版社，1982年。

上海社会科学院经济研究所城市经济组：《上海棚户区的变迁》，上海：上海人民出版社，1962年。

上海社会科学院经济研究所：《上海资本主义工商业的社会主义改造》，上海：上海人民出版社，1980年。

上海社会科学院经济研究所：《上海永安公司的产生、发展和改造》，上海：上海人民出版社，1981年。

上海社会科学院经济研究所：《江南造船厂厂史》，江苏人民出版社，1983年。

上海社会科学院经济研究所:《荣家企业史料:茂新、福新、申新系统》二卷,上海:
　　上海人民出版社,1962、1980年。
上海社会科学院经济研究所:《刘鸿生企业史料》三卷,上海:上海人民出版社,1981年。
上海社会科学院经济研究所:《上海近代五金商业史》,上海:上海社会科学院出版社,
　　1990年。
上海社会科学院历史研究所:《五四运动在上海史料选辑》,上海:上海人民出版社,
　　1960年。
上海社会科学院历史研究所:《上海小刀会起义史料选编》,1958年版,上海:上海
　　人民出版社,1980年重印。
上海社会科学院历史研究所:《"八一三"抗战史料选编》,上海:上海人民出版社,
　　1986年。
上海社会科学院社会学研究所:《上海居民来源调查》,稿本,1990年。
《上海生活》(封面英文名为Shanghai guide),上海联华广告公司出版的期刊,
　　1939—1941年。
《上海生活》,上海生活社出版的月刊,1926—1927年。
上海市政府秘书处:《中华民国十八年度上海行政统计概要》,上海:上海市政府,1930年。
上海市政府社会局:《上海市工人生活程度》,上海:中华书局,1934年
上海特别市社会局:《一千四百余游民问话的结果》,《社会月刊》第1卷,第4期,
　　1929年4月,第1—6页。
上海特别市社会局:《上海之工业》,上海:中华书局,1930年。
上海特别市政府秘书处:《上海特别市市政法规汇编》,上海:1928年。
上海文化出版社:《上海掌故》,上海:上海文化出版社,1982年。
上海五金机械公司、上海市工商行政管理局、上海社会科学院经济研究所编:《上海
　　近代五金商业史》,上海:上海社会科学院出版社,1990年。
《上海新报》,上海,1862年。
上海信托股份有限公司:《上海风土杂记》,上海:上海信托股份有限公司,1932年。
上海沿革编写组:《上海的革命遗迹》,载于上海市文史馆:《上海地方史资料》第6辑,
　　第6—10页。
上海研究中心、上海人民出版社:《上海700年》,上海:上海人民出版社,1991年版。
《上海之最》编委会:《上海之最》,上海:上海人民出版社,1990年。

《上海周报》，上海，1933年。

上海住宅（1949—1990）编辑部：《上海住宅（1949—1990）》，上海：上海科学普及出版社，1993年。

上海港史话编写组：《上海港史话》，上海：上海人民出版社，1979年。

上海市长宁区人民政府：《长宁区地名志》，上海：学林出版社，1988年。

上海市出租汽车公司党史编写组：《上海出租汽车人力车工人运动史》，北京：中共党史出版社，1991年。

上海市档案馆：《日伪上海市政府》，北京：档案出版社，1986年。

上海市档案馆：《上海解放》，北京：档案出版社，1989年。

上海市档案馆：《旧上海的证券交易》，上海：上海古籍出版社，1992年。

上海市档案馆：《追忆——近代上海图史》，上海：上海古籍出版社，1996年。

上海市房产管理局：《上海里弄居民》，北京：中国建筑工业出版社，1993年。

上海市纺织工业局、上海棉纺织工业公司：《永安纺织印染公司》，北京：中华书局，1964年。

上海市公安局户政处：《上海人口资料汇编》，上海：上海市公安局，1984年。

上海市工商行政管理局、上海市第一机电工业局机器工业史料组：《上海民族机器工业》，北京：中华书局，1979年。

上海市工商行政管理局、上海市纺织品公司：《上海市棉布商业》，北京：中华书局，1979年。

上海市工商行政管理局、上海市橡胶工业公司：《上海民族橡胶工业》，北京：中华书局，1979年。

上海市工商行政管理局、中国纺织品公司上海公司：《商业资本家是怎样残酷剥削店员的——旧上海协大祥绸布商店的店规》，上海：上海人民出版社，1966年。

上海市公用事业管理局：《上海公用事业》，上海：上海人民出版社，1991年。

上海市虹口区人民政府:《上海市虹口区地名志》,上海:上海社会科学院出版社,1989年。

上海市黄浦区志编纂委员会：《黄浦区志》，上海：上海社会科学院出版社，1996年。

上海市黄浦区人民政府:《上海市黄浦区地名志》,上海:上海社会科学院出版社,1989年。

上海市黄浦区人民政府财政贸易办公室：《上海市黄浦区商业志》，上海：上海科学技术出版社。1995年。

上海市交通运输局：《上海公路运输史》第1册，上海：上海科社会科学院出版社，

1988年。

上海市静安区人民政府:《上海市静安区地名志》,上海:上海社会科学院出版社,1988年。

上海市粮食局、上海市工商行政管理局、上海社会科学院经济研究所经济史研究室:《中国近代面粉工业史》,北京:中华书局,1987年。

上海市卢湾区人民政府:《上海市卢湾区地名志》,上海:上海社会科学院出版社,1990年。

上海市南市区志编纂委员会:《上海市南市区志》,上海:上海社会科学院出版社,1997年。

《上海市年鉴》,1935—1937、1946—1948年。

上海市普陀区人民政府:《上海市普陀区地名志》,上海:学林出版社,1988年。

上海市人民政府办公厅:《上海市政工作情况统计图》,上海:1950年。

上海市人民政府秘书处:《一九四九年上海综合统计》,上海:1950年。

上海市社会局:《上海市人力车夫生活状况调查报告书》,《社会半月刊》第1卷,第1、3、4期(1934年):第1期,第99—113页;第3期,第37—50页;第4期,第45—57页。

上海市社会局:《上海的工资统计》,《国际劳动通讯》第5卷,第8期,1938年8月,第1—129页。

上海市社会司:《上海之商业》,1935年版,台北:文海出版社重印。

上海市示范教研室:《上海乡土文化史》,上海师范教研室,1990年。

上海市统计局:《上海统计年鉴,1983年》,上海:上海人民出版社,1984年。

上海市统计局:《上海:改革开放与发展》,上海:三联书店,1988年。

上海市统计局:《上海流动人口》,中国统计出版社,1989年。

上海市统计局:《上海统计年鉴,1989年》,上海:上海人民出版社,1989年。

上海市通志馆:《上海市重要法令汇刊初编》,上海:中华书局,1937年。

上海市文史研究馆:《海上春秋》,上海:上海书店,1992年。

上海市文史馆:《上海地方史资料》6册,上海:上海社会科学院出版社,1982—1988年。

上海市徐汇区房产管理局:《上海徐汇住宅》,五洲传播出版社,1995年。

上海市徐汇区人民政府:《上海市徐汇区地名志》,上海:上海社会科学院出版社,1989年。

上海市住房制度改革领导小组办公室:《上海住房制度改革》,上海:上海人民出版社,1991年。

上海市总工会:《解放战争时期上海工人运动史》,上海:远东出版社,1992年。

上海市总工会:《抗日战争时期上海工人运动史》,上海:远东出版社,1992年。

《上海滩黑幕》4 册，北京：国际文化出版公司，1992 年版。最初由钱可生编纂，于 1917 年以《上海黑幕汇编》为题在《时事新报》上发表。

上海通社：《上海研究资料》，上海：中华书局，1936 年。

上海通社：《上海研究资料续集》，上海：中华书局，1939 年。

《社会日报》，上海，1934—1936 年。

《社会月刊》，上海，1929—1930、1946—1948 年。

沈伯经、陈怀圃：《上海市指南》，上海：中华书局，1933 年。

沈辰宪：《南京路房地产的历史》，载于中国人民政治协商会议上海市委员会文史资料委员会：《上海文史资料选辑》第 64 辑，1990 年，第 18—30 页。

沈辰宪：《上海早期的几个外国房地产商》，载于中国人民政治协商会议上海市委员会文史资料委员会：《上海文史资料选辑》第 64 辑，1990 年，第 129—140 页。

沈德滋、方季石、王槐昌、董涤尘：《回忆大同大学》，载于中国人民政治协商会议上海市委员会文史资料委员会：《上海文史资料选辑》第 59 辑，1988 年，第 137—142 页。

沈寂、董长卿、甘振虎：《中国秘密社会》，上海：上海书店，1993 年。

沈善增：《平常心世道》，载于上海市人口普查办公室：《生命之树长绿》，北京：中国统计出版社，1992 年，第 37—44 页。

沈渭滨、姜鸣：《阿拉上海人》，上海：复旦大学出版社，1993 年。

沈西蒙、漠雁、吕兴臣：《霓虹灯下的哨兵》，北京：解放军文艺社，1963 年。

《申报》，上海，1872—1949 年。

盛俊才：《上海水炉业的变迁》，《社会月刊》第 2 卷，第 3 期，1930 年，第 1—11 页。

石颂久：《上海路名大全》，上海：上海人民出版社，1989 年版。

《时报》，上海，1914 年。

《世界日报》，纽约。

《时事新报》，上海，1934 年。

斯英：《亭子间的生活》，《上海生活》第 1 卷，第 1 号，1937 年 3 月，第 24—25 页。

司马迁：《史记》，北京：中华书局，1959 年。

宋如林、孙星衍：《嘉庆松江府志》，84 卷，40 册，1818 年。

宋跃辉：《宽敞的天井很寂寞》，《新民晚报》，1994 年 12 月 23 日。

苏子：《上海"人"》，《上海生活》第 3 卷，第 11 期，1939 年，第 17—19 页。

唐海：《中国劳动问题》，上海：光华书局，1927年。

唐海：《臧大咬子传》，香港：海洋书屋，1947年。

汤伟康：《十里洋场的娼妓》，载于汤伟康、朱大路、杜黎：《上海轶事》，上海：上海文化出版社，1987年版。

汤伟康、杜黎：《沪城风俗记》，上海：上海画报出版社，1991年。

汤伟康、杜黎：《上海租借100年》，上海：上海画报出版社，1991年。

汤伟康、朱大路，杜黎：《上海轶事》，上海：上海文化出版社，1987年。

唐振常：《近代上海繁华录》，香港：商务印书馆，1993年。

唐振常、沈恒春：《上海史》，上海：上海人民出版社，1989年。

陶菊隐：《孤岛见闻》，上海：上海人民出版社，1979年。

田原：《三百六十行图说》，湖南长沙：湖南少年儿童出版社，1991年。

田中初：《南宋临安房屋租赁述略》，《史林》，1994年，第3期，第8—12页。

屠诗聘：《上海春秋》，香港：中国图书编译馆，1968年版。这本书最初于1948年在上海以《上海市大观》为名出版。

内山完造：《鲁迅先生》，《译文》第2卷，第3期，1936年11月，第35—44页。

王赤风、邱怀友：《怎样淘汰上海104万只煤球炉？》，《解放日报》，1990年3月31日。

王德林：《顾竹轩在闸北发迹和开设天蟾舞台》，载于中国人民政治协商会议上海市委员会文史资料委员会：《上海文史资料选辑》第54辑，1986年，第357—359页。

王定九：《上海门径》，上海：中央书店，1937年。

王敦庆（音）：《游江北殖民地记》，《上海生活》第3期（1926年12月15日），第17—19页。

王观泉：《怀念萧红》，哈尔滨：黑龙江人民出版社，1981年。

王洪泉、姜燮富、姚秉楠：《浦东今古大观》，北京：科学技术文献出版社，1992年。

王美娣：《中国最早的青年团中央机关旧址》，载于上海市文史馆：《上海地方史资料》第六辑，第43—45页。

王绍周：《上海近代城市建筑》，江苏科学技术出版社，1989年。

王绍周、陈志敏：《里弄建筑》，上海：上海科学技术文献出版社，1987年。

王韬：《王韬日记》，方行、汤志钧汇编，北京：中华书局，1987年。

王韬：《瀛壖杂志》，1875年，上海：上海古籍出版社，1989年重印。

王韦：《上海内幕》，上海：杂志出版社。

王慰祖:《上海房租之研究》,1933年稿本,台北:成文出版公司,1977年重印。

王映霞:《王映霞自传》,台北:传记文学出版社,1990年。

王震:《下海庙和上海庙》,载于上海市文史馆:《上海地方史资料》第1辑,第219—223页。

王钟、胡人凤:《法华乡志》,1922年。

韦慧:《旧上海街头的露天职业》,载于汤伟康、朱大路、杜黎:《上海轶事》,第294—298页,上海:上海文化出版社,1987年。

魏绍昌、吴承惠:《鸳鸯蝴蝶派研究资料》,上海:上海文艺出版社,1984年。

闻钧天:《中国保甲制度》,1935年,台北:商务印书馆,1976年重印。

《文汇报》,上海,1946年。

藜床卧独生:《绘图上海杂记》,上海,1905年。

吴贵芳:《古代上海述略》,上海:上海教育出版社,1980年。

吴贵芳:《近代上海革命遗迹概述》,载于上海市文史馆:《上海地方史资料》第6辑,第11—31页。

吴贵芳:《上海风物志》,上海:上海文化出版社,1982年。

吴培初:《旧上海外商银行买办》,中国人民政治协商会议上海市委员会文史资料委员会:《上海文史资料选辑》第56辑,1987年,第72—111页。

吴申元:《上海最早的种种》,上海:华东师范大学出版社,1989年。

吴载阳(音):《市郊结合地区居民生活尚有诸多不便》,载于上海市城市社会经济调查队:《上海城市社会经济调查报告集(1990)》,上海,1990年,第145—148页。

席为(音):《上海生活的剖析》,《社会周报》第1卷,第4期(1934年5月),第70—72页。

夏林根:《旧上海三百六十行》,上海:华东师范大学出版社,1989年。

夏衍:《上海屋檐下》,北京:中国戏剧出版社,1957年。

湘雨:《阁楼十景》,《上海生活》第2卷,第3期(1938年8月),第11—13页。

萧剑青:《上海常识》,上海:经纬书局,1937年。

萧乾:《社会百相》,台北:台湾商务印书馆,1992年。

谢吾义:《民初上海娼妓一瞥》,载于上海文史馆:《旧上海的烟赌毒》,上海:百家出版社,1988年,第172—175页。

《新青年》,上海。

新中华杂志社：《上海的将来》，上海：中华书局，1934年。

《新闻报》，上海。

熊月之：《杂谈"上海人"》，《海上文坛》，1994年6月。

许宝华、汤珍珠：《上海市区方言志》，上海：上海教育出版社，1988年。

徐大风：《弄堂特写》，《上海生活》第3卷，第4期，1939年4月，第9—11页。

徐公肃、邱瑾璋：《上海公共租界制度》，载于《上海史资料丛刊：上海公共租界史稿》，第1—297页，1933年版，上海：上海人民出版社，1980年重印。

徐窥豹：《我的上海生活》，《上海生活》第2期，1926年11月15日，第23—26页。

徐国桢：《上海生活》，上海：世界书局，1933年。

徐珂：《清稗类钞》，上海：商务印书馆，1917年。

徐飘萍：《商界领袖虞洽卿》，载于杨浩、叶览：《旧上海风云人物》，上海：上海人民出版社，1989年，第124—134页。

徐润：《徐愚斋自选年谱》，1910年，台北：时伙出版社（音），1977年重印。

许维庸、黄汉民：《荣家企业发展史》，北京：人民出版社，1985年。

徐新吾：《中国近代缫丝工业史》，上海：上海人民出版社，1990年。

薛畊莘：《我接触过的上海帮会人物》，载于中国人民政治协商会议上海市委员会文史资料委员会：《上海文史资料选辑》第54辑，1986年，第87—107页。

薛理勇：《明清时期的上海娼妓》，载于上海文史馆：《旧上海的烟赌毒》，上海：百家出版社，1988年，第150—158页。

薛永理：《旧上海棚户区的形成》，载于中国人民政治协商会议上海市委员会文史资料委员会：《上海文史资料选辑》第64辑，1990年，第231—239页。

严谔声：《商人团体组织规程》，上海：上海商会，1936年。

杨东平：《城市季风：北京和上海的文化精神》，北京：东方出版社，1994年。

杨浩、叶览：《旧上海风云人物》，上海：上海人民出版社，1987年。

杨嘉祐：《上海风物古今谈》，上海：上海书店，1991年。

杨嘉祐、何明云：《塔桥古今谈》，上海：上海画报出版社，1991年。

杨洁曾、贺宛南：《上海娼妓改造史话》，上海：三联书店，1988年。

杨培明：《康有为在上海的寓所》，《解放日报》，1993年8月10日。

杨西孟：《上海工人生活程度的一个研究》，北平：社会调查所，1930年。

姚庆山、昂觉民：《上海米市调查》，上海：社会经济调查所，1935年。

叶叔眉：《上海租界的房地产买卖制度》，载于上海市文史馆：《上海地方史资料》第 3 辑，第 177—182 页。

佚名：《上海史》，台北：广文书局，1983 年重印。

应宝时等：《同治上海县志》34 卷，上海，1882 年。

游有维：《上海玉佛禅寺、龙华古寺、静安古寺今昔谈》，载于上海市文史馆：《上海地方史资料》第 6 辑，第 229—242 页。

游有维：《上海近代佛教简史》，上海：华东师范大学出版社，1988 年。

郁达夫：《郁达夫文集》，广州：花城出版社，1984 年。

余剑华：《中国绘画史》，上海：商务印书馆，1937 年。

虞京海：《新青年编辑部旧址》，载于上海市文史馆：《上海地方史资料》第六辑，第 46—48 页。

于伶：《于伶剧作选》，北京：人民文学出版社，1979 年。

余秋雨：《文明的碎片》，沈阳：春风文艺出版社，1994 年。

余山：《二房东与顶费押租》，载于中国人民政治协商会议上海市委员会文史资料委员会：《上海文史资料选辑》第 64 辑，1990 年，第 43—48 页。

袁建民、胡建玉（音）：《市民早餐状况令人担忧》，载于上海市城市社会经济调查队：《上海城市社会经济调查报告集（1991）》，第 210—215 页，上海，1991 年。

乐正：《近代上海人社会心态》，上海：上海人民出版社，1991 年。

张爱玲：《张爱玲文集》，合肥：安徽文艺出版社，1992 年。

张包镐、范能船：《上海旅游文化》，上海：上海书店，1992 年。

张碧吾（音）：《朱公馆的包车夫》，《心声》半月刊第 1 卷，第 4 期，1923 年 2 月 7 日。

张春华：《沪城岁事衢歌》，载于《上海掌故丛书》，1840 年版，上海：中华书局，1936 年重印。

章红：《十里洋场：被出卖的上海滩》，上海：上海人民出版社，1991 年。

张家琦、班志雯：《上海市棚户区概况调查报告》，陈仁炳：《有关上海儿童福利的社会调查》，第 235—257 页，上海：上海儿童福利促进会，1948 年。

张镜予：《社会调查：沈家行实况》，勃朗丛书第 1 期，上海：商务印书馆，1924 年。

张济顺：《论上海里弄》，《上海研究论丛》第 9 辑，上海：上海社会科学院出版社，1993 年，第 59—77 页。

张乐平：《张乐平漫画》，上海：少年儿童出版社，1993 年。

章清:《亭子间:一群文化人和他们的事业》,上海:上海人民出版社,1991年。

章清:《中国共产党第一次全国代表大会会址和代表宿舍》,载于上海市文史馆:《上海地方史资料》第6辑,第32—36页。

张孝伯:《上海道契考》,载于上海市文史馆:《上海地方史资料》第6辑,第32—36页。

张仲礼:《近代上海城市研究》,上海:上海人民出版社,1990年。

张仲礼、陈曾年:《沙逊集团在旧中国》,北京:人民出版社,1985年。

赵朴初:《抗战初期的上海难民工作》,《党史资料丛刊》第2辑,上海:上海人民出版社,1981年。

赵素芳:《酱园弄谋杀亲夫案》,载于辛子牛:《申城旧狱——上海滩十大名案》,上海:复旦大学出版社,1991年,第56—72页。

赵玉明:《中国现代广播简史》,中国广播电视出版社,1995年。

郑超麟:《陈独秀在上海住过的地方》,《档案与历史》第16期,1989年4月,第63—65页。

郑超麟:《怀旧集》,北京:东方出版社,1995年。

郑天一、徐斌:《烟文化》,北京:中国社会科学院,1992年。

郑逸梅:《上海旧话》,上海:上海文化出版社,1957年。

郑逸梅:《艺海一勺》,天津:天津古籍出版社,1994年。

郑祖安:《近代闸北的兴衰》,载于唐振常、沈恒春:《上海史研究二集》,上海:学林出版社,1988年,第414—418页。

郑祖安:《上海地名小志》,上海:上海社会科学院出版社,1988年。

郑祖安:《上海旧县城》,载于谯枢铭等:《上海市研究》,第77—99页,上海:学林出版社,1984年。

振华:《上海的码头小工》,《上海生活》第1卷,第1期,1937年3月,第21—23页。

中共上海华联商厦委员会:《上海永安公司职工运动史》,北京:中共党史出版社,1991年。

中共上海市委办公厅市区处:《城市街道办事处居民委员会工作手册》,上海:上海人民出版社,1988年。

中共上海市委宣传部:《上海民歌选》,上海:新文艺出版社,1958年。

中国人民银行上海市分行金融研究室:《上海钱庄史料》,上海:上海人民出版社,1978年。

中国人民政治协商会议上海市委员会文史资料委员会:《上海文史资料选辑》,上海:上海人民出版社,1986年、1987年、1988年、1990年。

《中国俗语大词典》，上海：上海辞书出版社，1989年。

周而复：《上海的早晨》，A．C．Barnes译，北京：外语出版社，1962年。

朱邦兴、胡林阁、徐声：《上海产业与上海职工》，上海：上海人民出版社，1984年。最初由香港远东出版社于1939年出版。

朱剑城：《旧上海的华籍房地产大业主》，载于中国人民政治协商会议上海市委员会文史资料委员会：《上海文史资料选辑》第64辑，1990年，第14—17页。

朱剑城：《旧上海房地产业的兴起》，载于中国人民政治协商会议上海市委员会文史资料委员会：《上海文史资料选辑》第64辑，1990年，第10—13页。

朱联葆：《近现代上海出版业印象记》，上海：学林出版社，1993年。

朱懋澄：《调查上海工人住屋暨社会情形记略》，上海：上海中华基督教青年全国协会职工部，1926年。

朱梦华：《旧上海的四个废品大王》，载于上海市文史馆：《上海地方史资料》第3辑，第157—163页。

朱子家：《黄浦江的浊浪》，香港：吴兴记书报社，1964年。

邹依仁：《旧上海人口变迁的研究》，上海：上海人民出版社，1980年。

Abend, Hallett. *Treaty Ports*. Garden City, N.Y.: Doubleday, Doran, and Company, 1944.

Alcock, Sir Rutherford. *Capital of the Tycoon: A Narrative of a Three Years' Residence in Japan*. New York: Harper and Brothers Publishers, 1863.

Anderson, E. N. *The Food of China*. New Haven: Yale University Press, 1988.

Bandyopadhyay, Raghah. "The Inheritors: Slum and Pavement Life in Calcutta." In *Calcutta: The Living City*, edited by Sukanta Chaudhuri, 78–87. Vol. 2. Oxford: Oxford University Press, 1990.

Barber, Noel. *The Fall of Shanghai*. New York: Coward, McCann, and Geoghegan, 1979.

Barnstone, Willis, trans. *The Poems of Mao Tse-tung*. In collaboration with Ko Ching-po. New York: Harper and Row, Publishers, 1972.

Barz, R. *Shanghai: Sketches of Present-Day Shanghai*. N.p.: Centurion Printing, n.d.

Bergère, Marie-Claire. "'The Other China': Shanghai from 1919 to 1949." In *Shanghai,*

Revolution and Development in an Asian Metropolis, edited by Christopher Howe, 1–34. Cambridge: Cambridge University Press, 1981.

———. *The Golden Age of the Chinese Bourgeoisie, 1911–1937*. Translated by Janet Lloyd. Cambridge: Cambridge University Press, 1986.

Bernhardt, Kathryn. *Rents, Taxes, and Peasant Resistance: The Lower Yangzi Region, 1840–1950*. Stanford, Calif.: Stanford University Press, 1992.

Bestor, Theodore C. *Neighborhood Tokyo*. Stanford, Calif.: Stanford University Press, 1989.

Birch, Cyril, trans. *Stories from a Ming Collection: Translations of Chinese Short Stories Published in the Seventeenth Century*. Bloomington: Indiana University Press, 1958.

Bird, Isabella. *The Yangtze Valley and Beyond. 1899*. Reprint, Boston: Beacon Press, 1987.

Blaser, Werner. *Courtyard House in China: Tradition and Present*. Basel: Birkhauser, 1979.

A British Resident. *Twelve Years in China: The People, the Rebels, and the Mandarins*. Edinburgh: Thomas Constable and Company, 1860.

Buck, David D. *Urban Change in China: Politics and Development in Tsinan, Shantung, 1890–1949*. Madison: University of Wisconsin Press, 1978.

Bureau of Social Affairs, comp. *Wage Rates in Shanghai*. Shanghai: Commercial Press, 1935.

Bynner, Witter, and Kiang Kang-Hu, trans. *The Jade Mountain: A Chinese Anthology*. New York: Alfred A. Knopf, 1931.

Carney, Dora Sanders. *Foreign Devils Had Light Eyes*. Toronto: Dorset Publishing, 1980.

Chan, Ming K., and Arif Dirlik. *Schools into Fields and Factories: Anarchists, the Guomindang, and the National Labor University in Shanghai, 1927–1932*. Durham, N.C.: Duke University Press, 1991.

Chen, Tiejun, and Mark Selden, "The Origins and Social Consequences of China's Hukou System." *China Quarterly* 139 (September 1994): 644–68.

Chesneaux, Jean. *The Chinese Labor Movement, 1919–1927*. Translated from the French by H. M. Wright. Stanford, Calif.: Stanford University Press, 1968.

China Handbook Editorial Board, comp. *China Handbook 1950*. New York: Rockport Press, 1950.

China Weekly Review, Shanghai, 1923–37.

Chinese and Japanese Repository, London, 1864–65.

Chinese Economic Journal, published by Bureau of Foreign Trade, Ministry of Industry, Shanghai, 1927–33.

Ch'u, T'ung-tsu. *Local Government in China under the Ch'ing*. Cambridge: Harvard University Press, 1962.

Claude, Georges. "Neon Tube Lighting." *Transactions of the Illuminating Engineering Society* 8 (1913): 371–78.

Clausen, Soren, and Stig Thogersen. *The Making of a Chinese City: History and Historiography in Harbin*. Armonk, N.Y.: M. E. Sharpe, 1995.

Clifford, Nicholas R. *Spoilt Children of Empire: Westerners in Shanghai and the Chinese Revolution of the 1920s*. Hanover, England: Middlebury College Press, 1991.

Coble, Parks M., Jr. *The Shanghai Capitalists and the Nationalist Government, 1927–1937*. Cambridge: Council on East Asian Studies, Harvard University, 1980.

Cochran, Sherman. *Big Business in China: Sino-Foreign Rivalry in the Cigarette Industry, 1890–1930*. Cambridge: Harvard University Press, 1980.

Cohen, Jerome A. *The Criminal Process in the People's Republic of China, 1949–1963: An Introduction*. Cambridge: Harvard University Press, 1968.

Cohen, Paul A. *Discovering History in China: American Historical Writing on the Recent Chinese Past*. New York: Columbia University Press, 1984.

Cowley, Malcolm. *Exile's Return: A Literary Odyssey of the 1920s*. New York: Viking Press, 1951.

Darwent, C. E. *Shanghai: A Handbook for Travellers and Residents to the Chief Objects of Interest in and around the Foreign Settlements and Native City*.2d ed., rev. and enl. Shanghai: Kelly and Walsh, 1920.

De Jesus, C. A. Montalto. *Historical Shanghai*. Shanghai: Shanghai Mercury, 1909.

Dewey, Evelyn. *The Dalton Laboratory Plan*. New York: E. P. Dutton and Company, 1922.

Dyce, C. M. *The Model Settlement: Personal Reminiscences of Thirty Years' Residence in the Model Settlement Shanghai, 1870–1900*. London: Chapman and Hall, 1906.

Edkins, Joseph. *A Grammar of Colloquial Chinese as Exhibited in the Shanghai Dialect*. 2d ed., cor. 1853. Reprint, Shanghai: Presbyterian Press, 1868.

———. *A Vocabulary of the Shanghai Dialect*. Shanghai: Presbyterian Mission Press, 1869.

Elvin, Mark. "Market Towns and Waterways: The County of Shanghai from 1480 to 1910." In *The City in Late Imperial China*, edited by William Skinner, 441–73. Stanford, Calif.: Stanford University Press, 1977.

———. "Chinese Cities since the Sung Dynasty." In *Towns in Societies: Essays in Economic History and Historical Sociology*, edited by Philip Abrams and E.A. Wrigley, 79–89. Cambridge: Cambridge University Press, 1978.

Fairbank, John King. *Trade and Diplomacy on the China Coast: The Opening of the Treaty Ports, 1842–1854*. Stanford, Calif.: Stanford University Press, 1969.

Fang Fuan. "Rickshaws in China." *Chinese Economic Journal* 7, no. 1 (July 1930): 796–808.

———. "Shanghai Labor." *Chinese Economic Journal* 7, no. 2 (August 1930): 853–885; no. 3 (September 1930): 989–1012.

Feetham, Richard. *Report of the Hon. Justice Feetham, C. M. G., to the Shanghai Municipal Council*. 3 vols. Shanghai: North-China Daily News and Herald, 1931.

Fewsmith, Joseph. *Party, State, and Local Elite in Republican China: Merchant Organizations and Politics in Shanghai, 1890–1930*. Honolulu: University of Hawaii Press, 1985.

Finch, Percy. *Shanghai and Beyond*. New York: Charles Scribner's Sons, 1953.

Fortune, Robert. *Three Years' Wanderings in the Northern Provinces of China, Including a Visit to the Tea, Silk, and Cotton Countries*. 2d ed. London: John Murray, 1847.

———. *The Tea-Districts of China and India: Two Visits to the Tea Countries of China and the British Tea Plantations in the Himalaya*. 2 vols. London: John Murray, 1853.

Friedrichs, Christopher R. "Capitalism, Mobility, and Class Formation in the Early Modern German City." In *Towns in Societies: Essays in Economic History and Historical Sociology*, edited by Philip Abrams and E. A. Wrigley, 187–213. Cambridge: Cambridge University Press, 1978.

Fu, Poshek. *Passivity, Resistance, and Collaboration: Intellectual Choices in Occupied Shanghai, 1937–1945*. Stanford: Stanford University Press, 1993.

Gamble, Sidney D. *Peking: A Social Survey*. New York: George H. Doran, 1921.

———. *How Chinese Families Live in Peiping*. New York: Funk and Wagnalls, 1933.

Gamewell, Mary Ninde. *The Gateway to China: Picture of Shanghai*. New York: Fleming H. Revell, 1916.

Gans, Herbert J. *The Urban Villagers: Group and Class in the Life of Italian-Americans*. New York: Free Press, 1982.

Gascoyne-Cecil, William, and Florence Cecil. *Changing China*. London: James Nisbet and Company, 1910.

Gernet, Jacques. *Daily Life in China on the Eve of the Mongol Invasion, 1250–1276*. Stanford, Calif.: Stanford University Press, 1962.

Gilbert, Alan, and Ann Varley. *Landlord and Tenant: Housing the Poor in Urban Mexico*. London: Routledge, 1991.

Goodman, Bryna. *Native Place, City, and Nation: Regional Networks and Identities in Shanghai, 1853–1937*. Berkeley and Los Angeles: University of California Press, 1995.

Habermas, Jurgen. *The Structural Transformation of the Public Sphere: An Inquiry into a Category of Bourgeois Society*. German original, 1962. Reprint, Cambridge: Massachusetts Institute of Technology Press, 1989.

Hahn, Emily. *China to Me: A Partial Autobiography*. Philadelphia: Blakiston, n.d.

Hao Yen-P'ing. *The Comprador in Nineteenth Century China: Bridge between East and West*. Cambridge: Harvard University Press, 1970.

Hauser, Ernest O. *Shanghai: City for Sale*. New York: Harcourt, Brace, and Company, 1940.

Henriot, Christian. *Shanghai, 1927–1937: Municipal Power, Locality, and Modernization*. Translated by Noel Castelino. Berkeley and Los Angeles: University of California Press, 1993.

———. "'From a Throne of Glory to a Seat of Ignominy.'" *Modern China* 22, no. 2 (April 1996): 132–63.

Heppner, Ernest G. *Shanghai Refuge: A Memoir of the World War II Jewish Ghetto*. Lincoln: University of Nebraska Press, 1994.

Hershatter, Gail. *The Workers of Tianjin, 1900–1949*. Stanford, Calif.: Stanford University Press, 1986.

———. "The Hierarchy of Shanghai Prostitution, 1870–1949." *Modern China* 15, no. 4 (October 1989): 463–98.

———. "Regulating Sex in Shanghai: The Reform of Prostitution in 1920 and 1951." In *Shanghai Sojourners*, edited by Frederick Wakeman Jr. and Wenhsin Yeh, 145–85.

———. *Dangerous Pleasure: Prostitution and Modernity in Twentieth-Century Shanghai*. Berkeley and Los Angeles: University of California Press, 1997.

Hoch, Charles. "A Brief History of the Homeless Problem in the United States." In *The Homeless in Contemporary Society*, edited by Richard D. Bingham, Roy E. Green, and Sammis B. White, 16–32. Thousand Oaks, Calif.: Sage Publications, 1987.

Honig, Emily. *Sisters and Strangers: Women in the Shanghai Cotton Mills, 1919–1949*. Stanford, California: Stanford University Press, 1986.

———. "Invisible Inequalities: The Status of Subei People in Contemporary Shanghai." *China Quarterly* (June 1990): 273–92.

———. *Creating Chinese Ethnicity: Subei People in Shanghai, 1850–1980*. New Haven: Yale University Press, 1992.

Hsiao Kung-Chuan. *Rural China: Imperial Control in the Nineteenth Century*. Seattle: University of Washington Press, 1960.

Huang, Philip C. C. *The Peasant Economy and Social Change in North China*. Stanford, Calif.: Stanford University Press, 1985.

———. *The Peasant Family and Rural Development in the Yangzi Delta, 1350–1988*. Stanford, Calif.: Stanford University Press, 1990.

———. "The Paradigmatic Crisis in Chinese Studies: Paradoxes in Social and Economic History." *Modern China* 17, no. 3 (July 1991): 299–341.

Huxley, Aldous. *Jesting Pilate: An Intellectual Holiday*. New York: George H. Doran, 1926.

Imperial Maritime Customs, comp. *Treaties, Conventions, Etc., between China and Foreign States*. 2 vols. Shanghai: Statistical Department of the Inspectorate General of Customs, 1908.

Isaacs, Harold R. *Five Years of Kuomintang Reaction*. Reprinted from the special May 1932 edition of *China Forum*. Shanghai: China Forum Publishing, 1932.

Johnson, Linda Cooke. *Shanghai: From Market Town to Treaty Port, 1074–1858*. Stanford, Calif.: Stanford University Press, 1995.

Johnstone, William Crane, Jr. *The Shanghai Problem*. Stanford, Calif.: Stanford University Press, 1937.

Jones, Susan Mann. "The Ningpo Pang and Financial Power at Shanghai." In *The Chinese*

City between Two Worlds, edited by Mark Elvin and G. William Skinner, 73–96. Stanford, Calif.: Stanford University Press, 1974.

Kirby, William C. "China Unincorporated: Company Law and Business Enterprise in Twentieth-Century China." *Journal of Asian Studies* 54, no. 1 (February 1995): 43–63.

Kissinger, Henry A. *White House Years*. Boston: Little, Brown, and Company, 1979.

Knapp, Ronald G. *China's Traditional Rural Architecture: A Cultural Geography of the Common House*. Honolulu: University of Hawaii Press, 1986.

———. *China's Vernacular Architecture: House Form and Culture*. Honolulu: University of Hawaii Press, 1989.

———. *The Chinese House: Craft, Symbol, and the Folk Tradition*. Hong Kong: Oxford University Press, 1990.

Kotenev, A.M. *Shanghai: Its Mixed Court and Council*. Shanghai: NorthChina Daily News and Herald, 1925.

Krasno, Rena. *Strangers Always: A Jewish Family in Wartime Shanghai*. Berkeley, Calif.: Pacific View Press, 1992.

Kuhn, Philip A. *Rebellion and Its Enemies in Late Imperial China: Militarization and Social Structure, 1796–1864*. Cambridge: Harvard University Press, 1970.

Lamson, H. D. "The Effect of Industrialization upon Village Livelihood." *Chinese Economic Journal* 9, no. 4 (October 1931): 1025–82.

———. "The Problem of Housing for Workers in China." *Chinese Economic Journal* 11, no. 2 (August 1932): 139–162.

Lang, H. *Shanghai, Considered Socially*. Shanghai: Kelly and Walsh, 1875.

Lanning, G., and S. Couling. The History of Shanghai. 2 vols. Shanghai: Kelly and Walsh, 1921.

Lao-Tzu. *Tao Te Ching*. Translated by Stephen Addiss and Stanley Lombardo. Indianapolis: Hackett Publishing, 1993.

Lee, Tahirih V. Introduction to "Coping with Shanghai: Means of Survival and Success in the Early Twentieth Century—a Symposium." *Journal of Asian Studies* 54, no. 1 (February 1995): 3–18.

Leung Yuen-sang. *The Shanghai Taotai: Linkage Man in a Changing Society, 1843–90*.

Honolulu: University of Hawaii Press, 1990.

Lewis, Oscar. *Five Families: Mexican Case Studies in the Culture of Poverty*. New York: Basic Books, 1959.

———. *La Vida: A Puerto Rican Family in the Culture of Poverty—San Juan and New York*. New York: Vintage Books, 1965.

———. *A Study of Slum Culture: Backgrounds for La Vida*. New York: Random House, 1968.

Lieu, D. K. *The Growth and Industrialization of Shanghai*. Shanghai: China Institute of Pacific Relations, 1936.

Lin Yutang. *My Country and My People*. New York: Halcyon House, 1938.

Link, Perry E. *Mandarin Ducks and Butterflies: Popular Fiction in Twentieth-Century Chinese Cities*. Berkeley and Los Angeles: University of California Press, 1981.

Lu, Hanchao. "Arrested Development: Cotton and Cotton Markets in Shanghai, 1350–1843." *Modern China* 18, no. 4 (October 1992): 468–99.

———. "Away from Nanking Road: Small Stores and Neighborhood Life in Modern Shanghai." *Journal of Asian Studies* 54, no. 1 (February 1995): 92–123.

———. "Creating Urban Outcasts: Shantytowns in Shanghai, 1920–1950." *Journal of Urban History* 21, no. 5 (July 1995): 563–96.

Lu Xun. *Diary of a Madman and Other Stories*. Translated by William A. Lyell. Honolulu: University of Hawaii Press, 1990.

Lynch, A. J. *The Rise and Progress of the Dalton Plan: Reflections and Opinions after More Than Three Years' Working of the Plan*. New York: D. Appleton and Company, 1927.

MacPherson, Kerrie. *A Wilderness of Marshes: The Origins of Public Health in Shanghai, 1843–1983*. Oxford: Oxford University Press, 1987.

Malone, Col. C. L'Estrange. *New China: Report of an Investigation*. 2 parts. London: Independent Labour Party Publication Department, 1926.

Martin, Brian G. *The Shanghai Green Gang: Politics and Organized Crime, 1919–1937*. Berkeley and Los Angeles: University of California Press, 1996.

Maybon, Ch.B., and Jean Fredet. *Histoire de la Concession Française de Changhai* (A history of the French concession of Shanghai). Paris: Librairie Plon, 1929.

McElderry, Andrea Lee. *Shanghai Old-Style Banks (Ch'ien-chuang), 1800–1935*. Ann Arbor:

Center for Chinese Studies, University of Michigan, 1976.

McIntosh, Gilbert. *Useful Phrases in the Shanghai Dialect*. Shanghai: Presbyterian Mission Press, 1916.

Miller, G. E. S*hanghai, The Paradise of Adventurers*. New York: Orsay Publishers, 1937.

Miller, Samuel C., and Donald G. Fink. *Neon Signs*. New York: McGraw-Hill, 1935.

Morse, Hosea Ballou. *The International Relations of the Chinese Empire*. 3 vols. London: Longmans, Green, and Company, 1910–18.

Mote, F. W. "The Transformation of Nanking, 1350–1400." In *The City in Late Imperial China*, edited by G. William Skinner, 101–53. Stanford, Calif.: Stanford University Press, 1977.

Murphey, Rhoads. *Shanghai: Key to Modern China*. Cambridge: Harvard University Press, 1953.

——. *A History of Asia*. New York: HarperCollins Publishers, 1992.

Naquin, Susan, and Evelyn S. Rawski. *Chinese Society in the Eighteenth Century*. New Haven: Yale University Press, 1987.

North China Daily News, Shanghai.

North China Herald, weekly, Shanghai.

Pal, John. *Shanghai Saga*. London: Jarrolds, 1963.

Pan Ling. *In Search of Old Shanghai*. Hong Kong: Joint Publishing, 1982.

——. *Old Shanghai: Gangsters in Paradise*. Hong Kong: Heinemann Asia, 1984.

Pan, Lynn, ed., with Xue Liyong and Qian Zonghao. *Shanghai: A Century of Change in Photographs: 1843–1949*. Hong Kong: Hai Feng Publishing, 1993.

Parkhurst, Helen. *Education on the Dalton Plan*. New York: E. P. Dutton and Company, 1922.

Peroff, Kathleen. "Who Are the Homeless and How Many Are They?" In *The Homeless in Contemporary Society*, edited by Richard D. Bingham, Roy E. Green, and Sammis B. White, 33–45. Thousand Oaks, Calif.: Sage Publications, 1987.

Perry, Elizabeth J. *Shanghai on Strike: The Politics of Chinese Labor*. Stanford, Calif.: Stanford University Press, 1993.

Peters, E. W. *Shanghai Policeman*. London: Rich and Cowan, 1937.

Pott, F. L. Hawks. *A Short History of Shanghai*. Shanghai: Kelly and Walsh, 1928.

Powell, John B. *My Twenty-five Years in China*. New York: Macmillan, 1945.

Pullers' Mutual Aid Association of Shanghai. *Statistical Report on the Work of the Pullers' Mutual Aid Association of Shanghai, August 1936 to July 1937*. Shanghai: n.p., 1937.

———. *Annual Report of Pullers' Mutual Aid Association of Shanghai, from August 1936 to July 1938*. Shanghai: n.p., 1938.

Rankin, Mary Backus. *Elite Activism and Political Transformation in China: Zhejiang Province, 1865–1911*. Stanford, Calif.: Stanford University Press, 1986.

Read, Bernard E., Lee Wei Yung, and Ch'eng Jih Kuang. *Shanghai Foods*. 2d ed. Special Report Series, no. 8. Shanghai: Chinese Medical Association, 1940.

"Report of the Housing Committee, 1936–1937." *Municipal Gazette of the Council for the Foreign Settlement of Shanghai*, vol. 30, no. 1653 (March 30, 1937).

Reynolds, Douglas R. *China, 1898–1912: The Xinzheng Revolution and Japan*. Cambridge: Council on East Asian Studies, Harvard University Press, 1993.

Ricsha Committee. "Report of the Ricsha Committee." *Municipal Gazette of the Council for the Foreign Settlement of Shanghai* (February 13, 1934): 57–100.

Ross, James R. *Escape to Shanghai: A Jewish Community in China*. New York: Free Press, 1994.

Rowe, William T. *Hankow: Commerce and Society in a Chinese City, 1796–1889*. Stanford, Calif.: Stanford University Press, 1984.

———. *Hankow: Conflict and Community in a Chinese City, 1796–1895*. Stanford, Calif.: Stanford University Press, 1989.

———. "The Public Sphere in Modern China." *Modern China* 16, no. 3 (July 1990): 309–29.

Rozman, Gilbert, ed. *The Modernization of China*. New York: Free Press, 1981.

Schoppa, R. Keith. *Chinese Elites and Political Change: Zhejiang Province in the Early Twentieth Century*. Cambridge: Harvard University Press, 1982.

Schurmann, Franz. *Ideology and Organization in Communist China*. Berkeley and Los Angeles: University of California Press, 1966.

Seagrave, Sterling. *The Soong Dynasty*. New York: Harper and Row, 1986.

Seidensticker, Edward. *Low City, High City: Tokyo from Edo to the Earthquake*. New York: Alfred A. Knopf, 1983.

Sergeant, Harriet. *Shanghai: Collision Point of Cultures, 1928–1939*. New York: Crown Publishers, 1990.

Sernau, Scott. *Economies of Exclusion: Underclass Poverty and Labor Market Change in Mexico*. Westport, Conn.: Praeger, 1994.

Shanghai Civic Association. *Statistics of Shanghai*. Shanghai: Commercial Press, 1933.

Shanghai Mercury, ed. *Shanghai, 1843–1893: The Model Settlement, Its Birth, Its Youth, Its Jubilee*. Shanghai: Shanghai Mercury Office, 1893.

———, ed. *Shanghai by Night and Day*. Shanghai: Shanghai Mercury Office, 1902.

Shanghai Municipal Archives, Shanghai.

Shanghai Municipal Council Report for the Year 1916 and Budget for the Year 1917. Shanghai: Office of the North-China Daily News and Herald.

Shanghai Municipal Council Report for the Year 1931 and Budget for the Year 1932. Shanghai: Kelly and Walsh.

Shanghai Municipal Council Report for the Year 1932 and Budget for the Year 1933. Shanghai: Kelly and Walsh.

Shanghai Municipal Police Files. Microfilms from the U.S. National Archives.

Siao, Yu. *Mao Tse-tung and I Were Beggars*. Syracuse, N.Y.: Syracuse University Press, 1959.

Sinclair, Kevin, with Iris Wong Po-yee. *Cultural Shock! China: A Guide to Customs and Etiquette*. Portland, Ore.: Graphic Arts Center Publishing, 1990.

Skinner, G. William. "Marketing and Social Structure in Rural China." 3 parts. *Journal of Asian Studies* 24, nos. 1–3 (1964–1965): 33–44; 195–228; 363–99.

———. "Introduction: Urban and Rural in Chinese Society." In *The Chinese City in Late Imperial China*, G. William Skinner, 253–73. Stanford, Calif.: Stanford University Press, 1977.

Smith, Richard J. *Fortune-Tellers and Philosophers: Divination in Traditional Chinese Society*. Boulder, Colo.: Westview Press, 1991.

———. *Chinese Almanacs*. Hong Kong: Oxford University Press, 1992.

Spence, Jonathan D. *The Search for Modern China*. New York: W. W. Norton and Company, 1990.

Spencer, J. E. "The House of the Chinese." *Geographical Review* 37 (1947): 254–73.

Steinhardt, Nancy Schatzman. *Chinese Imperial City Planning*. Honolulu: University of Hawaii Press, 1990.

Stephens, Thomas B. *Order and Discipline in China: The Shanghai Mixed Court, 1911–27*. Seattle: University of Washington Press, 1992.

Strand, David. *Rickshaw Beijing: City People and Politics in the 1920s*. Berkeley and Los Angeles: University of California Press, 1989.

Tata, Sam, and Ian McLachlan. *Shanghai 1949: The End of an Era*. London: B. T. Batsford, 1989.

Thorbecke, Ellen. *Shanghai*. Shanghai: North-China Daily News and Herald, 1941.

Tieh, Tim Min. "Street Music of Old Shanghai." Manuscript, 1940.

———. "More Street Music of Old Shanghai." Manuscript, 1980.

Vermeer, Eduard B. "New County Histories: A Research Note on Their Compilation and Value." *Modern China* 18, no. 4 (October 1992): 438–67.

Wagner, Augusta. *Labor Legislation in China*. Peking: Yenching University, 1938.

Wakeman, Frederic, Jr. "Policing Modern Shanghai." *China Quarterly*, no. 115 (September 1988): 408–40.

———. "Licensing Leisure: The Chinese Nationalists' Attempt to Regulate Shanghai, 1927–49." *Journal of Asian Studies* 54, no. 1 (February 1995): 19–42.

———. *Policing Shanghai, 1927–1937*. Berkeley and Los Angeles: University of California Press, 1995.

———. *The Shanghai Badlands: Wartime Terrorism and Urban Crime, 1937–1941*. Cambridge: Cambridge University Press, 1996.

Wakeman, Frederic, Jr., and Wenhsin Yeh, eds. *Shanghai Sojourners*. Berkeley, Calif.: Institute of East Asian Studies, 1992.

Waley, Paul. *Tokyo: Now and Then, an Explorer's Guide*. New York: Weatherhill, 1984.

Wang, George Zhengwen. *Shanghai Boy*. Manuscript, 1991.

Ward, David. *Poverty, Ethnicity, and the American City, 1840–1925*. New York: Cambridge University Press, 1989.

Wasserstrom, Jeffrey. *Student Protests in Twentieth Century China: The View from Shanghai*. Stanford: Stanford University Press, 1991.

Weber, Max. *The City*. New York: Free Press, 1958.

Wei, Betty Peh-T'i. *Shanghai: Crucible of Modern China*. Oxford: Oxford University Press, 1987.

———. *Old Shanghai*. Hong Kong: Oxford University Press, 1993.

White, Lynn T., III. *Policies of Chaos: The Organizational Causes of Violence in Chinas Cultural Revolution*. Princeton, N.J.: Princeton University Press, 1989.

Whyte, Martin King, and William L. Parish. *Urban Life in Contemporary China*. Chicago: University of Chicago Press, 1984.

Wilson, William Julius. *The Truly Disadvantaged: The Inner City, the Underclass, and Public Policy*. Chicago: University of Chicago Press, 1987.

Wolf, Stephanie Grauman. *Urban Village: Population, Community, and Family Structure in Germantown, Pennsylvania, 1683–1800*. Shanghai: North-China Daily News and Herald, 1936.

Woodhead, H. G. W., ed. *The China Year Book, 1936*. Reprint, Nendeln / Liechtenstein: Kraus-Thomson Organization, 1969.

Wright, Arnold. *Twentieth Century Impressions of Hongkong, Shanghai, and Other Treaty Ports of China: Their History, People, Commerce, Industries, and Resources*. London: Lloyd's Greater Britain Publishing, 1908.

Wright, Tim. "Shanghai Imperialists versus Rickshaw Racketeers: The Defeat of the 1934 Rickshaw Reforms." *Modern China* 17, no. 1 (January 1991): 76–111.

Wu, Harry, and Carolyn Wakeman. *Bitter Winds: A Memoir of My Years in China's Gulag*. New York: John Wiley and Sons, 1994.

Wu, Harry Xiaoying. "Rural to Urban Migration in the People's Republic of China." *China Quarterly* 139 (September 1994): 669–98.

Xiong, Victor Cunrui. "Sui Yangdi and the Building of Sui-Tang Luoyang." *Journal of Asian Studies* 52, no. 1 (February 1993): 66–89.

Xu, Xiaoqun. "State and Society in Republican China: The Rise of Shanghai Professional Associations, 1912–1937." Ph.D. diss., Columbia University, New York, 1993.

Yang, Martin. *A Chinese Village: Taitou, Shantung Province*. New York: Columbia University, 1945.

Yeh, Wen-hsin. *The Alienated Academy: Culture and Politics in Republican China, 1919–1935*. Cambridge: Council on East Asian Studies, Harvard University Press, 1990.

———. "Progressive Journalism and Shanghai's Petty Urbanites: Zou Taofen and the Shenghuo Enterprise, 1926–1945." In *Shanghai Sojourners*, edited by Frederic Wakeman Jr. and Wen-hsin Yeh, 186–238. Berkeley, Calif.: Institute of East Asian Studies, 1992.

———. "Corporate Space, Communal Time: Everyday Life in Shanghai's Bank of China." *American Historical Review* 100, no. 1 (February 1995): 97–122.

Yuan, L. Z. *Sidelights on Shanghai*. Shanghai: Mercury Press, 1934.

致谢

写作这样一本关于旧上海普通人日常生活的书,我首先要着重感谢这个城市的许多老市民,围绕新中国成立前的上海生活,他们为我提供了极其丰富和生动的信息,我特别感谢他们的热情和幽默,虽然我经常询问他们在"旧社会"生活的一些细节,而这在不久前的中国有时还算有些敏感。但几乎没有人问我一个可能有点令人尴尬的问题:一个从美国回来的学生,为什么对过去的一些看似微不足道的事情如此好奇。在中国学术界,我从与上海社会科学院(SASS)的合作中受益匪浅。我特别感谢上海社会科学院历史研究所的熊月之和上海社会科学院社会学研究所的卢汉龙多年来给予我的支持,从提供便利让我可以利用图书馆和档案材料,再到安排调查和采访,我都获益良多。当我不在中国的时候,宋钻友给了我极大的帮助,他提供的研究协助非常有价值。我还要感谢陈正书、冯绍霆、李天纲、罗素文、潘君祥、沈祖伟、唐振常、许敏、张济顺对我研究上海的支持。

周锡瑞(Joseph Esherick)、彭慕然(Kenneth Pomeranz)、史谦德(David Strand)仔细阅读了本书手稿,并提供了深刻而详细的评论,这些评论十分有助于完善本书的主题。我由衷地向他们致敬。我还深深地感激鲍德威(David Buck)、高家龙(Sherman Cochran)、科大卫(David Faure)

和罗威廉（William Rowe），他们针对本书的一些章节提出了合理建议。

我要感谢顾琳（Linda Grove），当我在日本游学时，是她鼓励我去美国深造，没有她的远见，我可能永远不会写这本书。我最为感激的是黄宗智（Philip Huang），他把我引进了中国社会经济史上充满活力的领域，并不断地表达他对我研究的信心。白凯（Kathryn Bernhardt）、戴慧思（Deborah Davis）、艾尔曼（Benjamin Elman）、任达（Douglas Reynolds）和司马富（Richard J. Smith）一直是我写作本书极有价值的灵感来源。我特别要感谢林培瑞（Perry Link）和史景迁（Jonathan Spence），他们鼓励和支持我这项研究，对我意义重大。

经过多年的研究和写作，我与许多学者进行了讨论，从中获益良多。我感谢 Ronald Bayor、白吉尔（Marie-Claire Bergère）、毕可思（Robert Bickers）、白馥兰（Francesca Bray）、陈锦江（Wellington Chan）、杜克雷（Clayton Dube）、伊懋可（Mark Elvin）、奥古斯特·吉贝卢斯（August Giebelhaus）、蒲地典子（Noriko Kamachi）、大卫·金（David King）、黎志刚（Chi-Kong Lai）、刘昶、刘陶陶、麦金农（Stephen MacKinnon）、马丁（Brian Martin）、梅爱莲（Andrea McElderry）、程恺礼（Kerrie MacPherson）、Geoff Milla、Zane Miller、韩书瑞（Susan Naquin）、苏成捷（Matthew Somer）、Stephen Usselman、王希、叶晓青和张仲礼等人在各种场合对我的研究给予评论和帮助。感谢潘敏德总是乐于跟我讨论，感谢卢家骅从普林斯顿大学给我送来的书，感谢施松华和丁蔚为解决计算机文字处理和绘图方面的难关所做的努力。我还要感谢加州大学出版社的 Sheila Levine、Laura Driussi 和 Rachel Berchten，感谢他们细心而高效地处理了这本手稿。我对 Robert Hawkins、Robert McMath 和 Gregory Nobles 致以两重感谢，一是感谢他们对这个项目的支持，二是感谢他们对佐治亚理工学院的出色领导，为人文科学和社会科学创造了一个丰富有力的研究环境。感谢亨利·卢斯基金会（Henry Luce

Foundation）、中国时报基金会、佐治亚理工学院基金会（Georgia Tech Foundation）和上海研究中心资助我在1993—1997每年的夏天前往中国进行研究。

罗曼·罗兰曾经说过，人的感激就像树上的果实：如果不及时采摘，它就会腐烂。我想改一下这个比喻，让它语气听上去更乐观——果实若能酿成酒，则越久越醇。十多年来，甘地（Richard Gunde）不仅就专业知识不吝赐教，还特别与我分享了关于这本书的无数想法。我非常感谢他。

我在中国有一位导师，他是一位著名的作家，在许多方面都是一个相当"西化"的人，但就洋人在书的致谢部分感谢老婆这一问题，曾经和我产生过分歧，他认为这是一种不必要的，甚至是矫揉造作的行为。他觉得，妻子是一个作家生活极其自然的一部分，完全没必要公开致谢。有人可能会说，这就是文化冲突。然而，我只能做一个叛逆的学生——最后，我要感谢我的家人：琳琳，感谢她对我的爱，感谢我可爱的孩子——天安（Freddy）、尚上（Jeffrey）。他们的童年总是让我想起我自己，也因此想起我的爱人，谨以此书献给他们。

译后记

从拿到卢汉超先生所著《霓虹灯外——20世纪初上海的日常生活》的英文原著到中文译稿最后一节修订完毕，经历了整整三年。其间，工作场所的变动，新生命的诞生，我们的生活轨迹随着上海的发展而变化着。翻译工作虽说时断时续，而我们对此书始终不离不弃的原因，毫无疑问是出于对上海这座城市的感情。这种感情不是好奇，不是趋从，而是出于内心深处的喜爱。

卢汉超先生的著作无疑是有分量的。他以一位学者的严谨细致，从城市的各个细节入手，引用了大量文献史料，为我们生动地展现出一幅近现代上海市井生活的"清明上河图"，并揭示了传统力量在中国近代史上的重要地位。套用如今时髦的说法，就是为了在"大文化"的概念下，研究上海这个五方杂处之地的形成原因以及海纳百川精神的孕育过程。这是本书的精髓所在。

也许我们通常所见的描写近代上海的文艺作品，总是有意无意地显露出上世纪三四十年代那种"疯狂的繁荣"，以至于给人造成这样的印象：那种"鲜花着锦之盛，富贵温柔之乡"才是上海的本质特征。卢先生的著作，就像其英文名字的寓意，试图使人们了解在五光十色的霓虹背后，各种文化对上海市民生活方式产生了怎样的影响；上海人又是如何将其吸收，改变，从而形成独特的"海派文化"的。虽然我们可能还没有真正读懂上海，但上海的文化影响着每一个生活在其中、或者曾经生活在其中的人。上海就代表着生活本身。

我们从事上海史研究时间不长，很多方面还只是略知一二。在翻译的过程中，凡人名、地名、机构等专有名词和引用文献，我们尽可能查对原文，力求准确详实、有据可循。对此要感谢卢汉超先生的指导，几度为我们修订一些不精确的译文。还有李之江、白华山、李丽、王浩嵘、杨耀扬、顾柏荣、陆丽敏，若没有他们的帮助，这本书恐怕至今尚未面世。当然还要感谢上海社会科学院历史研究所熊月之所长和马军先生，感谢他们提供这个翻译机会，让我们对自己这几年的上海史研究做了一次小小的回顾和总结。诚然，由于水平所限，译文远未达到傅雷先生提出的"信、达、雅"的标准。如有不确之处，当由译者承担责任。

2004 年夏于上海

索引

Ah Jin (Lu Xun character), 241–42
Ah Q, 8
Airen 爱仁 (love and benevolence), 145
Alcock, Sir Rutherford, 33–34, 365n18
Alley factories, 173
Alley schools, 169, 173, 175
Alleyway cleaning fee, 229
Alleyway guards, 229
Alleyway houses: as *baojia* unit, 219, 221; as category of residential dwellings, 110; compared to single-story bungalow, 362n77; dwelling space in, 158, 168, 368n93; floor plans, 146–50, 148 fig. 13, 151–56, 367n54; front yards of, 243, 245, 245 fig. 29; garden, 58, 112–13; as homes of little urbanites, 2, 63–64; living rooms of, 243–45, 245 fig. 29; name for, 143, 356n22; new-style, 112–13, 150–51, 158, 226, 228, 249, 366n43; origins of, 33, 142, 339n34; ownership of, 164; and real estate market, 142; rent for, 137; sanitary facilities and amenities in, 150; shrinkage of, 150, 151, 152; types of, 112–13; used as stores, 113 fig. 8, 173, 243–44. *See also* Alleyway-house compounds; *Shikumen*
Alleyway-house compounds: addresses of, 146, 366n34; bookstores and presses in, 175–77; broadcasting stations in, 184; Buddhist temples in, 185; craftspeople in, 215; entertainment establishments in, 182–84; entrance to, 70 fig. 4, 144; financial institutions in, 181–82; front-row units, 173, 243–44, 245 fig. 29; government intervention in, 221–22; increase in size of, 152; lacked sanitary fixtures, 189, 190 fig. 19, 191; lanes of, 152, 154, 155 fig. 15, 244 fig. 28; layout of, 244 fig. 28; libraries in, 212; location of, 42 fig. 1; love affairs in, 233–38; mixture of residence and commerce in, 173–74, 215, 314; morning scene in, 197–98; names for, 145–46, 147 fig. 12; native place of residents, 223; neglect of, 138, 364n1; neighborhood relations in, 146, 222, 224–25, 229–33; nostalgia for, 230; occupations of residents, 223; privacy in, 233, 235; quarreling in, 21, 239–42; seamstresses in, 212–13; stability and mobility in, 145, 222–23; survey in, 323–28; theft infrequent in, 233, 377n134; typical scenes of, 13; used by Communist Party, 177–81, 184. *See also* Peddlers
American Church Mission, 29
American Settlement, 29, 33, 35, 36, 139. *See also* International Settlement

An 安 (tranquillity), 145
An tu zhong qian 安土重迁 (content with the land and cautious about moving), 224
Anderson, E. N., 308
Anhui, 43, 52, 53
Anlegong dance hall, 103
Annam Road, 247, 282; in Communist history, 385–86n130
Annam Road Food Market, 282
An'nanjin Road, 97, 356n161
Anpan 暗盘 (hidden tray), 390n45
Antiforeign sentiment, 33
"Anxious ambivalence" (Link), 10–11, 12
Apprenticeships, 65, 116
Architecture, 109, 110, 358n5, 358n6
Association of Steamed Breads, Sesame Cakes, and Dough Sticks, 288
Astuteness, 15, 48, 336n39
Automobiles, 14, 67, 70, 150, 305–6, 389n29
Avenue Foch, 159 fig. 16
Avenue Joffre, 39, 277, 281, 284, 328; Joffre Alley, 153 fig. 14
Avenue Petain, 114

Ba Jin, 172
Bai Juyi, 322, 392n85
Baibu wu qindan 百步无轻担 (there is no light load if one has carried it for a hundred paces), 95
Baihuo dian 百货店 (general stores), 290
Balfour, George, 28, 31, 164
Bamboo ware, 214 fig. 26, 280
Bank of China, 334n44
Banks: foreign, 57, 345n128; located in shikumen compounds, 181–82; qianzhuang, 57, 58, 181
Banque de L'Indo-chine, 365n17
Bao 保 (ten jia), 219
Bao 宝 (treasure), 145
Bao Tianxiao, 60, 160–61, 239–40; The Countryman Revisits Shanghai by, 9, 335n20
Baoche 包车 (private rickshaws), 69, 70, 85, 349n19. See also Rickshaws
Baojia 保甲 system, 19, 218–21, 375n82
Baoshan, 33
Baoshan Jie (Street of Treasure and Mercy), 182
Baotou 包头 (subletting heads), 72
Baoyu Li (Alley of Treasure and Abundance), 276–77, 323
Barber's stands, 210–212, 208 fig. 23, 211 fig. 24
Basler, Adolph, 94, 355–56n145
Bathhouses, 263, 266–68, 291, 382n74, 383n75, 383n78, 383n82; in Tokyo, 308
Baxian Fang, 181, 370n126
Baxianqiao 八仙桥 (Bridge of the Eight Immortals), 97; Baxianqiao Food Market, 271, 272, 275
Beancurd, fried, 205–6
Beggar tax, 293
Beggars, 6–7, 65, 117, 130, 135, 136
Beibu Food Market, 272
Beiping shehui diaochasuo 北平社会调查所 (Peking Institute of Social Investigation), 131
Beipingmincun, 129
Beizhan (North Station), 122, 279–80, 328
Bergère, Marie-Claire, 58, 290–91, 315
Bestor, Theodore, 308
Biandi huangjin 遍地黄金 (gold covers the ground), 194
Big landlords, 163, 165, 166
Biweng (pen name), 100–101, 102, 103, 104
Bixian 避嫌 (avoid arousing suspicion), 318
Boats: transportation of goods by, 303; used as residences, 118–19, 120, 124, 125, 129
Bogue Treaty, 29, 31
Bong-Street (Pengjie), 254
Bookstores, 60, 175–76, 346n143, 369n109
Boone, Bishop William J., 29

Boundary Road, 28
Bowen Women's School, 179
Boyd and Co., 45
British Settlement: establishment of, 28–29, 31; and housing of Chinese refugees, 33–34, 36, 139–40; location of, 26, 28–29, 365n18; merger with American Settlement, 35; population of, 33, 36, 139. *See also* International Settlement
British Trambus Company, 224
Brothels, 182, 183 fig. 18, 184, 370n136
Bubbling Well Road, 58–59, 114, 272, 278
Buddhist temples, 185. *See also* Jing'ansi
Bu-er-qiao-ya 布尔乔亚 (bourgeois), 260
Bu'ershiweike (Bolshevik), 177
Buke yiri wu cijun 不可一日无此君 (one cannot live without this gentleman for a single day), 246
Bund: architecture of, 109, 110; boundary of former British Settlement, 337n2; Chinese, 100, 357n172; housing for Chinese on, 140; in mid-nineteenth-century Shanghai, 26, 32, 339n27; in 1937 photograph, 42 fig. 1; as symbol of Shanghai, 313; Western-style buildings of, 13, 38
Bureau of Social Affairs. *See* Shanghai Municipal Bureau of Social Affairs; Shanghai shizhengfu shehuiju
Bureaucratic capitalism, 387n1
Burkill and Sons, 365n17
Burkill Road, 237
Buyecheng 不夜城 (city without night), 209

Cai (gangster), 236
Cai family, 161–62
Cai Yuanpei, 345n124
Cai Zhenya, 131–32
Caishi jie 菜市街 (food market street), 271

Calcutta, 127
Calendar, 297–98, 301, 388n5
Canton system, 31, 37
"Cantonese houses," 150
Caojia Jie (Cao Family Street), 324
Caojiadu, 114–15, 128, 131, 194, 279
Capitalists, 57–58, 387n1
Capped boats. *See Maomaochuan*
Casual workers, 65, 66, 77, 95, 133, 134, 135–36
Cathay Hotel, 380n30
Catholicism, 279
Celebrities, 53, 55–56
Central Food Market, 271
Cesspools, 372n12
Chaitan dian 柴炭店 (firewood and charcoal stores), 250
Chamber of Commerce, 57, 227, 291
Chang 长 (long), 145
Chang 昌 (prosperity), 145
Chang, Eileen (Zhang Ailing), 48, 310, 311
Chang'an ju, da buyi 长安居, 大不易 (it is difficult to live in Chang'an), 226
Changgong 长工 (long-term workers), 66
Changning District, 345n124
Changshu District, 341n70
Changxing Li (Alley of Lasting Prosperity), 323
Changzhou (Zhejiang), 52
Chaocai 炒菜 (sauté), 167
Chehang 车行 (vehicle firms), 72, 85. *See also* Rickshaws, firms
Chen Caitu, 84, 90
Chen Da, 356n157
Chen Duxiu, 60, 343n109; criticism of Shanghai, 11, 315; home of, 180
Chen Guhai, 184
Chen Tanqiu, 179
Chen Wangdao, 180
Chen Xulu, 312
Chen Yuehua, 281–83, 284–86
Cheng fengliang 乘风凉 (enjoying the coolness), 230–32
Cheng Guohua, 115–16

Cheng huajiao 乘花轿 (riding a flowered sedan chair), 303
Chi 尺 (measure, one-third meter), 258
Chi jianghu fan 吃江湖饭 (eating the rice of the rivers and lakes), 97
Chi kaikou fan 吃开口饭 (eating rice by opening the mouth), 97
Chickens, 371–72n7
Child workers, 79, 129, 134, 362n66
China United Broadcasting Station, 184
China-centered approach, 17, 18
Chinese city, 302–3, 304, 305; teahouses in, 111 fig. 7, 165
Chinese Communist Party. *See* Communist Party
Chinese institutions, continuity of, 17, 336n44. *See also* Tradition
Chinese Youth (*Zhongguo qingnian*), 177
Chinese-style houses, 115
Chōkai 町会 (neighborhood associations), 20, 225
Chongyang 重阳 (Double Ninth Festival), 135
Chongyang 崇洋 (worshiping things foreign), 104, 310
Chopsticks, 296
Christmas, 301
Chu si wu da'nan, taofan zai buqiong 除死无大难, 讨饭再不穷 (there is no catastrophe except death; one cannot be poorer than a beggar), 6
Chuansha, 33, 44, 341n77
Chuanzi 川资 (travel expenses), 50
Chunfeng Deyi Lou, 165
Chunhua Li (Alley of Spring Flowers), 225.
Chunjie 春节 (Chinese New Year), 298
Churches, 279, 305 fig. 35
Chuzhang 处长 (section chief), 327
Cihou Nanli (Alley of Benevolence and Kindness, southern section), 385–86n130
City, images of, 4–5, 7, 8–10
City People's Association, 226–27

Civil society and public sphere, 20–21, 337n48
Civil War, refugees from, 124, 166
Claude, Georges, 339n40
Cleaning fees, 293
Clerks, 63, 64, 346n155
Clothing, 14, 252–56, 382n59; importance of, 252–53; made at home, 257–59; patterns of obtaining, 327
Coal and Petroleum Corporation, 317
Coal stores, 250, 282–83; collectivization of, 317; decline of, 320; and guilds, 288; after Liberation, 318
Coal stoves, 13, 197, 249–50, 282–83, 286, 336n35, 379n20
Coble, Parks, 58
Collectivization, 317–20, 391n73
Commerce, 15–17; and corruption, 314–15; mixed with residence, 173–76, 182–84, 243–45, 247
Commercial areas, 114
Commercial culture, 3, 16, 105, 114, 312–15
Commercial Press, 10, 60, 176, 224
Commercialization, 16, 294, 313, 314–15
Communist, 180
Communist Party: first national congress of, 177–79, 178 fig. 17; use of alleyway-house compounds by, 177–81, 184
Communist revolution: attitude toward Shanghai, 11, 322; and *baojia* system, 221; and changes in daily life, 315–16; and foreigners in Shanghai, 40, 340n67
Communist Youth League, 181
Community, 62–63, 118; of immigrants, 273; sense of, 20, 146, 222, 228. *See also* Alleyway-house compounds; Immigrants
Comprador clans, 57, 345n128
Comprador-capitalist class, 57
Compradors, 55, 56–57, 142, 365n17
"Consumption population," 347n165
Coolie food (poverty food), 270, 308
Corn, 202

索引 / 427

Corruption, and commerce, 314–15
Cotton mills: employment in, 46, 129, 342n83; hours and incomes in, 362n78; women workers in, 379n20; workers in, 52, 84, 130, 131, 135–36. See also Textile industry
Cotton trade, 26, 27
Cowley, Malcolm, 61
Criminal underground, 43, 292
Cultural elite, 59
Cultural Revolution, 292, 318, 319, 391n71
"Culture of poverty" (Lewis), 354n115
Cun Ren Tang 存仁堂 (Hall of Retained Benevolence), 287
Cunjindi 寸金地 (golden land), 314
Currency exchange, 251, 252 fig. 31
Current events, 231

Da fangdong 大房东 (big landlords), 163, 165, 166
Da Ming Guo 大明国 (State of Great Ming), 33
Da ran'gang 大染缸 (giant dye vat), 11
Da wanbao 大晚报 (Great evening news), 210
Da zhaohui 大照会 (big licenses), 96
Dabing dian 大饼店 (sesame cake store), 264
Dafeng Labor Reform Farm, 378n150
Dagu 大鼓 (stories accompanied by drum), 97
Dahua Li (Alley of Great China), 324
Dai Jitao, 180
Dalton system, 354n122
Dalu Xincun (New Village Continent), 172, 368n101, 373n30
Dan kaijian 单开间 (single-bay houses), 148 fig. 13, 149
Dancing girls, 174
Dang hun 当荤 (having meat or fish), 269
Dan'gan geti hu 单干个体户 (go-it-alone individual enterprises), 165
Danwei 单位 (work units), 230, 336n44

Dao laoye 倒老爷 (emptying master), 193
Daoguang, Emperor, 31
Daoqi 道契 (title deed sealed by the Daotai), 164, 367n76
Daotai 道台, 29, 35, 139, 337n5. See also Gong Mujiu; Lin Gui
Dapuqiao dock, 194
Darwin, Charles, 60
Dashijie 大世界 (Great World), 96, 97, 98, 184, 275
Datong University, 175
Daxia University, 175
Daxin Department Store, 13
Daxue 大学 (Great Learning), 145
Dayang 大洋 (big dollars), xvii
De 德 (virtue), 145
Dechang Li (Alley of Virtue and Prosperity), 176
Deities Conferred, 212
Deng Xiaoping, 179, 345n124, 389n17; economic reforms of, 320, 321, 384n112; on Shanghai and special economic zones, 392n86
Deng Xiaoping hao! (Deng Xiaoping is good!), 321
Dent, Beale and Company, 57
Department stores, 301
Dhace 大餐 (Shanghai dialect for dacai 大菜 or dacan 大餐; grand food), 268
Dian 店 (stores), 288
Dianxin 点心 (dim sum), 284
Diao yuanbao 调元宝 (shifting money), 99–100
Diaobao 调包 (switch), 99–100
Dibao 地保 (local constables), 219
Diet, 269–70, 274–75, 283
Dimingzhi 地名志 (gazetteers), 390n62
Dingfei 顶费 (takeover fees), 163, 164, 166, 314
Dinghai (Zhejiang), 52
Dingqi gong 定期工 (term workers), 134
Dingtou shangsi 顶头上司 (immediate supervisor), 170

Dingwu gongsi 顶屋公司 (companies for taking over houses), 165
Dingxiang (concubine of Li Hongzhang), 56
District-level commercial centers, 278, 328
Dizangwang pusa 地藏王菩萨 (God of Earth), 299
Docks, 194, 195 fig. 21
Dockworkers, 65, 93, 135, 136
Doctors, 302
Domestic servants, 47–48, 215, 217, 232, 241, 343n94
Dong Biwu, 179
Dongfang zazhi, 75
Dongjia 东家 (master), 85
Dongsheng Bridge, 278–79
Dongtai (Jiangsu), 75
Dongtai Road, 356n161
Dongyang (Zhejiang), 52
Dongyang che 东洋车 (East-foreign-vehicle), 68
Dongyuan huixiang 动员回乡 (mobilizing the people to return to their villages), 50, 343n103
Dongzhan (East Station), 122
Dongzhao Li (Alley of Eastern Lights), 172
Dongzhi 冬至 (Winter Solstice), 298, 301
Dou 斗, 7
Douye gongsuo 豆业公所 (bean guild), 51
Dream of the Red Chamber, 213 fig. 25, 378n144
Dregs, dumping of, 240
Du Fu, 355n128
Du Yuesheng, 293
Duanwu 端午 (Dragon Boat Festival), 298, 388n7
Duanyang 端阳 (Dragon Boat Festival), 135, 298, 388n7
Duixiang 对象 (partner), 237
Dujiaoxi 独角戏 (monodrama), 97
Dutch Bank, 365n17
Dwelling space, 158, 168, 368n93

"East and West, Shanghai is the best," 8, 335n17
East Station, 122
Edan, B., 34
Edkins, Joseph, 54
Education: esteem for, 88–90, 354n122; facilities provided by Pullers' Mutual Aid Association, 89–90; immigrants' views of, 88–89; level of, 326; in Subei, 353n113
Elizabeth II, 255
Elvin, Mark, 4
Employment, 44–48, 127, 129, 342n83. *See also* Occupations; Unemployment
Entertainers, 181
Entrepreneurs, 55, 57–58
Er ceng ge 二层阁 (second loft), 157
Er fangdong 二房东 (second landlord), 160. *See also* Second landlords
Erbao 二包 (second middleman), 72
Erhu 二胡 (two-stringed fiddle), 232
Extra-Settlement roads, 279, 369n101; names of, 357n162; residences on, 59, 114; sovereignty over, 346n138

Fa Damalu (Great Road of the French Concession), 184
Fabi 法币 (legal currency), 291, 372n15
Fabric shops, 259
Fachang Machine Factory, 45
Factories: difficulty of finding employment in, 109, 127, 133; employment of children in, 129, 362n66; number of, in Shanghai, 58, 345n135
Factory workers: casual and long-term, 66, 133; compared to rickshaw pullers, 77–78, 104; earnings of, 77, 78, 161, 249; number of, 66, 362n66; residence of, 63–64, 118, 136, 166, 170; among shantytown dwellers, 130–31, 133; stratification

among, 109–10; in Tianjin, 77; walking to work, 336n38. *See also* Casual workers
Fahua, 47–48
Famine, 7
Fanbang shifu 番邦师傅 (barbarian-type masters), 255
Fang 坊 (neighborhood unit), 145, 218
Fang zhi sihai er jie zhun 放之四海而皆准 (fits well everywhere), 18
Fangdichan dayezhu 房地产大业主 (great real estate investors), 142
Fangke lianhehui 房客联合会 (tenant associations), 225
Fangualong ("Melon Alley"), 122–125, 132, 133
Fangzhi 方志 (local gazetteers), 1, 36
Fanhua bao (Prosperity), 176, 369n115
Fanhuangdu, 128
Farmers, 45, 46, 80–81, 93, 128, 132
Fashion, 13, 14, 253, 254, 259; shops, 254–55, 257
"Faucet dregs" ("faucet water"), 215–17
Feili 废历 (abolished calendar), 297
Feixing rickshaw company. *See* Flying Star (Feixing) Rickshaw Company
Feng 奉 (pronounced "fong" in the Shanghai dialect; the abbreviated name for Ningbo), 381n38
Feng Zikai, 47 fig. 2, 192 fig. 20, 208 fig. 23, 296
Fenghua qu 风化区 (decency district), 182
Fengshen bang 封神榜 (Deities conferred), 212
Fengxian county, 47
Fengyimen 风仪门 (Gate of the Ritual Phoenix), 280
Fenjia 分家 (divide the family property), 79
Fentou 粪头 (head of nightsoil), 193
Ferries, 342n85

Festivals, 298–301
Feudalism, 295
Fine arts, 13
Fire hydrants, 121
Firewood, 249
First Bureau of Commerce, 391n63
First Five-Year Plan, 126
Five Points Square, 279
Floating population, 360n21
Flour mills, 52, 135, 161
Flying Star (Feixing) Rickshaw Company, 72, 86
Folk songs, 78, 80, 197–98, 270. *See also* Peddlers, songs of
Food expenditures, 262–63, 382n59
Food Market Street, 271
Food markets, 268–69, 275, 383n94; combined Chinese and Western features, 295; indoor, 87 fig. 6, 273 fig. 33, 383–84n94; after Liberation, 317, 384–85n112; Ningxingjie, 270–71; open-air, 272–73, 384n97
Food peddlers, 199–200, 201 fig. 22; and food markets, 270–73, 275, 383–84n96, 384n97; after Liberation, 384n112; of nighttime edibles, 206–9, 232
Foot cleaning, 268, 383n82
Foreign community, 32, 33–34, 139
Foreign concessions: *baojia* system in, 219; boundary of, 368–69n101; Chinese residence in, 35–36, 139; establishment of, 28–29; population of, 28, 32, 33, 162; street names in, 357n162
Foreign registration merchants, 164
Foreigners: attitudes toward, 11, 309–12; nationalities of, 38–39; reasons for coming to Shanghai, 40; sale of land to, 31. *See also* Foreign concessions; Westerners
Fortune, Robert, 267, 339n27, 383n78
Fortune-tellers, 238, 285
Four Elephants, 142

French, 40, 311
French Bank, 365n17
French Concession: administration of, 35; alleyway houses in, 153–54, 155 fig. 15, 367n53, 367n54; establishment of, 29; expansion of, 280, 346n138; police, 359n15; population of, 36, 139, 341n70; regulations in, 222, 376n101; residences of, 114; rickshaws in, 68, 92, 96
Friedrichs, Christopher, 62
Fu 福 (luck), 145
Fu 富 (wealth), 145
Fuchang fusui 夫唱妇随 (While the husband is singing, his wife follows), 196
Fude Fang (Alley of Fortune and Virtue), 316
Fude Li (Alley of Guided Morals), 179
Fujian, 51
Fukang Li (Alley of Fortune and Good Health), 147 fig. 12
Funerals, 303, 305 fig. 35, 327
Funing county (Jiangsu), 75, 81
Fuqi laopo dian 夫妻老婆店 (husband and wife stores), 251
Furun Li (Alley of Wealth and Profit), 181, 370n125
Fushipin 副食品 (side foods), 317
Fushipin dashijie 副食品大世界 (Great World of Nonstaple Foods), 275
Fuxin Flour Mill, 135
Fuxing Li (Alley of Fortune and Prosperity), 225
Fuye 副业 (second job), 77
Fuzhou Road, 60, 139, 175–76

Gambling, 40, 96, 216 fig. 27
Gamen 伽门 (Shanghai dialect; indifferent and reluctant), 311
Gamewell, Mary, 80, 92
Gangchuang ladi 钢窗蜡地 (steel-sash windows and waxed floors), 112
Gangs, 194, 292–93
Gangsters, 229, 236, 334n3
Gao Junman, 180

Gaochangmiao, 46
Gaodeng Huaren 高等华人 (high-class Chinese), 59, 301
Gaohuo 搞活 (make things alive), 321, 391n82
Gaohuo jingji 搞活经济 (make the economy alive), 391n82
Gaoyou (Jiangsu), 75, 352n92
Garages, 150
Garden alleyway-houses, 58, 112–13
Garden Bridge, 42 fig. 1, 349n16
Garden Hotel, 13, 177
Garden Park, 42 fig. 1
Gas, heating and cooking, 249, 320
Gate guards, 229
Ge ziben zhuyi weiba 割资本主义尾巴 (cut off the tail of capitalism), 319, 391n71
General Labor Union, 227
Germans, 311
Ginkgo nuts, 202–3, 373n38
Globe, Reverend, 348n5
Gong ("public"), 20
Gong Mujiu, 26, 28, 37, 164
Gongchan zhuyi xiaozu 共产主义小组 (Communist group), 180
Gongli 公历 (public calendar), 388n9
Gongshun Li (Alley of Collective Smoothness), 182
Gongsi 公司 (corporations), 390n63
Gongsuo 公所 (guilds), 290. See also Guilds
Gongxing Li (Alley of Collective Prosperity), 182
Good Eighth Company on Nanjing Road, 11–12, 335n31
Gossip, 21, 231
Government intervention, 289–91, 293
Grain Control Office, 318
Grains and Oils Corporation, 317
Great Leap Forward, 202
Great Learning, 145
Great World, 96, 97, 98, 184, 275
Great World of Subei, 97, 357n161
Green Gang, 86
Gu Songmo, 86

Gu Yanwu, 5
Gu Zhuxuan, 86
Guahao yangshang 挂号洋商 (foreign registration merchants), 164
Guan 官 (officials), 288
Guang malu 逛马路 (strolling around the streets), 277
Guangdong: immigrants from, 43; trades of people from, 51, 52; workers from, 44, 341–42n79
Guangdong Road, 139
Guanggun 光棍 (single sticks), 78
Gudao 孤岛 (solitary island) period, 166, 290
Guest merchants, 27–28, 31, 36–37
Guest people, 45–46
Gui 贵 (noble), 145
Guide (*Xiangdao*), 177
Guilds, 51, 287–88, 290–91
Gundilong 滚地龙(笼) (rolling earth dragons), 118–20, 124, 125, 129
Guojielou 过街楼 (overhead floor spanning a lane), 178 fig. 17, 212, 229, 377n122
Guoli 国历 (national calendar), 297, 388n5

Habermas, Jurgen, 20, 337n48
Haimen (Subei), 75
Haipai 海派 (Shanghai school), 59, 312–13, 390n50
Haipai jiachang cai 海派家常菜 (daily dishes in the Shanghai style), 274
Hanbury, Thomas, 141, 270–71
Handicraftspeople, 136, 214 fig. 26, 215
Hang 行 (callings), 6
Hangdan 行单 (licenses), 287
Hanggui 行规 (guild rules), 287
Hangzhou (Zhejiang), 52
Hankou, 359n13
Hankou Road, 140
Hanshu (Book of Han), 354n123
Haosi buru ehuo 好死不如恶活 (a bitter life is better than a comfortable death), 6

Harbin, 67
Hardoon, Silas Aaron, 39, 137, 141, 386n130
Hart Road: alleyway-house compounds of, 137, 224, 228, 281; shops on, 246, 247, 250, 251, 318
Hauser, Ernest, 94
Hawking, 199–203. *See also* Food peddlers; Peddlers
He 和 (peace), 145
He Shuheng, 179
Hefeng Cotton Mill, 46
Henan Road, 60
Heng 恒 (permanent), 145
Hengbang Road, alleyway-house compounds of, 224
Hengchan 恒产 (permanent property), 4, 140
Hengchang Li (Alley of Prosperity), 177
Hengde 恒德 (lasting virtue), 145
Hengfeng Printing and Dyeing Mill, 134
Hengxin 恒心 (permanent faith), 4
Henriot, Christian, 289
Heppner, Ernest, 193, 210, 235
Heqing Li (Alley of Joint Celebration), 184
Hershatter, Gail, 77, 182, 289
Higher education, 13, 58
Hogg brothers, 141
"Hollywood of the East," 13
Homelessness, 116–17
Hometown visits, 327
Hong 红 (Red), 183 fig. 18, 381n38
Hong Kong and Shanghai Bank, 13
Hongbang 红帮, 381n38
Hongbang caifeng 红帮裁缝 (Ningbo tailors), 255, 256, 381n38
Hongdeng qu 红灯区 (red-light districts), 182
Hongdou sheng nanguo 红豆生南国 (red beans grow in southern country), 377n126
Hongkou 虹口: Lu Xun's residence in, 172, 369n102; in 1937, 42 fig. 1; rents in, 161; residences of, 114,

Hongkou (continued)
150; residents of, 39–40, 150, 162, 172; rickshaw station in, 87 fig. 6; shipyards, 44, 342n79; site of American Settlement, 29

Hongmao gui 红头鬼 (red-haired devils), 381n38

Hongmu 红木 (red wood), 217

Hongqiao, 114

Hongqing Fang (Alley of Great Celebration), 176

Hongtou asan 红头阿三 (Turbaned Number Three), 39

Hongxiang dress shop, 254, 257

Hongxing Fang (Alley of Great Prosperity), 377n122

Honig, Emily, 109, 130, 379n20

Hot water stores, 263–66, 286; guild, 287, 288; licensing of, 291; place for social and political gatherings, 21, 307; provision of lodging by, 291–92; vulnerable to gangs, 292

Hotels, 184

Hou ketang 后客堂 (back living room), 157

Houfang 后房 (back bedroom), 157

Household composition, 156

Household expenditures, 382n59

Household registration book, 298

Household registration system, 223, 360n21

Housing: constructed for refugees, 33–34, 339n35; finding, 114–16, 160–61; income spent on, 137; as number one expense, 166; regulations concerning, 222, 376n101; rural, 360n20; types of, 110–14, 327. See also Alleyway houses; Penghu; Single-story houses; Western-style houses

Hu 户 (households), 218

Hu Shi, 60, 67, 347–48n2

Hua E tongxunshe 华俄通讯社 (Sino-Russian News Agency), 181

Huaguxi 花鼓戏 (flower-drum songs), 97

Huaide 怀德 (cherishing virtue), 145

Huairen 怀仁 (cherishing benevolence), 145

Huajia 花甲 (cycle), 91

Huaju 话剧 (modern drama), 97

Huang baoche 黄包车 (yellow private vehicle), 68

Huang Fang, 29

Huang Jinrong, 194, 293

Huang, Philip, 18, 352n79, 382n65

Huangbaoche fu 黄包车夫. See Rickshaw pullers

Huanglian 黄连 (rhizome of Chinese goldthread), 203

Huangmei tian 黄梅（霉）天 (yellow plum rainy season), 202

Huangpu River, 42 fig. 1, 136

Huashan jiedao (Huashan Street), 316

Huayang (Chinese and Foreign) Food Market, 275. See also Baxianqiao Food Market

Huayuan lilong 花园里弄 (garden alleyway-houses), 58, 112–13

Huayuan yangfang 花园洋房 (Western-style garden house), 112

Hubei, 52, 130

Hudong 沪东, 136

Huifang rickshaw company, 72

Huile Li (Alley of Joint Pleasure), 148 fig. 13, 182, 183 fig. 18, 370n133, 370n136

Huiliqiu 回力球, 40

Huining, 51

Hukou 户口 (household registration), 360n21

Hukoubu 户口簿 (household registration book), 298

Hun 荤 (meat), 269

Hunan, recruitment of workers from, 52, 343n109

Hunting, 32

Huxi 沪西, 72, 118, 136, 170, 324, 328, 346n138

Huxley, Aldous, 25

Huxley, Thomas, 60

Huzhang 户长 (household head), 219

Huzhou (Zhejiang), 52

Ice cream, 203–4
Ice peddlers, 203
Ideology, 295–96, 387–88n2
Illiteracy, 88–89
Immigrants: acceptance of, 359n13; dwelling types of, 327; first jobs of, 325–26; hometown visits by, 327; hometowns of, 324; as informants, 329–32; language of, 53–55, 344n119; length of stay intended by, 325; marital status of, 325; nineteenth-century, 118; occupations of, 44, 326–27; persistence of native accents, 328; in Shanghai's population, 28, 43, 338n13, 341n70; reasons for coming to Shanghai, 43–44, 325; rural, 3, 118–19, 133; unemployed, 43–44; well-off, 55, 151
Impact-response model, 17, 18
Indians, 40
Industrial and Commercial Trade Associations Act, 290
Industrial areas, 279
Industrial workers: as category, 110; hours and incomes of, 362n78; housing patterns of, 131–32; in machine-building enterprises, 341–42n79; recruitment of, 44–45; scholarship on, 63; women and children, 80, 134, 379n20. *See also* Factory workers
Infants, abandonment of, 7
Institute for the History of Shanghai, 1, 333n2
Intellectuals, 60–61, 171–73, 176, 254
"Intermediate market towns" (Skinner), 278–80
International Settlement: Chinese residents of, 42; creation of, 29, 35; districts for taxation, 141; expansion of, 346n138; housing vacancies in, 226; land values in, 366n48; photographed in 1937, 42 fig. 1; population of, 42; regulations in, 222, 376n101; residences of, 114; rickshaws in, 68, 69, 73, 76, 87, 92, 95; sedan chairs in, 303, 304 fig. 34

Interviews, 323, 329–32
Islamic-style architecture, 110
Izumi Yosuke, 348n5

Japan, boycott of, 292
Japanese: architecture, 110; attitudes toward, 310; community, 39, 272; prostitutes, 40, 340n64
"Japanese houses," 150, 245 fig. 29
Japanese occupation: and foreigners in Shanghai, 40; rice rationing during, 220; and wartime *baojia* system, 19, 219–20; of Xujiahui, 124; of Zhabei, 122–23
Jardine Matheson and Company, 57, 365n17
Jessfield Park, 114, 279
Jewish community, 39–40, 272
Ji 吉 (auspiciousness), 145
Jia 甲 (ten households), 219
Jia san ceng 假三层 (false third floor), 157
Jiachang cai 家常菜 (common home dishes), 274
Jiading, 33, 196, 373n24
Jiagu tang 嘉谷堂 (Hall of Fine Grain), 287
Jiahe Li (Alley of Fine Grain), 137, 266, 267, 281, 316
Ji'an Li (Alley of Luck and Peace), 371n142
Jiang Jieshi, residence of, 344n124
Jiang Qing, 242, 345n124
Jiang Weiguo, residence of, 344n124
Jiangbei. *See* Subei
Jiangbei dashijie 江北大世界 (Great World of Subei), 97, 357n161
Jiangbei opera, 97
Jiangnan, 36, 162, 340n46, 367n68
Jiangnan Shipyard, 46
Jiangsu, 43, 52, 340n46. *See also* Suzhou
Jiangwan area, 227
Jiangxi, 51
Jiangyou dian 酱油店 (soy sauce stores), 284, 381n54. *See also* Soy sauce stores

Jiangyuan 酱园 (soy sauce stores), 288, 381n54, 386n149. *See also* Soy sauce stores
Jiangyuan Long (Alley of the Sauce and Pickle Shop), 238, 378n149
Jianye Li (Alley of Establishing Careers), 148 fig. 13, 153–54, 155 fig. 15, 367n53, 367n54; food market in, 384n97
Jiao 角 ($0.10), 372n15
Jiaohang 轿行 (sedan chair stations), 303
Jiaozi 饺子, 230
Jiaxing, 340n46
Jicheng rickshaw company, 72
Jie caishen 接财神 (receiving the God of Wealth), 299
Jiedao 街道 (street), 316
Jiedao banshichu 街道办事处 (street offices), 221, 375n98
Jieguan zhuanyuan banshichu 接管专员办事处 (offices of takeover commissions), 221
Jiegui 接轨 (connecting tracks), 392n83
Jiguan 籍贯 (local origin), 162
Jihu shouliang 计户授粮 (rice rationed to households), 220
Jikou shouliang 计口授粮 (rice rationed to individuals), 220
Jin 斤 (catty; one-half kilogram), 84
Jin Hongxiang, 257
Jin Yixiang, 257
Jing'an District, 345n124, 366n50
Jing'ansi (Temple of Peace), 278, 285, 328
Jingpai 京派 (Beijing school), 59, 312, 390n50
Jingyun Li (Alley of Rosy Clouds), 230, 232, 377n128
Jingzhe (Waking of Hibernation), 298
Jinhua, 51
Jishen 祭神 (deity worship), 299
Jiu 久 (long), 145
Jiu shehui 旧社会 (old society), 322
Jiujiang Road, 140
Jiuli 旧历 (old calendar), 297

Jiulou 酒楼 (wine tower), 260
Jiyong 妓佣 (servants in a brothel)
Jizu 祭祖 (ancestor worship), 299
Johnson, Linda, 336n44
Ju 局 (bureaus), 390n63
Jumin weiyuanhui 居民委员会 (residents' committees), 221, 316–17, 375n98, 378n150
Junk man, 217

Kaifeng, 307, 313
Kaipan 开盘 (opening tray), 389–90n45
KAN 看 (look), 293
Kang 康 (healthiness), 145
Kang Youwei, 56
Ke Qingshi, 180
Kemin 客民 (guest people), 45–46
Keshang 客商 (guest merchants), 27–28
Ketang 客堂 (living room), 154, 157
Kirby, William, 289
Kleinburger, 62
Knitting, 258–59
Krasno, Rena, 40, 84, 98
Kunnan hu 困难户 (households in difficulty), 368n93
Kuolao 阔老 (rich man), 102

La chepigu 拉车屁股 (pulling the buttocks of the rickshaw), 77, 95
Labor unions, 132, 227
Lamson, H.D., 46, 50–51, 132
Lan 兰 (Orchid), 183 fig. 18
Lan Weiwen, 35
Land Regulations: of 1845, 28, 35; of 1854, 34–35; of 1869, 35, 141
Landlords: big, 163, 165, 166; disputes with, 225–28, 229; as household heads, 219; rental ads of, 237; in slums, 123–24. *See also* Second landlords
Language. *See* Shanghai dialect
Lantern festival, 298, 299
Lao Shanghai 老上海 (old Shanghai hand), 99
Lao She, 6, 75

Lao Zi, 224
Laoban 老板 (boss), 321
Laohuzao 老虎灶 (hot water stores), 263–66, 276, 286, 383n82. See also Hot water stores
Laojie Residents' Committee, 316
Laoximen (Old West Gate), 280, 328
Lasan 拉三 (loose girls), 311
Laundry, 190, 232, 302
Layoffs, 134, 135. See also Casual workers
Lester, Henry, 141
Letu 乐土 (happy land), 144
Lewis, Oscar, 354n115
Li 丽 (Gorgeous), 183 fig. 18
Li 里 (neighborhood), 145, 366n29
Li 礼 (proper behavior and civility), 253
Li Bai, 184, 371n143
Li Boyuan, 176, 369n115, 378n144
Li Da, 180
Li Hanjun, 177, 180
Li Hongzhang, 56
Li Shucheng, 177
Li Xikang, 196
Li Zhisui, 241
Li zhui zhi di 立锥之地 (a place to stick an awl), 110
Lianbao lianzuo 联保联坐 (mutual responsibility), 219
Liang 两 (fifty grams), 261
Liang Shiqiu, 172
Liangjian yixiang 两间一厢 (two-bay, one-wing houses), 148 fig. 13, 149
Liangshi guanlisuo 粮食管理所 (grain control office), 318
Liangyang gongren 两阳工人 (two-*yang* workers), 135
Liangyou (Fine Company), 176
Liangyou Press, 176
Lianhuan hua 连环画 (picture storybooks), 212, 213 fig. 25
Liberation, and changes in daily life, 315–16
Libraries, mobile, 89, 212, 213 fig. 25
Life expectancy, 352n83; of rickshaw pullers, 81–83

Ligaotang 梨膏糖 (pear syrup candy), 204, 205
Lijiachang, 28
Lilong 里弄 (alleyway or lane), 2
Lilong fangzi 里弄房子 (alleyway houses), 2, 143, 365n22. See also Alleyway houses
Lilong neighborhoods. See Alleyway-house compounds
Lin 邻 (neighborhood unit), 218
Lin Biao, 242, 345n124
Lin Daiyu, 237, 378n144
Lin Gui, 29, 31, 365n18
Lin Yutang, 36
Ling shimian 领市面 (know the market and situation), 104
Lingbao shifu 拎包师傅 (bag-carrying masters), 256
Link, Perry, 10, 61–62
Linshigong 临时工. See Casual workers
Liqiu (Beginning of Autumn), 298
Lirang 礼让 (comity), 239
Lisou 利薮 (profits), 314
Literary magazines, 59–60
Literary youth, 171–72
Literature, 13, 198, 231; Mandarin Ducks and Butterflies, 59–60, 62, 233
Little crazes, 204, 373n47
"Little houses," 236–37
"Little Jiangbei," 344n118
Little Tokyo, 39
Little urbanites. See *Xiaoshimin*
Liu E, 369n115
Liu family (real estate owners), 142
Liu Hongsheng, 52, 134
Liu Lichuan, 32
Liu Shaoqi, 180
Liu Xiangyu, 251, 292, 293, 320, 321, 391n82
Liu Yazi, 1
Liu Zhikang, 126
Liumang banghui 流氓帮会 (gangster organizations), 334n3
Living rooms, 154, 157, 245; used as stores, 243–44, 245 fig. 29

Loafers, 43, 117, 359n13
Local expressions, 311
Local history, 1–2, 333n2, 334n3, 334n4
Long Bar, 13, 336n34
Longhua Temple, 281
Longtang 弄堂, 365n22
Longtang fangzi 弄堂房子 (alleyway houses), 143, 365n22. *See also* Alleyway houses
Longtang gongchang 弄堂工厂 (alley factories), 173
Longtang li 弄堂里 (inside the alley), 243
Longtang shangdian 弄堂商店 (alley stores), 173
Longtang wai 弄堂外 (outside the alley), 243
Longtang xuetang 弄堂学堂 (alley schools), 173. *See also* Alley schools
Longtou 龙头 (dragon's head), 322
Longtou zha 龙头渣 (faucet dregs), 215
Lou 楼 (tower), 260
Lu 路 (neighborhood unit), 218
Lu Dafang, 207
Lu Hanlong, 323
Lu Rongbao, 239–40
Lu Xun: Ah Q, 8; on alleyway life, 199, 232, 241–42; on Haipai versus Jingpai, 313; on importance of clothing in Shanghai, 253, 380n30; mentioned, 60, 209, 258; and Neishan Book Store, 176, 369n113; "Outdoor Chatting on Language and Literature" by, 231; and the pavilion room, 172, 368n101; *Qiejieting zawen* by, 368n101; residences of, 172, 199, 373n30
Lu Yang, 158
Luban Road, 126
Lujiawan District, 341n70
Luo Suwen, 364n1
Luosi ke li zuo daochang 螺蛳壳里做道场 (peforming a Buddhist rite inside a snail shell), 184
Luosong 罗宋 soup, 274
Luwan District, 344n124

Ma Honggen, 194
Machine-building enterprises, 341–42n79
Mah-jongg 麻将, 96, 174, 232, 285
Mai mi yi ding mao 买米一顶帽, 买柴怀中抱, 住的茅草屋, 月亮当灯照 (To buy rice, his cap is the container . . .), 78
Maiban shijia 买办世家 (comprador clans), 57, 345n128
Mandarin Ducks and Butterflies fiction, 59–60, 62, 233
Mantanxi 漫谈席 (chatting corner), 176
Mao Dun, 60–61, 172, 175, 230, 232; residences in Shanghai, 230, 377n122
Mao Zedong: on ideology, 387–88n2; on Lu Xun character Ah Jin, 241–42; on "men from a Shanghai pavilion room," 173; on petty bourgeoisie, 288; political-moral campaigns of, 12, 335n32; residence in Shanghai, 179, 345n124, 366n34, 385–86n130
Maomaochuan 艒艒船 (capped boats), 118–19, 136
Marine Customs, 173
Martin, Brian, 292
Marx, Karl, 338n10
Matchbox makers, 47
Matong wenming 马桶文明 (nightstool civilization), 373n23
May 30th Incident, 310
McIntosh, Gilbert, 54
Meigui baitang lunjiao gao 玫瑰白糖伦教糕 (steamed rice cakes made of rugosa rose and white sugar), 198
Meiqiudian 煤球店 (egg-shaped briquette stores), 250
Meiren Li (Alley of Beauty and Benevolence), 175
Meishijia 美食家 (gourmand), 282
Menard (introducer of rickshaw to Shanghai), 68, 349–50n27
Menwai wentan 门外文谈 (Out-

door chatting on language and literature; Lu Xun), 231
Merchant character, 15–16
Midian 米店 (rice stores), 246, 248–49, 287
Midyear Festival, 300
Migration, policies prohibiting, 117, 360n21
Mihang 米行 (rice companies), 246–48, 249
Mihao 米号 (rice stores), 246
Min yi shi wei Tian 民以食为天 (the masses see food as Heaven), 289
Ming Changmei, 135
Mingde 明德 (bright virtues), 145
Mingpai shangdian 名牌商店 (famous-brand stores), 255
Minguo ribao (Republic daily), 180
Mingxing Printing House, 177
Ministry of Industry and Commerce, 290
Minju 民居 (people's dwellings), 144 fig. 11
Minzu zichan jieji 民族资产阶级 (national bourgeoisie), 317
Mistresses, 174, 234, 236
Mixed Court, 160
Modernity, 3, 10, 12–13, 16, 17, 20, 294
Modernization, 322, 392n86
Montigny, Louis, 29
Morse, Hosea Ballou, 29, 338n17
Mr. Hermit. See *Yugong*
Mu Oucu, 52, 343n109
Municipal Baojia Committee, 220
Murder, 237–38, 378n149, 378n150
Murphy, Robert C., 34
Music, 232

Nan zuo nügong yishi qiong 男做女工一世穷 (a man who does needlework is going to be poor all his life), 213
Nan zuo nügong, yuezuo yueqiong 男做女工，越做越穷 (the more a man does needlework, the poorer he becomes), 213
Nanhe rickshaw company, 72
Nanhui, 33
Nanjing, 44, 367n68
Nanjing Lu shang Haobalian 南京路上好八连 (Good Eighth Company on Nanjing Road), 11–12, 335n31
Nanking Road: architecture of, 109; as city center, 276, 277, 313; as Great Road of the French Concession, 371n139; location of, 42 fig. 1; real estate surrounding, 140, 141, 142, 365n18; restaurants of, 262; *shikumen* compounds of, 162; shops of, 254–55, 289, 328; as symbol of bourgeois ideas, 12; and Western restaurants, 284; Western-style buildings of, 13
Nanlin Li (Alley of Southern Forest), 347n2
Nanshi 南市: Datong University located in, 175; food markets in, 270; residences of, 115, 116; rickshaws in, 92, 96; schools for children of rickshaw pullers in, 89; shopping in, 328; storytellers, 205; survey in, 324
Nantong (Jiangsu), 75
Nanxun (Zhejiang), 142
Nanyang Brothers Tobacco Company, 50
Nanyang Li (Alley of the Southern Sun), 175
Nationalists (Guomindang), 218–19, 290, 371n143
Native accents, 328, 344n119
Native place: associations, 50, 227, 362n72; and housing rentals, 162; of informants, 329–32; return to, 50–51, 343n103; ties, 4, 50, 52–53; and trade, 51–52
Needlework, 212–13, 285
Neighborhood life: alleyway-house compounds and, 145; before the 1950s, 19; government intervention in, 289–91, 293; literature on, 198; love affairs and, 233–38; research methods for studying, 19

Neighborhood organization: *baojia* and, 19; after the Communist revolution, 19, 316–17, 337n47; lack of, in Republican Shanghai, 20–21; for rent reduction, 225–29; three-tiered, 221, 375n98
Neishan Book Store, 176, 369n111, 369n113
Neon lights, 16, 336n40
New Broadway Mansions, 42 fig. 1
New Cultural Movement, 60, 347b2
New Year festival, 298–99, 300, 301, 327, 388n11
New Year's Day (Western calendar), 301
New Youth (*Xin qingnian*), 177, 180
Newspaper peddlers, 209–10
New-style alleyway houses, 112, 150–51, 158, 226, 228, 249, 366n43
Ni Pusa guojiang, zishen nanbao 泥菩萨过江，自身难保 (a mud Buddha can hardly protect himself when he crosses a river), 128
Nianjian 年鉴 (annuals), 333n1
Nichengbang, 31
Nichengqiao, 135
Nie Zhongfu, 46
Nightsoil: carts, 191, 192 fig. 20, 371n6, 372n12, 372n22; collection, 13, 336n35; docks, 193–94, 195 fig. 21; gangs, 194; heads of, 193, 372n22; man, 191–96, 192 fig. 20, 372n15, 372n22; sale of, 194
Nightstools, 189–91, 190 fig. 19, 371n3, 371n5; cleaning, 196–97; emptying, 191–93, 194–95, 372n8, 372n21; in 1980s, 193, 372n12; repair of, 215
Nihongdeng (neon light), 336n40
Ningbo: compradors from, 57; dialect, 54; members of Shanghai bourgeoisie from, 345n133; native-place association of, 357n162; tailors, 14, 255; trades of people from, 51, 52; workers from, 44, 52, 341–42n79
Ningbo *bang* 宁波帮 (Ningbo group), 52
Ningpo Road, 97, 357n162
Ningxingjie, market on, 270–71
Ningyao Puxi yijianfang, buyao Pudong yitaofang 宁要浦西一间房，不要浦东一套房, 359n8
Niu ma zou 牛马走 (running like cows and horses), 7, 90, 354n123
Nongli 农历 (agricultural calendar), 297
Noodle restaurants, 261
North Sichuan Road, 39, 162
North Station, 122, 279–80, 328
Northern Expedition, 253
Northern suburbs, 26–27. See also International Settlement

Occupations: of alleyway residents, 223; former, of rickshaw pullers, 75; of immigrants, 44, 326–27; of informants, 329–32; of shantytown dwellers, 130, 133, 135–36
Office workers, 63, 64, 346n155
Olive peddlers, 206
Opium, 27, 96–97, 169, 184
Opium dregs, 215–17
Opium peddlers, 215–17
Otis escalators, 13

Painters, 59
Pal, John, 93, 94, 101, 102, 355n141
Pan longtang qin 攀弄堂亲 (claiming alleyway kinship), 236
Pan Pinglian, 352n92
Pan Yunduan, 110
Paofan 泡饭 (rice gruel), 14, 283, 284, 285
"Paradigmatic crisis" (Huang), 18
Parkhurst, Helen Huss, 354n122
Pavilion rooms: location of, 153 fig. 14, 154–56; occupants of, 61, 168, 172–73, 181, 206, 368n101; popularity of, 170–71
Pawnshops, 112, 113 fig. 8, 181
Peasant mentality, 8–9
Peasant women, 47–48, 49 fig. 3
Peasant-workers, 80–81
Peddlers: child, 210; craftspeople, 210, 214 fig. 26, 215; firewood, 249; ice,

203; junk, 217; after Liberation, 317; and morning life in alleyways, 197, 198; newspaper, 209–10; opium, 215–17; in Pengpu, 46; seamstresses, 212–13; sock, 209; shantytown residents as, 130, 136; songs of, 198–99, 200, 202–3, 217, 375n80. *See also* Food peddlers
Pedicabs, 70, 93, 363n103
Pei-Luo-Meng, 254
Peking Institute of Social Investigation, 131
Peking opera, 59
Peng family (real estate owners), 142
Peng Fuyang, 78
Penghu 棚户 (straw shacks), 113, 114, 119–20, 125–26, 127, 360n29. *See also* Shantytowns
Penghu jumin 棚户居民 (straw-hut occupants), 360n29
Pengpu, 46
Pentang 盆汤 (hot water tubs), 267
People's Liberation Army, Good Eighth Company on Nanjing Road, 12, 335n31
Peroff, Kathleen, 117
Perry, Elizabeth, 80, 342n79
Petty urbanites. *See Xiaoshimin*
Pheasant rickshaws, 85–86, 90, 91
Pheasants, 85, 353n99
Philanthropy, 287
Pickle shops, 284. *See also* Soy sauce stores
Picture storybooks, 212, 213 fig. 25
Pijian 披间 (draping rooms), 149
Pingfang 平房 (old-style one-story houses), 64, 113–14, 362n77
Pingmin Women's School, 179
Poker, 232
Police: British, 40; different authorities, 359n15; and loafers, 116–17; military, 359n15; modern, 375n84; origins of employees, 39, 40, 52, 340n62; Public Safety Bureau, 91; and seizure of rickshaw licenses, 351n57; Shanghai Municipal Police, 359n15

Popular culture, 97, 136–37, 145–46, 204–5, 225, 229–33, 252–53. *See also* Funerals; *Lianhuan hua*; Peddlers; Street culture; Weddings
Porridge restaurants, 260–61
Porters, 135, 136
Postal service, 251
Pragmatism, 295
Printing houses, 175, 176, 369n109
Probationary workers, 134
Professionals, 58–59
Proletarians, 110, 341n79
Prostitutes, 9, 174; brothels, 182, 183 fig. 18, 184, 370n136; Japanese, 40, 340n64; "modern ladies," 168; and pheasant rickshaws, 85; Russian, 39; *xianshuimei*, 311
Public lavatories, 126, 136–37, 191, 371n5
Public shelters, 43
Public space, 32, 239–40, 302. *See also* Bathhouses; Restaurants; Teahouses; Jessfield Park
Public sphere, 20–21, 337n48
Public telephones, 251
Public transportation, 14, 95, 305–6
Public utilities, 121, 189
Publishing, 60. *See also* Bookstores; Printing houses
Pudong: accent, 54; *baojia* system in, 220; dock workers in, 135; housing in, 362n77; mentioned, 27; rickshaw firms in, 72; single-story houses in, 114; viewed as rural backwater, 358–59n8; workers from, 342n85
Pudong xinqu (Pudong New Area), 337n3
Pufeng Flour Mill, 52–53
Puke 扑克 (poker), 96
Pullers' Mutual Aid Association, 81–83, 248 fig. 30; and educational facilities, 89–90, 354n117
Puluo 普罗 (proletariat), 98
Puluo guan 普罗馆. *See Puluo* restaurants
Puluo (proletarian) restaurants, 199, 260–63

Putian zhi xia, mofei wangtu 普天之下，莫非王土 (all the lands under heaven belong to the emperor), 29
Puxi, 342n85, 359n8

Qian ketang 前客堂 (front living room), 157
Qianfang 前房 (front bedroom), 157
Qianjiang, 51
Qianzhuang 钱庄 (traditional banks), 57, 58, 181
Qiao zhugang 敲竹杠 (knocking with a bamboo stick), 98
Qiejieting 且介亭 (Semiconcession Pavilion), 172, 368–69n101
Qiejieting zawen 且介亭杂文 (Essays from the Qiejie pavilion; Lu Xun), 368n101
Qigaishui 乞丐税 (beggar tax), 293
Qigong 气功 (breathing exercise), 97
Qing 庆 (celebration), 145
Qing shui pen tang 清水盆汤 (pure hot water tubs), 266
Qingfan zhongjiao 轻饭重浇 (light rice, heavy top), 261
Qingming Festival, 300
Qingming Festival on the River, 307
Qingpu, 33, 48
Qingyuan Li (Alley of Purity and Remoteness), 181, 370n127
Qingyun Li (Alley of Meteoric Rise), 175
Qinjian 勤俭 (hard working and thrifty), 87
Qipao 旗袍 ("Manchu gown"), 253, 254, 256, 259
Qiying, 31
Qu 区 (districts), 218
Qu Qiubai, 60, 172
Quanbing dan 权柄单 (certificate of ownership), 164

Rao Shushi, 347n165
Rationing, 318–19, 320–22, 391n67
Real estate: companies, 58; magnates, 137, 141, 142, 365n17; mentioned, 40; ownership of, by Chinese, 164; in squatter areas, 123–24; taxation of, 141
Real estate market: and Chinese merchants, 141–42; compradors in, 142, 365n17; creation of, 140–41; decline in, 226; dwelling types, 142; rental brokers, 165; rentals to Chinese, 139–41; and Shanghai's commercial culture, 313–14; subletting, 160–67
Record of a Journey to the West, 212
Recruitment of labor, 44–45, 52, 343n109
Red Bean Lane, 230, 377n126
Red Flag, 177
Refrigerators, 386n140
Refugees: housing for, 33–34, 139, 165; mid-nineteenth-century, 33–34, 36; from Sino-Japanese War and Civil War, 122, 124, 166; during Small Sword Rebellion, 139; from Taiping Rebellion, 55; from Wusong-Shanghai War, 165
Ren Bishi, 180
Ren Shaoqin, 354n123
Ren wang gaochu zou, shui wang dichu liu 人往高处走，水往低处流 (it is all too natural that man goes to a higher place, just like water flows to a lower place), 295–96, 388n3
Ren zhule huahua shijie, dayou fuqi la 人住勒花花世界，大有福气啦 (what a great fortune for a person to live in this colorful and dazzling world), 48
Rendan (herbal medicine), 201 fig. 22
Rende 仁德 (benevolence and virtue), 145
Renkou ping'an 人口平安 (all is well), 136
Renliche 人力车. *See* Rickshaws
Renliche huzhuhui 人力车互助会. *See* Pullers' Mutual Aid Association
Rensheng qishi gu lai xi 人生七十古来稀 (since ancient times man

has rarely lived to the age of seventy), 354n128
Rent reduction movement (1934), 226–28
Rentals: alleyway house, 137, 237; brokers, 165; contracts, 123, 164; disputes, 225–28, 229; expense of, 123, 137, 166, 382n59; in slums, 123–24, 137; subletting, 161–67. *See also* Real estate
Residences: boats as, 118–19; categories of, 110–116; of the elite, 56, 344–345n124; along extra-Settlement roads, 59, 346n138; higher and lower class areas, 376n108; of majority of Shanghainese, 13; of professionals, 58–59; of *xiaoshimin*, 63. *See also* Alleyway houses; Shantytowns; Western-style houses
Residential segregation, 28, 29–31, 33–34, 35, 42, 139. *See also* Foreign concessions; French Concession; International Settlement
Residents' committees, 221, 316–17, 375n98, 378n150
Restaurants, 259, 260, 262, 264, 291; *puluo*, 199, 260–63; Western, 284, 305 fig. 35
Revolutionary intellectuals, 172–73
Rice consumption, 246
Rice guilds, 287, 288
Rice rationing, 220, 290, 318–19, 320–21
Rice stores, 246–49, 248 fig. 30, 284, 287, 288; collectivization of, 317; and government intervention, 289–90; after Liberation, 319; after rationing, 320–21
Rickshaw pullers: ages of, 90–91; astuteness of, 104–5; attire of, 74 fig. 5, 85; in Beijing, 75; bullied by foreigners, 102–3; causes of death, 82; cheerfulness of, 84, 98; child, 91; compared to factory workers, 77–78; diet of, 270; and education, 84, 88–90; entertainment activities of, 96–97, 356n157; families of, 73, 77, 78–80, 81, 84, 350n38; family stories of, 129; fleecing of customers by, 98–102, 347n2; former occupations of, 75; as headline issue, 352n91; incomes of, 76–77, 85, 86, 87–88; interviews with, 84, 90, 96, 352–53n92; investigated by Communist Party underground, 352n91; licensing of, 92, 355n132; life expectancy of, 81–83; number of, in Shanghai, 6, 65–66, 73, 76, 83, 348n4, 350n38; one-armed, 91–92; origins of, 75–76, 350n41; became pedicab drivers, 363n103; physical demands on, 93–95, 98, 355–56n145; portrayed by Lao She, 6; preference for Western customers, 102, 103–4; private, 85; relations with foreigners, 309–10; residence of, 82, 135; second jobs of, 77; among shantytown residents, 130, 135; shifts of, 6, 76, 77, 95, 351n49; tips of, 85; traffic violations by, 85, 351n58; use of opium by, 96–97; waiting for fares, 70 fig. 4. *See also* Pullers' Mutual Aid Association; Rickshaws
Rickshaws: competition for, 76; and the decline of sedan chairs, 303; elimination of, 91, 363n103; fares, 69, 71, 100, 101–2; firms, 68, 72, 76, 86, 87; introduction in concessions, 68; invention of, 348n5; in Japan, 68, 348n5; length of trips, 95–96; licensing of, 69, 73, 86–87, 95–96, 350n32, 351n57, 356n153; mentioned, 306; merits of, 68–69; number of, 68, 69, 86, 87, 348n4; origin of term, 68; persistence of, 93; private, 69, 70, 85; for public hire, 69–72, 349n19; racket, 67, 72–73; rent for, 72; in Shanghai's commercial culture, 67; stations, 87 fig. 6; as symbol of backwardness, 67, 92–93; terms for, 68, 348n9
Roads, 303. *See also* Extra-Settlement roads

Rolling earth dragons. See Gundilong
Romance of the Three Kingdoms, 212, 213 fig. 25
Rong 荣 (glory), 145
Rong family, 134
Rongchangxiang Wool Fabric and Western Suit Shop, 253, 257
Rouruo 柔弱 (soft and weak), 36
Row houses, 140. See also Alleyway houses
Rowe, William, 20, 359n13
Rubber shoes, 215
Rue de Peres, 97, 357n162
Rue de Saigon, 97, 357n162
Rue du Consulat, 328
Rue Hennequin, 97, 356n161
Rue J. Frelupt, 155 fig. 15
Rue Lafayette, 114
Rue Soeur Allegre, 97, 357n162
Running water, 147 fig. 12
Russell and Company, 57
Russian concession (Harbin), 67
Russians, 39, 40
Ruyi Li (Alley of Doing As One Wishes), 181, 370n127

St. John's University, 279
San ceng ge 三层阁 (third loft), 157
San duo 三多 (three abundances), 181
San fangke 三房客 (third tenant), 163
Sanbao 三包 (third middleman), 72
Sande Li (Alley of Three Virtues), 177
Sanguozhi yanyi 三国演义志 (Romance of the three kingdoms), 212, 213
Sanitary facilities: in new-style alleyway houses, 112, 150; in 1980s, 372n12; public toilets, 126, 136–37, 191, 371n5. See also Nightstools
Sanjian liangxiang 三间两（二）厢 (three-bay, two-wing houses), 149
Sanjiaodi Food Market, 87 fig. 6, 272
Sanmao 三毛 (Three-Hairs), 374n61
Sanmao liulang ji 三毛流浪记 (Records of the Wandering Life of "Three-Hairs"; Zhang Leping), 374n61
Sanpailou Road, 302
Sanshang sanxia 三上三下 (three-up and three-down), 149
Sanxian (three-stringed instrument), 285
Sanyangjing Bridge, 102
Saomu 扫墓 (sweeping the graveyard), 50
Sassoon and Co., 365n17
Sassoon family, 141
Schools, 89–90, 169, 173, 175. See also Education
Seagrave, Sterling, 337n4
Seamen, 103, 358n186
Seamstresses, 212–13
Second Bureau of Commerce, 317, 391n63
Second landlords, 160, 163, 164, 166–67, 168, 219, 313–14
Sedan chairs, 302–3, 304 fig. 34
Seidensticker, Edward, 348n5
Semiurbanites, 81, 352n79
Sentries under Neon, 12, 335n32
Sergeant, Harriet, 200
Sesame cake stores, 264, 265 fig. 32, 276, 283–84, 286; guild, 288
"Seventy-two Tenants," 158
Seward, George Frederick, 29
Sewing machines, 381n46
Sha banjia 煞半价 (chopping the price in half), 101
Shack dwellers, 64, 65
Shack settlements, 118. See also Shantytowns
Shan 善 (kindness), 145
Shandong, immigrants from, 43, 51, 130
Shang zhi jiao 上只角 (upper corners), 15, 272, 376n108, 384n99
Shangdiao 上调 (upward transformation), 359n19
Shanghai: allure of, 117; ambivalence toward, 10–12; area of, 25–26; birth of, 25–28; contribution to national

revenue, 11, 335n30; as cosmopolitan, 13, 15; in the early nineteenth century, 26; in early-twentieth-century fiction, 9–10; foreign population of, 28, 32; growth of, 30 map 1; immigrant population of, 28, 338n13; importance of research on, 17; names for, 109, 110; as Nanjing's backstage, 56; openness of, to foreigners, 37; origins of residents, 323–25, 329–32; population of, 2, 26–27, 43, 121–22, 140, 162, 246, 248, 249, 341n69, 349n18, 360n37, 361n60; in the Republican era, 41 map 2; sex ratio in, 78, 213; superiority of, 8, 335n17; as treaty port, 27, 308

Shanghai Bookstore, 177

Shanghai bourgeoisie, 58, 345n133

Shanghai Bureau of Price Investigation, 131

Shanghai Club, 13, 336n34

Shanghai cooking, 13–14, 269–70, 273–74

Shanghai Coordination Council of People's Food, 290

Shanghai dialect, 53–55, 309, 311, 344n119; and native accents, 328; and Shanghai identity, 53–54; Suzhou influences, 54, 268

Shanghai diaochahuojiaju 上海调查货价局 (Shanghai Bureau of Price Investigation), 131

Shanghai Evening Post and Mercury, 91

Shanghai General Chamber of Commerce, 57, 291

Shanghai gongshang mingren lu 上海工商名人录 (The celebrities of Shanghai's enterprises and commerce), 53

Shanghai identity: 53–54, 309; neighborhood-based, 224

Shanghai jinyinshan 上海金银山 (Shanghai is a mountain of gold and silver), 48

Shanghai ju, da buyi 上海居，大不易 (it is difficult to live in Shanghai), 226

Shanghai mingren xiangzhuan 上海名人像传 (Biographies of Shanghai's celebrities), 53

Shanghai minju 上海民居 (people's dwellings of Shanghai), 144 fig. 11

Shanghai Municipal Bureau of Social Affairs, 43, 50, 73, 76–77, 79, 90. See also Shanghai shizhengfu shehuiju; Social surveys

Shanghai Municipal Council: administration of food markets, 271; creation of, 35, 141; and licensing of rickshaws, 73, 86, 87, 92, 95–96; mentioned, 273 fig. 33; public health examinations, 203; regulation of rickshaws by, 68, 74 fig. 5; regulation of wheelbarrows by, 304; and rickshaw fares, 69; studies of rickshaw pullers, 76

Shanghai Railway Station (Zhabei), 123, 136. See also Beizhan

Shanghai Rice Guild, 248, 287, 288

Shanghai shizhengfu shehuiju 上海市政府社会局 (Bureau of Social Affairs of the City Government of Greater Shanghai): licensing of tiger stove shops by, 291; social surveys by, 83–84, 90, 131, 132, 345. See also Shanghai Municipal Bureau of Social Affairs

Shanghai Stock Exchange, 311, 389–90n45

Shanghai tebie shi 上海特别市 (Shanghai Special Municipality), 218

Shanghai techan 上海特产 (Shanghai specialty), 163

Shanghai tongzhiguan (Institute for the History of Shanghai), 1, 333n2

Shanghai University, 175

Shanghai wenxian weiyuanhui (Shanghai document committee), 333

Shanghai wuyan xia 上海屋檐下 (Under the eaves of Shanghai; Xia Yan), 168

Shanghai zongshanghui 上海总商会 (Shanghai General Chamber of Commerce), 57, 291
Shanghailanders, 15
Shanghainese: astuteness of, 15, 48, 336n39; compared to Cantonese, 336n39; dual identity of, 53; merchant character of, 15–16; soft nature of, 36–38; stereotypes of, 15, 254, 308–12; as Western, 48, 312
Shanghaipu (upper sea creek), 385n124
Shanghairen 上海人, 3. *See also* Shanghainese
Shanghaishi Fojiao hui 上海市佛教会 (Shanghai Buddhist Association), 185
Shanghaishi Jiandi Fangzu Weiyuanhui 上海市减低房租委员会 (Rent-Reduction Committee of Shanghai Municipality), 227–28
Shanghui 商会 (Chamber of Commerce), 57, 227, 291
Shanju 善举 (philanthropic acts), 287
Shantytowns: conditions in, 120–21, 122, 126; disappearance of, 360n21; dwellers in, 82; dwellings in, 125–26; emergence of, 118; facilities in, 14, 121, 136–37; as home of the homeless, 116–17; inhabitants of, 64, 66, 127–28; lanes in, 120; locations of, 116, 359n11; number of residents, 130; occupations of residents, 133, 135–36; origins of residents, 130, 162, 362n72; population of, 14, 109, 126–27, 361n59; residents' committees, 316; running water in, 121; schools in, 354n122; street scene in, 128 fig. 10; as symbol of modern Shanghai, 109; unemployed in, 109, 117, 135–36; and war refugees, 122. *See also* Fangualong; Slums; Yaoshuilong; Zhaojiabang
Shanxi merchants, 52

Shanxin Cotton Mill, 46
Shaoxing (Zhejiang), 51, 52
Shehui ribao (Social daily news), 173, 175
Shen Congwen, 390n50
Shen Hengchun, 334n3
Shenbao 申报, 9, 68, 167, 227, 335n20
Sheng wu jiefaqi, si wu zangshendi 生无结发妻, 死无葬身地 (lives without the bond of marriage and dies without a place to be buried), 237
Sheng Xingzheng, 236
Sheng Xuanhuai, 46, 56, 236–37
Shenghuo (Life), 62
Shengping Li (Alley of Peace), 184, 371n139
Shennong 神农 (God of Agriculture), 287
Shenxian (Zhejiang), 52
Shenxin Number Seven Cotton Mill, 134
Shi 食 (food; eating), 289
Shi Zhilin, 78, 84, 88
Shihuang 拾荒 (picking up trash), 79
Shiji wenwu baohu danwei (cultural relics preservation site), 344n122
Shijing zhibei 市井之辈 (fellow from the marketplace), 62
Shikumen 石库门: crowding of, 158–60; depicted in stamps, 144 fig. 11; entrances to, 144, 178 fig. 17; late-style, 159 fig. 16; meaning of term, 143–44, 365n23; multi- and single-bay, 148 fig. 13, 149–50, 151–53, 156; in Nanking Road area, 142, 162; preservation of, 153–54; remodeling of, 148 fig. 13, 149, 156–58, 166; research on, 364n1; resident mix of, 167–73
Shiliupu, 357n172
Shimin 市民 (urbanite), 62
Shimin Lianhehui 市民联合会 (City People's Association), 226–27

Shipyard workers, 44–45, 341–42n79
Shishang 士商 (educated classes and merchants), 305
Shiwai taoyuan 世外桃源 (Land of Peach Blossoms), 376n100
Shiyong gong 试用工 (probationary workers), 134
Shizi 识字 (read), 90
Shoe repair, 215
Shopkeepers, 15, 250, 317; assistants, 236
Shopping patterns, 281, 328. See also Stores
Shoulder poles, 201 fig. 22, 214 fig. 26, 217, 283
Shoupan 收盘 (closing tray), 390n45
Shouzhou (Anhui), 53
Shu shi wu du 熟视无睹 (turning a blind eye to a familiar sight), 138
Shuihu zhuan 水浒传 (Water margin), 212
Shuishang gelou 水上阁楼 (lofts on the water), 125
Shuizhong gelou 水中阁楼 (lofts in the water), 125
Shuju 书局. See Bookstores
Shunqing Li (Alley of Smoothness and Celebration), 176
Shuo yinguo 说因果 (fortune-telling), 97
Shuochang 说唱 (talking and singing shows), 97
Si da Jin'gang 四大金刚 (Four Great Attendants of Buddha), 284, 378n144
Sichang nügong qu 丝厂女工曲 (Song of women filature workers), 80
Siheyuan 四合院 (courtyard house), 146
Siji taiping 四季太平 (four seasons in peace), 136
Sikh policemen, 39, 340n62
Silk: trade, 27, 142; weaving, 249
Sima Qian, 5, 354n123
Siming Gongsuo, 357n162

Single-story houses, 64, 113–14, 362n77
Sino-Japanese War, refugees from, 122, 124, 166
Sino-Russian News Agency, 181
Sister Ah Gui, 194
Siwen Li (Alley of Gentleness), 152, 366n50
Skinner, G. William, 3, 276, 278, 382n65
Slums: clearance programs, 126; dwellers, 127–31, 132; factory workers and, 131–32; housing conditions in, 126; locations of, 116, 359n11; population of, 126–27, 361n59; Subei origins and, 129–30. See also Shantytowns
Small Sword Uprising, 32–33, 34, 139, 339n33
Smith, Edwin, 141, 339n38
Smith, Richard J., 297
Social Daily News, 228
Social mobility, 117, 327, 359n19
Social surveys, 83–84, 90, 131, 132, 352n90
Socialist Transformation Movement (1956), 317, 391n64
Socialist Youth League, 181
Solitary Island period, 166, 290
Song Qingling (Madame Sun Yat-sen), 255, 281, 344n124
Song zaoshen 送灶神 (sending the Kitchen God), 299
Song Ziwen, 344n124
Song-Hu War, 122
Songjiang dialect, 54
Songjiang Prefecture, 340n46
Songshan District, 341n70
Sour plums, 202
Soy sauce stores, 284, 285, 320, 321
Spanish, 40
Special economic zones, 392n86
Squatter communities, 123, 124, 126. See also Shantytowns; Slums
"Standard market town" (Skinner), 276

"State-society relations" approach, 19
Stores: at alleyway entrances, 70 fig. 4; collectivization of, 317–20; in front-row alleyway houses, 243–46; neighborhood, 276–77, 281–82, 285–86, 287, 289, 317–321; on Nanking Road, 276–77; privately run, 321; at regional shopping centers, 277–78, 328, 385n119. *See also* Coal stores; Food markets; Rice stores; Tailor shops; Tobacco and paper stores; Variety stores
Storytellers, 96, 169, 205, 258–59
Strand, David, 6, 20, 75, 77
Straw shacks. *See Penghu;* Shantytowns
Street culture, 205. *See also* Popular culture
Street entertainment, 97–98
Street names, 357n162, 379n6
Strolling, 277, 280–81, 285
Su (vegetables), 269
Subei (Jiangbei): bias against, 98–99, 103, 162, 311, 344n118; education in, 353n113; immigrants, 75, 129–30, 132, 194; shack settlements, 130
Subletting, 160–67
Su-Guang tailor shops, 255–56
Sun family of Anhui, 52–53
Sun Ke, 345n124
Sun Yat-sen (Sun Zhongshan), 177, 253–54, 281, 344n124
Sun Yat-sen, Madame (Song Qingling), 255, 281, 344n124
Survey: characteristics of people surveyed, 324; clothing types, 328; dwelling types, 327; educational level, 326; first jobs, 325–26; hometown visits, 327; informants, 329–32; length of stay planned, 325; marital status at time of immigration, 325; neighborhoods, 323–24; occupations, 326–27; reasons for moving to Shanghai, 325; respondents' hometowns, 324; shopping behavior, 328; social mobility, 327

Suzhou, 14, 51, 57, 340n46; dialect, 54, 161, 162, 174, 268, 367n68; stereotype of, 173–74
Suzhou Creek, 121, 129, 279, 307, 337n2; photographed in 1937, 42 fig. 1
Symposia, 334n4

Taicang Prefecture, 340n46
Tailor shops, 14, 255–58
Taiping gongjiao 太平公醮 (public worship for great peace), 300–301
Taiping Rebellion: and construction of Bubbling Well Road, 278; and extra-Settlement roads, 346n138; mentioned, 140; refugees from, 36, 55, 139, 141
Taipingqiao (Peace Bridge) Food Market, 272
Taishan Road, 356n161
Taitou bujian ditou jian 抬头不见低头见 (if you don't see the other party while you hold your head high, you nevertheless see them when you lower your head), 239
Taixian (Jiangsu), 75
Taixing (Jiangsu), 93
Taiyuan Fang (Taiyuan Alley), 184
Takeover fees, 163, 164, 166, 314
Tan 摊 (stalls), 288
Tang Zhenchang, 334n3
Tangtuan 汤团 (dumplings), 206
Tao Menghe, 131
Tao Yuanming, 376n100
Taxation, 289, 291, 303
Taxis, 69, 303, 349n13, 357n173
Tea trade, 27, 142
Teahouses, 96, 165, 356n157; hot water stores as, 263–66, 291–92; willow-pattern, 111 fig. 7
Temple of the City God, 105
Tenant committees, 20–21, 225–28, 229
"Termites," 165
Textile industry, 45–46, 80, 133–34, 174. *See also* Cotton mills
Theater, 59, 184

Theft, 233, 377n134
Third tenants, 163, 164, 167
Three Mountains, 387n1
Tian gao huangdi yuan 天高皇帝远 (Heaven is high and the emperor is far away), 19, 221
Tianfan difu 天翻地覆 (turned heaven and earth upside down), 315
Tianjin, 52
Tianjing 天井 (heavenly well), 154
Tiaojin Huangpu jiang ye xibuqing 跳进黄浦江也洗不清 (one could not clean oneself even by jumping into the Huangpu River), 11
Tibet Road, 184, 337n2
Tie Min (Tim Min Tieh), 200
Tiger stoves, 263, 266–67, 268, 286, 291
Tilanqiao (Bamboo Basket Bridge) 280; food market, 272
Tingyuan 庭园 (garden-houses), 151
Tingzijian 亭子间. See Pavilion rooms
Tingzijian wenren 亭子间文人 (pavilion room man of letters), 172
Tingzijian zuojia 亭子间作家 (pavilion room writer), 172
Tobacco and paper stores: and government regulations, 291; guilds, 288; after Liberation, 319–20, 321; in neighborhood life, 285–86; vulnerable to gangs, 292. See also Variety stores
Tongfa Li (Alley of Flourishing Together), 323
Tongmenghui, 177
Tongxiang 同乡 (fellow villagers), 53, 90
Tongxianghui 同乡会. See Native-place associations
Tongxing Cotton Mill, 84
Tongye gonghui 同业公会 (trade associations), 227, 290
Tongyuchun teahouse, 165
Touhan 偷汉 (stealing a man), 241
Trade, and native place, 51–52
Trade associations, 227, 290. See also Guilds

Tradition, 10, 295, 296, 297, 299, 307–8, 321–22
Trash pickers, 79, 129, 130
Treaty of Nanjing (Bogue Treaty), 29, 31
Treaty ports, 27, 308, 338n10
Triads. See Small Sword Rebellion
Troublemakers, 241–42
Tuanbai 团拜 (group New Year's calls), 301, 388–89n17
Tusun 徒孙 (disciple's disciple), 292, 293

Uchiyama Kanzō, 176, 369n113
Umbrella repair, 215
Unemployment: "consumption population," 347n165; in the countryside, 83; in Nanjing decade, 43–44; rates, 109, 132; of rural immigrants, 65, 133; among shantytown population, 109, 117, 132–33, 135–36; among union members, 132
Urban poor, 2, 6, 65–66. See also Beggars; Casual workers; Rickshaw pullers; Shantytowns; Unemployment
Urban villages, 13–15, 224, 307
Urbanization, 294, 308
Urban-rural relations, 3–4, 5, 7, 10, 46, 66, 117

Vagrants, 43, 117, 359n13
Variety stores, 250–51, 252 fig. 31, 379n25. See also Tobacco and paper stores
Vegetable rice restaurants, 261
Vehicles, 349n16. See also Automobiles; Public transportation
Vietnamese, 40

Wai guo yu xue she 外国语学社 (foreign language school), 180
Waibaidu Bridge (Willis Bridge), 69, 349n16. See also Garden Bridge
Waidiren 外地人 (outsiders), 99, 312
Waiguoren 外国人 (foreigners), 102

Wakeman, Frederic, 62, 289, 336n44, 375n84
Walking, 14, 336n38. See also Strolling
Walled city, 302–3, 304, 305; teahouses in, 111 fig. 7, 165
Wang Caiyun, 254, 257
Wang Daban, 52
Wang, George, 205, 206, 373n48
Wang Laowu 王老五 (Old Wang Number Five), 213
Wang Tao, 11, 314
Wang Wei, 377n126
Wang Xiaolai, 48
Wang Xueyang, 238
Wang Yingxia, 93, 281, 282, 306–7
Wang Zhiping, 217
Wangjia Long (Lane of the Wang Family), 324
Wang-Rong-Tai tailor shop, 257
Wanguo jianzhu bolanguan 万国建筑博览馆 (museum of global architecture), 110
Wangzhi Road, 177, 179
Wanjia denghuo 万家灯火 (Lights in Thousands of Families), 160
Water Margin, 212
Watermelon, 203, 204, 232
Weddings, 303, 304 fig. 34, 327
Wells, 147 fig. 12
Wen 文 (cash), xvii
Wenfang sibao 文房四宝 (four treasures of a study), 175–76
Wenhua jie 文化街 (cultural street), 175
Wenming xi 文明戏 (modern dramas), 169
Wenren 文人 (men of letters), 59
Wenxue qingnian 文学青年 (literary youth), 172
Wenzhou, 51
Western food, 268, 272, 284
Western imperialism, 27, 295, 338n11
Westerners: attitudes toward, 310–12; life in mid-nineteenth-century Shanghai, 32; permanent residents of Shanghai, 389n44; stereotypes of, 40
Western-impact/China-response model, 17, 18
Westernization, 48, 294, 296–97, 313
Western-style architecture, 110, 358n6
Western-style houses, 58, 110–11, 114, 150, 226, 249, 263, 358n6
Wheelbarrows, 93, 303–5, 306 fig. 36, 355n141, 389n29
White Russian émigrés, 39, 40
White-collar workers, 63, 64, 346n155
Wife abuse, 238
Willis Bridge, 69, 349n16. See also Garden Bridge; Waibaidu Bridge
Willow-pattern teahouse, 111 fig. 7
Wine shops, 261, 381n54
Wokou 倭寇 (Japanese pirates), 280
Won ton soup peddlers, 206, 207, 208 fig. 23, 209
Wowotou 窝窝头 (steamed buns), 12
Wright, Tim, 81
Writers, 59–61, 172, 198
Wu hun bu chifan 无荤不吃饭 (no meal without meat dishes), 270
Wu Jianzhang, 29
Wu juan mo wen 无眷莫问 (no tenant without a family), 237, 378n148
Wu Shibao, 292, 293
Wu Yuanren, 369n115
Wufulong (Alley of Five Fortunes) food market, 271
Wuhu sihai 五湖四海 (Five Lakes and Four Seas), 43
Wujiaochang (Five Points Square), 279
Wusong-Shanghai War, 122, 165, 226
Wuxi, 51, 52
Wuxiang chaye dan 五香茶叶蛋 (eggs stewed in tea leaves and five spices), 199
Wuya yu maque 乌鸦与麻雀 (The Crow and the sparrows), 160
Wuzhou Food Market, 383n96

Xi family (comprador clan), 345n128
Xi Fuhai Li (Alley of an Ocean of Fortune, West), 177
Xi Pingfang, 345n128
Xia Yan, 60; *Under the Eaves of Shanghai* by, 168
Xia zhi jiao 下只角 (lower corners), 15, 376n108
Xiafang 下放 (downward exile), 360n19
Xiafei Fang (Joffre Alley), 153 fig. 14
Xiahai Temple, 280
Xiahaipu, 280, 385n124
Xiali 夏历 (Xia calendar), 297
Xialiu 下流 (worthless), 102
Xiande Li (Alley of All Virtues), 184, 370n137
Xiang 香 (Aroma), 183, fig. 18
Xiang 祥 (auspiciousness), 145
Xiangbang 乡帮 (native place), 51
Xiangdao (Guide), 177
Xiangdaonü 乡道女 (guide girls), 238
Xiangshan (Guangdong), 342n79
Xiangsheng Shipyard, 45
Xiangxiaren 乡下人 (country folk), 54, 99, 312
Xianshuimei 咸水妹 ("saltwater sisters"), 311
Xiao (little), 62
Xiao Jinguang, 180
Xiao laopo 小老婆 (concubine), 236
Xiao zhaohui 小照会 (small licenses), 96
Xiaocailan li kan xingshi 小菜篮里看形势 (to see the situation through the little foods bamboo basket), 385n112
Xiaoce shan 小菜场 (Shanghai dialect for *xiaocai chang*; little-food market), 268
Xiaochi 小吃 (little eats), 200
Xiaokang 小康 (comfortable financially), 84
Xiaorehun 小热昏 (little crazes), 204, 373n47
Xiaoshimin 小市民 (little urbanites), 2, 61–63, 233–34. *See also* Alleyway houses; Alleyway-house compounds
Xiaoyang 小洋 (small dollars), xvii
Xiaoyezhu 小业主 (small business owners), 317
Xiarou huntun mian 虾肉馄饨面 (shrimp-dumpling-and-noodle soup), 199
Xijiao Hotel, 345n124
Ximen (West Gate) Food Market, 272
Ximo Road Food Market, 272, 282
Xin family (real estate owners), 142
Xin qingnian (New youth), 177, 180, 343n109
Xinchang (Zhejiang), 52
Xing 兴 (flourishing), 145
Xingqing Li (Alley of Joy and Celebration), 184, 371n142
Xingren Li (Alley of Prosperity and Benevolence), 148 fig. 13, 149, 151, 181, 370n129
Xinshi gongyu 新式公寓 (new-style apartments), 113
Xinshi lilong 新式里弄 (new-style alleyway houses), 112, 150–51, 366n43
Xinwen bao 新闻报 (Daily news), 207
Xiong Yuezhi, 53, 309
Xiyangjing 西洋镜 (peep shows), 97
Xiyou ji 西游记 (Record of a journey to the west), 212
Xu Guangping, 258
Xu Guangqi, 278, 279
Xu Jiatun, 391n71
Xu Jingxing, 278
Xue shengyi 学生意 (learn business), 116
Xuhui District, 344n124
Xujiahui (Village of the Xu Clan), 124, 278–79, 281. *See also* Zhaojiabang

Yan 艳 (Dazzling), 183 fig. 18
Yan 烟 (tobacco), 251
Yan, du, chang 烟, 赌, 娼 (drugs, gambling, and prostitution), 334n3

Yancheng (Jiangsu), 75, 81, 84, 86, 90
Yang caishen 洋财神 (foreign God of Wealth), 102
Yang Huasheng, 158
Yang Mingzhai, 180–81
Yang Zhihua, 172
Yang Zhijing, 271
Yangchunmian 阳春面 (spring noodles), 261
Yangfang 洋房 (Western-style houses), 58, 110–11, 114, 150, 226, 263, 358n6
Yangjiadu, 135
Yangjingbang Creek, 28, 33, 270–71, 337n2
Yangpan 洋盘 ("foreign tray"), 311
Yangshupu: occupations of residents, 132; *puluo* restaurants in, 262; residences of, 114–15; rickshaw pullers in, 75, 81; *shikumen* neighborhoods of, 170; slums in, 120; workers in, 135; working-class families of, 51
Yangzhuang biesan, ziji shaofan 洋装瘪三, 自己烧饭 (a beggar dressing in Western clothing but cooking his own rice), 253, 380n31
Yanzhidian 烟纸店. *See* Tobacco and paper stores; Variety stores
Yao family, 345n124
Yaopeng 窑棚 (kiln huts), 126
Yaoshuilong ("Lotion Lane"), 118–21, 125, 129, 130, 132, 133
Yazuo 雅座 (elegant seats), 262
Ye cha 夜茶 (night tea), 291–92
Ye Qun, 242
Yebang 业帮 (trade), 51
Yeh, Wen-hsin, 62, 336n44
Yehuo shao bu jin, chunfeng chui you sheng 野火烧不尽，春风吹又生 (No wildfire can consume it completely / In the spring wind it once again turns the land green; Bai Juyi), 322, 392n85
Yeji 野鸡 (pheasants), 85, 353n99
Yeji baoche 野鸡包车. *See* Pheasant rickshaws

Yeji che 野鸡车. *See* Pheasant rickshaws
Yi liang wei gang 以粮为纲 (taking grain as the key link), 202
Yi xian tian 一线天 (one thread of sky), 152
Yichang 夷场 (foreign barbarians' area), 151
Yiding jiezhi, buxu yuyue 认定界址, 不许逾越 (boundaries of an area should be designated that foreigners are not allowed to exceed), 31
Yiguan qinshou 衣冠禽兽 (a beast in human attire), 253
Yihe (Jardine Matheson and Co.), 57, 365n17
Yihe Cotton Mill, 84
Yimi xingren lianxin zhou 薏米杏仁莲莲心粥 (porridge made of the seeds of Job's tears, apricot kernel, and lotus seeds), 198
YingMeiren 英美人 (British-American people), 38
Yinli 阴历 (lunar calendar), 297
Yinshi dian 饮食店 (eating houses), 321
Yinyuan 银元 (silver dollars), 291, 372n15
Yishang yixia 一上一下 (one-up, one-down) houses, 149
Yishi fu-mu 衣食父母 (parents of clothing and food), 252
Yi-shi-zhu-xing 衣食住行 (clothing, food, shelter, and transportation), 252, 379–80n27
Yiwu 夷务 (barbarian affairs), 36
Yixin Li (Alley of Millions of Fortunes), 176, 257
Yong 永 (permanent), 145
Yong zu qi 永租契 (permanent rental contract), 367n76
Yong'an Cotton Mills, 134
Yong'an Li (Alley of Eternal Peace), 323
Yongbu xiaoshi de dianbo (The eternal electric wave), 371n143

Yonggong 佣工 (working people), 305
Yongxing Li (Neighborhood of Perpetual Prosperity), 145
You, Mr. (gate guard), 229
Youmin 游民 (vagrants), 359n13. See also Loafers
Youxi bao 游戏报 (Entertainment newspaper), 378n144
Yu 玉 (Jade), 183 fig. 18
Yu Dafu, 93, 172, 176; food preferences of, 282; impressions of Shanghai, 10; income of, 60–61; strolling in Shanghai, 281; wheelbarrow rides of, 306–7
Yu Garden, 165
Yu Ling, 87
Yu Qiaqing, 290, 365n17
Yu Qiuyu, 309
Yuan, L. Z., 91–92
Yuanbao 元宝 (joss money to be burned for the dead), 47
Yuanxiao 元宵 (lantern festival), 298, 299
Yude Li (Alley of Abundance and Virtue), 225, 376n112
Yuejie zhulu 越界筑路, 114. See also Extra-Settlement roads
Yugong 寓公 (Mr. Hermit), 55–56
Yulanpen 盂兰盆, 300–301, 388n15
Yushi 浴室 (bathhouses), 266
Yuyang Li, 180–81
Yuyuan, 110
Yuyuan Road, 114, 281

Zaiye renkou 在业人口 (productive population), 347n165
Zaliang 杂粮 (miscellaneous food grains), 248
Zan Yunying, 238
Zang Dayaozi, 103, 104, 358n187
Zaofang 糟坊 (pickle shop), 284, 381n54
Zaopijian 灶披间 (draping kitchen), 149
Zaoshang shui pao pi, wanshang pi pao shui 早上水泡皮，晚上皮泡水 (in the morning, water inside the skin; in the evening, skin inside the water), 268
Zawen 杂文 (short essays on miscellaneous topics), 199
Zazhi magazine, 378n150
Zhabei 闸北: destruction of, 226; growth of, 122; Japanese attacks on, 122–23; *puluo* restaurants in, 262; railway in, 280; residences of, 114–15; rickshaws in, 72, 92, 96; schools for children of rickshaw pullers in, 89; Shanghai University located in, 175; shantytowns of, 122–24; shopping in, 328; survey in, 323. See also Beizhan; Fangualong
Zhang 丈 (seventeen yards), 287
Zhang Ailing (Eileen Chang), 48, 310, 311
Zhang Baoding, 88
Zhang Chunhua, 269
Zhang Chunqiao, 319
Zhang Dakui, 239–40
Zhang Dingbao, 90
Zhang family (real estate owners), 142
Zhang Henshui, 206–7, 209; *Tixiao yinyuan* 啼笑姻缘 by, 207
Zhang Jishun, 364n1
Zhang Kouzi, 129, 130
Zhang Leping, *Records of the Wandering Life of "Three-Hairs"* series of, 374n61
Zhang Zhongli, 334n3
Zhanghua Woolen Textile Company, 134
Zhaogu gong 照顾工 (preferential workers), 134
Zhaojiabang, 124–26
Zhaozu 召租 (call for rent), 161
Zhapu Road Bridge, 42 fig. 1
Zhejiang province, 43, 47, 52, 57, 345n133
Zhen 镇 (administrative market town), 279

Zheng Chaolin, 179
Zhengming Li (Alley of the Upright and Honest): absence of love affairs in, 237; doors left unlocked in, 233; house designs of, 228; mobility in, 223; neighborhood relations in, 224, 228–29; residents' committee, 316; shopping near, 281
Zhengzhi 政治 (politics), 221
Zhenye Li (Alley of Promoting Careers), 177
Zhi jin ru tu 掷金如土 (casting away gold like throwing out dirt), 15
Zhi ren yishan bu ren ren 只认衣衫不认人 (recognize attire only, not the human being), 253
Zhi zhong yishan bu zhong ren 只重衣衫不重人 (paying attention only to attire, not to the person), 380n29
Zhiyuan 职员 (white-collar workers), 63, 64, 346n155
Zhongfan qingjiao 重饭轻浇 (heavy rice, light top), 261
Zhongguo qingnian (Chinese youth), 177
Zhongguo tongxunshe 中国通讯社 (China News Agency), 321
Zhongqiu 中秋 (Full Moon Festival), 298
Zhongshan Park. See Jessfield Park
Zhongshan zhuang 中山装 (Zhongshan suit), 253–54, 257, 295
ZhongXi hebi 中西合璧 (a jade combining Chinese and Western parts), 295
Zhongyuanjie 中元节 (Midyear Festival), 300–301
Zhou 粥 (porridge), 206
Zhou Chunlan, 238, 378n149
Zhu Lianbao, 176
Zhuangguan 壮观 (grand sight), 193
Zhuangyuan 壮元 (Number One Scholar), 353n112
Zhuzhici 竹枝词 (bamboo branch poems), 235
Zilaishui shidagudong 自来水十大大股东 (ten shareholders of running water), 121
Ziliudi 自留地 (family plots), 391n71
Ziqian huanxiang 资遣还乡 (sent back to their home villages at government expense), 50
Zisheng zimie 自生自灭 (run their course), 320
Zong Gonghui 总工会 (General Labor Union), 227
Zongbeng 粽绷 (wooden bed), 215
Zongzi 粽子 (glutinous rice dumplings), 206, 207, 208 fig. 23, 270
Zou Taofen, 172
Zoujin tianbian, haobuguo Huangpujiang liangbian 走尽天边，好不过黄浦江两边 (East and West, Shanghai is the best), 335n17
Zujie 租界 (foreign concessions), 368n101. See also Foreign concessions